=> 1 <=

=> 2 <=

Franz Balzer

Gehört Verleumdung zum Brauchtum der Banater Schwaben?

Was ist gesellschaftlicher Wandel: Lug, Betrug und Heuchelei?

Ist der Medienbeitrag zum „großen" Roman „Jacob beschließt zu lieben" Fiktion oder Volksverdummung?

3.Auflage

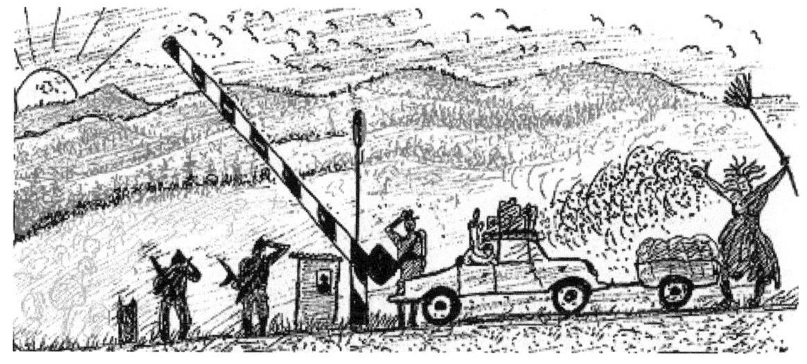

Karikatur: Michael Blümel
Malerei, Illustration, Buchobjekte,
Buchgestaltung, Grafikdesign
http://www.michael-bluemel.de/

Stefan Jäger Bilder: Hilfswerk der Banater Schwaben
http://www.hilfswerk-der-banater-schwaben.de

Bilder vom Kirchturm in Triebswetter: Helmut Domele

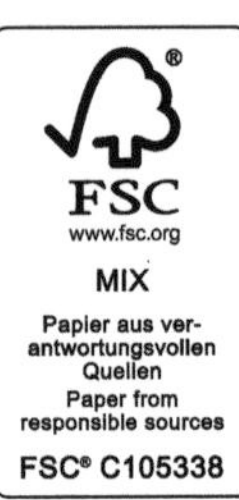

Bibliografische Information der Deutschen Nationalbibliothek:
Die Deutsche Nationalbibliothek verzeichnet diese Publikation
in der Deutschen Nationalbibliografie; detaillierte bibliografische
Daten sind im Internet über: http://dnb.dnb.de abrufbar.l

Herstellung und Verlag:
BoD – Books on Demand, Norderstedt
ISBN 978-3-7386-0845-8

=> 4 <=

Vorwort

Das hier vorgestellte Werk ist keine schöngeistige Literatur, es ist eher eine harsche Kritik (also kein Loblied) an allgemein auftretenden öffentlichen Verfehlungen, die nichts mehr mit Demokratie, Freiheit und erst recht nichts mehr mit Meinungsfreiheit zu tun haben. Die Meinungsfreiheit wird abgewürgt, wenn sie nicht „linienkonform" ist. Es handelt sich hier um eine Kritik am heutigen Literaturbetrieb, der trotz Volksverhetzung auf seine Künstlerfreiheit pocht, um eine Kritik an der Meinungsfreiheit, die von den Medien wegen ihrem „goldenen Kalb" Pressefreiheit, missbraucht und missachtet wird und schließlich und endlich gehört auch etwas Gesellschaftskritik dazu, eine Gesellschaft, die wohl durch die ständige volksverdummende Berieselung durch die Medien total abgestumpft ist und nicht mehr Recht und Unrecht auseinanderhalten kann. Wer nicht am gesellschaftlichen Wandel Lug, Betrug und Heuchelei teilnimmt, wird niedergemobbt, ausgegrenzt und diskriminiert (wenn es auch ein ganzer Volksstamm ist).

Künstlerfreiheit ja, aber nicht wenn die Würde einer Person, einer Personengruppe oder gar eines ganzen Volksstammes untergraben und verletzt wird (was Volksverhetzung heißt)!

Wir sind vor einigen Jahrzehnten vor dem Kommunismus geflohen (wir wurden sogar freigekauft) und jetzt hat er uns in der geistlosen, neuen, deutschen Literatur mit der Unterstützung von Lügnern und Nichtswissern wieder eingeholt.

Die Opfer der kommunistischen Diktatur werden literarisch wie Ausgestoßene von der Gesellschaft und vor allem von den teils gekauften Medien und Rezensisten behandelt. Das hat nichts mit Künstlerfreiheit zu tun! Das ist Volksverhetzung!

Das ist ein Buch über die Diskriminierung einer ehemaligen deutschen Minderheit aus dem kommunistischen Rumänien in der „neuen, deutschen Literatur" durch ehemalige Privilegierte und „freien, deutschen, leserverachtenden" Medien.

Inhaltsverzeichnis

Bemerkung: Fußnoten werden immer nach den einzelnen Kapiteln behandelt.

**Manche Stellen und Texte werden eventuell
wiederholt, das ist Absicht!**
**Beim Anschreiben verschiedener deutscher Institutionen und
Medien jeglicher Art aus dem deutschsprachigen Raum wurden
zum Teil Textteile (wie auch hier im Buch) wiederholt.**

Der Tanzbär
von Gotthold Ephraim Lessing

Ein Tanzbär war der Kett' entrissen,
Kam wieder in den Wald zurück,
Und tanzte seiner Schar ein Meisterstück
Auf den gewohnten Hinterfüßen.
„Seht", schrie er, „das ist Kunst;
das lernt man in der Welt.
Tut es mir nach, wenn's euch gefällt,
und wenn ihr könnt!" – „Geh",
brummt ein alter Bär,
„Dergleichen Kunst, sie sei so schwer,
Sie sei so rar sie sei,
Zeigt deinen niedern Geist
und deine Sklaverei."

„Jacob beschließt zu lieben"
von Cătălin Dorian Florescu -
Fiktion oder Volksverdummung ?

Der Schweizer Autor rumänischer Abstammung Cătălin Dorian Florescu besuchte wenige Jahre vor dem Erscheinen seines Romans „Jacob beschließt zu lieben" den Triebswetterer Jakob Oberten (rumänische Urkunde: Jacob Oberten). Was der Autor aus dieser Begegnung machte, wird in diesem Buch analysiert.

Sinnliche Vergnügen? Beispiele verlogener Medienberichte www.Franz-Balzer.de/R-Flyer-1.pdf	Sind Sie auf dem Mist geboren? Fragen an Lobliedschreiber. www.Franz-Balzer.de/R-Flyer-2.pdf

Die von C.D.Florescu und seinen „Freunden" „missbrauchten Bücher" der Triebswetterer, egal, ob ausgeliehen oder geschenkt, wurden auf allerunwürdigste Art „benutzt"!

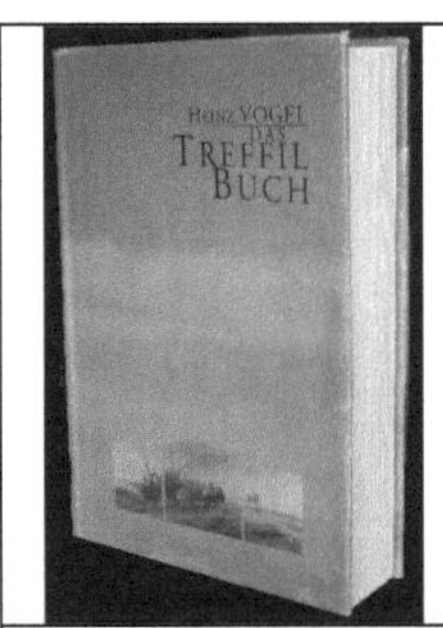

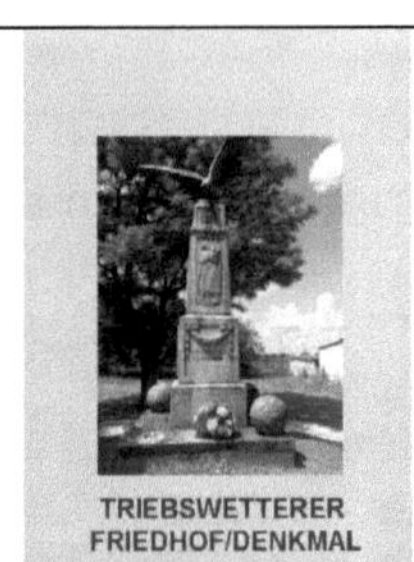

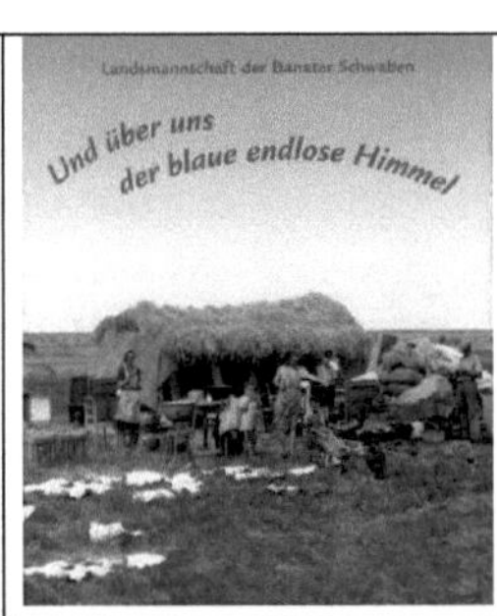

Das "Treffil-Buch", das Familiensippenbuch, wurde als Vorlage für alle Namen verwendet.	"Triebswetterer Friedhofbuch" bekam Florescu von Jakob Oberten.	"Und über uns der blaue endlose Himmel" über die Bărăgan-Deportation hat er auch von Jakob Oberten.

C.D.Florescu! Die Triebswetterer wollen ihre Bücher wieder haben, bevor erneut „Schindluder" damit getrieben wird!

Der **Roman von Cătălin Dorian Florescu "Jacob beschließt zu lieben"**

ist eine Erniedrigung, Verleumdung und Volksverhetzung aller Triebswetterer und Banater Schwaben durch den rassistisch-nationalistisch gefärbten Roman. Unterstützung und Diskriminierung erfährt er durch ahnungslose, lobliedschreibende deutsche Pressefuzzis (Kulturredakteure), die nur noch bewusste Volksverdummung betreiben.

Highlights aus dem Roman (die Fiktionen eines Rumänen über Banater Schwaben):
„Triebswetter ist ein Dorf von Selbstmördern und Pechvögeln." „Die Vorfahren der Triebswetterer haben ihre alte Heimat Lothringen machthungrig und mit Blut an den Händen verlassen", um danach Triebswetter zu gründen. „Sie wurden zu den Zivilisationsstiftern von Triebswetter im Banat" und „gründeten ihr Glück auf das Unglück anderer."

Einige „sinnliche, Erkenntnisse fördernde" Umschreibungen:
„Dreckige, stinkige, ständig besoffene, unzivilisiert fressende und saufende Mörder, Brandstifter, Zigeunerjäger, Zigeunerhenker, Vergewaltiger und Geiselnehmer".

Die ausführliche Recherche (laut C.H.Beck-Kommentatorin):
„Die ausführliche Recherche" fand im Familiensippenbuch (Das Treffil-Buch) der Triebswetterer statt. Von da sind alle Familiennamen von Triebswetterern mit Lothringer Wurzeln entnommen und ihre „Geschichten ins Negative" herabgewürdigt („bis zum vollen Glanze poliert"). Von Verunglimpfung des Antlitzes von Toten wurde auch nicht zurückgeschreckt und Szenen in Familiengrüften beschrieben.

Über die Qualitäten dieser Geschichte aller Geschichten:
Sie wird mit einer wortgewaltigen, hervorragend gestalteten schriftstellerischen Meisterleistung erbracht. Er hat sich wirklich Mühe gemacht, unsere Identität und Geschichte zu verfälschen.

Und hier die daraus (teils geistlos) resultierenden Kommentare:

„Jetzt hören wir endlich mal, was in dieser Ecke Europas passiert ist, wir haben es ja schon lange vermutet." (Radio Österreich) „Regt Euch doch nicht auf, der Roman ist eine Fiktion, also erfunden, trotzdem „habe ich aus dem Roman von der Geschichte der Banater Schwaben sehr viel gelernt." „Wie toll, deutsch lesen und rumänisch fühlen, MULTUMESC!" „Der Roman endet mit der Deportation junger rumänischer Männer nach Sibirien." Die Triebswetterer, eine geteilte Minderheit (DRS2), sind „irre" (Prof.Engelhardt) und haben „Wahnideen" (Florescu in der ADZ) und sind „nicht fähig", seine „Fiktionen bitterer Realitäten" als ein tolles deutsches literarisches Werk „mit neuen Themen und einem neuen Ton" (DRS2, Schweiz) - wie es auch einige „Banater Schwaben" tun - zu sehen. Die Triebswetterer „verstehen nicht" (Florescu, ADZ), dass „ein Rumäne namens Florescu" so einen „großen Roman über Triebswetter schreiben konnte".

Einige Fragen an Banater Schwaben (die ihm für seinen „großen" Roman ständig gratulieren):
Hat man sich bei Euch im Dorf mit „Bruder und Schwester" angesprochen? Hat man sich bei Euch im Dorf im Banat mit Strohdecken zugedeckt? Deckt Ihr Euch heute noch mit Strohdecken zu, ohne Euch zu waschen? Hat man bei Euch damals den „Teig aus dem Brot gerissen", sich den „Mund vollgestopft" und anschließend noch ein paar „Wurstscheiben nachgeschoben"? Pflegt Ihr dieses unzivilisierte Essen (oder Fressen und Saufen) heute noch? Warum sollten es die Triebswetterer und ihre Vorfahren getan haben? Wer hat bei Euch im Dorf in Rumänien einen Zigeuner als Halbbruder gehabt? Welche banatschwäbische Frau hat bei Euch je einen Zigeuner geheiratet? Wessen Mutter hat als Hure in Amerika „gearbeitet" und ein Kind auf dem Mist bekommen, wobei der Quacksalberei einer Zigeunerin Vorzug gegeben wurde? Welcher banatschwäbische Vater hat seinen Sohn an die Russen verraten? Wer sind dann **„diese Banater"** (Schwaben), die ihm ständig gratulieren?

Triebswetterer Roman?
Hier erfährt man alles, was nichtsahnende Leser wissen müssten und alles, was von der Werbung für den Roman mit (vorsätzlicher, volksverdummender) Vehemenz verschwiegen wird.

Alle Triebswetterer und Banater Schwaben, die den Roman noch nicht gelesen haben, sollen ihn sich sofort besorgen, damit Autor und Verlag unterstützt werden, um weiterhin so „große, sinnliche, Erkenntnisse fördernde" (Schwarzwälder Bote nach der Hesse-Stipendium-Vergabe in Calw 2013) Romane schreiben und drucken zu können. Siehe Seite 158.

Was schreiben Jörg & Miriam Kachelmann über Journalisten:
Zitate aus „Recht und Gerechtigkeit", Untertitel: „Ein Märchen aus der Provinz" (Welche Provinz?...): „Die Berichterstattung der Medien war durch die dezidierte Falschinformationspolitik der Staatsanwaltschaft in Tateinheit mit der Bequemlichkeit der Redakteure aller Qualitätsmedien nahezu identisch." Und so kann man schließen: **„Aber wie das Beispiel zeigt, haben diese Menschen (im Knast) mehr Ehre im Leib als so manche Journalisten"**

Weitere Zitate über Journalisten:
„Wenn die Sonne der Kultur tief steht, dann werfen auch Zwerge lange Schatten." (Karl Kraus) „Moderne Medien: zurück in die Steinzeit? Oder Nullmedien?" (Thomas Wieczorek) „Halbbildungsstammtisch Presseclub" (Thomas Wieczorek) – „dort wo sich die intelligentesten Leute Deutschlands treffen" (ein ‚Medienguru' bei Frank Plasberg).

Der C.H.Beck Verlag druckt das unselige Schmutzwerk
Florescus, hat aber eine Nazi-Vergangenheit (FAS: 27.12.13). Auf unseren Kommentar in der FAZ wurde nicht reagiert. Alles nur SPAM?
Unsere Kommentare auch in Rumänisch, Englisch und Französisch:
Siehe www.hog-triebswetter.de/Roman.htm.

Zitat von Bert Brecht :

> **»Wenn Unrecht zu Recht wird,
> wird Widerstand zur Pflicht ! «**

Wenn der Erste glaubwürdig lügt, dann wird jeder, der nachher die Wahrheit sagt, als Lügner bezeichnet! Oder:

Zitat von Jean Paul:

> **„Wer die Wahrheit geigt, dem schlägt
> man oft die Fiedel auf den Kopf!"**

Zitat von C.D.Florescu in Rumänien über seinen „großen" Roman:

Frage: „Jacob...? Wenn Sie wählen würden, wer wollten Sie aus dem Roman sein, würden Sie ihn vorziehen?"
Florescu: „Zu Beginn sagte ich, dass ich mit Jacob nichts gemeinsam habe. Ich bin kein Schwabe, ich kannte die Epoche nicht, in welcher er lebte, ich habe keine gemeinsamen Themen mit ihm. Ich bin kein Kind des archaischen Lebens vom Dorf, ich bin ein Sohn der Stadt, zuerst Temeswar, dann Zürich, ich lebte nicht als Schwabe in Rumänien, mit einer anderen Kultur als die der Allgemeinheit. Ich lebe in einer ultramodernen Gesellschaft und habe keinen Vater wie Jacob."

Über „Niederungen" von Herta Müller:
Herta Müller wusste, wen sie beschreibt. (Oder nicht?...)
C.D. Florescu wusste nicht, wen er beschreibt. (Oder doch?...)
Laut einer Aussage C.D. Florescus in der ADZ beackern sie aber beide dasselbe Thema. (Oder von demselben Auftraggeber?...) Das muss auch „Sinnlichkeit" oder ein „Erkenntnisse förderndes Vergnügen", laut einem Kommentator in einer deutschen „Verdummungspresse", sein!

Schweizer Schüler beschlossen zu recherchieren
...und was sie alles festgestellt haben, hier einige Zitate:

„...vor Kurzem sind wir auf ihre Internetseite gestoßen, die sich **mit dem Roman ‚Jakob beschließt zu lieben' von C.D. Florescu kritisch auseinandersetzt.** Da wir dieses Buch in der Schule lesen und ein Referat darüber halten dürfen, möchten wir die Geschichte der Triebswetterer genauer untersuchen..."

„In einem Ihrer Texte haben Sie erwähnt, dass es **Jacob Obertin bzw. Jakob Oberten in der Realität geben soll** und ihn **Florescu nie gefragt hat**, ob er seine Identität verwenden darf! **Wir waren äußerst schockiert."**

Zu Kommentaren auf einem Literaturblog: „In beiden Kommentaren gibt es (für Sie) mehr negative Bewertungen als positive, ... obwohl

Sie sachlich blieben! ... Jeder andere Kommentator bzw. ‚Pseudo-
Literaturstudent' hat ungefähr geschrieben, es sei ja ein Roman,
also Fiktion, ergo **dürfe Florescu schreiben, was er wolle.**"

„Ich habe gestern angefangen, das Buch **noch einmal genau zu
lesen.** Dabei habe ich **gewisse Namen bzw. Ereignisse mit dem
Treffil-Buch** bzw. Wikipedia (Eintrag Banater Schwaben) abgeglichen und **allfällige Fehler, Ungereimtheiten und abschätzige
Worte mit Leuchtstift markiert. Und langsam schäme ich mich
als Schweizerin, dass dieser Roman mit dem Schweizer Buchpreis ausgezeichnet wurde, denn mein Buch ist voller Leuchtstift!!!** Florescu war äußerst clever, denn **beim ersten Durchlesen
fallen einem die Seitenhiebe nicht auf,** sondern sie werden eher
als ‚literarische Ausschmückungen' getarnt. **Dabei wer-den die Familie Nepper und viele andere durch den Schmutz gezogen** und
niemand merkt etwas."

**AN unsere Medien! Was habt IHR (Kulturredakteure) gemacht?
Wofür werdet IHR bezahlt? Habt Ihr auch recherchiert? Oder
seid Ihr so schockiert gewesen, dass es Euch die Sprache/das
Schreiben verschlagen hat? ...Und IHR Übersetzer, ohne geisti-
ge Wachsamkeit, aber mit der Unverschämtheit von Nationalisten und Rassisten sowohl vom Goethe-Institut, dem DAAD
(also Deutscher Akademischer Austauschdienst, wirklich Aka-
demisch?), als auch vom Literarischen Colloquium Berlin?**

Hallo, Vollblutkommentatoren, die nur positive Kommentare schreiben können, und vor allem Medien!

**Die Leser haben das Recht, die Wahrheit zu erfahren. Was Sie
bisher über den Roman gedruckt haben - mit einer einzigen
Ausnahme - nenne ich „gelogen wie gedruckt", im wahrsten
Sinne des Wortes. Zur Berichtigung falscher Berichterstattung
seid Ihr verpflichtet, das seid Ihr Euren Lesern und den im
Roman verunglimpften Personen (Tote, Nachkommen oder
Lebende) schuldig, sonst verdient Ihr Eure Pressefreiheit
NICHT!!! Habt Ihr überhaupt einen Pressekodex?**

Triebswetterer Art
von Anton Palfi

Mir ware schun immer a bißl anerscht
wie die anre Schwobe aus'm Banat:
es bißl stolzer un reicher un aach
a anre Dialekt han mir doch ghat.

A Stickl franzeesisch im Name
un in der Sproch zu uns gheert -
doch ware mir immer ganz gude Schwobe
un alles Teitschi war uns was wert.

Die anre han uns gfoppt un geärchert,
mit "Rigola" un "Baberjoon" veräppelt.
Des war aber nor Hetz - schlimmer war's,
wann mer mitenanner han gekeppelt.

Triebswetter war eenmalich im Banat
als Dorf un die Leit vun besonderer Art -
uf uns hat gepaßt des scheeni Sprichwort:
De beschte Speck is unner die Schwaart!

Triebswetter
von Marliese Wolf (Jan. 2010)

Du warst für uns
alles:
Heimat, Leben, Geborgenheit.
Du gabst uns
alles:
Freude, Kummer und Leid.
Einst
waren wir so stolz,
zu dir zu gehören.
Wir
haben dich gehegt und gepflegt,
um dein Ansehen zu erhöhen.
Wir
haben dich verlassen,
dich,
anderen überlassen.
Dein Herz blutet,
deine Seele ist gebrochen,
unsere Spuren
auch bald alle erloschen.
Falls es dich tröstet,
sollst du es wissen,
solange wir leben
werden wir dich vermissen.

Bewertung von Triebswetterern zum Roman von Cătălin Dorian Florescu: „Jacob beschließt zu lieben" über Triebswetter und Triebswetterer sowie über Banater Schwaben

Hier erfährt man alles, was nichtsahnende Leser wissen müssten, und alles, was von der Werbung für den Roman mit vorsätzlicher Vehemenz verschwiegen wird. Ich habe langsam den Eindruck, dass ein rassistisch ausgerichtetes Werk nur von anderen Rassisten unterstützt, gelobt und verbreitet werden kann!

Fazit: Ein Rumäne (aus dem Ceauşescu-Fan-Block) beschreibt Triebswetter als Banater Dorf, in welchem er nie gelebt hat, und dichtet den deutschen Einwohnern identitätsfremde Lebensgewohnheiten an. Er beschreibt sie als dreckige, stinkige, besoffene Mörder, Zigeunerjäger, Brandstifter, Geiselnehmer und verwendet dabei die Namen real existierender Personen und die von deren Vorfahren mit negativ aufpolierten Geschichten aus dem Familiensippenbuch der Triebswetterer mit einer wortgewaltigen, hervorragend gestalteten schriftstellerischen Meisterleistung. Er hat sich wirklich Mühe gegeben unsere Identität und Geschichte zu verfälschen.

Endgültige Bewertung der Betroffenen. Der Roman „Jacob beschließt zu lieben" von Cătălin Dorian Florescu:

Das ist kein Geschichtsroman der Banater Schwaben, das ist kein Familienepos der Triebswetterer Familie Obertin, das ist eine Kriminalisierung unserer Ahnen und Vorfahren aus Lothringen, das ist eine Identitätsverfälschung der Banater Schwaben, das ist eine Schmähschrift gegen die Triebswetterer im Besonderen und Banater Schwaben im Allgemeinen!

Der reale Name Triebswetter und alle real existierenden Triebswetterer Familiennamen, die zusammen mit ihren Kurzgeschichten, die negativ aufpoliert aus dem Familiensippenbuch übernommen wurden, dürfen kein Thema für einen Roman, der zwischen Wirklichkeit und Fiktion keinen Unterschied macht, sein.

Jakob (mit k, die deutsche Schreibweise) ist der Böse und Üble und Jacob (mit c, die rumänische Schreibweise) ist der Liebe und Gute, das sagt in meinen Augen alles aus. Der Autor spielt mit Identitäten, die er mit „einem" Buchstaben verändern kann (siehe Thüringer Allgemeine).

Ihre Väter haben unsere Eltern um ihres Vermögens und ihrer Freiheit beraubt und die Söhne berauben uns jetzt unserer Identität.
Das ist eine **Beleidigung, Erniedrigung und Diskriminierung der OPFER der rumänischen kommunistischen DIKTATUR!**

Dies gilt auch für alle, die diesen Roman in grenzenlosen Kommentaren loben und für alle die, die angeblich viel zum Gelingen des Romans beigetragen haben, bei welchen sich der Autor bedankt:
„Der Autor dankt dem Land Schleswig-Holstein und den Städten Erfurt und Baden-Baden sowie dem Literarischen Colloquium Berlin und der Bosch-Stiftung für die Unterstützung dieses Romans."
Hier sind nun auch noch der DAAD und das Goethe-Institut, die sich für die Übersetzung des Romans eine „goldene Nase" verdient haben, zu nennen.

EIGENE MEINUNG DES AUTORS ZU SEINEM ROMAN:
Frage: „Jacob...? Wenn Sie wählen würden, wer wollten Sie aus dem Roman sein, würden Sie ihn vorziehen?"
Florescu: „Zu Beginn sagte ich, dass ich mit Jacob nichts gemeinsam habe. **Ich bin kein Schwabe**, ich **kannte die Epoche nicht**, in welcher er lebte, ich **habe keine gemeinsamen Themen** mit ihm. Ich bin kein Kind des archaischen Lebens vom Dorf, ich bin ein Sohn der Stadt, zuerst Temeswar, dann Zürich, **ich lebte nicht als Schwabe in Rumänien, <u>mit einer anderen Kultur als die der Allgemeinheit</u>**. Ich lebe in einer ultramodernen Gesellschaft und habe keinen Vater wie Jacob."

1

Roman von Cătălin Dorian Florescu: „Jacob beschließt zu lieben". Beanstandungen, Vorwürfe, Gegenüberstellung Familienbuch Roman, Geschichts- und Identitätsverfälschung u.s.w.

Thema: Ein Rumäne (der heute noch Ceauşescu wie Vater und Mutter sieht) beschreibt Triebswetter als Banater Dorf, in welchem er nie gelebt hat. **Hier erfährt man alles, was nichtsah-nende Leser wissen müssten und alles, was von der Werbung für den Roman mit vorsätzlicher Vehemenz ver-schwiegen wird.**

Ein Zitat aus der eigenen Werbung Florescus für seinen „neuen, großen" Roman, die man sich bei Amazon und auf Zeit-Online ansehen und anhören kann/konnte: „Es geht um die ganze Dynastie der Obertins, die aus Lothringen kommt und Zivilisationsstifter sind. Aber im Gegensatz zu allen anderen Männern in dieser Familie, auch zu Jacobs Vater, nämlich Jakob mit k, während Jacob, der Sohn, mit c geschrieben wird, dieser kleine Unterschied ist sehr wichtig, weil sie so unterschiedlich sind, Vater und Sohn. Wenn also alle anderen Männer Macht suchen, ihr Glück auf das Unglück anderer gründen wollen, ist eben Jacob mit c ganz anders."

Und was darf man von dieser Werbung halten oder wie kann man das interpretieren?
Die Dynastie der Obertins, die aus Lothringen kommt, gab es und gibt es nicht und über „diese Zivilisationsstifter" erfährt man im Roman, dass es Mörder, Brandstifter, Zigeunerhenker, Vergewaltiger und Geiselnehmer waren, die ihre Heimat „machthungrig und mit Blut an den Händen" verlassen haben. Und über die Männer, die Macht suchten und ihr Glück auf das Unglück anderer gründen wollten, weiß man im Banat Folgendes: 1945 gab es eine Russlandverschleppung, auf welche ich jetzt nicht eingehen möchte, aber fast zur gleichen Zeit gab es auch die Enteignung der Banater Schwaben durch die rumänischen (machthungrigen) Nationalkommunisten, die dann in die leeren Häuser eingezogen sind. 1951, ein paar Jahre später, kam es dann zur Bărăgan-Deportation, einzigartig in Rumänien, wobei halbe Dörfer von Banater Schwaben mit Viehwaggons 800 km weit ostwärts gebracht und auf einem Stoppelfeld wieder abgesetzt wurden. In ihre Häuser wurden wieder rumänische Nationalkommunisten einquartiert. Wer hat da wohl Macht ausgeübt und

wer hat sein Glück auf das Unglück anderer gegründet? Warum ist der „kleine Unterschied" zwischen Jakob und Jacob sehr wichtig? Es wird nicht verheimlicht, dass der Jakob (mit k, also die deutsche Schreibweise) der Böse, der Üble, der Vergewaltiger ist, der den Sohn an die Russen verrät, während Jacob (mit c, die rumänische Schreibweise) der Liebe und der Gute sein soll. Schade nur, dass manche Kommentatoren das nicht wissen oder nicht wissen wollen!

K u r i o s e s
Zwei herausragende Kommentare auf einer Internet-Seite von Ana-Luisa (bei uns wird „Anna" geschrieben), Zitat: „deutsch lesen dabei rumänisch empfinden... was für eine kombination. MULTUMESC!"
 (Ich werde hier den Verdacht nicht los, dass es sich um rumänische Nationalisten handelt! MULTUMESC heißt auf Deutsch: DANKE!)
Eine andere Kommentatorin, M. Obertin, meint: „Herzliche Gratulation zu Jacob! Dieses Buch ist NICHT auf Mist geboren!"
MEINE FRAGE/ANTWORT: „Bon jour, M., sind Sie sicher, dass Sie das Buch gelesen haben? Und Sie heißen wirklich Obertin? ...Sie können auch rumänisch oder französisch antworten, wir verstehen das auch." (Ob die mir wohl antworten wird oder kann? Bis heute kam keine Antwort.)

Alle hier vorgestellten Beiträge und Kommentare wurden erstellt von Triebswetterer und Banater Akademikern, die ihr Studium zum Teil an Gymnasien und Universitäten in Rumänien absolviert haben und die Materie, um welche es hier geht, besser als „GUT" kennen; es handelt sich dabei um mehrere Germanisten, Professoren, Ingenieuren, Direktoren, Pfarrer, Naturwissenschaftler...

Namen real existierender Personen verwenden?
Zitat: „Hallo, ich habe mittlerweile mein siebentes Buch veröffentlicht und mich ausgiebig damit beschäftigt. Grundsätzlich gilt Folgendes: Wenn du eine wahre Person beschreibst und den wahren Namen nimmst, dann musst du die Genehmigung dieser Person haben. Grundsätzlich gilt auch Folgendes: Wenn du die Geschichte einer Person beschreibst und einen anderen Namen vergibst, dann musst du das Einverständnis der Person haben, wenn sie sich selbst oder wenn andere Leser/Leserinnen diese Person erkennt/erkennen. Wenn du über eine Person schreibst, die mehr als 70 Jahre tot ist, dann kannst du den Namen verwenden, es sei denn, es gibt Fami-

lienangehörige, dann musst du auch sie um Genehmigung befragen. Dumme Sache, aber so sind unsere Gesetze..."
Grüße K.K.

Gegen obige Grundsätze hat Florescu in seinem Roman verstoßen. Und, man höre und staune, die Banater Post (BP) und das Donauschwäbische Zentralmuseum (DZM) unterstützen den Autor durch eine Lesung im DZM (Swantje Volkmann) und einen Bericht in der BP vom 19.05.2011, in welchem ein „Loblied" mit Bild auf den Autor und Roman von einem Banater Schwaben (M. Vastag) „gesungen" wird.
Allerdings ist der für „filmreife Szenen" (*) werbende Bericht (Dr. Walter Engel) vom 05.06.2011 schon etwas ausgewogener und geht auch auf Tatsachen ein, die bei anderen Lobliedschreibern ganz und total übersehen und verschwiegen werden. Das aber nur zum Schein!

Dieser Roman sollte nicht zum Angebot von deutschen und donauschwäbischen Institutionen und Vereinen gehören. Gemeint sind da sowohl das DZM in Ulm, als auch das Goethe-Institut und der DAAD (Deutscher Akademischer Austauschdienst), wo es sogar in anderen Sprachen angeboten und aktiv zur Übersetzung beigetragen wird. Bitte unsere Fragen an Lobliedschreiber lesen! Danke!

Desgleichen sollte es in jeglichen Schulen sowie in weiteren Bildungseinrichtungen keine Lesungen aus dem Roman geben.

(*) Betr.: „Filmreife Szenen". In seinen beiden Erstlingsromanen, die äußerst glaubwürdig sein sollen und es auch sind, geht der Autor mehrmals auf die Tatsache ein, dass er sämtliche Filme der 60er- Jahre sehr gut kennt und offensichtlich auch Szenen daraus abändert und verwendet. So kommt doch in einem Bogart-Film eine Szene vor, in welcher der Vater seinen Sohn an die Polizei verrät, der dann von dieser mit Verbrechern und Nutten abgeführt wird. So ist es nicht verwunderlich, dass man in „Jacob..." lesen kann, dass der Vater den Sohn an die Russen verrät, die ihn dann deportieren.
Und Verbrecher und Säufer und Huren kommen in allen seinen Romanen vom ersten bis zum letzten vor, manchmal hatte ich den Eindruck, dass auch einiges aus Herta Müllers "Niederungen" stammt, denn sie "beackern" beide dasselbe Thema: **Diskriminierung, Erniedrigung, Verleumdung aller Banater Schwaben, was heute offensichtlich für notgeile Leser „IN" ist! Dafür bekamen/- bekommen sie Preise sowohl von den ehemaligen Institutionen „menschenunwürdiger Regimes" als auch von hiesigen Institu-**

=> 20 <=

tionen, die wohl auf dem Weg sind, einen noch „besseren" Kommunismus, als den, den wir im Osten schon hatten, zu gestalten. Deutsche machen immer alles gründlich oder gründlicher! Gratulation Goethe-Institut und DAAD für die Übersetzungen und Verbreitungen von „Jacob..." im Ausland.

Die endgültige gekürzte Wertung/Rezension des Schmutzwerks durch die Triebswetterer. Der Roman „Jacob beschließt zu lieben" von Cătălin Dorian Florescu:

Das ist kein Geschichtsroman der Banater Schwaben, das ist kein Familienepos der Triebswetterer Familie Obertin, das ist eine Kriminalisierung unserer Ahnen und Vorfahren aus Lothringen, das ist eine Identitätsverfälschung der Banater Schwaben, das ist eine Schmähschrift gegen die Triebswetterer im Besonderen und gegen die Banater Schwaben im Allgemeinen!

Siehe Seite 16.

Ihre Väter haben unsere Eltern um ihr Vermögen gebracht und sie ihrer Freiheit beraubt und die Söhne berauben uns jetzt unserer Identität.

Das ist eine Beleidigung, Erniedrigung und Diskriminierung der OPFER der rumänischen kommunistischen DIKTATUR!

Dies gilt auch für alle, die diesen Roman in Kommentaren grenzenlos loben und für alle die, die angeblich viel für das Gelingen des Romans beigetragen haben, bei welchen sich der Autor bedankt.

Kurzum sind folgenden Tatbestände erfüllt: <u>Persönlichkeitsrechtverletzung</u> - die Verwendung des realen (wirklichen) Namens des Doppelprotagonisten Oberten (oder Obertin spielt dabei keine Rolle) Jakob – als deutscher Vorname – und Jacob – aus seinem rumänischen Ausweis – dann <u>Volksverhetzung</u>, weil alle verwendeten reellen (wirklichen) Namen (von Lebenden oder Toten) und deren Geschichten durch den Dreck gezogen und letzendlich das <u>Verunglimpfen des Antlitzes von Toten</u>, deren Namen aus dem Treffil-Buch „entnommen" wurden.

Geschichtliches: Nützliches und Unnützes rund um den Roman

275 n.Chr. bis etwa 1200

<u>Rumänien</u>: Die Römer ziehen sich vom Gebiet Dakiens südlich der Donau zurück. Es folgte eine Zeit von etwa 900 Jahre, in welchen Wandervölker das Gebiet nördlich der Donau heimsuchten. Es gibt keine schriftlichen Nachweise für die Existenz von Rumänen in der Gegend nördlich der Donau. Es gibt aber auch keinen Beweis für das Gegenteil, was auf das Fehlen schriftlicher Beweismaterialien und einer organisierten lokalen Verwaltung zurückzuführen ist. Es wäre auch möglich, dass die Mongolen beim Plündern des Gebiets im Jahr 1241 alle existierenden Beweise vernichtet haben.

1299 – 1923

Die Osmanen bedrohen, erobern und besetzen die Länder Osteuropas, auch die rumänischen Fürstentümer Moldau und Walachei und stehen letztendlich (1683) vor den Toren Wiens.

1521 Belgrad wird von den Osmanen erobert.

1552 Temeswar fällt für etwa 150 Jahre unter osmanische Herrschaft.

1618 – 1648

<u>Dreißigjähriger Krieg</u>: Religionskrieg in Mitteleuropa, in welchem sich Gegensätze zwischen der Katholischen Liga und der Protestantischen Union innerhalb des Heiligen Römischen Reiches und der habsburgisch-französische Gegensatz auf europäischer Ebene entluden. Der Krieg wird von Geschichtsschreibern in mehrere Etappen eingeteilt, darunter zum Beispiel der „Französisch-Schwedische Krieg" (1635 - 1648), bei welchem die Kämpfe auf deutschem Boden stattfanden. Die Söldner, die aus nahezu allen Ländern Europas kamen, schlossen sich je nach Kriegslage mal der einen, mal der anderen Partei an. In Florescus Roman geht es NUR um die Vorfahren der Triebswetterer - genau die Obertins - aus Lothringen. Der 30-jährige Krieg gehört überhaupt NICHT zur Geschichte der Ansiedlung der Banater Schwaben und erst recht nicht zu Triebswetter. Das ist Geschichtsverfälschung und Kriminalisierung der Obertins! Ob da Aubertin, Obertin oder gar Oberten geschrieben wird, ist dasselbe, da die Amtsschreiber das NIE so GENAU genommen und die

Namen nach Gehör (magyarisiert oder rumänisiert) geschrieben haben.

1683 Die Osmanen belagern Wien.

12.09.1683
Die Osmanen werden aus der Umgebung Wiens vertrieben.

05.08.1716
Prinz Eugen besiegt die Osmanen in der Schlacht von Peterwardein.

13.10.1716
Prinz Eugen befreit Temeswar von der 150-jährigen osmanischen Herrschaft.

22.08.1717
Belgrad wird von der osmanischen Herrschaft befreit.
Erst jetzt kann die Ansiedlung des Banates beginnen!

1722 – 1726 Erster Schwabenzug

1763 – 1772 Zweiter Schwabenzug
(Verödete, versumpfte Weidegebiete werden zu geschlossenen Ackerbaulandschaften.)

1781 – 1787 Dritter Schwabenzug
**"Die Ersten fanden den Tod,
die Zweiten hatten die Not,
und die Dritten erst das Brot".**

1772
Gründung von Triebswetter (124 Jahre nach dem 30jährigen Krieg!!! Der 30jährige Krieg hat weder etwas mit der Gründung von Triebswetter zu tun noch mit den drei bekannten Schwabenzügen, die von der österreichischen Monarchie organisiert wurden), **benannt nach dem kaiserlichen Vermessungsingenieur Anton von Triebswetter** (was mit trübem Wetter überhaupt nichts zu tun hat, wenn es auch so klingen sollte). Es war auch nicht der Lothringer Obertin, der das Dorf gründete. Die Ansiedler kamen aus: Lothringen (62%), Luxemburg (8%). Bayern (5%), Baden-Württemberg (5%),

Frankreich (3,5%), der Pfalz (3,5%) sowie ein geringer Teil aus Ungarn, dem Banat, aus Hessen, Böhmen, Mähren, aus dem Saarland, dem Elsass, aus Österreich, Schlesien, Slowenien, Italien, Preußen, Sachsen u.a. Die Einwoh-nerzahl stieg von etwa 650 bei der Dorfgründung auf 3028 im Jahre 1940. Das waren: 2835 Deutsche, 34 Rumänen, 37 Ungarn, 101 Zigeuner und 21 anderer Nationalität.

1850

Bau der katholischen Kirche in Triebswetter. Die drei Glocken, die 1916 vom Militär requiriert wurden, wurden nach dem Ersten Weltkrieg neu angeschafft und sie wogen 193 kg, 437 kg und 635 kg.

1859

Rumänien: Die rumänischen Fürstentümer Moldau und Walachei (Altrumänien) vereinigen sich.

1878

(Alt)Rumänien erlangt die Unabhängigkeit vom Osmanischen Reich. Die Könige kamen aus dem (deutschen) Hause Hohenzollern.

1912 – 1913 Balkankriege

1914 - 1918

Erster Weltkrieg: Triebswetter (109 Gefallene) gehört zu Österreich-Ungarn, genau Südungarn.

1916

Rumänien tritt an der Seite der Siegermächte in den Krieg ein.

1920

Transsylvanien (Siebenbürger Sachsen) und das Banat (Banater Schwaben) fallen an Rumänien. Die Rumänen, die ins Banat kommen, können nicht Deutsch und die Deutschen aus dem Banat können nicht Rumänisch, die meisten Banater haben ungarische Schulen besucht. Aber Florescus Protagonist, Jakob ohne Name, kommt (1926) und holt sich EINFACH eine Deutsche „in jeder Hinsicht" zur Frau, die dann ein Kind auf dem Mist bekommt und nichts zu sagen hat. Wie sagte doch Florescu in einem Interview: „Jakob ohne Name (also ein Zigeuner) bringt das Unheil nach Triebswetter".

22.06.1941

Rumäniens Staatsführer und Ministerpräsident Ion Antonescu tritt an der Seite Hitlerdeutschlands in den Krieg gegen die Sowjetunion ein. Die Banter Schwaben gingen dabei mit (siehe 1920). Im Dezember 1942 werden die rumänischen Truppen bei Stalingrad restlos aufgerieben. (Unter Antonescu wurden in Rumänien 300.000 Juden und 20.000 Roma ermordet.)

23.08.1944

Antonescu wird gestürzt und Rumänien erklärt Deutschland den Krieg. Die Rumänen wechseln die Fronten und die Volksdeutschen aus Rumänien müssen vor der „Roten Armee" flüchten. Dieser Tag ging auch als „Tag der Befreiung" in die rumänische Geschichte ein.

Jan. 1945

Verschleppung der Volksdeutschen aus Rumänien (Banater Schwaben und Siebenbürger Sachsen), und zwar alle Männer im Alter von 17 bis 45 und alle Frauen im Alter von 18 bis 33 Jahren, in die Sowjetunion. Einige versteckten sich, andere konnten sich als ehemalige Angehörige der rumänischen Armee sowie mit ihren französischen Namen vor der Deportation retten.

30.12.1947

Ausrufung der Rumänischen Volksrepublik. Schon ab 1945 setzte eine **Enteignungswelle** ein, wobei die „reichen Bürger" Rumäniens von ihrem Privateigentum, Haus, Hof, Garten, Feld und Vieh „befreit" wurden. Dazu gehörten vor allem auch die Banater Schwaben aus Rumänien, obwohl es hier keine richtigen Großgrundbesitzer gab. Die Nutznießer der Aktion waren die rumänischen Nationalkommunisten der ersten Stunde.

Juni 1951

Deportation der Banater Schwaben in die Bărăgan-Steppe. (Mit dieser Deportation endet Florescus Roman „Jakob beschließt zu lieben".) In einer Nacht- und Nebelaktion wurde ein Teil der Banater Schwaben in Viehwaggons 800 km ostwärts verbracht und nach einer Woche Fahrt auf einer Steppe wieder abgesetzt, wo sie zunächst in Erdlöchern hausten, bis sie sich eine Hütte bauen konnten. (Den dortigen rumänischen Einheimischen wurde verboten, mit den Deutschen Kontakt aufzunehmen, weil das Verbrecher wären.) In ihren Häusern im Banat zogen Rumänen ein, die aus verschiedenen

Landesteilen Altrumäniens (Oltenien, Muntenien usw) ins Banat gebracht wurden. Nach 4-5 Jahren kamen die Deportierten zurück und
fanden ihre zum Teil zerstörten Häuser, Gärten (Zäune, Fensterläden, Parkettböden waren verbrannt) und Wohnungen wieder, die
sie renovieren mussten. Siehe auch:
http://www.kulturraum-banat.de/Kriegsfolgen/Baragan/Baragan.htm

1957 +/-
Die **Kollektivierung** (besser Kollektivisierung von „colectivisare")
sollte **„freiwillig" erzwungen** werden. Für die deutschen Bauern
war das eine erneute Enteignung, denn sie mussten ihr Feld, Vieh
und die landwirtschaftlichen Geräte der LPG (Landwirtschaftliche
Produktionsgenossenschaft) abgeben und mit anderen, die oft
nichts mitgebracht haben, teilen. (Es wurde teils so „professionell"
gearbeitet, dass z.B. die Pferde meiner Großeltern zwei Wochen
nach der Abgabe tot auf dem Hof der LPG lagen. Das als Hinweis
auf Florescus Zigeuner im Roman, der einen deutschen Bauernhof
auf Vordermann brachte.)

Ab 1947
Das sozialistische Land, das laut Ceauşescu den Kommunismus
anstrebte, war bis in die letzten Winkel organisiert. Es gab eine
Menge Parteibonzen (der Rumänischen Kommunistischen Partei),
die auf Kosten der Arbeitenden lebten und ein gut organisierter
Geheimdienst, die Securitate, die ihre Informanten in allen Ecken
und Enden hatte (vergleiche Stasi und Gestapo). Man sagte: „Die
Wände haben Ohren."

Ab 1970
**Auswanderungswelle der Deutschen aus Rumänien: Banater
Schwaben und Siebenbürger Sachsen.** Ceauşescu verneint die
Existenz der Kulturen der mitwohnenden Nationalitäten und will
diese in die angestrebte gemeinsame kommunistische Kultur (die
von Römern und Dakiern bestimmt sein soll) einbinden. **Die ausreisewilligen Deutschen wurden in diesem Kontext als Verbrecher, Verräter und Überläufer bezeichnet.** Und nun erscheinen wir **im Roman eines Rumänen als dreckige, stinkige, besoffene Verräter, Überläufer, Mörder und Geiselnehmer**, mit einer
verfälschte Geschichte und einer FALSCHEN IDENTITÄT. <u>**Die
Leute, die Florescu beschreibt, sind KEINE TRIEBSWETTERER
und auch KEINE BANATER SCHWABEN!**</u> Soll das die angestrebte Kultur sein? ***Ihre Väter haben unsere Eltern um ihr Vermögen***

Nur für Nichtbanater, die schneller ein Urteil fällen, als man ein Atom spalten kann.

Sollen wir uns den Vorwurf „fremdenfeindlich", „nationalistisch" oder gar „Nazi" gefallen lassen? Es gibt solche Leute, die sich mit falscher E-Mail-Adresse gemeldet haben, aber nicht kapieren, worum es eigentlich in dem Roman geht. Manche haben so ihre Probleme mit dem logischen Denken, falls sie überhaupt wissen, was dies bedeutet. Dazu möchte ich hier Folgendes anführen: Zur Zeit des „Kalten Krieges" wurde von der westlichen freien Presse des Öfteren von den „Betonköpfen" in den östlichen kommunistischen Regierungen, wo Pressefreiheit nur für die Kommunisten galt, berichtet. Und nun sind wir im Westen und was finden wir? Schon wieder eine Presse, die nur „positive Berichte" über den uns diskriminierenden Roman bringt. Handelt es sich schon wieder um „Betonköpfe", bei welchen jeder Sinn für Realität verschwunden ist? Unsere negativen Bewertungen oder Tatsachenberichte werden nicht beachtet oder ohne Angabe von plausiblen Gründen gelöscht. Das sind Relikte eines „menschunwürdigen Regimes", Stasi- und Securitate-Methoden! Ich finde, wer nicht reagiert oder antwortet, hat „Dreck am Stecken!" Siehe auch Stern TV-Berichte, in welchen der „Mann mit dem Mikrofon" vor der Tür steht, die nicht aufgeht, er mit einem Bagger bis in das 3. OG hochgehievt wird und trotz Megaphon vom befragten „Unrechtstuer" keine Antwort bekommt. Es gibt auch schon einige Bücher in dieser Hinsicht. „Die Erziehungskatastrophe" von Susanne Gaschke (ich würde als Folge und in Anlehnung daran „die Bildungskatastrophe" beschreiben), die Wieczorek-Trilogie (Autor Thomas Wieczorek): „Die geplünderte Republik" (Wie uns Banken, Spekulanten und Politiker in den Ruin treiben), „Die verblödete Republik" (Wie uns Medien, Wirtschaft und Politik für dumm verkaufen), „Einigkeit und Recht und Doofheit" (Warum wir längst keine Dichter und Denker mehr sind) und nicht zuletzt „Generation Doof" von Stefan Bonner und Anne Weis. Ich will da gleich aus „Generation Doof" ein Zitat eines der bekanntesten Kabarettisten, Dieter Nuhr, was „eigene Meinung" angeht, anführen: „Man kann ja zu Allem seine eigene Meinung haben, wenn man aber nichts weiß, soll man einfach mal die Fresse halten." Wer einseitig berichtet sollte eigentlich beachten, dass halbe Wahrheiten auch Lügen oder Volksverdummung sind.

Es steht fest, DASS WIR (Triebswetterer vor allem und die anderen Banater Schwaben im Allgemeinen) von einem rumänischen Nationalkommunisten in dem Roman erniedrigt und DISKRIMINIERT WERDEN. **Wenn es eine FIKTION ist, dann darf der Name Triebswetter, der Name der Banater Schwaben und die Namen aller real existierender Personen und die ihrer Vorfahren/ Nachfahren NICHT genannt werden, egal wie schön, toll und professionell die schriftstellerische Leistung ist.** Wir kommen aus einem Gebiet, in welchem mehrere Nationalitäten, Ungarn, Rumänen, Deutsche, Zigeuner usw beispielhaft, friedlich zusammen lebten, jeder aber seine eigene Sprache, Kultur, seine Sitten und Bräuche hatte, und wenn wir es nicht wünschen, dass unsere Identität verwechselt wird, dann sind wir noch lange keine Natio-nalisten. <u>Wer allerdings meint, dass wir die falsche Identität anneh-men müssen, sollte sich seine Denkweise mal genau überlegen, ob er uns nicht genau das auferlegen will, was uns schon im Roman passiert ist.</u> Und falls jemandem das Wort „Fremdenfeindlichkeit" einfallen sollte, so gilt das eventuell für Florescu (als Rumäne i.b. auf eine Minderheit im Banat) und den C.H. Beck-Verlag den Bana-ter Schwaben im Allgemeinen und uns Triebswetterern im Beson-deren gegenüber.

PS: Warum schreibt heute eine ehemalige Schülerin, Sylvia Hamacher, ein Buch („Tatort Schule") über das Mobbing und die Erniedrigungen, die sie in der Schule von ihren Klassenkollegen ertragen musste? Und die Politik und die Gesellschaft vermögen nichts dagegen zu tun, weil sich wohl alle daran ergötzen. Ist das der Grund, dass man bei manchen (Kultur)Redakteuren der „freien Presse" nicht merkt, dass Florescu eigentlich dasselbe tut? Und nun gibt es noch eine Kategorie unserer Zeitgenossen, die bei mir (ich stehe in der Mitte) so weit links auf der Liste stehen, dass sie schon gar nicht mehr wahrgenommen werden. Jenen möchte ich hiermit mitteilen, **dass der Kommunismus seit 20 Jahren passe ist und dass wir an einer eventuellen „deutschen Version von Beton-köpfen" kein Interesse haben.** Und noch üblere Beton- und Hohlköpfe sind jene, bei welchen es überhaupt kein Gehirn im Kopf mehr gibt, die uns auch noch eventuell als Nazis oder Extremisten einstufen. Meine Gratulation für EURE BLÖDHEIT!

=> 28 <=

Hallo, Landsleute, Triebswetterer und Banater Schwaben,

Ihr werdet staunen, wenn ich mich heute in einer außergewöhnlichen Sache an Euch wende. Ein rumänischer Schriftsteller hat in deutscher Sprache einen Roman geschrieben, den er und sein Verlag im Rahmen der „künstlerischen Freiheit" am 23.02.2011 veröffentlicht hat. Die Handlung spielt sich in Triebswetter ab und die Personen sind alle real existierende Triebswetterer oder deren Vorfahren. Wer einen französischen Namen hat, kann beinahe mit Sicherheit sagen, dass sein Name im Roman vorkommt. Das kann ja lustig sein. Leute, wir werden berühmt (ironisch) im Roman „Jacob beschließt zu lieben" von Cătălin Dorian Florescu, einem in der Schweiz lebenden Rumänen. Florescu (und wie erinnert mich das an Ceaușescu) wurde 1967 in Temeswar geboren (seine Vorfahren kamen ganz sicher zwischen den Kriegen „über die Karpaten" ins Banat und offensichtlich ist einer davon der Haupheld in seinem Roman: Jakob ohne Name – also ein Zigeuner). Schon 1976 konnten er und sein Vater, der (wie es im ersten Roman "Wunderzeit" beschrieben wird) gute Beziehungen hatte, Italien und Amerika besuchen, um wieder nach Rumänien zurückzukehren. 1982 flüchtete er ERNEUT mit einem PKW (fast nicht kontrolliert samt Dachgepäckträger und Anhänger mit doppeltem Boden, wobei man gleichzeitig anderen den Wagen auseinandernahm) über die Grenze in die Schweiz. Was der wohl für Glück hatte. Hast Du, Hans, Franz oder Peter, so ganz einfach ins rumänische Ausland fahren können? Mich haben die Grenzer jedes Mal, wenn ich nach Marienfeld (Teremia Mare) zu meinen Schulkollegen fahren wollte, 15 km vor der Grenze zum kommunistischen Bruderland mit Maschinenpistolen abgefangen.

Was schreibt Florescu sonst noch in seinem Roman "Wunderzeit"?

Florescu beschreibt darin, dass er ins westliche Ausland reist - was kaum ein Banater Schwabe durfte: „...Ausschlaggebend waren dabei die guten Beziehungen des Vaters: Als Hausverwalter hatte er der Miliz täglich Informationen über alle Mieter zu liefern...". Die Miliz (in Uniform) war der Securitate (in Zivil) unterstellt, das war dieselbe Organisation. („Täglich" heißt professionell!) Im Kommentar heißt es weiter: „... Konsequent aus der Sicht des Jungen, von seinem Erfahrungs- und Wissenshintergrund aus erzählt, entfaltet sich ... **eine**

Geschichte, die sich vor allem an Details und kleinen Gesten orientiert, und deshalb äußerst glaubwürdig ist." (Das wird jetzt auch auf den letzten Roman Jacob übertragen.) „So erzählt Alin (CatAlin) zunächst von ...der hübschen Geschichtslehrerin, bei der er, um einen guten Eindruck zu machen, ‚Ceaușescus Heldentaten' referiert und vom Nationalfeiertag, den er liebte wegen... des Festumzuges, in dem er ganz vorne mitmarschierte, um den Mädchen zu im-ponieren." Das hätte ich 20 Jahre danach NIE geschrieben, weil wir uns vor all diesen Dingen gedrückt haben und eventuell bestraft worden wären. (Außerdem hat es in Rumänien damals keine „Referatitis", wie hier in Deutschland heute, gegeben.) Ich habe den Roman gelesen und genau diese beiden Stellen gesucht und muss Ihnen gestehen, dass es diese beiden Sequenzen in dem Roman NICHT GIBT! (Ist das ein Ceaușescu-Anhänger und zwar aus der ersten Reihe?) Und jetzt weiß ich, warum dieser Roman "Wunderzeit" heißt.

Vergleich Jakob und Jacob

Jakob (mit k) ist die deutsche Schreibweise dieses Namens, der unter Triebswetterern und Banater Schwaben so üblich war. Jacob (mit c) ist die rumänische Schreibweise dieses Namens, der aber dadurch zustande kam, weil die rumänischen Amtsschreiber das nicht so genau genommen haben und weil sie bestrebt waren, alle Namen, auch die der Deutschen, zu rumänisieren. Nun wird aber von sehr vielen Kommentatoren (wie auch von Florescu in einem Beitrag des DRS2) festgestellt, dass Jakob (mit k) der üble Mensch ist, der vergewaltigt, Leute „kauft", den Sohn an die Russen verrät und sonstiges Übles begeht, und Jacob (mit c) der liebe Sohn ist, der vom Vater benachteiligt wird, der sich nur bei der Zigeunerin, die ihn mit Mystik überschüttet, wohlfühlt. In meinen Augen heißt das, dass der Deutsche der Üble und der Rumäne der Gute und Liebe ist. Wenn ich jetzt an die Russlandverschleppung, die Enteignung, die Bărăgan-Deportation (einmalig durch Rumänen durchgeführt), die zweite Enteignung durch die Kollektivierung und die ewige Bespitzelung denke, dann habe ich ein Problem damit, die beiden, Jakob und Jacob gegenüberzustellen...

Anmerkung zur Namensvergabe des Autors Florescu:
Jakob mit k (die deutsche Schreibweise) ist der brutale, unmögliche Mensch, der vergewaltigt, den Sohn an Russen verrät u.s.w., und Jacob mit c (die rumänische Schreibweise) ist der Liebe und Gute,

der sich nur bei der Zigeunerin wohlfühlt. (Diese Feststellung wird von mehreren Kommentatoren gemacht, auch im Interview Florescus mit dem DRS2-Moderator, keiner weiß aber was der Unterschied in der Schreibweise mit "k" und mit "c" ist. (Hier nutzt Florescu die Tatsache aus, dass heute in dieser Hinsicht nicht mehr darauf geachtet wird, was aber für die Banater Schwaben in jener Zeit wichtig war, weil sie keine Rumänen sein wollten.) **Kommentar Florescus in der Thüringer Allgemeine.** Auf die Frage „Erzählen Sie von der Suche nach Identität?" antwortet Florescu : „Ich spiele damit, dass Identität etwas Vielschichtiges ist. Und **<u>wie wenig es eigentlich braucht, seine eigene Identität zu verlieren... Manchmal ist es nur ein Buchstabe im Namen</u>**, der über das weitere Leben entscheidet." Wer entscheidet dies: ein Buchstabe oder Florescu?

Vergleich der beiden Romane „Zaira" und „Jacob"

Der Roman „Zaira" von C.D. Florescu spielt sich in Oltenien, genauer in Strehaia (im Hügelland) ab, woher vermutlich die Vorfahren des Autors herkamen und deren Sitten und Bräuche er genau kennt (wobei man auch hier Einschränkungen machen muss, denn er ist in Temeswar, etwa 300 km weit weg von dort, aufgewachsen). In „Zaira" herrscht ein lustiger Tonfall, stellt der Kommentator im DRS2-Interview fest und in „Jacob", wo es um Banater Schwaben geht, ein düsterer. Wenn man nun den oben festgestellten Vergleich zwischen Jakob und Jacob hinzuzieht, versteht man die Message Florescus an die Banater Schwaben noch besser! Es wird aber noch besser, wenn man nun feststellen muss, dass in „Zaira" ebenfalls Namen real existierender Personen (Interview DRS2) verwendet werden, wobei die ständig besoffen mit der Schnapsflasche herumlaufen (weil anscheinend für Florescu das Leben auf dem Lande nur mit Schnaps zu ertragen ist) und auch den zwei Tage alten Maisbrei mit Vergnügen aus den verschmierten Tellern schlürfen. Scheinbar ist aber dann der „Jacob" doch die Fortsetzung von „Zaira", denn auch hier kommen wieder die Namen real existierender Personen vor, die den Maisbrei wieder aus den verschmierten Tellern vom Vorabend austunken und auch ständig - sowohl Burghüter als auch Feldwächter - besoffen sind, wobei allerdings die Banater Schwaben als dreckige, nach Kot und Urin stinkende, sich unter der Strohdecke windende Verbrecher, Überläufer, Geiselnehmer, Zigeunerhenker und Mörder beschrieben werden. Da aber an verschiedenen täglichen Abläufen erkannt werden kann, dass er eigentlich gar keine Banater Schwaben[#*]kennt und deren Lebensweise gar NICHT KENNEN KANN, finden wir, dass er das, was er über Triebswetterer und Banater Schwaben schreibt, eher aus einem gewissen Vorsatz, diese zu diskriminieren und zu erniedrigen, beschrieben hat.

Ja sogar der Hauptheld, „Jakob ohne Name" (mit k, die deutsche Schreibweise), weist darauf hin, dass er eigentlich einen Zigeuner beschreibt, denn die waren in jener Zeit nicht polizeilich gemeldet, hatten also keinen Namen und konnten als Halbbruder einen Zigeuner haben. In Triebswetter lief in den 50er-Jahren tatsächlich einer herum, den man nur „Zigeuner-Willi" nannte. Liest man seine anderen Romane, z.B. „Der kurze Weg nach Hause", so findet man auch hier „den stets anwesenden Ochsenkarren", die herumsurrenden „Mücken" und die ständig „Besoffenen", die mit der Schnapsflasche herumlaufen oder herumliegen.

[#*] Das kann man erkennen an: Maisbrei, verschmierten Tellern, Mund vollstopfen, Strohdecke, Zigeunerin als Hebamme, Mystik und Aberglaube, das Hügelland in Triebswetter, Sex unter Minderjährigen, Komasaufen (aus der Gegenwart in jene Zeit projiziert) u.a. Diese werden auch an einer anderen Stelle näher erläutert.

Zusammenfassung der Beschreibungen aus „Wunderzeit" u.a./ Schlussfolgerungen

- Im Lebenslauf von C .D. Florescu, der 1967 in Temeswar geboren wurde, 1976 zum ersten Mal im Ausland war, wurde 1982 bei der „erneuten Flucht" etwas verheimlicht, weil die „Flucht" in „endgültige Migration" geändert wurde.
- Das beschreibt er dann auch im ersten Roman "Wunderzeit", weil eben in jener Zeit nur besonders „Privilegierte" der damaligen rumänischen Regierung ins (rumänische) Ausland reisen durften.
- Nicht jeder normale Bürger konnte sich in jener Zeit ein Auto (PKW) kaufen, weil dieses für die damaligen Verhältnisse sehr teuer war und wer trotzdem eines kaufen konnte, wurde gefragt woher er das Geld hatte und er musste eine mehrjährige Ansparphase nachweisen; mit „Beziehungen" nusste man das aber eher nicht.
- Sein Vater hatte diese „Beziehungen", weil er der "Miliz täglich über die Mieter im Hause Bericht erstatten musste". Ein täglicher Berichterstatter ist schon eher ein professioneller Mitarbeiter als nur ein kleiner „Singvogel" und die Miliz war der Securitate unterstellt, wo die

Berichte dann hinkamen. (Er war also eher ein „Beziehungsgeber"
und kein „Beziehungsnehmer" oder Nutznießer.)

„Ceaușescus Heldentaten" referieren heißt eigentlich für den
ehemaligen „Conducător der RKP (Kommunistischen Partei besonderer rumänischer Prägung) Werbung zu machen, also vor der
Klasse „unerwünschtes" Vorbild zu sein.
- Beim „Nationalfeiertag" in der „ersten Reihe" mitmarschieren geht
eben auch in dieselbe Richtung. Wir haben uns eher davor gedrückt
und hätten Strafen, bis zum Schulausschluss, bekommen. Für
Florescu ist das aber scheinbar Normalität.
- Genauso scheint es Normalität zu sein, dass er, ohne mit der Wimper zu zucken, in einem Interview beim DRS2 von seinen „rumänischen Informanten" spricht, die ihn regelmäßig mit Informationen
versorgen. Als „Informanten" hat man (im Nachhinein) in Rumänien
die Mitarbeiter der Securitate bezeichnet.
- Eine gespaltene Banater Minderheit (ebenfalls bei DRS2) hat etwas
gegen seinen Roman und damit waren wir (Triebswetterer) gemeint.
Er nennt uns aber „reaktionäre traditionalistische Kreise" und das ist
ein Wort direkt aus „Ceaușescus Repertoire".
- Triebswetter ist ein Ort von „Selbstmördern und Pechvögeln" und
die Ahnen aus Lothringen haben damals ihre Heimat „machthungrig
und mit Blut an den Händen" verlassen. (Wer hat denn nach 1947
alle „machteinflussreichen" Posten besetzt? Nur Oltener, wie Florescu und Ceaușescu!)
- Jakob (mit k, die deutsche Schreibweise) ist der BÖSE und Jacob
(mit c, die rumänische Schreibweise) ist der LIEBE und GUTE.
Muss man noch etwas erklären?
-Im ganzen Roman versucht er unmögliche Eigenschaften seiner
eigenen Landsleute den Obertins, den Triebswetterern und den
Banater Schwaben zu unterstellen und stellt dadurch seine eigenen
Landsleute „besser und höher".
- Von der rumänischen Regierung (und RKP) wurden wir bereits
beim Ausreiseantrag (während der Freikeufphase) als Verbrecher,
Verräter und Überläufer bezeichnet. Im ROMAN von Florescu
AUCH! (Siehe Eskapaden in Lothringen.)
- Ende der 70er-Jahre versuchte Ceaușescu eine seiner Visionen in
Bezug auf die mitwohnenden Nationalitätem zu verwirklichen: In der
„kommunistischen Gesellschaft haben alle dieselbe Kultur". (Stich-
wort: Leitkultur!) Das versucht Florescu in seinem Roman auch, denn
er steckt alle im Roman erwähnten Nationalitäten (Deutsche, Rum-

änen, Zigeuner) unter eine Decke und verwirklicht so Ceauşescus Vision. Meine Schlussfolgerung: - - - ?
Was würden Sie dazu sagen?
Die Frage geht auch an ALLE Vertreter des C.H. Beck-Verlags.

Und was sagt eine C.H.Beck-Verlagsvertreterin dazu?

„Erlebtes und Erfahrenes zu interpretieren, ist und bleibt immer individuell." Also die Ceauşescu-Diktatur hat es nie gegeben, nein, davon haben wir nur geträumt! Die Enteignung oder die Bărăgan-Deportation hat es nie gegeben – nein - das haben wir uns nur eingebildet! Dieses unmenschliche Regime hat es nie gegeben, nein, das haben nur unsere westlichen Medien erfunden. **<u>Und wo bleibt heute die Meinungsfreiheit</u>** und ausgewogene Berichterstattung? (Wer so etwas verlangt ist ein Nazi! Habt ihr „sie noch alle"?) **Warum werden unsere negativen Rezensionen bei diversen Buchportalen gelöscht oder überhaupt nicht veröffentlicht? Warum gehen Medien, die "Loblieder" auf den Roman schreiben, nicht alle auch auf unsere Hinweise ein?** Weil keiner etwas Genaueres weiß und von den vorbereiteten Pressemitteilungen des Autors und des Verlages abhängig sind! Früher hat die westliche Presse des Öfteren von den Betonköpfen in den kommunistischen Regierungen berichtet, ich finde die Betonköpfe wachsen jetzt in eine ganz andere Richtung und zwar um einen Stecknadelkopf von innen nach außen.

Was weiß man über die Lektoren des Diskriminierungswerkes?

Lektoren sind die von einem Verlag beauftragten Sachverständigen, welche die eingereichten Werke der Autoren lesen, eventuell Hinweise für Verbesserungen geben, **die Werke ablehnen oder für „gut" bewerten.** War das für diesen Roman von Florescu ein Praktikant oder ein Hauptschüler, der noch keinen Schulabschluss hatte? Wenn man so liest, was da alles durchgegangen ist, muss man sich nicht wundern. Gibt es heute keinen Roman mehr, der ohne: „animalische Kopulation, Gestank nach Kot, Urin und dreckverschmierten Füßen, unter der Strohdecke den eben so übel riechenden anderen finden, Teig aus dem Brot herausreißen, „herumstreunende Habsburger" usw. auskommt? Und weiter geht es mit den Ahnen aus Süddeutschland und Lothringen die alle „machthungrig sind und Blut an den Händen haben, Häuser von Bauern niederbrennen, ihr eigenes Heim nicht mehr kennen, ganze Familien umbringen und Geiseln nehmen", - Mörder, Verräter, Überläufer,

Verbrecher sind. „Triebswetter ist ein Ort von Selbstmördern und Pechvögeln". **Ich geh davon aus, dass „unser Lektor" das eingereichte Manuskript gar nicht gelesen und zum Drucken freigegeben hat und zwar nach dem Motto: „Das letzte Buch war ja gut, dann muss dieses auch gut sein".** Vielen Dank Herr Professor Doktor der Literatur (Martin Hielscher aus Hamburg) für die Freigabe des Diskriminierungswerkes unseres Dorfes und die Verleumdung aller real existierenden Namen sowie für die Verfälschung der Geschichten, die aus unserem Familiensippenbuch (quasi plagiatorisch) übernommen (und nach dem Florescu-Copy-Shop-Prinzip erniedrigt, diskriminiert und kriminalisiert, in der Florescu-Sprache „auf Hochglanz" poliert) wurden. Florescu hat **manchmal** (nicht immer) einen Buchstaben des Namens geändert und sogar Rufnamen ohne Änderung übernommen (Gogo-Joschka).

Wie erkennt man die verfälschte Identität der Triebswetterer und Banater Schwaben?

Die Hauptfigur im Roman ist Oberten Jakob (für Florescu Obertin Jacob). Der Name stammt (nicht nur) aus dem Treffil-Buch, sowie auch viele andere „Helden", die im Roman vorkommen. Allerdings hatte er mit unserem Oberten Jakob (welcher Florescu den Friedhof zeigte und ihm zwei Bücher über Triebswetter und die Bărăgan-Deportation gab, wobei letzteres von Florescu-Fans für Unfug im Internet verwendet wurde, Seite 295), dessen Geschichte im Roman beschrieben wird, in Triebswetter ein Gespräch, woraufhin er aber die Geschichte umschrieb und änderte. **Er hat sozusagen seine „künstlerischen Freiheiten" genutzt.** Ihr könnt Euch gar nicht vorstellen, was man da alles machen kann. Ja, ja, der Florescu, der kann es. Der weiß ganz genau, wie die Banater Schwaben in Triebswetter „gelebt" haben. Der weiß, dass sie den vom Vorabend übriggebliebenen Maisbrei am nächsten Morgen mit einem Stück Brot aus dem verschmierten Teller herauswischten und aßen. Was „Bruder" Florescu nicht weiß, dass wir gar keinen Maisbrei gegessen haben und dass die Reste vom Vorabend an die Schweine oder Hühner verfüttert wurden.

Zitat: „... sie sprachen sich mit Bruder und Schwester an..." Triebswetterer haben sich NIE mit „Bruder und Schwester" angesprochen, vielmehr wurde Vetter Matz und Besl Anna verwendet oder die ungarische Version Matz-Bacsi (lies Matz-Batschi) und Anna-Neni.

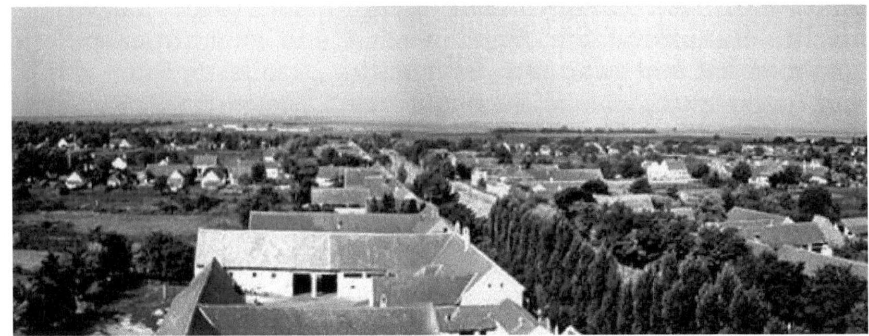

Zitat: „Inzwischen schlugen weit entfernt Blitze in den Acker, und der Regen setzte in breiten Schwaden ein." Triebswetter liegt total in der Ebene, es gibt keinen Berg, keinen Hügel, soweit das Auge reicht, wie sollen da „Blitze in den Acker" einschlagen? Geht man aber ins Hügelland, weit weg von Triebswetter, dann kann der Blitz schon mal in einen Acker (Hügel/Berg) einschlagen.

Gibt es in Rumänien den Aberglauben, „dass sich der Teufel vor Gott im Sturm versteckt"? JA, aber bei den Rumänen. Die Triebswetterer und Banater Schwaben kennen diesen Aberglauben aber NICHT, so dass der erste Satz des Romans bereits darauf hinweist, dass es sich im Roman gar nicht um Triebswetterer oder Banater Schwaben handelt. (Wir lehnen Gleichmacherei – was ein geistloser Irrsinn ist - grundsätzlich ab und legen Wert darauf, dass Rumänen und Deutsche getrennt zu betrachten sind und sind deswegen keine Nazis!)

Zitat: "Ein Dorf, das so frei stehend und verwundbar war, dass es nicht nur dem Wetter, sondern allen, die hier durchwollten, ausgesetzt war. Ganzen Armeen und einzelnen Herumstreunern, Habsburgern und Ungarn, Irdischen und auch Überirdischen." Viele Grüße (von hier) an alle Österreicher! Haben denn die Habsburger (Dynastie) es wirklich nötig gehabt, in Triebswetter herumzustreunen? Wo bleiben aber die Zigeuner und Rumänen, die man in das gelobte Land geschickt hat - die Irdischen und Überirdischen?

Zitat: „... und lief zum Haus des Burghüters. So nannte man diesen, obwohl es hier nirgends eine Burg gab, aber vielleicht sahen die Bauern das ganze Dorf als Burg an." Vielleicht könnte hiermit das

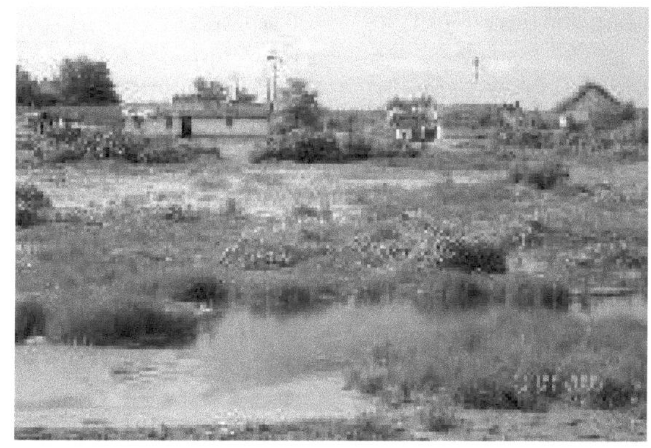

auf einer Halbinsel in einem der Sandlöcher gelegene Zigeunerviertel gemeint sein. Das könnte natürlich reiner Zufall sein (denn da hat Florescu recherchiert, er wurde hier gesehen) Den Burghüter gibt es allerdings bei den Siebenbürger Sachsen, die Banater Schwaben nannten/nennen ihn „Messner". Also „verwechselt" Florescu auch die Siebenbürger Sachsen mit den Banater Schwaben? (Alle gehören in einen Topf!...)

Weitere Bemerkungen zur Verfälschung der Identität:

-In Rumänien gab und gibt es Aberglaube, aber nicht bei den Banater Schwaben. Der Roman ist VOLL davon, schon der erste Satz beginnt damit. Das weist   schon darauf hin, dass es Florescus bekannte Sitten und Bräuche sind,   die beschrieben werden, denn er lebte nie in einem banatschwäbischen Dorf, also kann er die Leute, die er hier beschreibt, auch gar nicht kennen.

-In Triebswetter waren Strohdecken unbekannt, das war ein typischer rumänischer Gebrauchsgegenstand und regelmäßig gewaschen hat man   sich dort auch, ist also nicht stinkend, besoffen und verdreckt herumgelaufen.

-Die Banater Schwaben (das gilt auch immer für die Triebswetterer) haben   sich NIE mit „Bruder und Schwester" angesprochen, das war eine typisch rumänische Anrede.

-Bei den Banater Schwaben sah man NIE einen Ochsenkarren.

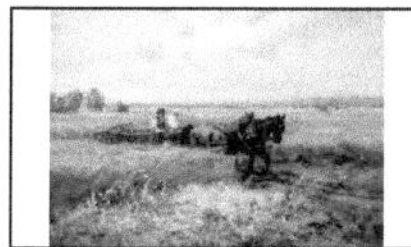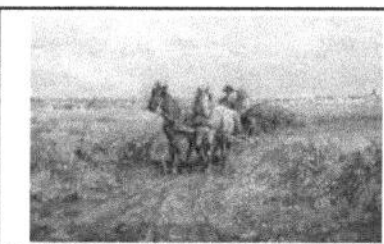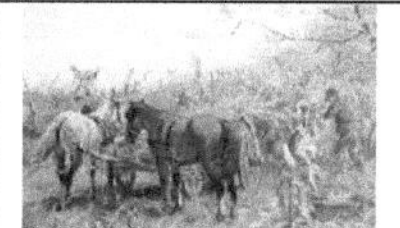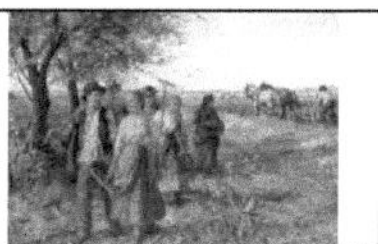

(Hier einige Bilder vom Banatschwäbischen Maler Stefan Jäger:
die Ochsenkarren kamen erst mit den rumänischen Kolonisten.)

-Kein Banater Schwabe stieg je von den Karpaten herab, das waren nur   Oltener/Rumänen aus dem Osten, „Jakob ohne Namen" mit allen schlechten Eigenschaften, ein nichtalltägliches, außergewöhnliches Exemplar.

-Eigentlich ist damit ein Zigeuner gemeint, denn Zigeuner hatten in jener Zeit oft keinen festen Wohnsitz oder waren gar nicht polizeilich gemeldet, also Leute ohne Namen.

-Wir haben in Banater Dörfern keinen Maisbrei gegessen, das war ein typisch rumänisches Gericht.

-Bei uns wurde kein Teig aus dem Brot herausgerissen, damit man sich den Mund damit vollstopfen konnte und es folgten auch keine dicken Wurstscheiben hinterher, denn so weit wäre es gar nicht gekommen, da hätten mich meine Eltern oder Großeltern bereits vor die Tür gesetzt.

-Schmutziges Geschirr mit Essensresten blieb nie über Nacht auf dem Tisch stehen, es wurde sofort nach dem Essen abgewaschen und weggeräumt, nicht etwa wie in heutigen modernen Studentenbuden;

(Weitere Beispiele vom polierten Glanze der Triebswetterer und Banater Schwaben. In einem Interview bei Radio Temeswar behauptet Florescu: „Ich stehle Geschichten... und poliere sie dann zu vollem Glanze!")

-Keine Mutter bekam ihr Kind auf dem Mist, wobei das ganze Dorf außen herumstand und zugesehen hat.

-Bei der Geburt half nie eine Zigeunerin als Hebamme, die dann 18 Jahre lang wöchentlich ein Huhn und sonstige landwirtschaftliche Erzeugnisse bekommen hat (die Banater Schwaben hatten ihre eigenen Hebammen, Apotheker und auch Ärzte, so dass diese nie einer Zigeunerin mit ihrer Quacksalberei den Vorzug gegeben hätten).

-Unsere Apotheker waren gebildete Leute und nicht etwa Trottel, wie sie in Florescus Roman beschrieben werden.

-Kein Vater hat seinen Sohn an die Russen verraten, so dass er von diesen nach Sibirien deportiert worden wäre und vom Deportationszug ist - meines Erachtens - keiner entkommen, das ist Utopie.

-Genauso hätte sich kein Pope, ein rumänischer Pfarrer, in Gefahr gebracht, einen Deutschen nach dem Krieg aufzunehmen und zu verstecken.

-Kein Zigeuner oder "Jakob ohne Namen" hat je einen b-deutschen Bauernhof auf Vordermann gebracht (eventuell leergemacht): Die folgenden beiden Bilder zeigen wie Florescus Protagonist einen Triebswetterer Bauernhof auf Vordermann brachte, und sagen auch etwas über die "Lernresistenz" der Banater Schwaben aus, die von einem „kleinen Bruder" des „Blumengärtners" beim Banatblog angesprochen wurde. **Wer sollte hier von wem lernen? Wer war hier „lernresistent"?**

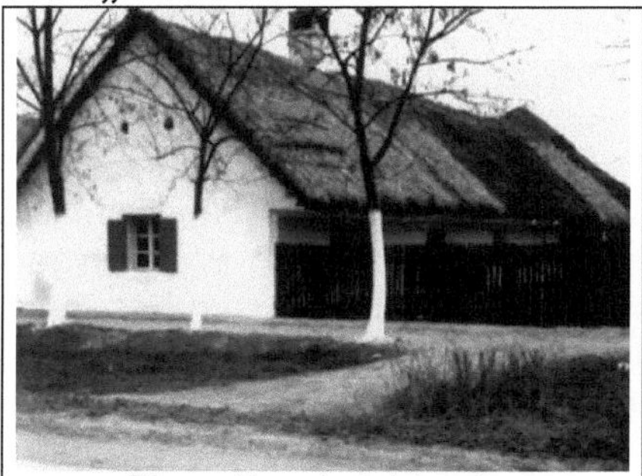

Dieses Haus hat sich unter Triebswetterern seit der Ansiedlung 220 Jahre gehalten...

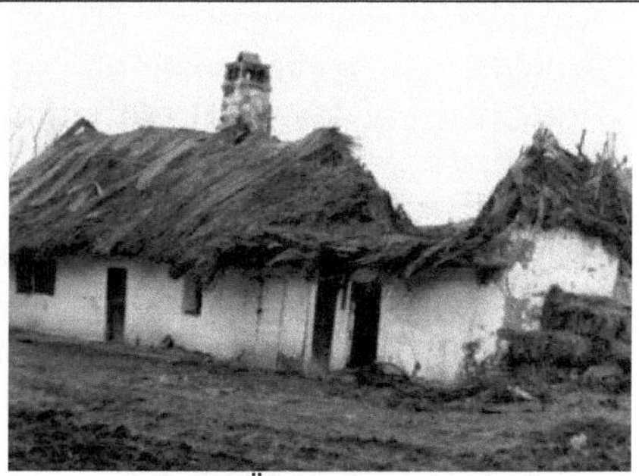

...nach der Übernahme durch die Nachfolger ist es innerhalb von 15 Jahren zusammengefallen.

-Kein Banater Schwabe hatte je als Halbbruder einen Zigeuner und keiner hätte sein Heim gegen das der Zigeunerin getauscht.

-Bei den Banater Schwaben gibt es keine Burghüter, die gibt es allerdings bei den Siebenbürger Sachsen und die schliefen auch nicht den ganzen Tag und waren auch nicht ständig besoffen (vrgl. Komasaufen heute).

-In Triebswetter ist/war (Abbildung Seite 36) es so eben, dass kein Blitz in den Acker einschlagen konnte (erster Satz im Roman), das kann nur in einem Hügelland passieren, dort wo sich Florescus Roman „Zaira" (in Oltenien im Osten) abspielt.

-Es war unmöglich, dass 400 Familien nach dem Zweiten Weltkrieg mit der großen Kirchenglocke (die damals 635 kg wog und 40 m hoch im Kirchturm hing) zusammen mit ihren aus den Grüften entnommenen Toten zurück nach Lothringen ziehen konnten (wenn man aber die 15 kg schwere Glocke aus rumänischen Glockentürmen nimmt, dann geht auch das).

-Wie sollten sich Elsa (bei uns heißt es aber Else) mit Jakob ohne Namen, der mit einer Anzeige über die Karpaten kam, verständigen? Zu jener Zeit (1926/ bis 1920 gehörte das Banat zu Österreich-Ungarn) konnten die Banater Schwaben nicht Rumänisch und die Rumänen nicht Deutsch!

Ganz ÜBEL werden die Vorfahren aus Lothringen beschrieben.
Dazu wird der 30-jährige Krieg herangezogen, der eigentlich 124 Jahre vor der Ansiedlung von Triebswetter beendet wurde und damit nichts zu tun hat. Aber zur Kriminalisierung der Lothringer Vorfahren

eignet er sich hervorragend! Der 30-jährige Krieg war ein Religions-krieg und daran waren Frankreich, Deutschland, Tschechien, Schweden usw. beteiligt. Die Söldner, die je nach Kriegslage die Fronten wechselten, kamen aus GANZ EUROPA. In Florescus Roman waren es NUR die Lothringer. Auch fand ein Teil (laut Geschichtsschreiber, siehe auch Wikipedia) zwischen ganz Frankreich und Schweden auf deutschem Boden statt. In Florescus Roman waren es wieder nur ALLEIN die Lothringer. Warum? Weil einige Triebswetterer Vorfahren aus Lothringen hatten/haben,- und es galt nun, die so richtig zu KRIMINALISIEREN. Die anderen, aus Süddeutschland stammenden Ansiedler, die ja auch zu etwa 40% an der Ansiedlung Triebswetters beteiligt waren (andere Dörfer im Banat kamen ja nahezu komplett aus Süddeutschland), werden nicht erwähnt, denn er muss ja seinen Roman in Deutschland verkaufen, auch in den Ländern der ehemaligen DDR; so durfte er die Bayern, Schwaben, Badener, Pfälzer usw. nicht „beleidigen". Da aber die Ansiedlung und der Aufbau zusammen erfolgten, ist es eigentlich so zu sehen, dass er in seinen Beschreibungen eigentlich alle Ansiedler meint, es aber nicht direkt aussagt. Und was haben „seine Obertins" in Lothringen alles angestellt?

(##)- Sie haben die Fronten gewechselt, haben also die eigenen Landsleute verraten und waren Verräter und Überläufer. - Sie haben Bauernfamilien umgebracht und ihre Häuser in Brand gesetzt, ihr ganzes Hab und Gut vernichtet. - Sie haben Zigeuner gejagt, sie gehängt und Kopfgeld kassiert. - Sie haben ihr eigenes „Zuhause" nicht mehr erkannt, die dort wohnenden Bauern umgebracht und deren Tochter als Geisel genommen, diese schließlich geheiratet und ihren Familiennamen angenommen, so ist man zum „Obertin" geworden. (Auch noch ein Fall für den Psychologen Florescu!). Die Nachfahren dieses „Obertin" haben dann „machthungrig und mit Blut an den Händen" Lothringen verlassen, haben vor der Ankunft im Banat in Wien noch einen Mord begangen und schließlich als „Zivilisationsstifter" das Dorf Triebswetter gegründet - dort haben sie dann alle möglichen Übeltaten begangen.

Zu Hilfe kam dann noch ein „Jakob ohne Namen" über die Karpaten aus dem Osten, der das „üble Bild" der Triebswetterer und Banater Schwaben noch vervollständigt. Und dieser wird auch Teil der Geschichte der Banater Schwaben.

=> 40 <=

(##) Und das wird vom C.H. Beck Verlag als 300-jährige Geschichte der Banater Schwaben, die eng mit dem Familienepos der Obertins verbunden ist, verkauft. Und die deutschen Literaturgurus JUBELN, die Schweizer vergeben dem Autor sogar einen Preis, während unsere negativen Kommentare NICHT veröffentlicht oder gar ge-strichen werden. Nennt man DAS bei uns „künstlerische Freiheit" und „Pressefreiheit" oder „Meinungsfreiheit"? War das nicht bei Ceauşescu genauso? Oder bei Honecker? Oder bei Hitler? Habt IHR schon alles vergessen? Wir werden weiter unten eine Liste „schwar-zer Schafe" der Berichterstattung und Institutionen, die dieses Diskriminierungswerk der Banater Schwaben als "gute Literatur" an-bieten, veröffentlichen.

(##) Soll das die vielgerühmte „Fiktion" sein? Oder „keinen Unter-schied zwischen Fiktion und Realität" machen, wobei der Autor seine Themen aus dem „Reich der Träume und Fantasie" sucht? Das glaube ich nicht! Ich glaube eher, dass Florescu einen engen Bezug zu solchen „Geschichten", die er sehr gut kennt und beschreiben kann, hat.

In Bezug auf das Zitat (Gestank nach Kot, Urin usw.) können wir nur bemerken: Florescu hat Lesungen in Schulen abgehalten. So etwas gehört nicht in Schulen, Stadtbibliotheken und ins Angebot von Goethe-Institut, DAAD und DZM und sollte erst recht nicht von diesen übersetzt werden, denn dadurch machen sie nur Deutschland im Ausland lächerlich! (DAAD=Deutscher Akademischer Austausch Dienst.) Alle glauben dann: „SO WA-REN die Banater Schwaben!" Und keiner weiß, dass das die Fiktionen eines Autors aus dem Ceauşescu-Fan-Block sind."

Mit solchen „üblen Unterstellungen über die Identität der Banater Schwaben" wird der nichts ahnende Leser Seite für Seite konfron-tiert. Zwischendurch fallen immer wieder auch die Namen real existierender Triebswetterer. Er behauptet in Interviews, dass „einiges" aus dem Roman seine „eigene" Fiktion sei, wir denken allerdings eher, dass er die Geschichte seiner eigenen Landsleute oder eigene Erfahrungen mit diesen in dem Roman den Banater Schwaben „unterjubeln" möchte und diese mit den entsprechenden negativen Eigenschaften darstellt, so dass seine eigenen Lands-leute „besser" dastehen.

Gegenüberstellung von Einträgen/Geschichten aus dem Familienbuch der Triebswetterer (Das Treffil-Buch) und den Passagen aus Florescus Roman

Mediziner und Hebammen in Triebswetter

Ab 1877 kennen wir die Namen der *Triebswetterer Ärzte:* ...

Auszüge aus dem Treffil-Buch

Oktober 1891−1925/26: Dr. Gustav Öhler (ein Jude, der hier segensreich wirkte; nach 1919 wurde die Bezeichnung „Gemeindearzt" durch „Bezirksarzt" abgelöst); 1923−25: Dr. Oskar Ziegler (als Privatarzt), 1925/26−1927 als Bezirksarzt; 1927: Dr. Nikolaus Reiser (Privatarzt; praktizierte ab 1930 als Internist und Röntgenologe in Temeschburg); 1. April 1927−1944: Dr. Jakob Koch (1898−1946), wirkte als Amtsarzt in Triebswetter; ab 1929/30: Dr. Nikolaus Roth (als Privatarzt); ab 1929: Dr. Nikolaus Schreiber (als Privatarzt, lebt jetzt in der Bundesrepublik).

Nach 1944 wirkten (wirken) folgende Ärzte in unserer Gemeinde: 1945−53: Dr. Tiberiu Ortopan; 1953−54: Dr. Ecaterina Nakov; 1954−58: Dr. Andrei Barbu; 1958−59: Dr. Emil Popovici; 1959−62: Dr. Petru Arcan; 1960−63: Dr. Aurelia Arcan; 1962−77: Dr. Helmut Hubert; 1977−82: Dr. Käthe Helga Tuschak-Touttenuit; ab 1973: Dr. Helene Wolf-Pierre.

Hebammen: 1778: Katharina Clodon; Katharina Bruk; 1825−70 Susanne Wolf (1794−1878); 1837: Anna Kurtz; Maria Getsch; 1859: Katharina Paul; 1878: Margaretha Feiler; 1900−1930: Elisabetha Schady (als Gemeindehebamme von 1910−1930); 1910−1936: Susanna Balzer (1930−1936 als Gemeindehebamme); 1910−1940: Margaretha Fritz (1936−38 als Gemeindehebamme); ab 1938: Fina Adam (als Gemeindehebamme); ab 1931: Lucretia Danila (als Privathebamme).

Apotheker Viktor Nepper

Alexander Nepper, der in Wien studiert und dort Anna, geb. Skribeck geheiratet hatte, starb 1911. Nach ihm erhielt die Konzession sein Sohn Robert, der sich 1914 erfolgreich um die Konzession in Marienfeld bewarb und den Betrieb seinem jüngeren Bruder, Apotheker Viktor Nepper (1887−1940) überließ. Dieser übersiedelte die Apotheke nach 1914 in das Haus seines Schwiegervaters Anton Jung in der Polengasse.

(Das Treffil Buch ist keine Familien- und auch keine Dorfchronik.) Leider muss ich hier feststellen, dass es im Internet Organisationen und Einzelpersonen gibt, die versuchen, dieses Familiensippenbuch der Triebswetterer zu diskreditieren. Desgleichen werden andere Triebswetterer Publikationen mit „verächtlichen" Kommentaren versehen.

Einträge/Geschichten im Treffil-Buch, Zitate	Passagen aus dem Roman, Zitate
Kein Eintrag.	**Mystik und Aberglaube. Kriminelle Lothringer.**
Seite 580 **Im Inhaltsverzeichnis steht der Name Oberten 18 Mal drin.**	**Die 300-jährige Geschichte der Obertins, die eng mit der Geschichte der Banater Schwaben verbunden ist!**
Seite 564 "Die 1te Copulation fand am 27 April 1773 stadt und wurde von Eugen Lenor kopuliert Ludwicus Godron mit Anna Odromat, als Beistände Dominicus Humbert und Ant. Marlin Cothar Gallica." (Copulation/Kopulation steht also für standesamtliche Trauung.)	(*)"Die animalische Kopulation, wenn sie von Erregung und Verlangen durchflutet waren, war das Einzige, was ihnen ganz allein gehörte und sie entschädigte. Sie und der Schnaps in der Kneipe. Häufig fand der Beischlaf vor Sonnenaufgang statt, nicht, um sich vor Gott zu verstecken, sondern weil sie nur dann nicht müde waren. Betäubt vom Stallgeruch, vom Kot und Urin im Nachttopf, von der abgestandenen Luft, von Mundgeruch und dem Gestank dreckverkrusteter Füße und ungewaschener Körper, zerstochen von Flöhen und Mücken, rutschten sie unter der Strohdecke herüber und fanden schnell den ebenso übel riechenden Körper des anderen." (*)
Seite 392 „Johann Manöwer (französisch Manoeuvre) Der Sohn starb als Lehrerkandidat".	"Der erste Tote hatte nicht lange auf sich warten lassen. Der Knecht Roland Manoeuvre sollte die Glocke kurz vor der Einweihung polieren, verhedderte sich in den Seilen und stürzte kopfüber in die Tiefe... Vielleicht war es der Schnaps gewesen, vielleicht etwas anderes, Unerklärliches. Jedenfalls war dies der Anfang einer langen Serie von Unfällen, Morden und Selbstmorden, die das Dorf heimsuchen sollte. Das alles war Gottes Land".
Seite 513 „Peter Manöwer/ Pfarrer 1877 1 hl. Messe 1900	(#) "Die erste Hochzeit in Triebswetter wurde nach dem ersten Toten, dem unglückseligen Knecht Manoeuvre, am 27. April 1773 eingeläutet. In der Dorfchronik(?..) steht geschrieben, dass sie aus Gründen unerlaubter Kopulation erfolgt sei. Nicht, dass man sich in dieser

	Gegend der Welt nicht gerne paarte. Die dumpfen, ihrer Lust ausgesetzten Männer drangen häufig und heftig in die Körper ihrer Frauen ein... Also schliefen auch Ludwicus Godron und Anna Odromat miteinander, allerdings übereilt. Sie waren beide noch keine sechzehn".(#) Bemerkung: vor kurzem strahlte der TV-Sender VOX einen Beitrag über Roma in Deutschland aus, wobei in der Vorschau sinngemäß angekündigt wurde: „sie erst 15 und er 17, sind laut Tradition im heiratsfähigen Alter." Florescu schreibt aber über „Zigeuner" und die „Zigeunerin Ramina".
Seite 169 „1920 Am 28t. Feber haben 2 Strolche aus Apathfalvar in **Bartu Peter seine Schwiegertochter** auf der neuen Kleinischen Csarda todtgeschlagen." Aber es gibt sogar eine zweite Version auf Seite 571 „1920 des Peter Partu vom Nro. 288 seine Schwiegertochter ist als geweßene Gastgebers's auf der Triebswetterer neuen Csarda wegen einige Heller, mittels Messer totgestochen worden. Die Mörder waren 2 noch junge Apatfalvaer Strolche, Raubmörder, geschehen am den 28t. Februar 1920."	Zitat: „Hatten nicht erst vor wenigen Jahren zwei solcher Männer die **Schwiegertochter von Peter Bartu erschlagen und waren erst nach einer tagelangen Hetzjagd gefasst worden,** bei der sogar die Gendarmerie aushelfen musste?..." Bemerkung: Diese Leute wollten Selbstjustiz verüben und die Gendarmerie (Polizei) waren nur ihre Gehilfen. Was für ein unzivilisiertes Volk, „machthungrig und mit Blut an den Händen", so Florescu in einem Interview beim Schweizer Radiosender DRS2.
Seite 169 „1928 Der Blitz ist am 6t. August an 3 Stellen hier im Orte eingeschlagen. Nämlich bei Nro. 284, Nro. 221 und Nro. 663". Seite 225 „Richter Nikolaus Strubert 1855-1938"	Ein Gewitter nahte und „inzwischen schlugen weit entfernt Blitze in den Acker" und der Feldwächter, der gerade mal wieder „geschlafen" hatte, wurde von „Marian" geweckt „aber der Schnaps hatte seinen Mund trockengelegt. Er nahm wieder einen kräftigen Schluck, und jetzt erklang sein Ruf durch die verlassenen Gassen". Marian lief mit dem Horn zum „Burghüter Strubert, der an derselben Leidenschaft wie der Feldwächter litt"... Nachdem das Unwetter vorbei war, hat der Blitz bei der "Amerikanerin" (die Jakob ohne Namen, so ganz einfach mal heiraten wollte) eingeschlagen. Feldwächter und Burghüter waren schon wieder besoffen. Während der Apotheker Neper mit Mantel und Eimer zum Haus der Amerikanerin eilte, um das Feuer zu

Seite 544 „Nikolaus M. als Practicant in der Viktor Nepperschen Apotheke". Seite 548 "Victor Nepper. Das Gründungsjahr der Nepperschen Apotheke ist daß Jahr 1883. Es war das Haus 432 neber der Kirche... Siehe den Herrn Gründer Alexander Nepper, welcher Herr ... die Apotheke gründete 1883."	löschen, „hütete Jakob ohne Namen, der über die Karpaten hergekommen war" Nepers Haus, Hof und Vieh. Als Belohnung für seine „Dienste" durfte sich Jakob dann um das leibliche Wohl kümmern: Neper fand „Jakob friedlich am Tisch sitzend vor, wie er sich einen Brotlaib an die Brust drückte und ihn mit dem Messer durchschnitt. Er riss ein Stück vom Teig heraus und tunkte es in die Maisbreireste der letzten Nacht(*#). Damit stopfte er sich den Mund voll. Dann folgten einige dicke Wurstscheiben. Das ist doch alles, was man brauch Bruder!" Über den Apotheker Neper erfährt man auch, dass er „früher ans Krankenbett geholt, woraus nicht selten das Totenbett wurde". Von Nepers Vater weiß Florescu, dass er„seine Medizin, Flaschen und Pulver in allen Farben aus Wien und Budapest importiert" hat. „Als leidenschaftlicher Chemiker hatte er alles Mögliche hergestellt und eines Tages sich selbst und den Laden in die Luft gejagt" (Siehe weiter oben Auszüge aus dem Treffil-Buch betr. Mediziner und Hebammen...) Anmerkung (*#):So etwas Unzivilisiertes, was heute in schmutzigen, unordentlichen Studentenwohngemeinschaften vorzufinden ist, hat es zu jener Zeit in banatschwäbischen Haushalten NICHT gegeben!
Seite 445 „Dieser **Josef Renon, Gogo Joschka** benannt, ging wie es damahls Ortspflicht geweßen ist, wegen Räubereien, am 5ten Februar 1869 Abend's auf die Gassenwache, bei Mitternacht gewahrte Josef einen Dieb. Josef verfolgte Selben, der Dieb sprach, Joschka bleib zurück, sonst erschieß ich dich! Joschka unerschrocken geht nicht zurück, der Dieb kehrte sich, ein Schuß fiel, Josef im Bauch getroffen von einer Schroodladung viel nieder." Er verstarb nach 8-10 Stunden ohne den Dieb zu verraten.	Und schon wieder der Schnaps und die Originalnamen aus dem Treffil-Buch: „...Waren sie nicht zahm und reuig gewesen und hatten vorgegeben, sich an nichts mehr zu erinnern, und alles dem **hochprozentigen Rausch** zugeschrieben? Und noch früher, war da nicht der **Burghüter Josef Reno oder Gogo Joschka**, wie sie ihn alle nannten, in einem schlimmen Winter auf Gassenwacht von einem **Pferdedieb mit seinem eigenen Gewehr** erschossen worden?"
Seite xxx (Onlineversion/Originaltext) „Kurz bevor die russischen Truppen in Triebswetter einmarschieren, werden von	

<table>
<tr><td>

zurückziehenden deutschen Soldaten die serbische Familie Stanomir (Ratze Hans) in ihrem Hausgarten erschossen, Vater, Mutter und zwei kleine Töchter, nur die größere Tochter Katiza konnte sich verstecken und überlebte."

</td><td>

--- das Serbenmädchen Katica wird umgebracht...
(Warum waren es nicht die Nazis? Warum gerade Katica und nicht die ganze Familie?)

</td></tr>
</table>

Der Begriff Kopulation stammt also aus dem Treffil-Buch, hier wird er aber nicht für „tierischen Sex im Stroh", sondern für eine standesamtliche Trauung verwendet: „sie hann sich koppliere losse" (umgangssprachlich).

Was macht Florescu daraus (laut Radio Temeswar): Florescu: **„Ich schreibe Weltgeschichte..."** (Wow!!!) Und weiter: **„... ich stehle Geschichten,... und gebe sie dann weiter in veränderter, erweiterter, verdichteter Form. Ich suche Diamanten und poliere sie dann zum vollen Glanz."** Zitat vom „polierten Glanze" der Banater Schwaben: [(*)-Seite 64] „Die animalische Kopulation... übel riechenden Körper des anderen." [(*)-Seite 64] **Dabei will ich feststellen, dass es hier nicht al-lein um seinen Haupthelden geht, sondern um alle Banater Schwaben: siehe „wenn sie", „sie und der Schnaps", „weil sie", „rutschten sie unter".**

Wilderer auf dem Triebswetterer Friedhof ?
(Im Roman verwendete Namen, z.B. die Dama-Gruft: Nicht einmal die Toten „durften" ihre Ruhe finden, der Autor hat ja schließlich das **Triebswetterer Friedhofsbuch** bekommen und darin **recherchieren** können.)

Cocron und Kokron waren die Namen, nach welchen der Spitzname KoKo (Coco, NUR im Triebswetterer Familiensippenbuch Gogo) verwendet wurde. Peter Treffil hat Gogo falsch geschrieben und Florescu ebenfalls: Gogo. Welch Zufall? Oder Telepatie?

Das ist Verunglimpfung des Antlitzes von Toten, denn was Florescu über sie in seinem „großen Roman" schreibt, ist ja nicht schmeichelhaft.

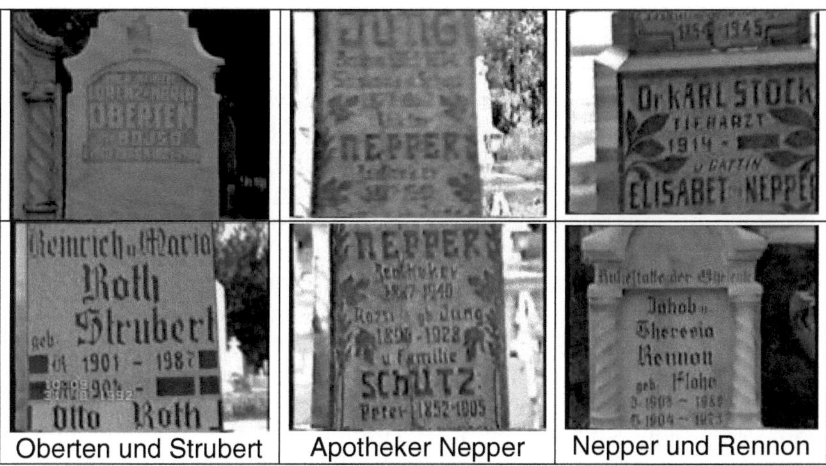

Oberten und Strubert	Apotheker Nepper	Nepper und Rennon

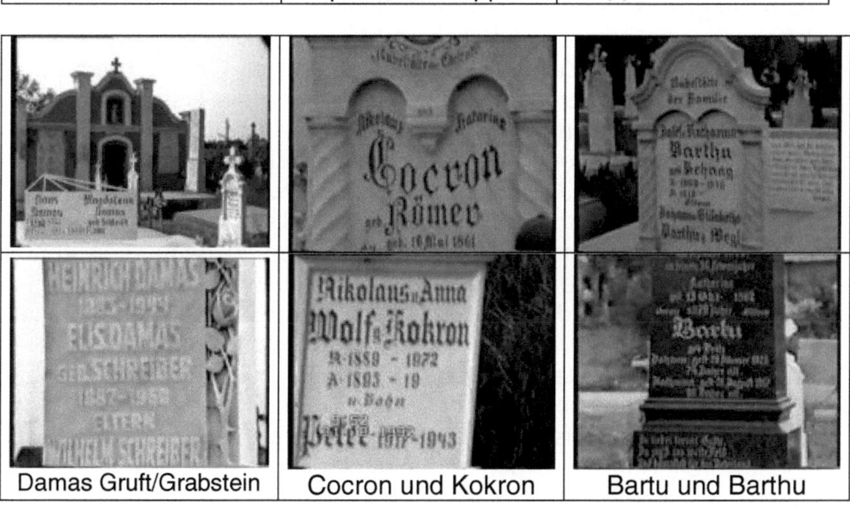

Damas Gruft/Grabstein	Cocron und Kokron	Bartu und Barthu

Artikel 1 Absatz 1 des Grundgesetzes oder künstlerische Freiheit?

Meine Landsleute, die mich angeschrieben haben, und ich meinerseits finden, dass sowohl diese real existierenden Namen als auch der Name unseres Dorfes, mein und Dein Geburtsort, Landkreis, auf die übelst zu beschreibende Art und Weise diffamiert, verleumdet, diskriminiert werden und der Leser belogen wird, denn Florescu behauptet, dass er recherchiert hat. <u>Artikel 1 Absatz 1 des Grundgesetzes ist da anzuwenden,</u> <u>sowie auch der Paragraph 130 StGB zur Volksverhetzung</u> <u>und nicht die „künstlerische Freiheit" des Autors.</u> Ja, wenn er andere Namen verwenden würde, wäre es für mich ein toller Roman. Es gibt eine ganze Reihe von beschriebenen Begebenheiten, die, die Feststellung zulassen, dass es sich im Roman NICHT um Triebswetterer oder Banater Schwaben handelt. Stellt Euch mal vor, Euer Sohn oder Enkel bewirbt sich bei einer Firma. Dann heißt es, der Geburtsort des Vaters ist Triebswetter, und der Personalchef googelt ein bisschen und findet: animalische Kopulation, Beischlaf, Stallgeruch, Kot, Urin, Gestank dreckverkrusteter Füße, ungewaschene Körper und Schlafen im Stroh; von Huren, Schnaps, „sein eigenes Zuhause nicht mehr erkennen", Geiselnehmer, Zigeunerjäger, Zigeunerhenker, Brandstifter, Geburten auf dem Mist und Bauern überfallen und töten ist auch die Rede. Bekommt der den Job? Fragen wir mal Florescu! (Genau das waren seine Absichten!) Wer war denn ungewaschen, dreckverkrustet und schlief unter Strohdecken? Ja, ich möchte die Antwort jetzt nicht geben, denn sonst heißt es noch, ich wäre nationalistisch oder rassistisch eingestellt. Was man ABER von diesem Roman behaupten kann, der rumänische, zigeunerische und banatschwäbische Lebensgewohnheiten miteinander vermischt,- absichtlich,- was jemand, der Psychologie studiert hat, ganz bestimmt nur mit einen erniedrigenden Ziel macht. Der Typ war schon in Schulen und hat Lesungen abgehalten. Stellt Euch mal vor, eines Eurer Kinder kommt in eine solche Schule... Das ist ein <u>rassistischer Roman eines nationalistisch</u> <u>eingestellten Rumänen</u>, der heute noch Ceauşescu verehrt (siehe auch weiter unten), **den Ungarn die Schuld** am Gelingen der Revolution von 1989 gibt, die Grenzer am eisernen Vorhang „unsere Jungs" nennt und sich über die strahlend „lächelnden Soldaten" am Nationalfeiertag freut.

So versucht Florescu während des ganzen Romans den Triebswetterern und damit auch den Banater Schwaben Eigenschaften, Sitten und Bräuche seiner eigenen Landsleute, die wohl aus Oltenien ins Banat kamen (beschreibt er ausführlich in einem seiner „Erstlingsromane", der äußerst glaubwürdig sein soll), anzudichten. Es gibt Hinweise dafür, dass der Autor die Ländereien in Oltenien/Strehaia auch nur einmal besucht hat (so irgendwie die Manuskripte verwechselt hat), denn offensichtlich beschreibt er das Leben von Zigeunern.(In seinem Erstlingsroman schreibt er: „Die Brüste der Zigeunerin waren so groß wie die Sonne und ‚reinbeißen' durfte nur ich.")

Wenn man das Schlaf- und Wohnzimmer sowie den Ziegenstall in einem einzigen Raum hat (so fanden die Rückkehrer aus dem Bărăgan oft ihre Häuser wieder, nachdem sie von Kommunisten der ersten Stunde bewohnt waren), dann kann man schon auf animalische (tierische) Gedanken kommen und sich mit der Strohdecke, welche den Triebswetterern auch nicht bekannt war, zudecken.

Ich habe den Verlag angeschrieben, C.K. hat den Verlag angeschrieben, die Banater Landsmannschaft wurde angeschrieben. Die Antwort: „künstlerische Freiheit". Ja, aber nicht mit dem Namen Triebswetter, der mit der Textpassage (*) - Seite 64 - zusammen genannt wird und auch ohne alle real existierende Triebswetterer Namen. Das gab es noch NIE! Da heißt es immer: „Namen und Personen sind frei erfunden u.s.w.", die hier genannten sind aus dem Treffil-Buch. (Eine Auflistung aller Triebswetterer Familien und deren Vorfahren und Nachkommen sowie einige Kurzgeschichten seit der Ansiedlung 1772 bis in die 1930er-Jahre.)

Nicht einmal die rumänischen Nationalkommunisten haben so etwas über Deutsche oder Banater Schwaben geschrieben. Alle beleidigten Banater Deutsche sollten dem Verlag gegenüber ihre Meinung ausdrücken, Meinungsfreiheit haben wir noch, es reicht, wenn Ihr die Passage [(*)-Seite 64 mit dem Gestank nach Kot und Urin usw.] erwähnt und behauptet, Ihr wäret als Triebswette-rer und/oder Banater Schwabe dadurch verleumdet und diskriminiert.

Wer seine Meinung im Gästebuch Florescus eintragen möchte,
kann die Internetseite http://www.florescu.ch/ wählen.
Bei www.amazon.de oder http://www.lovelybooks.de/
u.s.w. kann man seine Meinung zum Roman schreiben. (Dort steht z.B. schon drin; „Durch den Roman Florescus habe ich viel von den Banater Schwaben gelernt." Oder: „...endlich hören wir mal, was in

dieser dunklen Ecke passiert ist, wir haben es schon lange vermutet!")
Die Banater Schwaben und damit auch die Triebswetterer haben es
nicht verdient, nach Russlandverschleppung, nach Bărăgan-Deportation, die gab es nur in Rumänien, und der Enteignung durch die
Rumänen, dermaßen von einem Rumänen, der in seinem ersten
Roman „Wunderzeit" die Pflichten seines Vaters, der Miliz zu berichten, beschreibt und der nie in Triebswetter oder einem banatschwäbischen Dorf lebte, verunglimpft, beleidigt und erniedrigt zu
werden (die Würde verletzt usw.).

Triebswetterer legen Wert auf die Anwendung des Artikels 1, Absatz
1 des deutschen Grundgesetzes. Banater Schwaben werden hier
insgesamt diskriminiert und erniedrigt. Triebswetter ist ja nur ein
Beispiel aus dem Banat.

(Artikel 1 Absatz 1 Grundgesetz):
http://dejure.org/gesetze/GG/1.html
(1) Die Würde des Menschen ist unantastbar. Sie zu achten und zu
schützen ist Verpflichtung aller staatlichen Gewalt.

(Artikel 2 Absatz 1 Grundgesetz):
http://dejure.org/gesetze/GG/2.html
(1) Jeder hat das Recht auf die freie Entfaltung seiner Persönlichkeit,
soweit er nicht die Rechte anderer verletzt und nicht gegen die verfassungsmäßige Ordnung oder das Sittengesetz verstößt.

(Artikel 5 Absatz 1 Grundgesetz):
http://dejure.org/gesetze/GG/5.html
(1) Jeder hat das Recht, seine Meinung in Wort, Schrift und Bild frei
zu äußern und zu verbreiten... Die Freiheit der Lehre entbindet nicht
von der Treue zur Verfassung. (Pressefreiheit und Meinungsfreiheit.
Gilt die nur für Lobliedschreiber und Pressekommentaren mit unvollständigen aber „positiven" Inhalten?)

(Artikel 18 Grundgesetz):
http://dejure.org/gesetze/GG/18.html
Wer die Freiheit der Meinungsäußerung, insbesondere die Pressefreiheit (Artikel 5 Absatz 1), die Lehrfreiheit (Artikel 5 Absatz 3), die
Versammlungsfreiheit (Artikel 8), die Vereinigungsfreiheit (Artikel 9),

=> 50 <=

das Brief-, Post- und Fernmeldegeheimnis (Artikel 10), das Eigentum (Artikel 14) oder das Asylrecht (Artikel 16a) <u>zum Kampfe gegen die freiheitliche demokratische Grundordnung missbraucht</u>, verwirkt diese Grundrechte. Die Verwirkung und ihr Ausmaß werden durch das Bundesverfassungsgericht ausgesprochen.

§ 187 StGB Verleumdung:
http://dejure.org/gesetze/StGB/187.html
§ 189 StGB Verunglimpfung des Andenkens Verstorbener:
http://dejure.org/gesetze/StGB/189.html
§ 130 StGB Volksverhetzung:
http://dejure.org/gesetze/StGB/130.html

Was Lesungen Florescus angeht: Im Moment gibt es nur wenige Lesungen in Deutschland, sie konzentrieren sich auf die Schweiz.
Ein Fragenkatalog an Florescu wurde zusammengestellt, der aber vom Autor noch nicht beantwortet wurde. Hier werden die Orte und Daten der Termine der Lesungen nicht abgedruckt, um zu verhindern, dass für „geistig Kranke" und solche, die sich so einen Roman wünschen und lesen, auch noch Werbung gemacht wird. Den Fragenkatalog gibt es weiter unten.

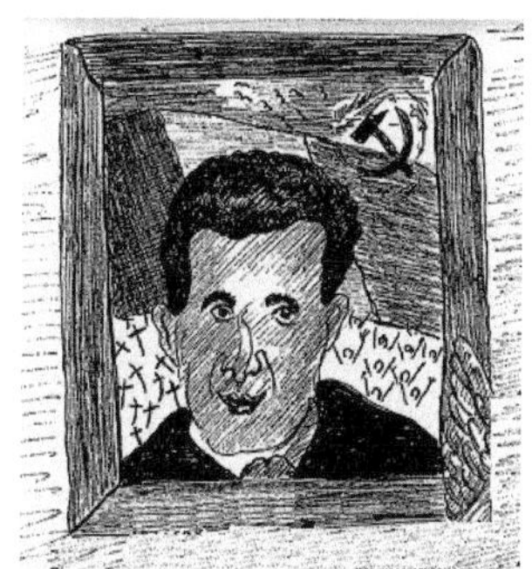

Ceaușescu-Portrait: Laut einem Bericht des Autors „unseres Schmutzromans" vom 23. August 2013 in der Zeit Online war Ceaușescu für ihn so wie „Vater und Mutter". Es fällt nur auf, dass das Erscheinen genau mit dem Jahrestag des pompös gefeierten „Befreiungstages" der rumänischen Nationalkommunisten zusammenfällt. (Karikatur: Michael Blümel)

2

Stellungnahmen von Triebswetterern und anderen Banater Schwaben zum Roman von Cătălin Dorian Florescu „Jacob beschließt zu lieben"
Erniedrigung, Diskriminierung (auch durch deutsche und Schweizer Medien), Beschmutzung aller Triebswetterer und Banater Schwaben

Aus dem **Banat-Blog**: „Florescu beschreibt in seinem Werk nicht DIE Banater Schwaben. Er beschreibt auch nicht DIE Triebswetterer oder DIE Familie Obertin. Nein, in meinen Augen beschreibt er die Landbevölkerung in Rumänien zu dieser Zeit und vereint alle negativen Eigenschaften dieser auf die Banater Schwaben..." (B.F.)

Ein Rumäne beschreibt Triebswetter als Banater Dorf, in welchem er nie gelebt hat. (Seite 16). **Hier erfährt man alles, was nichts-ahnende Leser wissen müssten und alles, was von der Werbung für den Roman mit vor-sätzlicher Vehemenz verschwiegen wird.**

Zuerst aber Heinz Vogel, der Herausgeber des Treffil-Buches: „Wir bringen das große Lebenswerk von Peter Treffil auf dieser Art in einem weiteren Umlauf, zur Schätzung seiner Leistung und zum Ruhme unseres geliebten Heimatortes Triebswetter." Und was hat Florescu jetzt daraus gemacht?

Jakob Oberten hat Florescu das **HOG-Friedhofsbuch** und das **Bărăgan Buch** „Über uns der blaue endlose Himmel" gegeben.

Das Treffil-Buch hat Jakob Oberten einem Franzosen gegeben, welcher mit dem französischen Konsul - ein Jahr vor seiner Begegnung mit Florescu - bei ihm war. (Und Florescu war in Frankreich.)

Stellungname von Heinz Vogel:
Was mich, Herausgeber des „Treffil-Buches", betrifft, betone ich:
„Vor einigen Jahren, an einem Sommernachmittag, während der Weizenernte, kam ein junger Mann in mein, an der Landstraße liegendes Büro und stellte sich als Schweizer Schriftsteller vor, welcher einen Roman über die Banater Schwaben schreiben wollte. Ich sagte ihm, dass er in Triebswetter am falschen Platz sei, denn bei der Ansiedelung war hier der größte Teil der Triebswetterer Franzosen,

welche mit der Zeit Deutsche wurden so wie die Daker Rumänen. Wenn ihm dies nicht glaubwürdig sei, so **kann er im Internet im „Treffil-Buch" nachschauen**, dort stehen die Namen aller Erstansiedler von jedem Haus drin, oder er soll geradeaus gehen bis **zum Friedhof**, dort findet er auf **jedem zweiten Grabstein französische Familiennamen.**

Mit dem Rat, wenn er über die Banater Schwaben schreiben möchte, soll er ein Dorf weiter fahren, nach Gottlob, Ostern oder Lenauheim, haben wir uns verabschiedet und niemals mehr gesehen oder gesprochen. Die kurze Unterhaltung verlief in rumänischer Sprache.

Als ich sein Buch gelesen habe, dachte ich schadenfroh, dass sein Verlag zu Grunde geht, denn wer kauft so eine Schmiererei? Dass er damit „berühmt" und ausgezeichnet wurde zeigt die heutige Dekadenz („kommunistischer Prägung") der westlichen Welt. **Wie kann ein Verlag einen Roman drucken, ohne dass dieser von einem Verantwortlichen vorher durchgelesen wurde und ohne dass dieser sich über das Dorf Triebswetter dokumentiert hat und keinen gesucht hat, welcher ihm über Oberten Jakob etwas sagen könnte**. So dumm sind diese Leute, dass sie nicht wissen, was eine HOG Triebswetter oder sogar eine Landsmannschaft der Banater Schwaben ist, wo er Auskunft hätte einholen können???"

Tagesanzeiger (Schweiz) 21.11.11
(nach der Verleihung des Schweizer Buchpreises).
„Ich laufe auf Wolken, ich kann nun tief stürzen". Frage an Florescu: „Sie waren überrascht?" Florescu: „... ich kannte auch die möglichen Grenzen... die Ernüchterung kommt ja früh genug." „Ich rechne das der Jury sehr hoch an, ich finde das... auch sehr mutig". Die Jury hat angeblich „... nur die Literatur beurteilt." also nur die „...gute Literatur, unabhängig davon, ob das der Autor erlebt hat oder nicht". Und nicht zuletzt: „Das Scheitern nimmt man immer in Kauf... ich kann tief stürzen".

Kommentatoren aus der Schweiz dazu:
P.M.: „...kranken die Schweizer Publikationen der letzten Jahre an Kurzlebigkeit".
R.G.: „...er spricht über den verpassten Pulitzerpreis... die Aussage wird ihm in den Mund gelegt... ein trauriges Mittel, Klicks zu generieren".

Meine Antwort:
Ist das in der Schweiz üblich, dass jemand, der die „Schweizer Literatur" durch „neue Themen und einen neuen Ton" dahingehend bereichert, dass in einem Roman real existierende Personen, deren Familienbücher und Ortsnamen für die Diskriminierung eines ganzen Ortes verwendet werden? **Bei der HOG Triebswetter gibt es ausreichende Informationen darüber. Warum beachten das die Schweizer Medien nicht?**
(Florescu erhielt Ende der 90er-Jahre den Schweizer Pass. Sein Vater war der „Sohn schlauer rumänischer Bauern.")

DRS2-Radio Schweiz: Gespräch mit Florescu am 21.09.2011
Bemerkungen und Zitate aus dem Interview/Gespräch
Die Ahnen der Triebswetterer aus Lothringen sind „alle machthungrig und haben Blut an den Händen". „Triebswetter ist ein Ort von Selbstmördern und Pechvögeln." Florescu legt Wert auf „die Macht der ersten Sätze". Der erste Satz im Roman: „Der Teufel versteckt sich im Sturm vor Gott", wäre ein Aberglaube in Rumänien. (Das stimmt schon, aber bei den Rumänen und nicht bei den Deutschen!) „Vater Jakob (mit k) ist brutal, vergewaltigt, verrät seinen Sohn an die Russen, der ÜBLE, ein Kind seiner Zeit, tritt in die KP ein." und der „Sohn Jacob (mit c) ist der LIEBE, der nur Zuflucht bei der dicken Zigeunerin findet." (Zigeuner und Deutsche hatten im Banat nie ein so gutes Verhältnis, dass sie sich gegenseitig besuchten. Es gab auch keine Deutschen, die einen Zigeuner als Halbbruder hatten. Oder? Ich bin mir nicht ganz sicher, wenn da welche den Roman dauernd mit „gut" bewerten – und auh noc in der Zigeunergasse wohnten?) Und jetzt wird es wieder mystisch: „...die Geburt von Jacob fand nicht auf dem Mist statt... der Wind hat den Samen gebracht...". Frage: „Wie sind Sie zu Triebswetter gekommen?" Antwort: „... wie die Jungfrau zum Kind... es war der Wind." Auf die Frage: „Sie sind Rumäne?" Antwortet Florescu mit: „JA". (Er macht also einen genauen Unterschied zwischen Rumänen und Deutsche, die er beschreibt!) Florescu war in Ulm und Lothringen. Was hat er dort erfahren? (... Deswegen haben wir aus Ulm keine Antwort erhalten. Dieser Roman gehört nicht zu der Geschichte der Donauschwaben!!!). Florescu hatte „RUMÄNISCHE INFORMANTEN", aber aus der Geschichte des Dorfes wusste er am wenigsten, „alles andere ist FIKTION". (UND DAS Treffil-Buch? Die Geschichte

und Identität der Triebswetterer Banater Schwaben ist NICHT geeignet für einen Roman, der zwischen Fiktion und Wirklichkeit NICHT unterscheidet!) Auf den Hinweis: „In ‚Der blinde Masseur' herrscht ein melancholischer, in ‚Zaira' ein lustiger und in ‚Jacob' ein ANDERER (düsterer, dunkler) Tonfall." Antwortet Florescu: „...ich muss dem Publikum gefällig sein." Welches Publikum? (Das rote Gesindel, welches in Scharen auftritt und alle blendet?) „Es gibt HUMOR im Roman ‚Jacob', so Florescu. ABER WO? Für uns nicht! Es gibt einen Schweizer Roman „VERONIKA BESCHLIEßT ZU STERBEN"??? (Abgekupfert ist da überhaupt nichts, siehe Triebswetter und Treffil-Buch.) Laut Florescu gibt es: „REAKTIONÄRE TRADITIONALISTISCHE KREISE", eine <u>Minderheit unter den Banater Schwaben</u> (die sich auch noch geteilt hat), die etwas gegen seinen Roman „Jacob" haben, aber: „Es gibt Banater Schwaben, die das Buch als 'GUT' bewerten, welche die ihm DAUERND gratulieren." (Ist das ganz sicher, dass das Banater „Schwaben" sind oder waren? Bei mir hat sich noch keiner gemeldet: franz.balzer@t-online.de. Bitte aber alle E-Mails in deutscher oder rumänischer Sprache und mit gültigem Absender.

Auszug aus einer Programmvorschau von VOX: „Tradition ist alles! Roma...Djuliana ist 15 Jahre alt, ihr zukünftiger Bräutigam ist 17. Nach Tradition und Sitte sind sie damit längst im heiratsfähigen Alter." (Vergl. im Roman: "animalische Kopulation...beide waren noch nicht sechzehn...")

In einem anderen Interview im Schweizer Fernsehen DRS2
behauptet Florescu, dass er als Intellektueller und Migrant „die deutsche Literatur, also auch die Schweizer Literatur, mit neuen Themen und einem frischen Ton bereichert." [Und der Ton kommt mir so bekannt vor. Man denke nur an „Wunderzeit" und Ceauşescus Heldentaten referieren, beim Nationalfeiertag in der ersten Reihe mitmarschieren, die Pflichten des Vaters zu berichten, an seine angeblich gemütliche Flucht mit einem Auto (Dacia mit Anhänger und Dachgepäckträger), an den oben genannten Informanten und der reaktionären Kreise, dann „schrillen" bei mir alle Glocken! Leider hört man es nicht bis in die Schweiz!] Seine Romane schreibt er immer in Cafe-Häusern. Also ist „Jacob" auch das Produkt eines Kaffeesatzlesers? In Rumänien hat man den Kaffee aber oft „mit Schuss", dem in den Romanen „Zaira" und „Jacob..." vielgerühmten Schnaps, getrunken, auch eine „rumänische Tradition." (Offensicht-

lich hat der Autor diese Tradition sowohl in „Zaira" als auch in „Jacob..." weitergepflegt und zwar reichlich.)

Badisches Tagblatt, April 2011 (Abschied mit einem lachenden und weinenden Auge des Baldreit-Stipendiaten Cătălin Dorian Florescu), Zitate und Auszüge:
„Was für ein Erzähler, jubelte die Literaturpäpstin Elke Heidenreich." nachdem sie den neuen Roman „Jacob" von Florescu gelesen hatte. Es wäre aber eine Leichtigkeit gewesen, auch etwas über die Banater Schwaben, ja sogar über Triebswetter, im Internet zu erfahren! Dazu sage ich nur: Geschichte, Gemeinschaftskunde, setzen - keine Note - die Notenskala reicht nicht aus. Dasselbe gilt für andere Lobliedschreiber! Der Oberbürgermeister der Stadt Baden-Baden bescheinigte dem Stipendiaten, dass er ein „Mann offenen Herzens sei, der den Stoff seiner Romane... im Reich der Träume und Fantasie sammle". Unsere Geschichte und die im Roman beschriebenen Personen sollten kein Thema für Vermischung von Fiktion und Wirklichkeit sein! Weiter heißt es: „Mit diesem Prolog auf die dichterische Freiheit entzog der OB dem Protest derer jegliche Angriffsfläche, die sich an ihn und <u>die Medien gewandt hatten, um gegen die Verunglimpfung ihrer Kultur aufzubegehren</u>". Wie toll, dass man in Deutschland über die „dichterische Freiheit" sprechen kann! **Wie ist es aber um die „Meinungsfreiheit" derer bestellt, die direkt von IHRER verfälschten Geschichte und IHRER von Florescu VERFÄLSCHTEN IDENTITÄT betroffen sind? Warum haben uns die Presse und auch Florescu noch keine Antworten auf unsere Fragen gegeben?** Und der OB? Es geht nicht nur um die Verunglimpfung der Kultur, es geht um die Diskriminierung und Erniedrigung REAL existierender Personen und von deren VORFAHREN bis ins tiefe Mittelalter zurück, obwohl der 30jährige Krieg nicht zu unserer Ansiedlungsgeschichte gehört. Der 30jährige Krieg fand nicht nur in Lothringen statt, ganz im Gegenteil, ein Teil davon spielte sich - wie Geschichtsschreiber meinen - zwischen Frankreich und Schweden auf deutschem Boden ab! Entstand so Geschichtsschreibung? Danke! Weiter heißt es, dass Florescu „dem Verdacht der Beleidigung entgegentrat, indem er betonte, außer dem Ortsnamen Triebswetter[1] reflektiere er in keiner Weise auf reale Menschen oder Handlungen[2]. Vielmehr sehe er sich als europäischer Schriftsteller Deutscher Sprache[3], der seine Quellen in Osteuropäischen Raum findet... er inszeniere das Drama des Lebens absichtslos ohne ideologische Ambitionen[4]. Er sei kein Historiker und

kein Chronist, sondern **ein Dichter, der zwischen Fiktion und Realität keinen Unterschied[4] mache**".
****

[1]In der Bundesrepublik gibt es fast 2000 Personen, in deren Personalausweis als Geburtsort „Triebswetter" eingetragen ist. Das sind aber „reaktionäre Kreise"!

[2] Allein im Familiensippenbuch der Triebswetterer sind im Inhaltsverzeichnis 18 Obertins eingetragen und diese sind wieder mit dem (ehemaligen) halben Dorf verwandt. Alle Handlungen, die ebenfalls zusammen mit den zum Teil gar nicht geänderten Namen aus diesem Buch übernommen sind, wurden absichtslos, ausnahmslos (kaum ideologisch) bis ins Unkenntliche negativ „aufpoliert" (siehe Radio Temeswar, August 2010: „Ich stehle Geschichten... und poliere sie dann bis zum vollen Glanze).

[3] Ein europäischer Schriftsteller deutscher Sprache, der sich noch hinter dem Schutz und Schirm der „Künstlerfreiheit" versteckt, damit er als Rumäne - Nachkomme eines Mitgliedes eines menschenunwürdigen Regimes (Hallo Medien, habt Ihr schon alles vergessen?) - die ehemalige deutsche Minderheit, wie gewohnt erniedrigen und diskriminieren kann, so nach dem Motto: „DIE Freiheit nehmen wir uns". Dazu brauchen wir „solche" Rumänen nicht in der EU! (Welches ist der Unterschied zwischen Künstlerfreiheti und Volksverhetzung?)

[4] Wenn man als Rumäne die GESCHICHTE und IDENTITÄT der Banater Schwaben so beschreibt, dass der nichtsahnende Leser zwischen „Fiktion und Realität keinen Unterschied" erfahren kann, hat das sehr wohl „ideologische" Züge, zumal man noch von „rumänischen Informanten", „die Vorfahren aus Lothringen verließen ihre Heimat mit Blut an den Händen", „Triebswetter ist ein Ort von Selbstmördern und Pechvögeln" und „reaktionären traditionalistischen Kreisen" (siehe Schweizer Radio DRS2) spricht. Waren denn alle jene, die von der Securitate bei Verhören erschlagen wurden „Selbstmörder und Pechvögel"? Rumänische Nationalkommunisten und deren Ideen brauchen wir auch nicht in der EU! (Aber manche Kulturredakteure – leserverachtende volksverdummende Pressefuzzis – sind schon befallen davon!)
****

Badisches Tagblatt, 05.03.2011 (Baden-Baden)
(Hier hielt sich Florescu als Stadtschreiber auf, war auch schon im November 2010 hier) „Von Lothringen ins Banat: Die Geschichte der Obertins" und der Untertitel „Baldreit-Stipendiat Cătălin Dorian Florescu erzählt vom Überleben in harten Zeiten". Zitate aus dem Artikel: „Man könnte das alles eine schlechte Welt nennen und eine sündige, aber es war seine einzige, und als solche liebte er sie" ... „geht es doch ums Überleben in harten Zeiten, Hunger, Enttäuschung und Verrat, Niedertracht und Gemeinheit, Flucht und Deportation, die Suche nach Besitz und Macht." Weiter wird der Aspekt der Herumstreuner, die das „Dorf, das so frei stehend und verwundbar war, dass es nicht nur dem Wetter, sondern allen, die hier durchwollten, ausgesetzt war", angesprochen. Dass Florescu hier die Habsburger und die Ungarn nannte, jedoch die Rumänen und Zigeuner verschwieg, bleibt ein Rätsel. Und „so beginnt das erste Kapitel des

Buches, das **den Leser im Unklaren lässt**, was es mit der Amerikareise und der Rückkehr Elsas nach Rumänien auf sich hatte". Da haben wir doch schon einmal etwas über eine Amerikareise gehört? „Vor die Wahl gestellt, auf den tatkräftigen Sarelo", den Zigeunerjungen „verzichten zu müssen, verrät der Vater Jacob an die Russen". Geflohen von einem Deportationszug und „gerettet durch einen Popen (???), hilft er diesem beim Waschen von menschlichen Knochen, die aus einem Berg...".

Thüringer Allgemeine (TA), März 2011
„Schriftsteller Cătălin D. Florescu: Plädoyer für Menschlichkeit" Frage i.b. auf den Roman Jacob beschließt...: „...wie ist ihnen zumute?" Florescu: „Ich schwanke zwischen Zuversicht und Bangen... aber der Literaturbetrieb kann unbarmherzig sein." Frage: „Welche Rolle spielt das Internet?" Florescu: „Es soll viel Zuspruch drin stehen, aber ich lese das nicht." Wie ist das dann mit dem eigenen Gästebuch, in welchem Kritiker unter Androhung der Strafverfolgung NICHTS hineinschreiben dürfen?
Frage: „Erzählen Sie von der **Suche nach Identität**?" Florescu: „...ist etwas Vielschichtiges und **wie wenig es eigentlich braucht, seine eigene Identität zu verlieren... manchmal ist es nur ein Buchstabe im Namen**." Beispiele: Oberten und Obertin, Jakob (Deutscher) und Jacob (und schon Rumäne), Gogo und Coco. Gogo wurde sowohl von Treffil als auch von Florescu falsch geschrieben. Reiner Zufall?
Frage: „Sie wurden in Rumänien geboren... steckt etwas von ihrer Biografie in diesem Buch?"
++
Florescu: „... **Ich bin kein Banater Schwabe, teile diese Geschichte nicht. Insofern konnte ich mir für den Roman mehr Freiheiten herausnehmen und Risiken eingehen.**" Florescu zum Schluss: „... Ich möchte den Roman verstanden wissen als *Plädoyer für Menschlichkeit und Liebesfähigkeit*. Und für Selbstverantwortung." **Wirklich Menschlichkeit und Selbstverantwortung?**
++

Auszüge aus einem Cafehaus-Kultur-Interview (Radio Temeswar).
Florescu: „Ich schreibe Weltgeschichte!" oder korrigiert sich „**Ich schreibe Weltgeschichten!**" Frage „Was sagen sie zu Zaira?" Florescu: „**Zaira ist ein Weltbuch**, ha, ha, ha" und handelt vom

„wahren erfundenen Leben der Zaira." Weiter: „Ich stehle Geschichten, ha, ha, ha und... gebe sie dann **weiter in veränderter, erweiterter, verdichteter Form.** Ich suche Diamanten und **poliere sie
dann zum vollen Glanz.**" Na wie jetzt? Wahr oder erfunden? Und
wie glänzen jetzt die Banater Schwaben? Frage" **„Warum schreiben
sie nichts über die Schweiz?"** Florescu: **„Die <u>Schweiz gibt viel zu
wenig her... das ist eine andere Kultur... die Tradition,</u>** wenn es
<u>sie gibt...</u> da bleib ich doch Rumäne."

Wie bitte? Die **Deutschen und Zigeuner im Banat hatten/haben
dieselbe Kultur**? (Das wollte auch schon Ceauşescu 1977 in Rumänien.) Der Hauptheld „Jakob ohne Namen" ist doch ein „Zigeuner",
denn nur Zigeuner hatten in jener Zeit keinen Namen, weil sie zum
Teil nicht polizeilich gemeldet waren. Dazu wird auch noch die
deutsche Schreibweise Jakob (mit k) verwendet.

Kommentare und Beiträge von Triebswetterern und Banater Schwaben

Alle hier vorgestellten Beiträge und Kommentare wurden erstellt von
Triebswetterer und Banater Akademikern, die ihr Studium zum
Teil an Gymnasien und Universitäten in Rumänien absolviert haben
und **die Materie, um welche es hier geht, besser als "GUT" kennen;** es handelt sich dabei um mehrere Germanistikabsolventen, -
Professoren, Ingenieuren, Direktoren, Pfarrer, Naturwissenschaft-
lern...

Zuerst aber CĂTĂLIN DORIAN FLORESCUS Lebenslauf:
Florescu wurde am 27. 08. 1967 in Temeswar/Timişoara, Rumänien
geboren. 1976 machte er die erste Ausreise mit seinem Vater nach
Italien und Amerika. Die Rückkehr nach Rumänien fand acht Monate
später statt. **1982 war die „erneute Flucht"** mit den Eltern in die
Schweiz. Seitdem wohnhaft in Zürich/Schweiz. Er studierte Psychologie und Psychopathologie an der Universität in Zürich. Abschluss
1995 usw.

Erste Bemerkungen/Kommentare dazu:
Die „erste Ausreise" und die „erneute Flucht" widersprechen sich ein
„wenig". War die „erste Ausreise" schon eine „Flucht" oder war die
„erneute Flucht" nur eine „Ausreise" (die eigentlich, laut Tagesanzei-

ger.ch, nach Deutschland gehen sollte)? Und Amerika? War nicht im Roman die Deutsche Elsa Oberten in Amerika, hat sich dort mit Tätigkeiten „zweifelhafter Art bereichert", hat dann einen „ohne Namen" geheiratet und ein Kind auf dem Mist bekommen? Ist das Psychologie? Warum „Jakob ohne Namen"? War das ein Zigeuner? Nur Zigeuner hatten in jener Zeit keinen festen Wohnsitz, waren häufig auch nicht polizeilich gemeldet, hatten also „keinen Namen". Nur so konnte auch der Halbbruder Jacobs ein Zigeuner sein.

In „Zaira" beschreibt Florescu das schöne („wahre, erfundene") Leben auf dem Lande in Südrumänien (genau Strehaia/ Mehedinti/ Oltenien) und in „Jacob" geht es um Hunger, Enttäuschung, Verrat, Dreck, Gestank, Alkohol, Gewalt, auch Mord, Brandstiftung, Geiselnehmer und Vergewaltiger bei den Banater Schwaben unter rumänischen/zigeunerischen Lebensbedingungen. Betrachtet man beide Romane, dann kommt die Message Florescus („Identitätsspiel", „mehr Freiheiten und Risiken") erst richtig herüber.

(Die Namen der Kommentatoren werden hier nicht abgedruckt, ähnlich wie die Benutzernamen in Bewertungsportalen.)

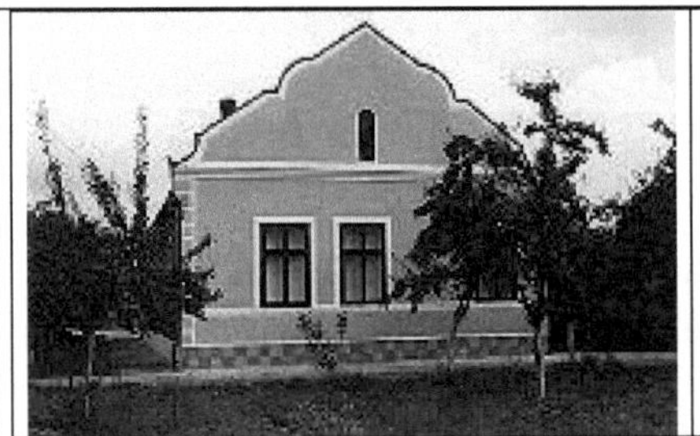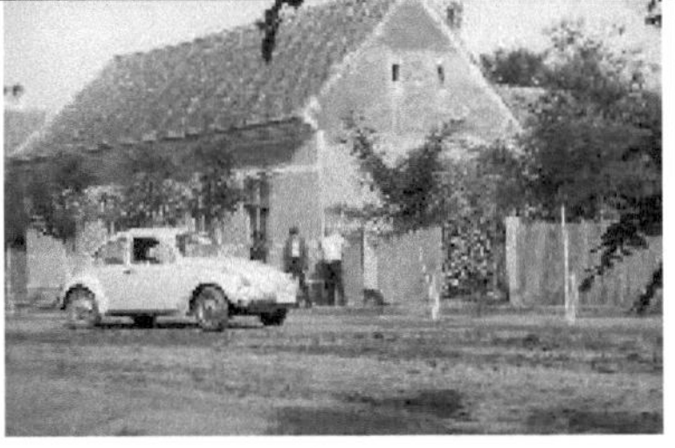

Laut Florescu leben und lebten in diesen Gebäuden **gewaltbereite** Menschen mit dreckverkrusteten Füßen, mit Stall-, Kot- und Uringeruch unter **Strohdecken.**

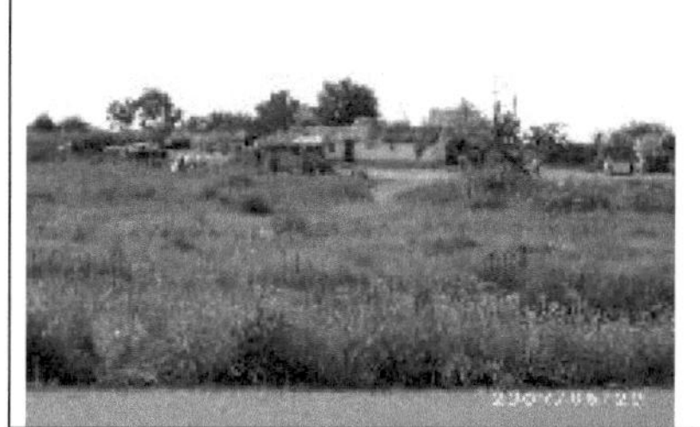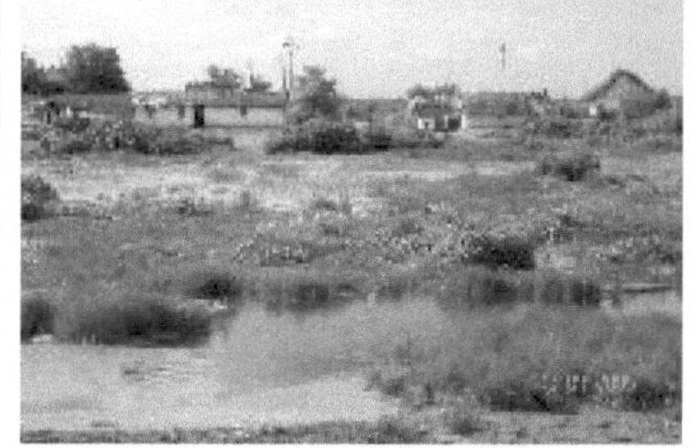

Zitat: „Cătălin Florescu, den wir aufs Höchste schätzen...hat sein Buch **genauestens recherchiert**. Alles andere unterliegt der künstlerischen Freiheit und der **Meinungsfreiheit**..."
(Zigeunerviertel-Recherche:**Insel/Burg oder?**)

B.F.
E-Mail und Fax an den Beck-Verlag:
„Bitte an die richtige Stelle weiterleiten.

Sehr geehrte Damen und Herren,
Sie erhalten in der Anlage einen Einwand gegen die Veröffentlichung des Romans „Jacob beschließt zu lieben" von Cătălin Dorian Florescu. In dem Roman wird ein Dorf rechtschaffener Bürger diskriminiert und es werden Namen real existierender Personen verwendet."
Antwort des Verlages: KEINE

Inhalt der Anlage:
An den C.H. Beck-Verlag
betr.: Cătălin Dorian Florescu
Jacob beschließt zu lieben
ISBN 978-3406612671

Sehr geehrte Damen und Herren,

hiermit erhebe ich einen Einwand gegen die Veröffentlichung des oben genannten Romans. Das Dorf Triebswetter und seine Einwohner werden in erheblichem Maße diskriminiert. Allein schon, dass der Name des Dorfes fällt, es gibt nämlich noch andere Dörfer, in welchen Auswanderer aus Lothringen zu finden sind, und wie es beschrieben wird, ist äußerst fragwürdig. Im Roman fallen die Namen real existierender Personen und das ist für diese Personen mehr als diskriminierend. Aber nicht nur das ist anstößig; - die Namen sind aus einem Buch eines Familienforschers (Das Treffil-Buch) geklaut worden. Der Name des Dorfes kommt nicht von Trübswetter (also trübes Wetter) und der Name Jakob mit „k"oder Jacob mit „c" ist darauf zurückzuführen, dass die rumänischen Behörden nach dem Ersten. Weltkrieg den dortigen deutschen Bewohnern einen Namenszwang auferlegt haben, statt „k" also „c" (was in der rumänischen Sprache wie ein „k" klingt). Man sollte auch die Geschichte jener Gegend kennen. Das Banat ist nach dem 1.Weltkrieg an Rumänien gefallen, es wurde daraufhin von Rumänen kolonisiert und es wäre durchaus möglich, dass der Autor diese Kolonisierung beschreibt. Dazu würden dann aber besser andere Namen passen.

R.H.
Habe heute noch einmal mit unserem Vetter Jakob Oberten in Triebswetter gesprochen. Er ist sprachlos und versteht die Welt nicht mehr. Hat mit Florescu über die von mir geschilderten Aussagen und Darstellungen des Autors Florescu in seinem Roman über Banat, Triebswetterer und Triebswetter überhaupt nicht gesprochen. Als der behinderte Florescu in Triebswetter vor ihm stand, tat es ihm leid um diesen Mann, er erklärte ihm einiges über die Bărăgan-Deportation und war mit ihm auch auf unserem Friedhof.
Kommentar und Ergänzung dazu (F.B): Mein Vater war auch behindert und zwar 100% gehbehindert und hätte gern in den 70er-Jahren ein neues Hüfgelenk bekommen, jedoch durfte er nicht in den Westen so wie Florescu.

H.K.
Es gibt auch schon einige Rezensionen, die mich nachdenklich stimmen. So schreibt zum Beispiel eine Leserin, dass sie aus diesem Buch viel über die Banater Schwaben gelernt hätte (wobei sie vorher angibt, dass es eine fiktive Geschichte sei und dass das Schicksal der Obertins 300 Jahre lang „eng mit der Geschichte der Banater Schwaben verbunden" sei. Was jetzt, Fiktion oder Geschichte?) Ihre Zitate und Beispiele bestärken aber meine Befürchtung, dass eine <u>historische Betrachtung von einem Außenstehenden kaum akkurat möglich ist</u>. Insofern werde ich vermutlich kaum 20€ ausgeben und einen Autor damit finanzieren, der meine Landsleute verunglimpft.

Aus Rezensionen zur gleichen Zeit:

„Endlich hören wir mal, was <u>in dieser dunklen Ecke Europas passiert</u> <u>ist, wir haben es ja schon lange vermutet</u>..."

Aus einer Rezension bei LovelyBooks:
„... **der Roman endet mit der Deportation junger rumänischer Männer nach Sibirien**."
Es ist doch ALLES richtig, nur fehlt etwas; - wie wäre der Satz eigentlich richtig: „... **der Roman endet** mit **der Deportation** (der Banater Schwaben) 1951, von Männern, Frauen, Kindern, Greisen und Schwangeren, bewacht **durch junge rumänische Männer mit aufgepflanzten Gewehren,** 800 km ostwärts unter freiem Himmel in die <u>Bărăgan-Steppe</u>." (Diese/r LeserIn war So „vernebelt" dass sie/er Sibirien mit Bărăgan verwechselte. Oder hat man es noch nie besser gewusst?)

K.C.

Hier findet Ihr einiges, was ich nach dem ersten, flüchtigen Lesen dieses Romans beanstande: Das ist aber bei weitem nicht alles. Nur bin ich diese Geschichte im Moment so satt; ich bin von Florescus ständigem Ekel uns gegenüber angeekelt und müde. Sich auf 405 Seiten andauernd aufzuregen - das schlägt aufs Gemüt. Denn Florescu verletzt die Persönlichkeitsrechte einer real existierenden Person (Jakob Oberten - eventuell auch seine in Deutschland lebenden Kinder). Diese Person hat Florescu nicht die Erlaubnis gegeben, all das, was im Roman über ihn steht, zu schreiben und zu veröffentlichen. Ich schicke dir erst mal den Link, damit du verstehst, was ich meine. Es geht um einen Roman über Triebswetter, der noch in diesem Monat beim Münchener C. H.Beck-Verlag erscheinen wird. Der Autor ist ein Cătălin Dorian Florescu, der sich in Deutschland bereits einen Namen mit drei Romanen gemacht hat. In seinem vierten, „Zaira", beschreibt er das schöne "viata la ţara" (Leben auf dem Lande) in einem südrumänischen Dorf (Strehaia in Oltenien). Jetzt sind wir dran. Hier die ersten Seiten des Romans, als Leseprobe:

http://www.vorablesen.de/files/Leseprobe_Jacob_beschliesst.pdf

Daraus zitiere ich eine Passage, die uns, unsere Eltern und unsere Vorfahren beschreiben. Bitte entschuldige, dass ich dir so einen Mist schicke, aber es ist die ***traurige Realität (*)***:

> „Die animalische Kopulation, wenn sie von Erregung und Verlangen ... war das Einzige, was ihnen ganz allein gehörte und sie entschädigte. Sie und der Schnaps in der Kneipe. Häufig fand der Beischlaf vor Sonnenaufgang statt,... weil sie dann nicht müde waren. Betäubt vom Stallgeruch, vom Kot und Urin im Nachttopf, von der abgestandenen Luft, von Mundgeruch und dem Gestank dreckverkrusteter Füße und ungewaschener Körper, zerstochen von Flöhen und Mücken, rutschten sie unter der Strohdecke herüber und fanden schnell den ebenso übel riechenden Körper des anderen."

Ich gebe mich vielleicht dann geschlagen, wenn uns ein guter Anwalt mitteilt, dass unser Grundgesetz und unser Strafgesetzbuch nicht ernst zu nehmen sind: Die Würde des Menschen ist unantastbar. (Artikel 1 Absatz 1 Grundgesetz)

Florescu hat sogar Treffils Fehler übernommen, denn der Spitzname war nicht Gogo, sondern Koko. Das weiß ich, weil meine Oma die Koko Lina war und weil ich meinen Urgroßvater mit Koko Ota ansprach. Und Koko kam von Kokron. Von der ursprünglichen Schreibart des Nachnamen Cocqueron abgeleitet, wäre es dann Coco. Wieso Treffil daraus Gogo gemacht hat, werden wir nie erfahren. Florescu erwähnt nirgendwo in seinem Roman, dass er aus dem Treffil-Buch Daten (die nur in diesem Buch und sonst nirgendwo auf der Welt auftauchen) verwendet hat. Er spricht von einer Dorfchronik. Nun, das Treffil-Buch ist nie und nimmer eine Chronik, weil die Ereignisse nicht in zeitlicher Reihenfolge dargestellt werden. Florescus Roman ist also ein abgeleitetes (derivatives) Werk - oder? Wir müssen etwas finden, womit wir diesen Scharlatan festnageln können. Dreist ist er, der Florescu - aber **es geht ja in diesem Fall um viel mehr. Muss Deutschland sich ab jetzt an solche Gauner anpassen oder gibt es doch noch einen Rest von Recht und Ordnung in diesem Land?**

Zu Herrn Lebers „künstlerische Freiheit" fällt mir die Antwort von der Lektorin dieses Buches (vom C.H.Beck-Verlag) ein, die sie mir per E-Mail geschickt hat. Hier einige Auszüge: Zitat: **„Ansonsten kann ich Ihnen versichern, dass wir in der Angelegenheit nichts unternehmen werden. Cătălin Florescu, den wir aufs Höchste** schätzen, nicht zuletzt wegen seines Lebensschicksals, hat sein Buch <u>genauestens recherchiert</u>. <u>Alles andere unterliegt der künstlerischen Freiheit</u> und der *Meinungsfreiheit*, die immer noch in der BRD herrscht. [...] **Erlebtes und Erfahrenes zu interpretieren, ist und bleibt immer individuell.**" Zitatende. Natürlich verteidigen sich einzelne Personen, die für ihre Entscheidungen unter Umständen verantwortlich gemacht werden können (Prof. Dr. Martin Hielscher). Ich weiß nicht, was sie mit Herrn Florescus „Lebensschicksal" meint. Wahrscheinlich meint sie seine „Flucht" aus dem furchtbaren Land der Kommunisten. Ob sie weiß, dass die ganz gemütlich, in einer Dacia samt Anhänger und Dachgepäckträger stattgefunden hat? Nein, das will sie jetzt vermutlich gar nicht mehr wissen. Was „Erlebtes und Erfahrenes zu interpretieren..." betrifft, da sieht man, dass sie keine Ahnung hat. **Was hat denn Herr Florescu, bezogen auf dieses Buch, erlebt oder erfahren? Und was darin ist „genauestens recherchiert"? Ein paar Geschichten hat er aus dem Treffil Buch genommen und verdreht.** (*Meinungsfreiheit*? Aber nicht für Banater Schwaben! Nur für Krixler und Pressefuzzis!)

Kommentar/Ergänzung dazu: F.B.
Ich habe dem Verlag auch eine E-Mail und ein Fax (mit gleichem Inhalt) geschickt und habe bis heute noch keine Antwort erhalten. Nun meine ich, die haben mehr Dreck am Stecken, als wir vermuten. Was Meinungsfreiheit angeht, so möchte ich doch den bekannten Humoristen Dieter Nuhr zitieren: "...wenn man nichts weiß, einfach mal die Klappe halten"! Ich bin dabei zu recherchieren, was an einer Information dran ist, die lautet, Florescus Vater war Secu-Informant oder Spitzel. Vermutlich hat er auf seinen Reisen nach Italien und Amerika seine Landsleute bespitzelt.

B.N.
Hallo, wenn Du bei Google die zwei Suchbegriffe "Florescu Miliz" eingibst, kommst Du zu Florescus erstem Roman "Wunderzeit", der sehr viel Autobiographisches enthält, u.a. die Pflichten seines Vaters, der Miliz zu berichten.

Ergänzung dazu: F.B.
Auszüge aus seinem **ersten Roman „Wunderzeit":**
(Zitate sind immer in „Anführungszeichen".)
Aus http://www.florescu.ch/9242/34184.html

Mit Fellini träumen/La dolce vita: „Die Souveränität der Männer, die erotische Ausstrahlung (#) der Frauen und ihr ungebundenes Leben... an diesem Vorbild wird er all seine Erfahrungen im Westen messen..." Florescu durfte schließlich, was kaum ein Banater Schwabe (außer Herta Müller und Richard Wagner) durfte, ins westliche Ausland reisen: „...Ausschlaggebend waren dabei die guten Beziehungen des Vaters: Als Hausverwalter hatte er der Miliz <u>täglich</u> Informationen über alle Mieter zu liefern...". Die Miliz (in Uniform) war der Securitate (in Zivil) unterstellt, war also dieselbe Organisation. Im Kommentar heißt es weiter:
„... Konsequent aus der Sicht des Jungen, von seinem Erfahrungs- und Wissenshintergrund aus erzählt, entfaltet sich **unspektakulär und realistisch eine Geschichte** der Selbst- und Bewusstwerdung, die sich vor allem an Details und kleinen Gesten orientiert **und <u>deshalb äußerst glaubwürdig</u> ist**."

(**Wow**!!! Das wird jetzt auch auf den letzten Roman Jakob/Jacob übertragen, oder soll dieser wirklich eine Fiktion sein?) „So erzählt Alin (CatAlin) zunächst von ...der hübschen (#) Geschichtslehrerin, bei der er, um einen guten Eindruck zu machen, ,Ceaucescus Heldentaten' referiert; und vom Nationalfeiertag, den er liebte wegen... des im Fernsehen übertragenen Festumzuges, in dem er <u>ganz vorne mitmarschierte</u>, um den Mädchen zu imponieren."
(Ich habe zwischendurch „Wunderzeit" gelesen und kann bestätigen, dass ich über „Ceauşescus oder Ceaucescus Heldentaten" darin kein Wort gefunden habe und über das „Mitmarschieren in der ersten Reihe, um den Mädchen zu imponieren", auch nicht. Und Referate, wie heute üblich, gab es damals in Rumänien auch NICHT. Deswegen mein **erneutes Wow**!!! Ein **Ceauşescu-Anhänger und zwar aus der ersten Reihe. Darüber erfahren Sie weiter unten mehr**, genau so wie über die Blauäugigkeit der „westlichen, freien" Kommentatoren und Pressefuzzis!)
<u>Und jetzt weiß ich auch, warum dieser Roman "Wunderzeit" heißt.</u>

W.M.
Das ist ja eine schlimme Sache, hier wird nicht nur der Familienname Oberten sowie das Dorf Triebswetter verleumdet, sondern ein <u>ganzer Volksstamm verhöhnt und beleidigt</u>. Ich habe bereits eine Mail an den Verlag gesendet.

R.S.
Das ist ja ein dicker Hund. Was für ein (upps, zensiert). Ich werde mal ein paar E-Mails weiterschicken und an den Buchhandel schreiben.

C.I.: Director Uni. P&P
Ich bitte Sie mir bei dieser Angelegenheit zu helfen, da ich denke, das Bild der Triebswetterer wird hiermit verschmutzt. Vielleicht könnten Sie eine Aktion auf Ihrer Webseite starten und mehrere Leute auffordern, den Verlag Beck zu kontaktieren, damit dieses Buch nicht erscheint. Bald soll im Münchener <u>C.H.Beck-Verlag</u> ein Roman erscheinen, der sich teilweise aus dem Treffil-Buch inspiriert*. Die Handlung spielt sich in Triebswetter ab und die Namen der Romanfiguren sind auch in Triebswetter real existierende Namen. Wie Herr Florescu - der ein in Temeswar geborener Rumäne ist und jetzt in der Schweiz lebt - uns Triebswetterer sieht, ist aus dem folgenden Auszug ersichtlich: (*)-Seite 64 - „Die animalische Kopulation, wenn sie von Erregung ...u.s.w... übel riechenden Körper des ande-ren." Diesen Auszug habe ich bei <u>www.vorablesen.de</u> gefunden, wo man die ersten 28 Seiten des Buches lesen kann:
 http://www.vorablesen.de/files/Leseprobe_Jacob_beschliesst.pdf
Als solche dreckige und primitive ‚Tiere' (animalische ...) gehen also unsere Vorfahren in die Geschichte (die von den Rumänen bestimmt wird) ein. Dazu muss man sagen, dass Herr Florescu das Dorf nicht kennt, er hat es nur neulich einmal besucht. Ich habe etwas unternommen, aber ohne Unterstützung habe ich nicht die besten Chancen auf Erfolg. Übrigens, der Spitzname „Gogo" hat Treffil fehlerhaft geschrieben, denn das ganze Dorf sprach ihn „Coco" aus - von Coqueron. Herr Florescu kann das natürlich nicht wissen, und so wiederholt er den Fehler.

D.D.
Bin hoch empört - ein schärferes Wort fällt mir im Augenblick gar nicht ein - über den von diesen (upps, zensiert) über Triebswetter und seine Leute geschriebenen Mist. Aus den wenigen biographischen Auskünften zur Person dieses "(upps, zensiert)" darf ich mir nur zu gut vorstellen, dass er mit der „binecuvantare" des Klosters Secu ausgeführt worden ist und sich weiterhin in deren Diensten befindet. **Ja, ihr müsst euch alle, so schnell wie es nur geht, rühren und diese Infamie stoppen.** Ich werde mich hier bemühen,

etwas zur Person des (upps, zensiert) zu erfahren. Vielleicht wäre auch auf diplomatischem Wege etwas zu erreichen!?
(„Binecuvintare" kann „mit dem Segen" übersetzt werden.)

J.R.
Ihr Kommentar zum Buch von Florescu hat mir sehr imponiert. Sie haben recht, wir dürfen nicht jedem Dahergelaufenen erlauben, uns Banater Schwaben zu verleumden. Eine Mail habe ich an den HOG-Vorsitzenden geschrieben und meine Unterstützung zugesichert. Die Bücher von Treffil, Petri/Wolf und Renard habe ich alle gekauft und darauf können die Landsleute aus Triebswetter stolz sein und nicht auf solche (upps, zensiert), die auf unsere Kosten Geld verdienen und von den Bundesdeutschen noch hofiert werden.

R.J.
Lieber W., ich habe von dem Buch „Jacob beschließt zu lieben" von Herrn Florescu gehört und bin entsetzt, wie er uns Banater Schwaben und die Triebswetterer in den Dreck zieht. Bei aller Liebe zu Literatur und Fiktion geht es hier doch zu weit. Wenn die bundesdeutsche Öffentlichkeit jetzt denkt, **so waren die Banater Schwaben,** dann **müssen wir uns nur fragen, haben wir nach all dem, was unser Volksstamm erlebt und erlitten hat, nun auch noch verdient, unsere Geschichte und Traditionen verfälschen und verunglimpfen zu lassen**? Das grenzt aus meiner Sicht an <u>**Volksverhetzung**</u>. Stell Dir mal vor, ein Deutscher würde solch einen Roman über die Juden oder andere Gruppen schreiben, was dann los wäre. Anmerkung: Das ist Volksverhetzung. <u>**Der Roman ist auch rassistisch**</u>!

W.W.
Das Buch ist erschienen. Ich lese es gerade. Würde vorschlagen, dass es jeder von uns mal liest und dann seine Meinung bildet. Man sollte aber in Betracht ziehen, dass es ein Roman ist und keine Reportage ... Ich denke, die Gemüter sind überhitzt und haben so überreagiert. Deshalb wäre es gut, wieder auf den Boden der Tatsachen zu kommen und das Ganze so zu betrachten wie ein Roman.

K.C.
Ich hatte in meinem Literaturstudium als Schwerpunkt Komparatistik gehabt und ich habe mich mit diesem Gebiet auch später beruflich befasst. Ich denke, dass ich sehr wohl in der Lage bin, gute Literatur

zu erkennen und als solche zu bezeichnen... Falls Dich die „amazon.de-Rezensionen" inspirieren, kann ich Dich nur darauf aufmerksam machen, **dass es schon längst bekannt ist, dass die Schriftsteller sich selbst Loblieder schreiben und die auf amazon.de als Fünf-Sterne-Rezensionen einstellen.** (Dasselbe gilt für Lektoren und Vertreter der Verlage, die diese Arbeiten drucken.)

D.H.
inzwischen bin ich mit den LL aus Triebswetter in Verbindung. W.W. von der BP verharmlost den ROMAN vielleicht, um sich und der LM Arbeit zu ersparen!!! Andererseits P O C H T man stets auf die "Freiheit der Kunst!" und wie w e i t diese gehen kann, sieht man ja aus dem mir leider NICHT bekannten Roman von Florescu: WIE der auf Triebswetter gestoßen ist? War es vielleicht ein „Auftragsroman" irgendwelcher „Kreise"? Und wenn man überall herumgereicht wird - bis hin nach Israel... Ich weiß es nicht.. Sensationslüsternheit á la HM !!! N U R so kann man ins Rampenlicht gelangen...
(LL=Landsleute, HM=Hertha Müller, LM=Landsmannschaft)

Aus einer E-Mail
Und nun kommt ein Exilrumäne, Cătălin Dorian Florescu, und erlaubt sich, die Banater Schwaben namens der französischen Kolonisten in Triebswetter erbärmlich in den Schmutz zu ziehen. Es wäre nun Sache der HOG Triebswetter und der Banater Landsmannschaft, zur eigenen Verteidigung ... zumindest dem Schmutzautor Florescu die Lesungen aus diesem Prosamachwerk gerichtlich verbieten zu lassen. Wenn so viel über die Rechte der „Roma-Flüchtlinge" in Frankreich geschrieben wird, sollten auch die Banater Schwaben einmal das Grundgesetz für sich beanspruchen dürfen... **Schließlich sind Menschenrechte unteilbar. Und niemand darf sich erdreisten, die Namen Lebender oder bekannter Toten zu verunglimpfen. Zudem sind die Fakten frei erfunden und total verdreht.** Nach dem Anwurf der Nobelpreisträgerin dürfte man sich so etwas nicht schon wieder gefallen lassen, sonst werden Tür und Tor dem Hohn geöffnet. ... Übrigens, da war doch ein rumänischer Roman über Lindenfeld, sehr korrekt und dezent geschrieben. Doch wahrscheinlich war er nicht medienwirksam genug. **Nun kam Sex, Dreck und Misere dazu, und gleich lockt er die Leser, Käufer und Politiker.** Traurige freie Welt, in der alles erlaubt ist.

Ein Banater Schwabe:

„Ihren Einsatz für die Triebswetterer Sache habe ich mit Bewunderung immer verfolgt. Es ist auch nicht verwunderlich, dass die Landsmannschaft der Banater Schwaben die Stimmen der eigenen Landsleute nicht hören will. Seit Jahren setzt sie sich nicht mehr für die Schwaben ein, sondern liebäugelt mit der rumänischen Seite. Wir werden noch einmal verkauft, nun von den eigenen Landsleuten. Sie müssen bedenken, in der <u>Führungsetage der Landsmannschaft sitzen dieselben, die früher für die Kommunisten und die Securitate (Konschitzky, Weresch) gearbeitet haben</u>. Weshalb sollen die sich nun für unsere Sache einsetzen?..."

Eine Banater Landsfrau:
„Eine Zigeunerhochzeit wird als rumänische Hochzeit verallgemeinert, man sieht in einer TV –Reportage, wie die da im Schlamm (nach Regen, wohlgemerkt) rumtanzen, besoffen sind usw. Das gehört alles zu Rumänien und zu uns dazu, in den Augen derjenigen (die vielleicht gar nicht wissen wo dieses Land liegt, geschweige denn von den Minderheiten die da leben oder gelebt haben), die keine Ahnung haben. (Ich sage dies, weil ein Kollege mal eine Bemerkung gemacht hat: ‚Von da kommst Du? Ihr hattet ja nicht mal... usw...)"

Ein Leser unserer Internetseite über Florescus Roman:
„Heute morgen bin ich im Zusammenhang mit den deutschen Literaturtagen am New Yorker Goethe-Institut und dem dort anwesenden ‚Schweizer' Schriftsteller Florescu auch auf Ihre Stellungnahmen zu seinem Roman ‚JACOB BESCHLIESST ZU LIEBEN' gestoßen. Ich kenne den Roman nicht, war aber sehr erstaunt über die in Ihrer Stellungnahme erwähnten Inhalte, die im Wesentlichen eine negative Darstellung der Banater Schwaben seien... Ich selber war vor ca. 10 Jahren als Lehrer an einem Schüleraustausch meiner ehemaligen Schule... mit einem Lyzeum in Kronstadt beteiligt und habe also vor Ort in Siebenbürgen die Reste der deutschen Besiedlung dort bezeugen können... Ich möchte nur zum Abschluss sagen, dass ich den Eindruck habe, dass sich Herr Florescu sozusagen als ‚Made im schweizerischen Speck' in seinen Exiljahren dort wohl eingerichtet hat und heute in der Welt der deutschsprachigen Literatur sogar als Repräsentant bis in die Neue Welt eingeladen wird, wobei dort sicherlich nicht bekannt ist, dass seine Literatur die, wie sie schreiben, ‚Erniedrigung, Diskriminierung und Beschmutzung der Banater Schwaben' zum Inhalt hat. Ich wollte

mir eigentlich Florescus Buch kaufen, habe aber nach der Lektüre Ihres Artikels davon Abstand genommen. Vielen Dank für Ihre Information zu Herrn Florescus 'Schmutzwerk'."

Kommentator (ehemaliger Lenauschüler) auf der Internetseite Florescus. Titel: „Franzosendorf Triebswetter auf die literarische Weltkarte gesetzt" Antwort auf meine Anfrage: „Lieber Franz, ich schaue mir diese Kommentare schon lange nicht mehr an. Als Florescu 2011 in München vorlas, besuchte ich ihn in seinem Hotel und gab ihm einen Rat. In einem circa 3-stündigen Gespräch fiel mir auf, dass **er kein tiefes Wissen über die Deutschen** aus Rumänien besaß. Darauf kommt es aber gar nicht an; statt Triebswetter hätte er jedes beliebige Dorf nehmen können. Was die Personen anbelangt... Vielleicht besuchst du mal eine seiner Lesungen, dann wirst du schnell merken, **wer die Leser, meist sind es weibliche**, sind. Meinst du im Ernst, dass jemand Begriffsklarheit(*) hat?... Unsere eigene Intelligenzija hat das Thema Banat längst ad acta gelegt. Siehe Richard Wagner mit seinem Topwerk ‚Die deutsche Seele'. Die Banatdeutschen schaffen es nicht, ihre eigene Geschichte aufzuschreiben... Und dann **kam ein Neutralo**, in der Schweiz lebender Autor, der auf eine <u>sehr gelungene Art und Weise unsere Geschichte erzählt</u>. **Triebswetter steht für das klassische Banater Dorf, genauso wie „Temeschwar" für das Banater Bürgertum steht**... Dir, lieber Franz, war ich ein bisschen sauer, weil du ihn von unserem Lenautreffen vertrieben hast. Der Mann hat im wahrsten Sinne des Wortes **Angst vor Leuten deines Schlages**. Findest du das gut in einer freien Gesellschaft? Hoffentlich machst du mir keine Schwierig-keiten..."

Antwort: „Sicher geht es um einen Teil unserer Geschichte, aber **<u>ganz sicher nicht um UNSERE IDENTITÄT</u>! Gelungen ist keineswegs die Beschreibung eines klassischen Banater Dorfes, da Florescu nie in einem Banater Dorf war** und so Banater Dörfer gar nicht beschreiben kann."

Betreff(*): Genau das ist unser Problem, keiner wusste vorher etwas über Triebswetter oder Banater Schwaben und jetzt weiß jeder „SELBSTERNANNTE EXPERTE", <u>WIE ES NICHT WAR</u>.

Und die beiden Kommentare sind so gut, dass ich sie wiederhole:
Kommentar von Ana-Luisa auf einer Internetseite:
„deutsch lesen und dabei rumänisch empfinden...
was für eine kombination! MULTUMESC".
M. Obertin. Ein KOMMENTAR auf derselben Seite:
„Herzliche Gratulation zu Jacob! Dieses Buch ist NICHT auf Mist
geboren!"
MEINE ANTWORT: „Bon jour M., sind Sie sicher, dass Sie das
Buch gelesen haben? Und Sie heißen wirklich Obertin? ...
Sprechen wir nicht vom gleichen Buch?..."

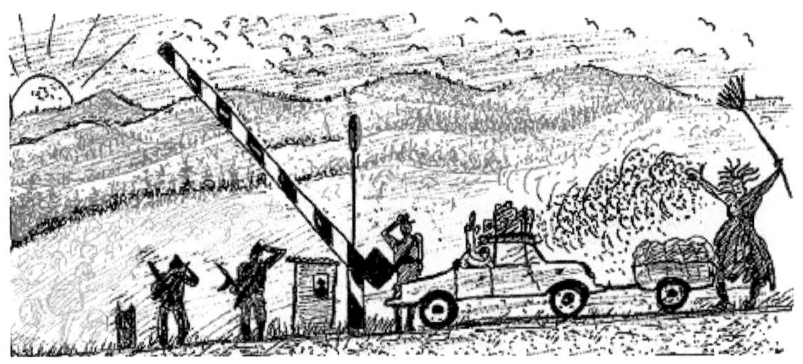

Florescus Fluchtwagen mit Dachgepäckträger
und Anhänger gelang ohne Kontrolle, wobei man
anderen den Wagen ausenandernahm. Laut einem seiner
„glaubwürdigen" Romane wollte er nach Italien, kam dann
doch irgendwie 1982 in Deutschland vorbei, da lief aber gerade
die Freikaufaktion und weil man ihn nicht „freikaufen wollte",
so landete er in der Schweiz.

Karikatur: Michael Blümel

3

Triebswetterer Beitrag für Banater Schwaben, Geschichtliches, spontane Notizen und Fragen an Florescu

Stellungnahme zum Diskriminierungswerk der Triebswetterer von einem Triebswetterer, spontane Notizen, Geschichtliches und Fragen an Florescu. Zusammenhänge zwischen dem „großen Freikauf" und Herta Müllers „Niederungen". Die „Niederungen" von Herta Müller waren die Vorlage für Florescus Roman über die Banater Schwaben und speziell über Triebswetterer. Er sagte ja auch, dass er und Herta Müller „dasselbe Thema beackern". Wie schön!

Der Beitrag der Triebswetterer zum Roman Florescus wurde in der BP (Banater Post) nicht veröffentlicht, um eine Polemik zu verhindern, so der Chefredakteur, der mittlerweile in Rente gegangen ist. Unser Kommentar dazu:
Der Beitrag lässt auf sich warten. Wir sind vor 30-40 Jahren vor dem Kommunismus geflüchtet, und zwar richtig, nicht wie Florescu & Co, wir haben alles stehen und liegen gelassen, sogar unsere Identität (in Deutschland dürfen Minderheiten für Medienfuzzis keine Identität haben) und den guten Ruf und sind so schnell wie möglich abgehauen, ohne zu gucken, wer da alles mitläuft. Wir wurden „sogar verkauft" und sind 23 Jahre nach Ceauşescu wieder im "Kommunismus" (wohl einem besseren, weil er von Deutschen, den 68ern, gemacht ist) und einer „beispiellosen" Mediendiktatur angekommen. Einige haben zum Teil nachgeholfen, weil sie die maßgebenden Personen „richtig geschmiert" haben und die, die nicht geschmiert haben, waren dann verdächtig. **(Die Medienfuzzis müssen vielleicht auch „geschmiert" werden! Ein Beweis dafür ist „Gekaufte Journalisten" von Udo Ulfkotte.)**

Die große „Freikaufaktion", die hauptsächlich in den 70er- und 80er-Jahren stattfand, wurde von der Securitate organisiert und kontrolliert. Es ist nun nicht verwunderlich, dass bei dieser Freikaufaktion von der Bundesrepublik nicht auch Leute „eingekauft" wurden, die gar nicht zu den Minderheiten der Banater Schwaben und Siebenbürger Sachsen in Rumänien gehörten. Das sieht man bei jenen, die „positive" Kommentare zu den beiden Romanen „Niederungen" und „Jacob beschließt zu lieben", die beide die Erniedrigung, Herabwürdigung und Verleumdung der Banater Schwaben zum Ziel hatten und haben, abgeben. (Lesen Sie weiter über Herta Müller. Seite: 75) Es ist noch niemandem aufgefallen, dass die „Niederungen" von Herta Müller genau mitten in der Zeit (1982 im Kriterion-Verlag, Bukarest) dieses Freikaufs herauskam, wobei sie noch in darauffolgenden Jahr einen Preis für „sozialistische Ethik" vom ZK des VKJ (Verband Kommunistischer Jugend oder UTC, was Uniunea Tineretului Comunist bedeutet) bekam. **Sie war in dieser Zeit weder verfolgt, noch wurde der Roman zensiert**, denn eine Verfolgte mit einem „stark" zensierten Roman hätte in jener Zeit keinen Preis vom ZK des VKJ bekommen. Zwei Jahre später, 1984, hat auch ihr Mann, Richard Wagner, von demselben ZK einen Preis bekommen, während ihre „Niederungen", in welchem sie alle Banater Schwaben aufs Äußerste herabwürdigt, so sehen es zumindest viele Kommentatoren, was auch VOLL und GANZ auf der Linie der RKP (Rumänische Kommunistische Partei) und Securitate an der Spitze mit Ceauşescu liegt, auch in Deutschland. Zu erwähnen wäre, dass sie auch noch drei Mal in Deutschland war (auch mit dem „Segen" der Securitate, was wohl deswegen für einige Westler oder Wessis eine „Humanitäre Hilfsorganisation" gewesen sein muss) was sonst kaum ein Banater Schwabe machen konnte (genau wie Florescu, „mehrmals" flüchten!) und sie „beschimpft" die Banater Landsmannschaft, als wäre diese von Spitzeln unterlaufen, was wir eigentlich auch meinen und weswegen unsere Kritik am „Diskriminierungswerk" Florescus, der von Herta Müller viele beschriebene, „filmreife" Szenen übernimmt – weil er wohl auch einen Nobelpreis haben will - und noch einiges draufsetzt, eben nicht veröffentlicht wird.

Das heißt, dass wir ein drittes Mal verkauft wurden, das zweite Mal war der „gedankenlose" und „irrwitzige" Verkauf und die Übernahme der „Niederungen" in die Listen der „guten, deutschen" Literatur und die Vergabe etlicher Preise an ein Werk, dass schon in der Diktatur einen Preis für „kommunistische Ethik" bekommen hat. Nicht umsonst sind wir bei den PISA-Tests so weit unten angelangt! Das hat ja auch seine Gründe! Haben die 68er sich für so etwas eingesetzt? Oder haben wir heute mehr Kommunismus als je zuvor, aber noch besser als im ehemaligen Ostblock? Oder ist es nur die GIER des LESERS nach Dreck, Nichtstun, Besäufnis, Fremdgehen (oder besser Vögeln), Mord und Totschlag, Brandstiftung und Vergewaltigung, was einen besonderen Kick mit sich bringt, wenn eine Minderheit diskreditiert, diskriminiert, geneckt, gemobbt, genervt und kriminalisiert wird? Wie bitte? Schulalltag? Aber natürlich, das haben die Banater Schwaben bei der Freikaufaktion auch nach „Deutschland eingeschleppt" und davor wollten Herta Müller und Cătălin Dorian Florescu die „zurückgebliebene, aber doch fortschrittliche" deutsche Gesellschaft warnen! Alles andere ist nicht mehr zeitgemäß! Literaturgurus!...

Die Vetternwirtschaft hat „väterliche Ausmaße" erreicht und die Vertuschung sowie Meinungsfreiheit gelten nur für „ehemalige Securisten und 68er", die, die Florescus Werk andauernd mit „gut" bewerten. Wie heißt es doch so schön in der Banater Post: „Was nicht in der Zeitung steht, hat nicht stattgefunden". Ich korrigiere da Mal: „Was nicht stattfinden darf (verdrängt werden muss) darf auch nicht in der Zeitung stehen". (Siehe auch weiter unten: Schwarze Schafe bei den Medien. Seite: 133)

Herta Müller: „Niederungen" -
C.D. Florescu: „Jacob..."
Herta Müller wusste, wen sie beschreibt. (Oder nicht?...)
C.D. Florescu wusste nicht, wen er beschreibt. (Oder doch?...)
Laut einer Aussage C.D. Florescus in der ADZ beackern sie aber beide dasselbe Thema. (Oder von demselben Auftraggeber?...)
Das muss „Sinnlichkeit" oder ein „Erkenntnisse förderndes Vergnügen", laut einem Kommentator in einer deutschen „Verdummungspresse", sein!

Hier ein Zitat aus einer Studienarbeit von N.M.Schulz über Herta Müllers „Niederungen". Ich habe diese Studienarbeit aufgeschlagen und das Folgende gelesen: „Die einzelnen Erzählungen weisen keine Handlung im herkömmlichen Sinne auf. Erzählt wird meist aus der <u>Perspektive einer Außenseiterin</u>." Oder aus der Perspektive eines Außenseiters, so von oben herab?

„Die... Einblicke in den Alltag... konfrontieren mit oft als <u>überkommen empfundenen Bräuchen, Ritualen und Traditionen.</u>" (Oft bediente sie sich der rumänischen Sprache und der Redewendungen.) War es jemand, der die Bräuche und Traditionen gar nicht kannte und diktierte, was zu schreiben war, oder gar die fertigen Geschichten gleich mitlieferte und sie zum Schein auch noch zensierte, weil die Arbeiten von Banater Dichtern und Schriftstellern in der Regel zensiert wurden? Ein perfektes Täuschungsmanöver? Oder wurde sie gezwungen, das zu schreiben? Was die Namen angeht, wurde aber niemand mit seinem Originalnamen beschrieben, wie es Florescu tut. Im Klappentext wurde nicht einmal der Geburtsort der Autorin genannt. Die beschriebenen Protagonisten in manchen Kapiteln sind aber KEINE BANATER SCHWABEN! In anderen wieder wird deren Lebensweise an einem wohl einzigartigen Beispiel im Banat derart übertrieben, dass eigentlich alle deutschen Ämter, Verbände und Institutionen auf die Banater Schwaben als „gefährliche Übeltäter" aufmerksam hätten werden müssen: Das Jugendamt wegen Einprügeln auf Kinder, Frauenorganisationen wegen Diskriminierung und Erniedrigung der Frauen, Tierschutzorganisationen wegen Tierquälerei (z.B. den Hund mit dem Fuß getreten, bis er verendete; dem Kalb das Bein abgehackt, damit es notgeschlachtet werden konnte), die Drogenfahndung (weil „vermummte" Großmütter Mohnkuchen backten und auserwählte Banater Krähenmist als Droge nutzten), die Polizei wegen gewalttätiger und besoffener Männer und Korruption. (Inzest und Leichenschänder, usw. also nichts über Nazis!) Die 68er dürfte es wohl auf den Plan gerufen haben, wegen der „Aufarbeitung der Nazivergangenheit" durch die Nachkriegsgeneration. Was Herta Müller eventuell weiß, es aber verschweigt, die 68er aber ganz sicher nicht wissen: Manche Banater Schwaben wurden gezwungen „freiwillig" ins Deutsche Heer einzurücken (sie wurden mit aufgepflanzten Gewehren von der rumänischen zur deutschen Kaserne innerhalb einer Stadt begleitet), weil Rumänien mit Hitlerdeutschland verbündet war. Nach dem Krieg durfte keiner darüber sprechen, denn bei einem „falschen" Wort hätte es unter Umständen 10 Jahre Haft, aber in rumänischen Gefängnissen, gegeben. Ich kenne einen, der 15 Jahre für einen Hitlergruß bekommen hat. In den Schulen hatte man keine ehemaligen Nazis und die Lerndisziplin war aber genauso exemplarisch wie die unter Hitler, weil die kommunistische Doktrin nicht anders vermittelt werden konnte. Aus der Nachkriegsgeneration sind also keine Nazis hervorgegangen und es hat keinen Generationenkonflikt im Sinne der von dem KGB (laut Valentin Falin, sowjetischer Botschafter 1968 in Bonn) unterwanderten 68er gegeben (Hinweis für Kommentatoren zu "Niederungen"). **Die 68er haben auch für das Recht den „Sozialismus" zu studieren, demonstriert** und die Banater Nachkriegsgeneration, Deutsche, Rumänen, Serben, Türken, Ungarn und andere haben friedlich miteinander studiert und **egal, welcher Fachrichtung sie waren, der verhasste "Wissenschaftliche Sozialismus" war Hauptfach.** Es ist also ÜBELSTE VERLEUMDUNG, was diese durch Herta Müllers Roman erfahren mussten. Und die, die ihr Schundwerk kritisieren, sind keineswegs Nazis, sondern jene, die gegen Mitstreiter und Anhänger (Herta Müller und C.D. Florescu) der ehemaligen und zunächst letzten Diktatoren der Neuzeit eintreten. „Darüber hinaus besitzen die wenigsten Protagonisten in den ‚Niederungen' einen eigenen Namen. Meist wird die soziale Funktion oder der Beruf als Name verwendet." Das soll dem Leser auch vorgaukeln, dass das Geschriebene für ALLE BANATER SCHWABEN gelten soll. Wer könnte schon ein Interesse daran gehabt haben, die Banater Schwaben zu verleumden? Mitten in der „Freikaufaktion" 1982? Dem Jahr in welchem der ANDERE mehrfach mit eigenem PKW samt Anhänger flüchten konnte? Wurden manche Preise nach dem „rumänischen Beziehungsprinzip" vergeben?

In einem Bericht Herta Müllers in der „Zeit-Online" mit dem Titel „Die Securitate ist noch im Dienst in Rumänien", in welchem sie auf ihre Bespitzelung durch die Securitate eingeht, beschreibt sie fortwährende Überwachung, Verfolgung und Kontrolle durch die Securitate. Das kann aber ganz und gar nicht stimmen, denn wir haben einen Zeitungsbericht aus dem Jahre 1983, dem Jahre nach dem Erscheinen der (angeblich stark zensierten) „Niederungen", in welchem Herta Müller vom ZK des VKJ (Verband Kommunistischer Jugend Rumäniens) einen Preis für „sozialistische Ethik" eben für diese „Niederungen" bekommen hat. Der Vorsitzende des VKJ war Nicu Ceauşescu, der Sohn des bekannten Nicolae Ceauşescu. **Eine von der Securitate Verfolgte, deren Roman auch noch stark zensiert wurde, hätte in jener Zeit in Rumänien KEINEN PREIS bekommen!** Die Verfolgung und die Zensur sind vielleicht auch so eine Fiktion wie ihr Werk und die „schlechten Eigenschaften" der Banater Schwaben aus diesem Werk. Die angebliche „erneute Flucht" 1982 des C.D. Florescu samt PKW mit Dachgepäck und Anhänger sind genauso eine Fiktion. **1984 wurde der Roman auch in Deutschland gedruckt, aber hier fehlten vier Kapitel. (Wo wurde zensiert?)** Gleichzeitig erhielt ihr damaliger Mann, Richard Wagner, auch einen Preis vom ZK des VKJ und Herta Müller durfte drei Mal nach Deutschland fahren, um ihren Roman zu verkaufen. Und das mit dem „Segen" der Securitate, die sehr daran interessiert war! **Bei den 68ern fiel das ja auf fruchtbaren Boden** (aus einem Kommentar zu Niederungen).

Eine sehr wichtige Tatsache aus jener Zeit (hauptsächlich 70er- und 80er-Jahre) war auch das Ausreisebestreben aller in Rumänien lebenden Deutschen. Was man aber in Rumänien nicht wusste oder was nur ein unbestätigtes Gerücht war, waren die Bemühungen der Bundesrepublik Deutschland, die Rumäniendeutschen (Schwaben und Sachsen) freizukaufen. (Siehe „Teurer Freikauf" in Phönix-TV.) Auf die extra Schmiergeldzahlungen und den Drahtzieher, den man „Der Gärtner" genannt hat, will ich jetzt nicht eingehen. Die Um- und Aussiedlung hat sehr gut geklappt, die Rumäniendeutschen wurden gut aufgenommen und integriert, da es ja kaum Sprachbarrieren gab. Und fleißig waren ja auch alle und sogar an schwerer Arbeit, die von den 68ern verpönt wird, gewöhnt. Dem musste ein Riegel vorgeschoben werden. Wer konnte schon ein Interesse haben, diesen Vorgang zu stören? Mitten drin erscheint nun das Werk von Herta Müller, die jeden, der ihre „dreckige" Prosa kritisiert, als Nazi beschimpft. (Das war Volksverhetzug!) Wer war wohl der Drahtzieher eines solchen Werkes und wer hat sich so sehr gefreut, dass er ihm sogar einen Preis vergeben hat? Jawohl! „Die Securitate ist immer noch im Dienst!" Auch 30 Jahre später ist wieder einer da, der dasselbe Thema „beackert" und den gleichen Schund, diesmal aber mit Ortsbezeichnung und genauen Familiennamen, noch einmal beschreibt und noch einiges drauf setzt. **Und die deutsche Öffentlichkeit, an der Spitze mit den freien (oder vielleicht auch „gekauften" und „linientreuen") Medien, kapiert Null Komma Nichts geteilt durch vierzehn!**

Der Hass, der beiden gemeinsam ist, strömt einem bei Florsescu allein schon durch das Lesen der ersten 30 Seiten der Vorablesen-Version von Seite zu Seite immer mehr entgegen und Herta Müller hasst alles: die Mutter, die Tante, den Vater, die Großmutter, die Nachbarn und alle Banater Schwaben, nur den Großvater mit seinem Hammer und den Nägeln in der Tasche nicht. Der meint ja auch : **„Hier gibt es welche, und zwar viele, die vernagelt sind!"**

Was schreibt ein Kommentator zum Bericht „Die Securitate ist immer noch im Dienst" auf Zeit-Online: »Anscheinend ist sie mit ihrer Strategie, haltet den Dieb, hier im etwas blauäugigen Westen sehr erfolgreich. Es ist doch so. Wer zuerst aufsteht und ruft: „Haltet den Dieb", dem glaubt auch jeder. Wer sich verteidigt, klagt sich an. Oft stellt man erst viel später fest, dass die erste Nachricht eigentlich die falsche gewesen war. Wichtig ist nur das Ergebnis. Und das stimmt bisher für Frau Müller!! » (Oder, **wenn der Erste glaubwürdig lügt, dann wird jeder, der nachher die Wahrheit sagt, als Lügner bezeichnet!**) Einem weiteren Kommentator, der das auch versucht hat, wurde geantwortet: „Bitte halten Sie sich an die Regeln!" und sein Kommentar wurde gelöscht! <u>„Wer die Wahrheit geigt, dem schlägt man oft die Fiedel auf den Kopf!"</u> Wer die Wahrheit sagt, dem wird seither vorgeworfen: <u>**„Die Verleumdung gehört zum Brauchtum der Banater Schwaben**</u>". Herta Müller und Florescu haben Recht! (Wir haben ihnen ja schon so viele Preise verliehen!!! Vetternwirtschaft kennt man bei uns nicht!!! Nur „sinnliche" und „Erkenntnisse fördernde" Volksverdummung!)

Nach der Dummheit kommt das Vorurteil!
Oder ist es umgekehrt? Ich weiß es nicht genau!

Kommentare aus Rumänien (Ziua Veche 21.10.13)
aus Anlass des Internationalen Festivals für Literatur und Übersetzung Jassy, welches Herta Müller (wegen einer Operation) absagen musste. Die Kommentare beziehen sich auf „Niederungen":

IngerAlbastru 21.10.2013, 11:12 Uhr
„Sicher hatte sie Blasen an den Fingern von dem viel zu vielen Schreiben mit dem Bleistift und hat sich operieren lassen, damit sie Rumänien meiden kann, damit sie in einem Beben der Vorweisheit gefangen wird."

Salut 21.10.2013, 19:43 Uhr
„Heyheyhey, wenn du dich gerade an das Lesen machst, was sie schreibt, guck was rauskommt: Mit nicht einmal 29 Jahren, in der Zeit der grausamen kommunistischen Unterdrückung, nicht wahr? In einem kleinen Dorf, wo sie ein gequältes Leben führte, den ganzen Tag die Hacke bewegte und fortwährend (oder nur von Zeit zu Zeit) überwacht von der Securitate, von Rumänen, von hungrigen (stechwütigen) Schnaken und der Pflicht, einmal pro Woche die Füße zu waschen... über die kleine Schriftstellerin fallen die Bestien der kommunistischen Securitate her, reißen ihr den Roman, an welchem sie länger als fünf Jahrzehnte geschmachtet hat, und publizieren ihn mit Gewalt... in der Hauptstadt... damit man sie lächerlich macht, wahrscheinlich!"

Geschichtliches zum Triebswetterer Roman von Cătălin Dorian Florescu

(Verwendete Abkürzungen: Trw.=Triebswetter/Triebswetterer, BaSchwa= Banater Schwaben)
Tipps und Fragen für Interessenten

Ich habe schon sehr viele Kommentare zum Roman „Jacob" gelesen und musste feststellen, dass der Roman *bei den Lesern ein „falsches, verzerrtes" Bild der Banater Schwaben hinterlassen hat*, was dem Rumänen Florescu - als Psychologen - in vollem Umfang als Absicht zu unterstellen ist. Was und wen er hier beschreibt, sind ALLE ANDEREN, nur keine BaSchwa. Erklärung? Weiter unten.
Meine Landsleute, die mich vorab ausführlich über den Roman informiert haben, haben alle ein Hochschulstudium (ebenfalls noch in Rumänien), darunter sind 6 Germanisten, ein Prof.Dr. der Literatur, ein Pfarrer, ein Ingenieur, ein Direktor (Uni PHP) und alle stammen aus Trw., also sind alle mit dem Thema sehr vertraut und WIR wissen sehr wohl, was wir Florescu alles vorwerfen können. Und es soll jetzt bloß niemand sagen: "Wo haben die studiert?"

Man muss es uns schon überlassen, <u>Fakten zu präsentieren und keine Meinungen</u>, denn „Meinen heißt nichts wissen". Eine „eigene Meinung" können aber alle, die den Roman gelesen haben, für sich beanspruchen. Dann erklären Sie mir mal, warum unsere negativen Kommentare gelöscht oder gar nicht veröffentlicht werden? Sind wir schon wieder so weit, dass Florescus „Lügengeschichte" über eine „geteilte Minderheit im Banat" in der Gesellschaft zählt, während unsere Darstellungen der realen Fakten unterdrückt werden? Ich erinnere an Gestapo, Stasi, Securitate... Über BaSchwa und Trw. gibt es eine Menge Publikationen, die aber Realitäten und keine nationalistisch motivierten Fiktionen enthalten. Geben Sie bei Google die Stichworte ein: „Banater Schwaben", „Schwabenzüge", „Bărägandeportation", „Banater Landsmannschaft" (hier kommen Sie zu Links sämtlicher Banater Dörfer, hier können Sie Sich auch jegliche Bücher bestellen).

Geschichtliches zum Roman (sowie allgemein Wichtiges nebenbei)
1648 - Ende des 30jährigen Krieges. Das war ein Religionskrieg, in welchem die Söldner, die aus GANZ Europa kamen, je nach Kriegslage die Seiten wechselten. In Florescus Roman sind es NUR die

Lothringer Obertins aus Triebswetter: Verräter und Überläufer. Verräter und Überläufer wurden wir bei unserer Ausreise aus dem „glücklichen Land des Kommunismus" ebenfalls genannt. Florescu war in jener Zeit (bis 1982) Schüler in Ceaușescus Schulen und hat auch die Vision des „Conducătors", die Zielsetzung, dass die „romanisch-dakische" Kultur als einzige „Leitkultur" anzusehen ist, mitbekommen. Der angestrebte Kommunismus hat nur vom rumänischen „Nationalkommunisten" abgelenkt, das war aber ein rumänischer „Nazi". Abschottung. Keiner darf rein, keiner darf raus! Weiter haben die Vorfahren unseres REAL EXISTIERENDEN Jakob Oberten in Lothringen - im Roman - während und nach dem 30-jährigen Krieg Bauernhäuser niedergebrannt, Bauerfamilien umgebracht, ihr eigenes „Zuhause" nicht mehr erkannt (ein Fall für den Psychiater), Zigeuner gejagt und gehängt, dafür Kopfgeld bekommen und auch noch eine Geisel genommen, die geheiratet, deren Namen angenommen und so ist man zum „Obertin" geworden. Ein Nachkomme dieses Verbrechers ist dann 124 Jahre später ins Banat ausgewandert, hat in Wien noch jemanden umgebracht und dann das Dorf Triebswetter gegründet. **Das schreibt ein Rumäne über die Beweg-gründe der BaSchwa, neue Dörfer im Banat zu gründen**? Die **Banater Dörfer** wurden von der **österreichischen Monarchie**, wobei der Name Maria Theresia zu nennen ist, **gegründet** und **nicht von „Verbrechern" aus Lothringen**, wie im Roman beschrieben.

1716 besiegt und vertreibt Prinz Eugen die Osmanen (ich verwende Osmanen, weil die Türken, die heute bei uns leben, mit friedlichen Absichten gekommen sind) und so war die Region frei für eine Ansiedlung des Banates. 1722 begannen dann die drei Schwabenzüge und man hat gesagt: „Die ersten fanden den Tod. Die Zweiten fanden die Not. Und die Dritten das Brot." Das versumpfte Land wurde **zur Kornkammer** Europas. (Von 1920 bis heute haben die Rumänen, Florescus Landsleute, **die Kummerkammer** Europas daraus gemacht. Siehe „Dan Adrian Cărămidariu", die Übersetzung können wir Ihnen nachliefern). Aus der Zeit der Vertreibung der Osmanen aus Mitteleuropa ist in Florescus Roman nicht die Rede, obwohl die als Bedingung für die Ansiedlung des Banates angesehen werden muss.

1772 - Gründung von Triebswetter, nach einem königlichen Vermessungsingenieur benannt und nicht nach schlechtem oder trübem Wetter wie im Roman angegeben, wieder ein Zeichen für rumänischen Aberglauben, der bei BaSchwa nicht verbreitet war. Was soll der 30-jährige Krieg damit zu tun haben? Nur die Kriminalisierung der Obertins aus Lothringen. Ist es wegen der Zigeuner? 1852 hat man in Altrumänien (Altrumänien bestand aus Oltenien, Muntenien, der Moldau und Dobrogea) auch Zigeuner gejagt und versteigert (siehe unter Wikipedia: „Zigeuner").

275 bis etwa 1200. Die Römer, die Dakien erobert hatten, ziehen sich 275 südlich der Donau zurück und wir hörten in der Schule kaum etwas, was während dieser Zeit passiert sein soll, nur dass sich die „römisch-dakische" Kultur entwickelt hätte. Es gibt aus dieser Zeit keine schriftlichen Unterlagen. Ungarische Geschichtsschreiber, die sich mit den rumänischen nie richtig „grün" waren, behaupten, dass die Römer ihre Verbrecher in diese Region verbannt hatten und Wandervölker ihnen den Rest gaben (zwischen Donau und Südkarpaten, also in Oltenien und Muntenien).

1200-1877 waren die rumänischen Fürstentümer (Oltenien, Muntenien, Moldau) ständig von den Osmanen besetzt oder kämpften für ihre Freiheit, da sie regelmäßig Tribut bezahlen mussten (Oltenien und Muntenien wurden auch Walachei genannt). In dieser Zeit lebte auch der Fürst Vlad Țepeș (lies Zepesch, der Pfähler), der, um das Stehlen im Lande einzudämmen, die erwischten Räuber aufspießen ließ. Țepeș kommt vom rumänischen „înțepat", was aufspießen bedeutet. Sein Nachfolger war Vlad Dracul, ein relativ unbedeutender Fürst, der aber als „Graf Dracula", furchterregender Herrscher, in die westliche Literatur einging. (Dracul heißt der Teufel.)

1856 - Vereinigung der rumänischen Fürstentümer zu Altrumänien (es hieß damals schon Rumänien, aber es bestand nur aus Oltenien, Muntenien, der Dobrogea und der Moldau).

1877 - Unabhängigkeitskrieg (Alt)Rumäniens gegen die Osmanen. Ab hier mussten die Rumänen keinen Tribut mehr bezahlen. Die rumänischen Könige, z.B. Karl der I., kamen aus dem Hause Hohenzollern (Deutschland).

1850 - Bau der ersten katholischen Kirche in Triebswetter. Obwohl bei der Ansiedlung fast 60% aus Lothringen kamen, war in dieser Zeit die französische Sprache schon ganz verschwunden, man sprach nur noch deutsch mit einigen französischen Einflüssen. Das

Banat (so wie auch Siebenbürgen) gehörte bis 1920 zu Österreich-Ungarn. Meine Großeltern lernten in der Schule noch Ungarisch, sprachen aber zu Hause und im Dorf das Deutsch, welches aus der Verschmelzung aller Ansiedlersprachen entstand: Pfälzer, Badener, Schwaben, Bayern, Franken, Elsässer, Lothringer (die von Florescu in seinem Roman ALLE „auf den Arm" genommen werden). In dieser Zeit lebten im Banat auch noch Ungarn, Serben, Bulgaren, Rumänen, Zigeuner usw. Alle sprachen ihre eigene Sprache und huldigten ihrer eigenen Kultur. **Eine Vermischung, wie in Ceauşescus Vi-sion, hat es nie gegeben.** Dass es wesentliche Reibereien gab, hat man auch nicht gehört. Unsere Großeltern haben sich auch nie über die österreichisch-ungarischen Herrscher beklagt, was man über die Machthaber nach 1920 nicht mehr sagen konnte.

1916 tritt Rumänien an der Seite der Siegermächte in den ersten Weltkrieg ein. 1920 bekommt Rumänien einen Teil des Banates, Siebenbürgen und das Sathmarland zugesprochen. Es entsteht fast das Rumänien in den heutigen Grenzen. Aus den ehemaligen Bürgern des Römischen Reiches Deutscher Nation, Ansiedler des Banates, werden auf einen Schlag rumänische Staatsbürger. Wenn die Ungarn die Namen magyarisiert hatten, kamen jetzt die Rumänen und haben die Namen rumänisiert, nur ganz Hartnäckige haben wohl ihre Namen bewahren können, andere haben ihre Namen erst wieder nach der Umsiedlung nach Deutschland „zurückbekommen" können. (Aber bin ich ein Nazi, wenn ich als Deutscher einen deutschen Namen tragen will?) Und so wurde aus unserem JAKOB (mit k, deutsch) eben JACOB (mit c, rumänisch). In Florescus Roman ist Jakob der Böse, Üble, Vergewaltiger, der seinen Sohn an die Russen verrät, und Jacob der Liebe, der Gute usw. JEDER MERKT ES, NUR KEINER WEISS ES! Florescu ist Rumäne und die Trw. sind Deutsche (BaSchwa)!
KLINGELT ES IMMER NOCH NICHT? Florescus Roman beginnt in den 20er-Jahren. Aber die Deutschen dort konnten nicht Rumänisch und die Rumänen konnten nicht Deutsch, wie sollten die sich eigentlich verständigen? Sein Protagonist „Jakob ohne Name" konnte offensichtlich alles. Mit Jakob verwendet Florescu die deutsche Schreibweise, er symbolisiert also einen Deutschen (BaSchwa). Und warum "OHNE NAME"? Das soll nun symbolisieren, dass es ein Zigeuner ist, denn nur Zigeuner hatten in jener Zeit eventuell keinen Namen, weil sie nicht sesshaft waren, keinen festen Wohnsitz hatten und nicht polizeilich gemeldet waren. Also erniedrigt Florescu den

Deutschen auf den Rang eines Zigeuners. Was Zigeuner damals waren ist Eins, was die Roma heute sind, ist etwas anderes. Wenn Alexandra in ihrem Lied gesungen hat:
„Zigeunerjunge, Zigeunerjunge,
wo bist du, wo sind eure Wagen?"
haben meine Großeltern gesungen:
„Zigeunerbande, Zigeunerbande,
wo seid ihr, wo sind unsre Pferde?"
Es sind natürlich nicht nur Pferde abhanden gekommen, sondern auch andere Sachen. Das Problem hat sich aber verschlimmert, als die Rumänen, die das Banat kolonisierten, aus dem Osten ÜBER DIE KARPATEN (also aus Altrumänien, Oltenien, Muntenien, der Dobrogea) kamen. Und da kamen auch Florescus Vorfahren her, die er in einem Interview als „schlaue rumänische Bauern" (siehe Tagesanzeiger.CH) bezeichnete. Laut Berichten unserer Großeltern waren die Rumänen, die das Banat in jener Zeit heimsuchten, nicht gerade die, die gepflegt und gewaschen dahergingen und immer wieder, was vielleicht auch „erklärlich" wäre, sich dem Stehlen hingegeben hatten. Wie stand es doch einmal im Bedeutungswörterbuch: „Räuberisches Volk nördlich der Donau". Sie kamen ins Banat und fanden die BaSchwa, die ihre Häuser und Felder hatten und eben nicht so einfach ihr „im Schweiße des Angesichtes" Verdientes teilen wollten. Wie unsozial aber auch! Die Leute haben „rund um die Uhr" gearbeitet, also so lange es hell war. Das waren die Rumänen auch nicht gewohnt, zumindest hielten es unsere Vorfahren so. Viele BaSchwa wanderten nach Amerika aus, schufteten dort und kehrten teilweise wieder zurück, da es in der Nachkriegszeit (1. Weltkrieg) für keinen günstig war. In Florescus Roman kommt die Elsa Obertin (bei uns hieß es aber immer Else) aus Amerika zurück, wo sie durch ein „undurchsichtiges" Gewerbe angeblich zu Reichtum gekommen ist. So war es für den Rumänen auch immer verdächtig, dass einer zu „Reichtum" (hier ist Haus, Hof und Garten gemeint) gekommen ist, für ihn war das nur durch Stehlen, Lügen und Betrügen möglich, so dass man bei Kriegsende fast ALLE BaSchwa enteignet hat, weil die sich ihr „Eigentum" durch „Betrug" ergattert hätten. So war es dann auch nicht verwunderlich, dass Hitlers Vorhaben auf fruchtbaren Boden fielen. Die BaSchwa waren gleich alle dabei. Nein! Auch Rumänien unter Antonescu war der Verbündete Hitlerdeutschlands und marschierte gegen den Bolschewismus mit. Nach dem Fall von Ceaușescu entstand sogar ein „Antonescu-Kult" - als Bollwerk gegen den Kommunismus - der allerdings bald eingestellt wurde.

23.08.1944 - Rumänien wechselt die Fronten (also auch die Fahnen) und erklärt Hitlerdeutschland den Krieg - das hat vielleicht sogar den Kriegsverlauf so beeinflusst, dass er früher zu Ende ging. Dass aber Florescu in seinem Roman behauptet, viele haben die Fahnen gewechselt und aus Deutschen wurden Rumänen, stimmt nicht. Tatsache ist, dass die Rumänen die Fahnen gewechselt haben und die Volksdeutschen vor der Roten Armee flüchten mussten. Nach dem Krieg hat jeder versucht, sich vor einer Russlanddeportation zu drücken. So gab es Personen, die zu Kriegsbeginn in der rumänischen Armee dienten, die von den Deutschen übernommen wurden, so gab es Triebswetterer mit französischen Namen, so gab es Unzählige, die sich versteckt hatten, um nicht in die Hände der Rotarmisten zu fallen. Dass je jemand von so einem Deportationszug flüchten konnte ist UTOPIE. Die russischen Soldaten mussten eigentlich nicht erst fragen, ob sie schießen dürfen, wenn da jemand entdeckt wurde, da ging es nur "Uu Uu Uu" und alles war vorbei. Dass je ein deutscher Vater seinen Sohn an die Russen verraten hat, ist genauso utopisch, wie auch die Tatsache, dass nach dem Krieg ein Zigeuner einen deutschen Bauernhof auf Vordermann gebracht hat. Genauso hatte nie ein BaSchwa einen Zigeuner als Halbbruder und nie wurde der Zigeunerin mit ihrer Quacksalberei der Hebamme, dem Apotheker oder Arzt den Vorzug gaben. Das ist eine derart gemeine Erniedrigung der Gelehrten des Banater Landes, dass ich sie beinahe den 68ern zuordnen könnte. Ich glaube, dass mit der Russlanddeportation die Kriegsschuld der BaSchwa abgegolten war. Strittig ist immer noch, wer deportiert wurde. Deutsche JA, Rumänen NEIN! Das Recht des Siegers zählt. Das ist auch einzusehen, die Deutschen haben sich im Krieg die Opfer - Sodaten oder Zivilisten - auch nicht ausgesucht. Das war aber für die rumänischen Nationalkommunisten der ersten Stunde nicht genug. Nach der Russlanddeportation kam die Enteignung. Sie müssen sich das so vorstellen, dass jemand in Ihr Haus/Ihre Wohnung kommt und sagt, »ab heute gehört dieses Anwesen mir«, bitte räumen Sie so schnell wie möglich. Was Sie nicht mitnehmen können, gehört mir. Die BaSchwa mussten so ihr Privateigentum den Rumänen - Nationalkommunisten der ersten Stunde - überlassen. Was allerdings daraus geworden ist, kann man heute auf so manchen Internetseiten „bewundern". Eine wichtige Rolle kam der neu gegründeten Securitate (dem Geheimdienst, bei Hitler die Gestapo, in der ehemaligen DDR die Stasi) zu. Die hatte ihre Informanten auf Schritt und Tritt. Ab hier musste jeder aufpassen, was er über wen und wie sagt. Der „Klassenfeind" hörte immer mit. So wurden in den 50er-Jahren zwei Triebswetterer von der Securitate totgeprügelt. Die arbeiteten nur mit Informanten, anders ging es ja auch nicht und leider gehörten dazu auch eigene Landsleute, denn die rumänischen Machthaber konnten ja kein Deutsch. So erstaunt es mich nicht, wenn Florescu heute über seine „rumänischen Informanten" spricht, so, als wäre da gar nichts zu beanstanden (DRS2). In seinem Roman „Wunderzeit" erzählt er, was übrigens als „sehr glaubwürdig gelten soll", über die Tätigkeit seines Vaters (den er als positiven Helden bezeichnet), „täglich der Miliz" zu berichten und über das Referat „Ceauşescus Heldentaten" sowie das Mitmarschieren in der „ersten Reihe" beim Nationalfeiertag. Was der Miliz berichtet wurde, kam bei der Securitate an. Wer täglich berichtet ist ein professioneller Mitarbeiter, wer Ceauşescus Heldentaten referiert und in der esten Reihe mitmarschiert, ist ein Ceauşescuanhänger aus der ersten Reihe, also auch ein Nationalkommunist, ins Deutsche übersetzt, heißt das rumänischer Nazi. Mit der Erniedrigung der BaSchwa in seinem Roman, weist er auf die höhere römisch-dakische Kultur hin, was auch Ceauşescu schon machte, und will die Enteignung und Bărăgan-Deportation dadurch begründen, dass dies ja lauter Verbrecher waren und man sie deswegen zur Strafe enteignen musste. (Seit Rumänien in der EU ist, muss Rumänien den ehemaligen Deportierten eine Wiedergutmachung, auch in Form einer Rente, bezahlen.)

1951. Eine weitere rumänische, kommunistische Eigenheit war die Bărăgen-Deportation. In einer Sommernacht um 4 Uhr morgens klopft es an der Tür, ein Securitate-Mann und ein mit einem Maschinengewehr bewaffneter Soldat stehen vor der Tür und erklären Ihnen, dass Sie sich innerhalb 4 Stunden mit allem, was Sie tragen können am Bahnhof einzufinden haben. Es ging dann eine Woche lang mit einem Viehwaggon ohne sanitäre Anlagen querfeldein durch das Land. Nach etwa 800 km hat man die Leute dann auf einer Steppe heruntergelassen. Florescu meint nur dazu: und wieder „gründete man ein Dorf"! Das ist Hohn und Spott, wie auch die Internetbilder (S:295) die diesbezüglich aufgekommen sind: „Zur falschen Zeit am falschen Ort". Das können nur die beurteilen , die dabei waren, genauso wie nur jene Florescus Roman beurteilen können, die davon betroffen, darin beschrieben sind. Wo liegt der Bărăgan? Dort, wo die Donau innerhalb Rumäniens nach Norden fließt, wo sich ein Sumpfgebiet etlicher Kilometer Breite ausbreitet und wo im Winter die tiefsten Temperaturen (Einfluss aus Sibirien) herrschten und wo auch damit zu rechnen war, dass bei einer Überschwemmung alle „landunter" gewesen wären. Eine Kommentatorin meint: „Der Roman endet mit der Deportation junger rumänischer Männer nach Sibirien". Das ist wieder symptomatisch für unsere angeblich „freie" Presse- berichterstattung, die alles andere als keine Volksverdummung darstellt. Dass man bei uns nicht weiß, welches der Unterschied zwischen Sibirien und dem Bărăgen ist, ist nicht verwunderlich, wenn schon manche Mütter heute nicht wissen, wo der Wiener Opernball stattfindet: Antwort in Frankfurt (siehe Radio Regenbogen). Wie soll man dann etwas über das Banat wissen?

Im ganzen Roman beschreibt Florescu keine BaSchwa, sondern nur seine eigenen Landsleute, weil er NIE in einem Banater Dorf, ge- schweige denn in Triebswetter gewesen ist und verpasst so den Trw. eine FALSCHE IDENTITÄT. Die Geschichte der BaSchwa und die Identität der Rumänen, das passt nicht zusammen. Da liegt doch eine Kommentatorin auf Florescus Internetseite richtig: „... deutsch lesen und rumänisch fühlen...welche Kombination! Mulţumesc (Danke)!"

Unter den vorab beschriebenen geschichtlichen Vorkommnissen kommt nun ein Rumäne, der in seinem Lebenslauf auch noch lügt (seine ERNEUTE FLUCHT im 1982 in die Schweiz, das war doch eine „Tarnflucht", da wurde doch etwas verheimlicht!), und be- schreibt die BaSchwa als dreckige, stinkige, nach Kot und Urin stin- kende Geschöpfe, die ständig besoffen sind, die unter der Stroh- decke die eben so übel riechenden anderen finden, als Verräter, Überläufer, Verbrecher, Mörder, Zigeunerjäger, Hausabfackeler und Geiselnehmer, bei welchen es auch noch Sex unter Minderjährigen gab. Und all das darf man auch noch in Schulen und Pädagogischen Hochschulen vortragen. UND unsere Medien JUBELN, so etwas hat es noch NIE gegeben, dem muss man einen Preis vergeben. Die BETROFFENEN DÜRFEN NICHTS MEHR ZU DIESER "GUTEN LITERATUR" SAGEN. Sind wir schon wieder bei CEAUŞESCU und Honecker angelangt? Oder? **Wird das NUN zur Regel, dass real existierende Personen und Orte von „geistlos und gehirnlos" geschriebenen Romanen unter dem „Schutz und Schirm" der „Künstlerfreiheit" JEDEN UND ALLES diskriminieren und er- niedrigen dürfen, SEIEN SIE DER RECHTEN ODER LINKEN SEITE ZUZUORDNEN?**

Frage an Literaturexperten, die nichts von Triebswetter wussten und
sich immer NOCH „betonkopfmäßig" wehren, etwas Reelles zu
erfahren. Nennen Sie das GUTE LITERATUR?
Das ist die Literatur eines rumänischen „NAZI"!
Habt Ihr in 50 Jahren Freiheit und Demokratie wirklich nichts anderes gelernt? Dann gibt Euren Beruf als Romankommentator auf!

**Die Reaktion einer „Lobliedschreiberin" auf Florescus Internet-
seite**, die mehr von der Geschichte der Banater Schwaben und Familien von mir wissen wollte, und die obigen Text (hier gekürzt) von
mir erhalten hat:
„Sie mögen ein sehr gescheiter Mann sein, der sich über alle anderen erhaben fühlt! Wenn Ihnen Florescus Roman nicht gefällt, dann
ist das Ihre Sache. Wenn Sie aufgrund des tiefen Leides, das man
Ihnen angetan hat, so voller Hass sind, dass sie andere Menschen
über die vermeintlichen Irrtümer aufklären möchten, dann ist das
vielleicht sogar lobenswert. Aber es gibt absolut keinen, wirklich keinen echten Grund für Sie, mich zu beleidigen! Vieles von dem, was
Sie sagen, klingt durchaus glaubwürdig! Aber was mich stört, ist dieser fanatische Hass, der sich sogar gegen Leute wie mich richtet, die
Sie gar nicht kennen. Sie wissen überhaupt nicht, mit wem Sie es bei
mir wirklich zu tun haben! Und glauben Sie mir, in mir schlummert
ein tiefes historisches Bewusstsein, das sich aus meiner Herkunft
weit hinter dem Banat begründet. Es gibt keinen Grund für Sie, mich
zu beleidigen, denn glauben Sie mir, in mir schlummern sehr starke
Ahnen, die schon Naturwissenschaftler waren, als Trübswetter noch
nicht gegründet worden war! Ich habe wirklich auf echte Informationen von Ihnen gehofft. Aber glauben Sie mir, das, was sie mir bieten,
ist mir ebenso zu wenig, wie das, was bei Florescu zu lesen ist. Herr
Balzer, ich habe genug! Herr Balzer, ich rate Ihnen: Setzen Sie an
die Stelle Ihres Hasses Toleranz und Friedfertigkeit, sonst sind Sie
nicht besser als die, die sie beschimpfen! <u>Aufklärung ist wichtig</u>, aber
das gibt Ihnen nicht das Recht, Leute wie mich zu beleidigen!"

Meine Antwort: Zuerst müsste geklärt werden, wer den Roman
geschrieben hat? Und worin besteht die Beleidigung? Sie verwechselt Hass mit Empörung derer, die in Kenntnis der realen Tatsachen **von der Dreistigkeit des Autors, unsere verfassungsmäßig zugesicherten Rechte mit Füßen zu treten, den Roman
kritisieren. Die Art und Weise, wie unsere Geschichte und un-**

sere Identität verfälscht werden, hat es noch nie in der modernen Literatur gegeben und es darf keinen Menschen in der
freiheitlich-demokratischen Welt geben, der für so etwas Toleranz zeigt**, vorausgesetzt, er weiß überhaupt, worum es wirklich
geht. **Für Nazi-Gedankengut kann es nur NULL-Toleranz** geben!
(Der Roman beinhaltet natiomalistisch-rassistisches Gedankengut
eines Rumänen über Banater Schwaben, einer von Florescus natio-
nalkommunistischen Landsleuten unterdrükten Minderheit.)

Ein Triebswetterer mit
Universitätsstudium.

**Spontane <u>Notizen</u> zum Triebswetterer
Roman von Cătălin Dorian Florescu,
Bemerkungen zu Roman und Autor**
(während des Lesens Trw.=Triebswetter/Triebswetterer)

- Endlich ein Roman über Triebswetter, könnten viele jubeln.
- Der Autor stammt aus Temeswar, wo er mit Unterbrechungen die
ersten 15 Jahre seines Lebens verbrachte. Es fällt auf, dass seine
Familie die Bewegungsfreiheit in der ganzen Welt genoss, die nur
den Machthabern oder ihren Handlangern (z.B. Securitate-Informan-
ten) im Kommunismus vorbehalten war (Reisen vor 1982 nach Italien, Amerika und wieder zurück, dann Ausreise 1982 in die Schweiz,
als „Flucht" getarnt/ausgegeben, als wir wie das Vieh in einem
großen Käfig – Rumänien - eingesperrt waren und nur Urlaub im Inland machen durften, wenn es den Parteibonzen „lieb" war.)
- Wer einen Roman über die Deutschen in Triebswetter schreiben
will, muss diese auch gut kennen (das war aber gar nicht das Ziel
des Autors), sonst wird ein utopisches Werk daraus: die Mentalität
der Triebswetterer, die von ihrer Herkunft aus französisch- und
deutschsprachigen Gebieten des ehemaligen Römischen Reiches
Deutscher Nation geprägt war, ihre Lebensweise, Arbeitsweise,
Wohnbedingungen, Erwirtschaftetes usw- usf. Selbst für einen
Rumänen, der sich nach dem 2. Weltkrieg in Trw. niederließ, war es
schwer, diese alle kennenzulernen, geschweige denn für einen, der
nicht einmal 15 Jahre im - in dieser Hinsicht - fernen Temeswar
wohnte.
- Zudem kommt noch Folgendes zum Ausdruck: Haltung der Securitate der dt. Minderheit (SO VON OBEN HERAB, da "nehmen wir
uns die Freiheiten"), zumindest aber die Haltung eines Vertreters der

das Banat erobernden Bevölkerungsschicht der dt. Minderheit selbst gegenüber.

- So kommt es, dass die dt. Bewohner von Triebswetter plötzlich wie (rückständige, zurückgebliebene) rumänische Bauern aus Oltenien oder Muntenien geschildert werden.

- Der Aberglaube, der den Triebswetterern gleich eingangs zugeschrieben wird, ist diesen völlig fremd gewesen, aber typisch für die Bevölkerung in den ländlichen rumänischen Gebieten. Man fragt sich aber auch, woher Florescu selbst das Leben dort so gut kannte, besser als das in banatschwäbischen Dörfern jedenfalls (seine Vorfahren kamen ja aus dem Osten „über die Karpaten" ins Banat, sein vorletzter Roman „Zaira" spielt sich in Strehaia/Mehedinti, also in Oltenien ab).

- Eine anspruchsvolle Aufgabe, der sich - wie sich herausstellen sollte - der ahnungslose Florescu stellen wollte! Was ist aus seinem Versuch geworden? (Eine „Fiktion", in welcher der Autor seine Themen „aus dem Reich der Träume" suchte?)

- Florescu hatte ein riesiges Handicap, dass er nicht erkannte, als er seinen Roman in Angriff nahm: Tausende Triebswetterer leben noch und wissen, dass sich fast alles anders zugetragen hat, anders in Trw. war. Zudem hat er noch lebende Personen als Protagonist(en) in seinem Roman (so geschah es auch in „Zaira") auftreten lassen und sie mit den weiter oben aufgeführten unwirklichen Eigenschaften, Lebensumstände, Innen-/Gefühlswelt ausgestattet.

- Wie und wer im Roman beschrieben wird, stellt eine Verletzung des 1. Artikels des Grundgesetzes dar. Ich weiß nicht, ob er dafür als Schweizer Staatsbürger (seit Ende der 90er) zur Rechenschaft gezogen werden kann. Wir drücken dem Autor unser Bedauern dafür aus, dass sein Roman über Triebswetter so misslungen ist. Die Triebswetterer selbst hätten etwas mehr als die Gleichstellung mit Bauern aus Oltenien oder Muntenien und Zigeuner verdient. Wer das anzweifelt, möge auch heute noch je einen Besuch in einem Dorf südlich der Karpaten und in Triebswetter (Trw.) machen, um die zwei Welten näher kennenzulernen. (Wer uns hier etwas Nationalistisches vorhalten möchte, macht das Gleiche, wie das, was Florescu mit den Triebswetterern im Roman macht.) Die Realität aus einem jener Dörfer der aus Triebswetter aufzuzwingen, stellt einen Affront gegen die Geschichte der Banater Schwaben dar. (Wer Geschichte beschreibt, muss seine eigene „Fiktion" und „reale Personen" weglassen! Es kann keine „wahre, erfundene" Geschichte geben; weder in „Zaira" noch in „Jacob".)

=> 90 <=

- Der Roman Florescus muss daher auf ganzer Linie (von A bis Z) als „durchgefallen" betrachtet werden, auch wenn man in diesem Fall „Milde" herrschen lassen sollte (obwohl er mit noch so kühnen, ehrgeizigen schriftstellerischen Mitteln und erzählerischer Kunst geschrieben wurde, die eventuell gerade diese vorher genannten Unzulänglichkeiten kaschieren sollen). Man kann ihn höchstens als Pamphlet oder Schmähschrift gegen die Triebswetterer gelten lassen - fragt sich nur, aus welchem Grund er entstanden ist... Wenn man aber nach Gründen sucht, fallen einem keine ein, findet man keine. Und das ist schon äußerst seltsam...

- Dass Florescu „das" rumänische Dorf südlich der Karpaten so gut kannte (er lebte 15 Jahre in Temeswar), ist wiederum äußerst zweifelhaft; eher muss angenommen werden, dass in der Familie Florescu solche Mentalitäten, Gewohnheiten und Bräuche herrschten, **denn bekanntlich projiziert jeder Autor eigene Anschauungen, die er im Laufe seines Lebens erworben hat, auf seine Protagonisten/ Gestalten/ Personen seiner Bücher** (so z.B. konnte er sich, weil es Banater Schwaben waren, „mehr Freiheiten" für diesen Roman erlauben).

- Dass er sich Triebswetter als Schauplatz der Handlung eines Romans gewählt hat, liegt wohl daran, dass es in Triebswetter über 60% Ansiedler gab, die aus Lothringen stammten, so konnte er seine Recherchen auch auf die Herkunftsgebiete der französischen Ansiedler Triebswetters ausweiten. Das ist vielleicht das einzig Positive an diesem Roman, dass die Geschichte der Ansiedlergruppe zurückverfolgt wird (bzw. aus der Sicht des Autors) werden konnte. Deshalb auch die vielen französischen Namen in dem Roman. Gleichzeitig wurde aber der 30-jährige Krieg herangezogen, der mit der Ansiedlung von Triebswetter nichts zu tun hat (er endete 124 Jahre vor dieser), durch welchen man aber die Lothringer Ahnen der Triebswetterer so richtig „kriminalisieren" konnte (z.B. werden Bauernhäuser niedergebrannt, Geiseln genommen, Zigeuner gejagt und gehängt. Sucht man allerdings bei Wikipedia mit dem Stichwort „Zigeuner", erfährt man, dass im Jahre 1852 in Altrumänien Zigeuner-Sklaven versteigert wurden!...) Warum kommen keine deutschen Familiennamen im Roman vor (unter den Ansiedlern waren fast 40% aus Süddeutschland)? Das erfährt man leider nicht! Dachte der Autor wohl daran, dass er seinen Roman im deutschsprachigen Westeuropa vertreiben will und deshalb Familien mit dt. Namen nicht mit Dreck, Gestank, Schnaps und schmutzigem Sex darin vorkommen dürfen? Die Herkunftsorte der Familien mit deutschen

Nachnamen stehen nämlich auch in verschiedenen Quellen sowie auch im Internet und im Triebswetterer Familienbuch, aus welchem die Namen und Geschichten (negativ „aufpoliert") entnommen wurden. Und was hätten seine ehemaligen DDR-Gastgeber dazu gesagt, hier soll ja der Roman in Cafehäusern entstanden sein. Wie gut es nur ist, dass im Westen keiner die Geschichte der Banater Schwaben kennt und manche jetzt meinen, wie „düster" dies wohl mit „dreckigen, stinkigen, Mördern und Überläufern" gewesen sein muss!

- Wenn Florescu diesen Roman in einer Zeit geschrieben hätte, als es keine lebenden Triebswetterer in Deutschland gab, hätten alle einstimmig feststellen können, dass es so gewesen sein könnte. Doch der Roman traf auf Triebswetterer, die mit Staunen zur Kenntnis nehmen, was und wie sie gewesen sein sollten...

- Florescu scheint sein Hauptaugenmerk bei seinen Recherchen Lothringen gewidmet zu haben und nicht Triebswetter, sonst wäre er nicht so gewaltig ins Fettnäpfchen getreten, was Letzteres anbelangt. Und das tut uns Triebswetterer furchtbar leid, weil wir mit diesem unrealistischen Bild in die Geschichte eingehen werden. (Der Autor hat die einmalige Gelegenheit versäumt, ein realistisches Bild von uns Triebswetterern zu zeichnen.)

- Wie oft ist von Schnaps und Saufen die Rede (siehe auch in „Zaira");

- „Burghüter" => „Messdiener" => „Messner" dauernd schlafend und besoffen;

- es gibt nur wenige Rumänen im Dorf, die abergläubisch sind;

- Jakob benimmt sich wie ein Knecht (Landsknecht), war davor Arbeiter (Angestellter in Bokschan);

- Elsa (in Trw. Else) Obertin scheint als Einzige in Amerika gewesen zu sein, dabei kamen dutzende Familien von dort zurück (hunderte sind dort geblieben);.

- Bloß Namen (Orte und Personen) sind real, alles andere ist erfunden; wie gut hat er recherchiert?

- Verfälschungen der Geschichte und Identität der Triebswetterer Banater Schwaben;

- Bilder geklaut;

- Zigeunerberg in Trw? (eventuell das Zigeunerloch, umgeben von Wasser, wird es dann zu einem Berg oder zu einer Burg);

- Zigeunerin ist besser als der Apotheker Neper (im Dorf gab es Ärzte);

- der aus Bokschan (kam über die Karpaten - also aus Oltenien - mit einer Anzeige aus dem Banat???) brauchte zwei Monate von Temeswar nach Triebswetter (50km) und brachte das „Unheil" nach Trw.; Er konnte nicht Deutsch, sie konnte nicht Rumänisch (das Banat fiel 1920 an Rumänien, der Roman beginnt 1926).

- Der Hafen von Temeswar und die Wasserstraße nach Budapest und Wien (ist ein <u>absoluter geographischer Unsinn</u>) siehe auf einer Landkarte wo die Bega - Fluss durch Temeswar - hinfließt);

- es sind keine richtigen Aubertins und auch keine richtigen Obertins (erst recht der aus Bokschan nicht - aus dem Osten kam nie ein Banater Schwabe); alle haben fremde Sitten;

- in Jacob (mit c) verewigt sich Florescu selbst, der wohl von allen gehänselt wurde;

- Florescu ist ein literarischer Scharlatan => Gauner, klaut sich seine Geschichten (siehe Felix Krull, Treffil-Buch, Herta Müller);

- Lebensweise der Menschen in Trw. wie in einem rumänischen Dorf (es gab - vor 1990 - deutsche Dörfer im Banat - das 1920 an Rumänien fiel - und rumänische Dörfer in Altrumänien, Oltenien, Muntenien usw.)

- die Apotheke „Nepers" lag nicht am Dorfrand, eher mitten im Dorf;

- den Burghüter gibt's bei den Siebenbürger Sachsen;

- Zigeunerinnen als Quacksalber gab es nicht in Banater Dörfern - eher in Altrumänien.

- Die Tochter des reichsten Bauern soll mehr Vertrauen in eine Zigeunerin gehabt haben als in den Apotheker, der angeblich die Stelle eines Arztes eingenommen hat (wobei das Krankenbett öfters zum Totenbett wurde), obwohl es an Ärzten im wirklichen Triebswetter nicht mangelte (die so verachtet und erniedrigt wurden);

- **Zigeuner und Juden, gab es in Trw. zu jener Zeit nicht, sie seien 1943 deportiert worden: das geschah schon eher in Altrumänien (Oltenien, Muntenien,...), wo der Verbündete Hitlers, Antonescu, dies mit Juden und Zigeunern organisierte;**

- Eine negative Utopie? Eine auf dem Kopf stehende (kopfstehende) Utopie;

- Ein Schundroman?

- Verwechslungen, Vertauschungen, falsche Identitäten, falsche Verhaltensmuster? Das sind doch keine Fehler, die einem Psychologiestudierten einfach „nur so" unterlaufen können? Oder ist es eine Schande für die ganze Branche?

- Falsche Beziehungen zwischen Menschen und der Obrigkeit von damals gegenüber Österreichern, Ungarn; gab es Barone?

- Gab es zwischen den Weltkriegen noch einen Baron in Triebswetter? NEIN!
- Gab es reiche rumänische Bauern nach dem 1. Weltkrieg? NICHT in Triebswetter, eventuell in Oltenien und Altrumänien.
- Burghüter, wie in Siebenbürgen, Maisbreiessen, ein typisch rumänisches Gericht.
- Weder Caspar noch Jakob (keine Triebswetterer) sind Obertins.
- Es gibt keinen Zigeunerhügel zwischen der Landstraße und Trw, nur die Zigeunerlöcher (vier Gruben an den Dorfrändern, wo bei der Ansiedlung Grund und Lehm entnommen wurde, um die Maria-Theresia-Häuser zu stampfen).
- Burghüter, Feldwächter(?), Zigeunerhügel, Maisbrei: bei Siebenbürger Sachsen und Rumänen (Anmerkung: Im Banat gab es mehre-re Nationalitäten, die alle ihre eigenen Sitten, Gebräuche und Spra-che hatten. So lebten hier die Banater Schwaben als Deutsche und die ab 1920 zumeist zugewanderten Rumänen als Rumänen. Und wir sind keine Nationalisten, wenn wir darauf bestehen, dass unsere Sprache und Kultur so zu beachten ist, wie wir diese der anderen Nationen (auch die der Rumänen) beachten und berücksichtigen und NICHT durch „den Dreck" ziehen, wie Florescu es mit den Triebswetterer Banater Schwaben in seinem Roman macht.)
- Endlich ein Roman über Triebswetter, würde der ehemalige und jetzige Triebswetterer ausrufen... Doch bei näherem Hinsehen stellt der ortskundige Leser enttäuscht fest, dass in Florescus Roman die „Schwaben" aus Triebswetter, wie „die letzten, von uns nie gekannten", Rumänen auftreten. Schon auf der ersten Seite (laut Florescu „die Macht der ersten Sätze") stellt man mit Befremden fest, dass den deutschen Bewohnern von Trw. Aberglaube unterstellt wird. (Andere Banater Schwaben und auch Professoren-Doktoren, die von der Erzählkunst Florescus so betäubt, hypnotisiert und begeistert waren, haben das überhaupt nicht registriert oder wollten es nicht registrieren. Beihilfe?... Mittäterschaft?...)
- Die Personen des Romans verhalten sich so wie jene in „Zaira": 1-2 Tage alten Maisbrei „schlürfen", ständig betrunken, mit der Schnapsflasche herumlaufend. (Vgl. auch das Komasaufen bei der heutigen Jugend, die so einen Roman mit „Gut" bewertet, weil jemand sich um sie „kümmert".)
- Jakob „ohne Name" kam „über die Karpaten" (aus Bokschan) ins Banat, wie einst die Oltener u.a. nach dem 1.und 2. Weltkrieg aus dem Osten.

- Das Leben auf dem Lande scheint man bei Florescu nur mit Schnaps auszuhalten, so konnte es nur ertragen werden (auch in „Zaira")
- TITEL: Roman über Triebswetter
- Die Frage bleibt: Warum hat sich Florescu gerade Trw. als Schauplatz der Handlung seines Romans ausgewählt? Nur weil die Einwanderer mehrheitlich aus Lothringen angesiedelt wurden? Die Ansiedler in/aus den anderen Banater Dörfern waren auch aus Westeuropa bzw. dem Heiligen Römischen Reich Deutscher Nation gekommen... Ihre Geschichte hätte man auch bis zum 30-jährigen Krieg zurückverfolgen können (und alle Länder waren am 30-jährigen Krieg beteiligt). Oder geschah es auch aus dem Grund, weil man den Lothringern so manches andichten konnte, weil für Florescu deren Herkunft im düsteren Nebel der Geschichte lag... (Oder erfahren wir etwas aus der 900-jährigen Geschichte, 300-1200 n.Chr., die uns von den rumänischen Kommunisten über das Gebiet zwischen Donau und Südkarpaten vorenthalten wurde? Sind es Seitenhiebe auf Frankreich wegen der Zigeuneraffäre?)
- Florescu treibt Schindluder mit unserer Vergangenheit und Herkunft! Ob in Lothringen, ob die Nachkommen in Wien, immer gibt es nur Verbrechen. Florescu schreckt nicht davor zurück, da scheint er in seinem Fahrwasser zu sein, sich in diesem Milieu wohlzufühlen, höchstwahrscheinlich weil er einem solchen entstammt.
- Ist Trw. schon wieder ein „fiktiver" Ort, der mit allen Exoten bevölkert werden kann? Die wirkliche Geschichte von Trw. schon vergessen? Nur so kann man als ehemaliger Triebswetterer den Roman von Florescu akzeptieren.
- Gab es Rosshändler in Triebswetter? Keine! Andere Ladeninhaber? Wenige!
- „Trw. ist für Florescu ein fiktiver Ort" (den er mit Produkten seiner Phantasie besiedeln kann, wobei Letztere bestimmte äußere Einflüsse verraten: Leben in alten Dörfern und unter Zigeunern.) Man fragt sich bloß, warum Florescu Trw. zu einem fiktiven Ort herabgewürdigt hat.
- Leider ist Trw. kein fiktiver Ort, sondern Tausenden bekannt.
- Florescu hätte seine Glaubwürdigkeit nicht von den Namen der Trw. her begründen sollen, sondern von der realistischen Darstellung des Lebens im Trw. des 20. Jhd. Er ist den umgekehrten Weg gegangen und ganz unglaubwürdig geworden.
- Wenn man nach 100-200 Jahren einen solchen Roman schreiben würde, könnte man nicht so etwas wie Florescu darstellen, denn

dann würde es immer noch geschichtliche Quellen geben, die etwas anderes über die Banater Schwaben enthalten würden.

- Wenn man den realistischen Gehalt näher untersucht - bloß 30-jähriger Krieg und einige wenige andere Episoden (Russland Deportation): gerade das Leben in Triebswetter, über das man sich aus tausenden Quellen hätte informieren können; der Autor tappt da in völliger Dunkelheit; und das ist es also, was die meisten Trw. nicht verstehen. Aus welchem Grund hat er diesen historischen Fauxpas begangen? Aus ideologischen Gründen (Vgl. Ceauşescu), aus nationalistischen Gründen (Überlegenheit der Rumänen anzudeuten, vgl. „Zaira") oder... **Hat er damit gerechnet, dass wir als „Nazis" oder mit „Fremdenfeindliche" beschimpft werden, wenn wir uns dagegen wehren?** (Da würde ich sagen, dass Florescus Roman uns gegenüber solche Aussagen und Schlüsse heraufbeschwört. Und „fremdenfeindlich" könnte höchstens der C.H.Beck-Verlag genannt werden, weil wir auch als „Migranten" angesehen werden können und der Verlag Florescus Diskriminierungswerk, trotz Warnungen unsererseits, gedruckt hat, sowie all jene Medien, die nur „positive" Wertungen zu Florescus Roman abgedruckt haben, während unsere Warnungen und Bewertungen ignoriert wurden.)
- Durch Florescus Roman ist eine Lücke in der Darstellung des Banates und der Banater Schwaben entstanden, die durch einen Roman über die Wahrheit der Zwischenkriegszeit und der Nachkriegsjahre (ab 1945) gestopft werden sollte.
- Trw. als angenommener fiktiver Ort? So hat Florescu die Möglichkeit, eine Geschichte über Verbrecher, Verräter und dergleichen zu erzählen, die natürlich den Lesern besser gefällt als die Wahrheit, die jedoch auch genug literarischen Zündstoff enthält; wenn man an die Enteignungen, Ruinierungen der Banater Schwaben, ihre Unterdrückung, Verfolgung, Bespitzelung durch Securitate, Verschleppung (Russland), Deportation (Bărăgan) und jahrzehntelange Knechtschaft im Kommunismus denkt. Und jetzt kommt ein Nachkomme der Angehörigen dieser damals herrschenden kommunistischen Schicht und beschreibt uns so, wie er es von „zu Hause" aus gewohnt ist! **Und der zählt jetzt auch noch als „Dissident"!**
- Warum aber musste Trw. als Schauplatz dieser fiktiven, mit der Wirklichkeit nicht zu vereinbarenden Geschehnisse herhalten? Hat der Autor wohl daran gedacht, dass die französischstämmigen Ansiedler im Banat **eine Minderheit darstellen**, der man leichter den „Garaus" machen kann als den anderen Banater Schwaben? (Ein paar Schwaben sind immerhin darauf hereingefallen!)

- Dabei drängt sich ein Vergleich/ eine Parallele mit H. Müller auf, die in ihrem „Schwäbischen Bad" die Banater Schwaben ähnlich wie Florescu mit einer „animalischen Kopulation" herabgewürdigt (grotesk, in groben Zügen) dargestellt hatte. **Erhofft sich Florescu vielleicht auch einen Nobelpreis damit?** Was die beiden unterscheidet, ist die Tatsache, dass H. Müller über eigene Gebräuche und Gewohnheiten schreibt, während Florescu die primitive Lebensweise seiner eigenen Vorfahren, die wohl aus Südrumänien stammen, anderen Völkerschaften zuschreibt, während er deren Lebensweise wiederum auf seine eigenen Vorfahren überträgt. Soll so wirklich eine Gleichstellung/ Nivellierung der vielen im Banat ansässigen Nationalitäten erreicht werden, die es nie gegeben hat? (Nur in Ceauşescus Vision sollte ab dem Ende der 70er-Jahre die „gemeinsame kommunistische" Kultur vorangetrieben werden und Florescu will diese Vision verwirklichen; er hat immerhin etwa acht Schulklassen in Rumänien erfahren müssen/dürfen und es ist (wenigstens) etwas davon in seinem Unterbewusstsein hängen geblieben: Wir wurden ja von der rumänischen Regierung als Verbrecher, Verräter und Überläufer bei unserer Ausreise beschimpft, das wird ihm wohl nicht entgangen sein. Wir haben das alles in Ceauşescus Schule auch gehört, nur wussten wir von unseren Eltern und Großeltern etwas anderes als das, was Florescu zu Hause - in Rumänien und auch noch in der Schweiz - von seinen Eltern gehört hat.

- Das Besondere an der Lage im Banat war jedenfalls, dass alle diese Nationalitäten ihre Eigentümlichkeiten zu bewahren versucht haben, was ihnen meistens gelang, weil sich im Banat ein Geist der Völkerverständigung herausgebildet hatte (gerade wegen der vielen Nationalitäten und weswegen man uns keine „nationalistische" oder „fremdenfeindliche" Vorwürfe machen kann oder darf) wie sonst kaum in der Welt, und zwar ohne dass diese untereinander verschmolzen wären (also nicht so wie in Ceauşescus Vision). Jede Nationalität hatte ihr eigenes Profil: Sprache, Kultur, Sitten und Bräuche. Davon weiß Florescu aber nichts, denn er kannte nur seine eigene Kultur, die seine Vorfahren aus Oltenien mitgebracht haben, oder das, was Ceauşescu mit seiner Vision zerstören wollte.

- Florescu als Wilderer im Familienbuch der Trw. Aus diesem Buch stammen viele Namen (**teilweise nur ein Buchstabe geändert - rechtlich darf er das auch nicht**) und Geschichten, die er bis ins „Unkenntliche negativ aufpoliert" hat. Jeder Trw. erkennt das aber! In diesem Familienbuch sind im Inhaltsverzeichnis 18 Obertens (franz.

Aubertin oder Obertin, das war den Amtsschreibern egal)) aufgeführt: daher das 300-jährige Familienepos der Obertins! Und damit
die Zahl passt, musste der 30-jährige Krieg her, damit man die
Obertins so „richtig kriminalisieren" konnte.
- Im Roman bringt ein „Nicht-Bauer" plötzlich einen (banatschwäbischen) Bauernhof auf Vordermann. Da gibt es eine Geschichte, in
welcher besagt wird, dass bei der Kollektivierung 1957 zwei Pferde,
welche in die Kollektivwirtschaft (LPG= Landwirtschaftliche Pro-
duktions-Genossenschaft) eingebracht wurden, zwei Wochen danach, infolge „professioneller Arbeitsweise" der vorher genannten
„Experten", tot auf dem Hof der LPG lagen.
- **Beide Obertins aus dem Roman (der erste und der letzte) sind
keine Obertins - also „Wölfe im Schafspelz" - die aber als „Banater Schwaben verkauft" werden.**
- Ein **Schlag ins Gesicht** für viele Trw., die fleißig, **solange der
„Tag hell" war, arbeiteten**, ist die Tatsache, d**ass ein „Nicht-
Bauer" zum „Besten" ernannt wird**. (Genau wie bei Ceauşescu,
bei dem alles klappen sollte, es durfte auch keiner durchfallen, wenn
man nur von den Idealen des Kommunismus „beseelt" war).
Fachmann musste man auch gar nicht sein, Hauptsache, Kommunist
(Vgl. Jakob trat im Roman in die KP ein.)!
- Missbrauch des Ortes Triebswetter als Schauspiel für eine Mord-
und Totschlag-/ Räubergeschichte: Darin kommt die traditionelle
Mentalität des Rumänen zum Ausdruck, der zufolge man nur durch
Diebstahl, Mord und Totschlag zu Reichtum und Wohlstand kommen
kann. Außerdem wird in der Gestalt des Zugereisten auch die Politik
der RKP (Rumänischen Kommunistischen Partei) deutlich, die das
Banat mit riesigen Wellen von Rumänen aus allen möglichen
Landesteilen überschwemmen ließ, um die dort lebenden Minderheiten „in Schach" zu halten und sie zu beherrschen, was die
„reaktionäre" Seite dieses Buches deutlich macht. (So nennt
Florescu auch die Triebswetterer, die etwas gegen seinen Roman
hätten: „reaktionäre traditionalistische Kreise" - Wörter aus dem
Munde Ceauşescus).
- In seiner Behauptung, die Triebswetterer seien die Nachkommen
von Verbrechern usw., kommt die Mentalität von bestimmten Personen zum Ausdruck, die meinen, dass Wohlstand und Reichtum
der Trw.-er auf Verbrechen und Diebstähle und dergleichen zurückzuführen sind, weil sie nie die Erfahrung gemacht haben, dass man
es durch ehrliche und fleißige Arbeit auch zu etwas bringen kann.
(Wohlstand und Reichtum sind lange nicht als das zu sehen, was

man heute in Deutschland dafür hält: Sie hatten Haus, Hof, Garten, ihre schwere körperliche Arbeit und das. solange der Tag ‚hell' war, kein Wochenende und keinen Urlaub und DAS WAR ES!) So gesehen, wissen manche Leute heute nicht, was Arbeit ist! Nicht umsonst sahen die Banater Schwaben bestimmte Personengruppen nur als „Diebe" und „Verbrecher" an, die ihren Lebensunterhalt nur als solche sichern konnten. Die Mentalität dieser Personengruppe hat sich Florescu zu eigen gemacht. (Vgl. Enteignung und Bărăgan-Deportation.)

- Florescu will den Triebswetterern (eigentlich allen Banater Schwaben) eine FALSCHE ZWIELICHTIGE IDENTITÄT (er sagt doch, dass er mit Identitäten spielt und dass nur ein Buchstabe im Namen die Identität VERÄNDERT) andichten, damit er und seine Landsleute, sein Volk, in einem anderen Lichte dastehen...(Wie in der heutigen Schule, wo nach dem Motto gehandelt wird: Wer Hausaufgaben macht, bekommt von uns Prügel, sonst müssen wir ja auch welche machen.)

- In der Gestalt des Jakob stellt er sich vielleicht selber dar, seinen Vater oder einen seiner Landsleute...Eine Spekulation: Jakob ist Florescu-Vater, Jacob ist Florescu-Sohn und Elsa Obertin ist Florescu-Mutter... Alle Romane waren bisher autobiographisch und sehr „glaubwürdig"!

- Es wird in allen Kommentaren gesagt: Jakob (mit k, die deutsche Schreibweise) ist der Brutale, der Vergewaltiger, der sogar den Sohn an die Russen verrät, und Jacob (mit c, die rumänische Schreibweise) ist der Liebe und Gute, der nur mit der Zigeunerin auskommt.

Dieses „Identitätsspiel" müsste doch jetzt jeder verstehen, es sei denn er gehört zum Florescu-Clan, welchem ein Interesse an einer „falschen Identität" der Triebswetterer und Banater Schwaben gele-gen ist!

Ein Literaturexperte: Deutsch,
Rumänisch. Universitätsstudium.

Unsere Fragen an C. D. Florescu
in Bezug auf „Jacob beschließt zu lieben"

Auf folgende Fragen stehen die Antworten C.D. Florescus noch aus: Wir haben allerdings aus verschiedenen Publikationen und Interviews sowie aus den autobiographischen Werken, die sehr detailliert und genau beschrieben, also SEHR GLAUBWÜRDIG - siehe Homepage von C.D. Florescu - sind „Wunderzeit" und

„Der kurze Weg nach Hause" folgende Antworten erhalten/abgeleitet.

Florescu-Zitat, Dezember 2013, und unsere abgeleitete Antwort: „Ich kenne keinen Jakob Oberten, ich kenne kein Familiensippenbuch, das ‚Treffil-Buch' genannt wird", das heißt, ich habe daraus keine Namen und ‚negativ polierten' Geschichten entnommen und habe „wohl auch noch nie" etwas über Triebswetter gehört, daher kann ich es mit allen möglichen und unmöglichen Gestalten meiner Fantasie bevölkern...

(1)
Wann kamen Ihre Vorfahren nach Temeswar oder ins Banat?
Florescu: ...
(Der Vater lebte in einem Ort in der großen Oltenischen Ebene, kam von hier nach Bukarest, dann in eine Fliegerschule nach Mediasch, wurde als Funktechniker ausgebildet und von hier gelangte er auf undurchsichtige Weise, weil er dasselbe Mädchen wie der Oberst liebte, in den 50er-Jahren nach Temeswar. Da war doch gerade die Bărăgan-Deportation! Wie er zum Elektroingenieur wurde, kann man nicht erfahren.)

Wurde einer Ihrer Verwandten, Bekannten oder Nachbarn von Deutschen im 2. Weltkrieg misshandelt oder ermordet?
(Im Roman „Zaira" werden die **deutschen Soldaten**, die „Waffenbrüder", die „mit ihren wundersamen Maschinen kamen", **recht positiv** dargestellt und auch „Hitler als Genie" umschrieben und im autobiographischen Roman „Der kurze Weg nach Hause" haben nebst Hitler-Genie sogar die JUDEN die bolschewistische Revolution gemacht. War das auch eine Fiktion? Oder was soll der ganze Ostblock davon halten?)

Enthält Ihr Roman Jakob auch Autobiographisches bzw. etwas über Ihre Vorfahren? (Jakob, ohne Nachname, kommt doch im Roman aus Bokschan?)
Florescu in einem Interview in Rumänien: **„Ich bin kein Schwabe, ich kannte die Epoche nicht, in welcher er lebte, ich habe keine gemeinsame Themen mit ihm. Ich bin kein Kind des archaischen Lebens vom Dorf, ich bin ein Sohn der Stadt, zuerst Temeswar, dann Zürich, ich lebte nicht als Schwabe in Rumänien, mit einer anderen Kultur als die der Allgemeinheit. Ich lebe**

in einer ultramodernen Gesellschaft und habe keinen Vater wie Jacob."

(Wahrscheinlich gehörte „Jakob ohne Name" nicht zu Ihrer Biographie, stand Ihnen aber sehr, sehr nahe - durch die Zigeunerin und der Idee des Halbbruders - denn der „ohne Name" war ein Zigeuner, der über die Karpaten kam. Er war aber gut genug, um den Banater Schwaben „untergejubelt" zu werden.)

(2)
Woher kamen Ihre Vorfahren ins Banat? Ort (*) und Landkreis?
Florescu: ...
(Die Vorfahren und viele Verwandten, Onkel, Tante usw., kamen aus der großen Oltenische Ebene ins Banat nach Temeswar und Vater, der viele Beziehungen hatte, hat für Wohnung, Arbeitsplatz usw. gesorgt. Und die Großmutter hatte noch viel bessere Beziehungen: Ingenieure, Offiziere und Direktoren.)

Womit beschäftigten sich Ihre Vorfahren in Südrumänien bzw. im oben genannten Ort(*)?
(„Die Eltern meines Vaters waren schlaue rumänische Bauern." Tagesspiegel.CH)

Haben Sie diesen Ort (*) in Südrumänien schon besucht oder lebten Sie eine gewisse Zeit dort, so dass Sie die Leute besser kennenlernen konnten?
(Im Roman „Zaira" wird der Ort Strehaia, der unweit der oltenischen Ebene liegt, sehr ausführlich beschrieben, es ist also sicher, dass die Vorfahren des Autors von dort oder aus der Umgebung ins Banat kamen.)

(3)
Spielt sich die Handlung des Romans „Zaira" in diesem Ort (*) ab oder war es ein anderer Ort?
(Die Handlung des Romans „Zaira" spielt sich ganz sicher in Strehaia ab, ein Ort in dessen Umgebung sich der Autor sehr gut auskennt. Weitere Handlungen dieses Romans spielen sich in Timişoara und Amerika ab. Der Autor war auf seiner ersten Auslandsreise ja auch in Amerika und kennt sich da „auch gut aus". Was man von Triebswetter nicht mehr sagen kann!)

Haben Sie in dem Roman „Zaira" auch Namen real existierender Personen verwendet?

(Hier wurden Namen real existierender Personen verwendet, so der Autor in einem Interview bei dem Schweizer Sender DRS2, jedoch wurden kaum Familiennamen verwendet. Es wurden also nur Vornamen verwendet: Traian, Mişa, Mioara, Josef, Dumitru, Szusza, Paul, usw. *Das gilt auch für den Roman „Der blinde Masseur", wobei in* *„Jacob" fast ausschließlich NUR FAMILIENNAMEN AUS DEM* *TREFFIL-BUCH verwendet werden,*(falls es nicht gerade um die Zigeuner oder das Serbenmädchen Katica, deren Name auch aus dem Treffil-Buch stammt, geht).

Wissen die Protagonisten das oder waren sie froh, berühmt geworden zu sein?
(Es ist gut möglich, dass sie froh waren, berühmt geworden zu sein. Wahrscheinlich wissen sie auch gar nicht, was ihnen im Roman wiederfahren ist: verdreckt, stinkig, ständig besoffen, Ehebruch, Betrug usw.)

(4)
Wissen Sie, warum in den kommunistischen rumänischen Geschichtsbüchern von den Ländereien Südrumäniens 900 Jahre verschwiegen wurden? (275 n.Chr bis etwa 1200. Die Römer haben das Gebiet scheinbar freiwillig aufgegeben und es wurde von Wandervölkern heimgesucht.)
Florescu: ...
(Diesbezüglich gibt es schon Kommentare/Texte mit dem Titel „De ce sânt Români altfel"/„Warum sind die Rumänen anders" oder „Tragedia Banatului"/„Die Tragödie des Banates", die Aufschluss darüber geben.)

Das Gebiet war dann bis 1877 (dem Jahr des Unabhängigkeitskrieges) von Osmanen, die Tribut kassierten, besetzt. Welche Entwicklung erfuhr das Gebiet Südrumäniens in dieser Zeit?
Florescu: ...

(50 Jahre später kamen dann Rumänen als Kolonisten ins Banat, wo die Banater Schwaben ihr „im Schweiße des Angesichtes" erschaffenes Hab und Gut nicht gerade mit diesen teilen wollten.)
Vergleichen Sie diese Kolonisierung mit der Ansiedlung von Triebswetter (1772), weil man den Leuten (Donauschwaben 1772/ Rumänen 1920) ähnliche Versprechungen gemacht hat?
Florescu: ...

(5)
Welcher Tätigkeit ging Ihr Vater während Ihrer Temeswarer Zeit nach?

(Das kann man „sehr glaubwürdig" als Kommentar auf seiner eigenen Interseite zu seinem Erstroman „Wunderzeit" und zu „Der kurze Weg nach Hause" nachlesen/ableiten: Frauenheld, Funktechniker, Ingenieur, Berichterstatter für Milizmann, Beziehungsgeber - zum Unterschied von der Verwandtschaft und Nachbarschaft die Beziehungsnehmer waren - und Hausverwalter.)

Was meinten Sie in Ihrem Roman „Wunderzeit" mit den „Pflichten Ihres Vaters, der Miliz zu berichten"?

(Das weiß jeder Banater Schwabe, einige haben auch die Folgen am eigenen Körper erlebt.)

Können Sie den Unterschied zwischen Miliz und Securitate erklären?

(Unsere Antwort: dieselbe Organisation, die Miliz in Uniform und die Securitate in Zivil. Also alle Berichte, die der Milizmann mitgenommen hat, gelangten zur Securitate.)

(6)
Sie waren in den 70er-Jahren mit ihrem Vater in Italien und Amerika, gingen zurück nach Rumänien **und flüchteten 1982** (mit 15 Jahren) **ERNEUT in die Schweiz. Können Sie mir erklären, warum mich das Wort ERNEUT stört?** Sie haben doch Psychologie studiert?

(Die „erste Ausreise" und die „erneute Flucht" widersprechen sich ein „wenig". War die „erste Ausreise" schon eine Flucht oder war die „erneute Flucht" nur eine Ausreise, die eigentlich - laut Tagesanzeiger.ch, nach Deutschland gehen sollte - und laut „Der kurze Weg nach Hause" angeblich nach Italien ging. Schließlich ist man in der Schweiz gelandet.)

Sind Sie mit einem Reisepass geflüchtet oder haben Sie die Grenze aus der Sicht des damals kommunistischen Rumäniens unter Ceauşescu „illegal" mit dem Risiko, erschossen zu werden (was vielen passierte), **verlassen?**

Die ERNEUTE Flucht fand ganz ruhig und gefahrenfrei mit eigenem PKW samt Dachgepäckträger und Anhänger und ohne jegliche übliche Kontrollen statt, weil wohl das ausgestreute, getrocknete Gras von Großmutter „geholfen" hat. Bilder davon hat das Schweizer Fernsehen gezeigt. *__Kein Banater Schwabe konnte je mit eigenem PKW flüchten__*! __Die hatten ja auch nie getrocknete Gräser dabei! Oder?__...)

(7)
Warum sind Sie in die Schweiz geflüchtet? Italien wäre doch für Sie vom sprachlichen Standpunkt einfacher gewesen? (Latein, Italienisch, Rumänisch ist doch fast dasselbe.) Sie wollten doch nach Deutschland (flüchten), wieso kamen Sie überhaupt in die Schweiz und warum sind Sie in der Schweiz geblieben?
Florescu: ...
[Die Tatsache, dass Florescus in der Schweiz gelandet sind, ist recht sonderbar. Laut als „glaubwürdig" erachtetem Roman („Der kurze Weg nach Hause") sollte die „Flucht" (wieder) nach Italien gehen, wobei die Familie an der Grenze zwischen Rumänien und Jugoslawien festsaß und Angst hatte nicht ausreisen zu dürfen. (Wenn man „richtige" Pässe hat, braucht man keine Angst zu haben, ausreisen zu dürfen! Wenn man aber nicht weiß, welches die Gepflogenheiten der anderen sind, muss man sich der Fiktionen bedienen!) Das aber nur laut Klappentext, im Roman lief dann tatsächlich alles anders: Ohne Hindernis und Zeitverlust, wo doch andere bis zu 18 Stunden warten mussten. Laut Interview im Tagesanzeiger.CH sollte aber die „Flucht" nach Deutschland gehen. Wieso ist man dann doch in der Schweiz gelandet? Ein „fiktionalisiertes Rätsel bitterer Realitäten"?]

Sie waren bei der Ausreise/Flucht in die Schweiz erst 15 (1967-1982). Wovon haben Ihre Eltern den Familienunterhalt verdient?
Florescu: ...
(Da vermuten wir auch schon etwas, es gibt Gerüchte!!)

Warum haben Sie gerade Deutsch gelernt? In der Schweiz hätten Sie auch Italienisch oder Französisch lernen können? (Beide Sprachen liegen als romanische Sprachen Rumänen besser.)
Florescu: ...
[Ein Diskriminierungsroman über Banater Schwaben verkauft sich besser in deutscher Sprache, als in italienischer oder französischer, zumal die „nobelpreisberühmte" Herta Müller schon rechtzeitig vorgebaut hat und ein ähnliches „literarisches" Werk, das die Bana-

ter Schwaben aufs Äußerste entstellt und erniedrigt, geschrieben hat! Wer diesen kritisiert, soll laut Herta Müller ein Nazi sein. Nur was war jener, der während des „Freikaufs" 1982 die Banater Schwaben diskreditierte und verleumdete, vom ZK des VKJ (Verband Kommunistischer Jugend), wo der Sohn - Nicu Ceauşescu - Vorsitzender war), einen Preis für „sozialistische Ethik" und von der Securitate den viel „erwünschten Segen" (binecuvântare) bekam, drei Mal ausreisen zu dürfen, um das Werk auch in Deutschland 1984 zu verbreiten? **Und die vom KGB unterwanderten 68er jubelten und verliehen nochmals einige Preise!**]

(8)
Haben Sie schon in Rumänien eine rumänisch-deutsche Schule besucht? Wenn JA, welche? Name, Ort, Kreis? (WENN JA, war das so eine Art „Eliteschule"?)
Florescu: ...
[Die Allgemeinschule Nr 8 / Scoala Generala Nr.8 in der Str. 13. Dezember (heute umbenannt) in Temeswar/ Timişoara. Laut Internet ist es eine „Auslandsschule" gewesen, weshalb mir jetzt so ganz andere Gedanken kommen.]

Welche Schule haben Sie in Temeswar bis 1982 besucht?
(Wir kennen jemanden, der genaue Angaben machen kann. Wir kennen mittlerweile den Namen Ihrer Klassenkollegin, die Sie in große Bedrängnis gebracht haben. Viele Triebswetterer wissen es bloß noch nicht, denn sie ist ja nicht schuld an der Infamie eines unverschämten Schreibers über „fiktionalisierte bittere Realitäten".)

(9)
Können Sie erklären, warum Sie den Banater Schwaben, einer Minderheit in Rumänien, Lebensgewohnheiten von Zigeunern, die auch unter Ceauşescu noch nicht sesshaft waren, in Ihrem Roman „Jacob" unterjubeln?
Florescu: ...
(In dem Roman „Der kurze Weg nach Hause" schwärmt der Autor regelrecht von den „dicken Brüsten der Zigeunerin", die leuchten „wie die Sonne" und in welche er gerne mal „reinbeißen" möchte. Der Umgang mit der Zigeunerin und dem „schwarzen Mann" der Zigeunerin, eine Aberglaubenfigur des Autors Florescu, ist für ihn zur Normalität geworden, was er auch auf die Banater Schwaben über-

trug, darauf ist aber Herta Müller, mit welcher es viele gemeinsame
Themen, Personen und Geschichten gibt, nicht gekommen.)

(10)
Zitat aus dem Roman:
„Die animalische Kopulation, wenn sie von Erregung und Verlangen
durchflutet waren, war das Einzige, was ihnen ganz allein gehörte
und sie entschädigte... der Beischlaf vor Sonnenaufgang ...weil sie
nur dann nicht müde waren... Stallgeruch, Kot und Urin ...und dem
Gestank dreckverkrusteter Füße und ungewaschener Körper...-
rutschten sie unter der Strohdecke herüber und fanden schnell den
ebenso übel riechenden Körper des anderen." Es geht nicht um den
Protagonisten „Obertin" (ausgesprochen Oberten), es geht um
„ALLE", vergleiche sie... sie... und wieder sie.
Der Ausdruck Kopulation (Copulation) kommt aus dem Treffil-Buch
und bedeutet eigentlich etwas anderes als „schmutziger Sex im
Stroh". **Können Sie erklären, warum Sie den Begriff verdreht
haben?** (Kopulation wurde quasi für standesamtliche Trauung verwendet. Umgangssprachlich: „Sie hann sich koppliere losse".)
Florescu: ...

(11)
**Können Sie erklären, warum Sie im Roman „Zaira" alles mit
hellen, schönen, farbenfrohen Tönen beschreiben**, es werden
Lobeshymnen gesungen, die mit Honeckers und Ceaușescus Partei-
programmen konkurrieren könnten, **und im Roman „Jacob..." über
Triebswetter und Banater Schwaben sehr düster über Gewalt,
Verschwörung, Verschleppung, Vertreibung und Verrat ge-
schrieben wird?** (... und der Lobeshymnengesang geht gewohn-
heitsmäßig weiter.)
Florescu: ...

(12)
Sie haben Psychologie studiert (sonst könnte man Ihnen Unwissenheit attestieren) **und haben VORSÄTZLICH die Banater
Schwaben diskriminiert und verleumdet. In wessen Auftrag haben Sie eigentlich gehandelt? ODER: Wie sind Sie überhaupt
auf Triebswetter gekommen und warum haben Sie den Namen
nicht geändert?**
Florescu: ...

[Der „Auftraggeber" war derselbe wie bei Herta Müller, nur Herta Müller verwendet keinen einzigen Namen eines Banater Ortes oder einen Familiennamen. Diskriminierung und Verleumdung war „PURER HASS" genüber den Banater Schwaben bei beiden, was bei Herta Müller zu einer Preisverleihung durch das ZK der UTC geführt hat, weil sie voll und ganz auf der Linie der RKP (Rumänischen Kommunistischen Partei) lag und Florescu hat dann dasselbe „Thema" wie Herta Müller „beackert", obwohl er zugibt, keine Ahnung von den Banater Schwaben und deren Geschichte gehabt zu haben.]

Warum verwenden Sie die Namen real existierender Personen (lebender oder verstorbener), **die Sie aus dem Familienbuch der Triebswetterer, das „Treffil-Buch", übernommen** und einen Buchstaben verändert haben? (Obertin wird Oberten gelesen, Renon wird Reno gelesen, Manoeuvre wird Manöwer gelesen und Gogo hat Treffil falsch geschrieben und Sie, Cătălin Dorian Florescu, auch.) **Warum beschreiben Sie alle aus dem „Treffil-Buch" übernommenen Geschichten mit „negativ aufpolierten" Eigenschaften?**
Florescu: ...
(Professoren-Doktoren, die abgekupfert haben, müssen ihren Doktortitel zurückgeben! Wie sieht das bei Schriftstellern aus?)

(13)
Was hat Ihnen Vetter Jakob, der heute noch lebende Jakob Oberten und nicht Bruder Jacob oder gar frère Jacques, erlaubt?
(Gar nichts!)

Was hat Ihnen Heinz Vogel, der Herausgeber des „Treffil-Buches" erlaubt?
(Gar nichts! Die Verwendung originaler Namen, obwohl die auch noch erkennbar verändert wurden, darf ER ihnen gar nicht erlauben.)

(14)
Kennen Sie oder waren Sie schon jemals in einem banat-schwäbischen Haushalt? Dann müssten Sie wissen, dass Strohdecken, Maisbrei, Popen, Bruder und Schwester im Banat und Triebswetter im täglichen Gebrauch/ Umgang keineswegs verwendet wurden! Wo und wie haben Sie genauestens recherchiert?

(Der 30-jährige Krieg gehört NICHT zur Ansiedlungsgeschichte der
Triebswetterer oder Banater Schwaben! Man hat Sie aber im Zigeunerviertel in Triebswetter gesehen!)

(15)
**Die Triebswetterer haben ihr Dorf gegenüber Herumstreunern
mit einer Nachtwache (Nachtswächter) geschützt.** Warum kommen bei Ihnen neben Habsburgern, Ungarn, irdischen und außerirdischen Herumstreunern nicht auch Rumänen und Zigeuner vor?
**Glauben Sie wirklich, dass die Habsburger Dynastie das nötig
hatte?**
Florescu: ...
[Egal, was und wie Florescu in seinen Romanen erzählt, erzählt er
eine Geschichte über einen Nichtrumänen, wird dieser nationalistisch „übers Knie" gelegt („luat peste picior"). Das können Banater
Schwaben, Österreicher, Schweizer, Jugoslawen und überhaupt
Ungarn sein! (Die <u>Ungarn</u> sind überhaupt <u>„schuld"</u> an der Revolution
von 1989 und <u>am Sturz Ceauşescu</u>s!) Respektvoll wird von „den
Deutschen, die mit ihren wundersamen Maschinen" kamen oder
„den Waffenbrüdern" und „Hitler, dem Genie" geschrieben. Und dass
die Juden die „bolschewistische Revolution" gemacht haben (siehe
„Der kurze Weg nach Hause"), habe ich auch noch nicht gehört. Der
ganze ehemalige Ostblock vermutlich auch noch nicht!...]

(16)
Warum degradieren Sie die Deutschen im Banat zu Zigeunern?
(Siehe auch Wikipedia: 1852 wurden Zigeuner in Altrumänien als
Sklaven versteigert.) Ich weiß, dass Zigeuner auch Menschen sind,
aber der Kulturkreis, aus dem Sie kommen, ist doch ein anderer, mit
welchem ich mich, als Triebswetterer und Banater Schwabe, nicht
identifizieren möchte!
Florescu: ...

(17)
In Triebswetter lebten nach einer Statistik (auch Treffil-Buch)
2835 Deutsche, 37 Ungarn, 34 Rumänen, 101 Zigeuner (sesshaft
auf einer Insel/Halbinsel oder vielleicht „Burg"?) und 21 Bürger anderer Nationalität. Es gab damals kaum Mischehen, auch nicht in der
unmittelbaren Nachkriegszeit. **Warum beschreiben Sie den Lebenswandel der Zigeuner - auch für sie ist es unwürdig, so
beschrieben zu werden - und jubeln es den Deutschen unter?**

(Weil Sie nie einen banatschwäbischen Haushalt oder ein Dorf gesehen haben und weil Sie Sitten und Bräuche von Zigeunern, und für
die ist es auch unwürdig so dargestellt zu werden, beschreiben!)

(18)

Ein Rumäne beschreibt in einem Roman („Zaira") die Gegebenheiten in einem
südrumänischen Dorf in überaus rosigen, farbenfrohen Bildern, während es in einem
anderen Roman, in welchem die Banater Schwaben[1] beschrieben werden, nur
Gewalt, Rücksichts-losigkeit, Verschleppung (die Bărăgan-Deportation fand nur - und
nur durch Rumänen Deutschen gegenüber statt), Mord, Brandstiftung,
Vergewaltigung, Geiselnahme, Zigeunerjagd, Zigeunerhängen, Ver-rat des Sohnes
durch den Vater an die Russen (was es übrigens auch in einem Bogart-Film gibt),
Frontenwechsel und alle negativen Eigenschaften, die auch in „Zaira" vorkommen,
geht.
Das ist mehr als Diskriminierung, das ist Rassismus!
[Jakob (mit k, die *deutsche* Schreibweise) ist der *Böse und Üble*, und Jacob (mit c, die
rumänische Schreibweise) ist der *Gute und Liebe*, sagt doch alles aus! Oder? **Soll
das die vielgerühmte „Freiheit", die Sie sich den Banater Schwaben gegenüber
genommen haben, die sich die Securitate seinerzeit auch genommen hat, sein,
wobei Sie mit Identitäten spielen und die Identität einer Person durch Ändern
eines einzigen Buchstaben im Namen än-dern können** (Thüringer Allgemeine).]

**Wiederholen wir mal den Satz: Ein Schweizer beschreibt...
Was würden die NICHTSAHNENDEN SCHWEIZER dazu sagen?**

---

[1] (eine in Rumänien lebende Minderheit vor dem Hintergrund von Verschleppung und
Deportation in den Bărăgan, die durch Rumänen einmalig ist und der Enteignung der
Produktionsmittel der Banater Schwaben durch die Kollektivisierung und letzthin durch
die ewige Bespitzelung)

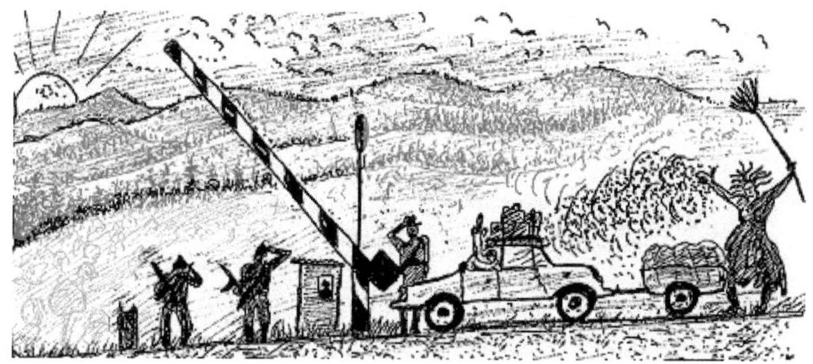

Florescus Fluchtwagen: Eine „fiktionale" Flucht mit einem PKW, mit
Gepäckträger und Anhänger gelang nur, weil Vater „getrocknete
Gräser" aus der Oltenischen Tiefebene über das Gepäck streute, wo
man doch anderen den Wagen auseinandernahm!!!
Karikatur: Michael Blümel

=> 4 <=
Florescu erhält mit dem Diskriminierungswerk Schweizer Buchpreis 2011 und Eichendorff-Preis 2012 <NICHT NUR FÜR SCHWEIZER>

Dieses Kapitel **ist nicht nur für Schweizer Leseratten**, die 2011 für Florescus Roman gestimmt haben, bestimmt, sondern auch für die Eichendorff-Preisverleiher des Wangener Kreises (2012 Schlesische Stiftung) sowie auch für die Hermann-Hesse-Stipendiumvergeber, der Hermann-Hesse-Stiftung (2013 Stadt und Sparkasse Calw sowie SWR), das Goethe-Institut im Allgemeinen, sowohl im Inland als auch im Ausland (gibt es bei uns keine bessere Literatur mehr, die man übersetzen kann?), und für den DAAD, die Bosch-Stiftung und das Literarische Colloquium Berlin, die durch die Werbung und Verbreitung des Romans - auch in anderen Sprachen - sich selbst ein „geistiges Armutszeugnis" ausstellen, und für alle Universitäten und Lehrerfortbildungsinstituten, bei welchen es wohl ebenfalls an „geistiger Substanz" (der ProfessorInnen) mangelt.

> **„Während des Lesens bestimmter Bücher kann der eigene IQ vorübergehend sinken."**
> **Kommentator bei Amazon**

> **„Die Welt wird nicht bedroht von den Menschen, die böse sind, sondern von denen, die das Böse zulassen."**
> **Albert Einstein.**

Der Roman „Jacob beschließt zu lieben" von Cătălin Dorian Florescu: Das ist kein Geschichtsroman der Banater Schwaben, das ist kein Familienepos der Triebswetterer Familie Obertin, das ist eine Kriminalisierung unserer Ahnen und Vorfahren aus Lothringen, das ist eine Identitätsverfälschung der Banater Schwaben. (Seite 16) …

„Der Autor dankt dem Land Schleswig-Holstein und den Städten Erfurt und Baden-Baden sowie dem Literarischen Colloquium Berlin und der Bosch-Stiftung für die Unterstützung dieses Romans."

Warum hat sich Florescu gerade die Banater Schwaben aus Triebswetter für den Roman ausgesucht? (Florescu ist ein Rumäne, die Banater Schwaben sind Deutsche.) In einem Interview bei Radio Temeswar antwortet er auf die Frage, warum er denn keine Themen aus der Schweiz in seinen Romanen behandelt, dass „die Schweiz in dieser Hinsicht viel zu wenig hergibt" und dass „die Traditions, falls es sie gibt", ihm nicht bekannt sind, dass das ja „eine ganz andere Kultur" sei. (Den Schweizern müsste es also leid tun: keine Kultur, keine Tradition, kein Roman! Ihr braucht also keine Angst zu haben, es gibt demnächst keinen neuen Nationalhelden.) In einem weiteren Interview der Thüringer Allgemeinen war zu lesen: „Ich bin kein Banater Schwabe, teile diese Geschichte nicht, <u>daher konnte ich mir mehr Freiheiten herausnehmen</u> und Risiken eingehen." (Die Florescus gehörten in Rumänien zu der herrschenden Schicht, zu einem kommunistischen Regime, welches im Westen immer wieder als „das menschenunwürdige, -verachtende Regime" gehandelt wurde. Und die dort lebenden Deutschen gehörten zu jenen, welche die Macht der Regierenden, die sich ebenfalls alle Freiheiten herausnahmen wie auch Florescu in seinem Roman, zu spüren bekamen, darunter die Enteignung, die Russlandveschleppung, die Bărăgan-

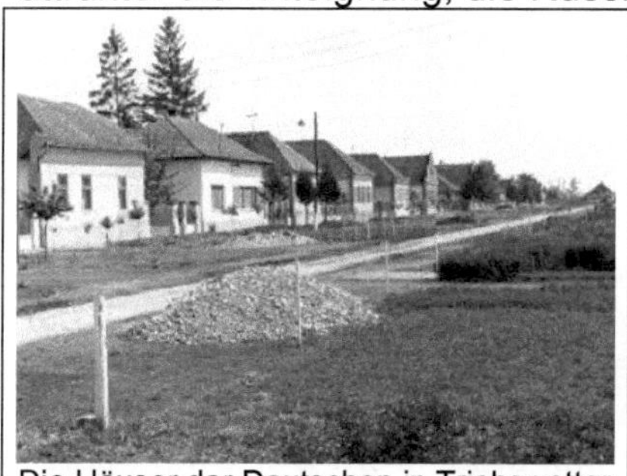

Die Häuser der Deutschen in Triebswetter und...

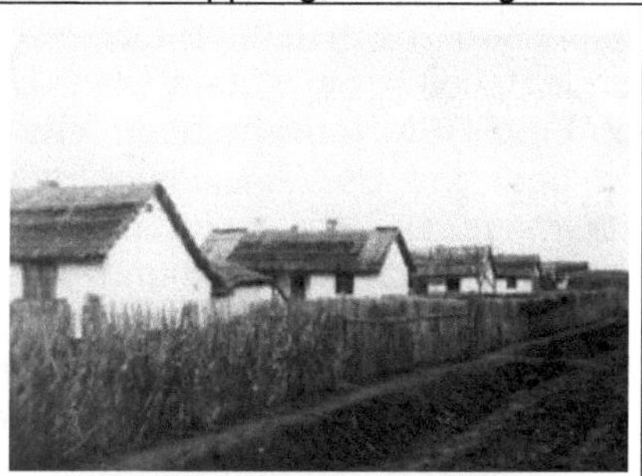

1951-1957: Deportiert im Bărăgan, einzigartig für Rumänien!

deportation, die Kollektivierung- was einer zweiten Enteignung gleichkam, und die ewige Gängelung durch die kommunistische Doktrin der Parteibonzen der KP, die ihre Autos auch da parkten, wo sie gerade wollten, sowie Bespitzelung durch Miliz, Securitate und deren Informantensysteme, vgl. Stasi, Gestapo.) Aus Interviews und Gesprächen im Schweizer Radio DRS2 und Fernsehen im Vorfeld der Schweizer Buchpreisverleihung gibt es folgende Zitate: „Der Roman ist in einem Stil geschrieben, der einem manchmal schaudern läßt", auf die Aussage, dass es im Roman „nach Mist und Brandstiftung stinkt", hat niemand reagiert. Es hat auch niemand Zweifel gehabt, als die Aussagen fielen: „Die Vorfahren der Triebswetterer sind alle machthungrig und haben Blut an den Händen" und dass der real existierende Ort - der als Geburtsort bei fast 2000 Bundesbürgern im Personalausweis steht – „ein Ort von Selbstmördern und Pechvögeln" ist. Dass niemand genau weiß, was es mit der Schreibweise Jakob (mit k, wird immer wieder betont) und Jacob (mit c, wird auch immer wieder betont, auch von Florescu) auf sich hat, kann man niemandem vorwerfen. Man hört aber, dass „Jakob (mit k) der Brutale, Unmögliche, Vergewaltiger, Verräter, der den Sohn an die Russen verrät, und Jacob (mit c) der Liebe und Gute ist, der nur bei der Zigeunerin" - wo er vermutlich nicht im Haushalt arbeiten musste – „Zuflucht findet". Ich will mal das Rätsel auflösen: Jakob mit k ist die deutsche Schreibweise und Jacob mit c ist die rumänische Schreibweise dieses Namens. Wie sagte doch Florescu bei der Thüringer Allgemeinen: „Ich spiele damit, dass Identität etwas Vielschichtiges ist und wie wenig es braucht, seine EIGENE Identität zu verlieren, manchmal ist es nur ein Buchstabe im Namen." Also mach Jakob zu Jacob, dann kannst du auch seine Identität verändern. Der Roman stellt also eine Identitätsverfälschung der Obertins (aus Lothringen: Aubertin, Obertin, von rumänischen Amtsschreibern nach Gehör Oberten geschrieben), der Triebswetterer und Banater Schwaben dar. Um meine Landsleute zu KRIMINALISIEREN musste auch noch der 30-jährige Krieg herhalten, welcher mit der Ansiedlung von Triebswetter und des Banates überhaupt NICHTS zu tun hat, So dass Florescus Roman auch noch eine Geschichtsverfälschung darstellt. Die Ansiedlung des Banates konnte erst nach 1716 begonnen werden. Prinz Eugen besiegte die Osmanen bei Peterwardein, danach wurde auch Temeswar und Belgrad von der osmanischen Herrschaft befreit und erst 1722 wurde der erste von den drei Schwabenzügen organisiert. Der Grund dafür war keineswegs der 30jährige Krieg, der 1648 endete und der sich nicht nur zwischen den Lothringern und Schweden abspielte, sondern ein großer Teil Mittel- und Westeuropas betraf. Auch die Söldner kamen aus GANZ Europa und haben sich je nach Kriegslage mal der einen, mal der anderen Seite zugewendet. In Florescus Roman waren es nur die Lothringer, die als Verbrecher, Verräter, Mörder, Geiselnehmer, Zigeunerjäger, die Vorfahren von Triebswet-

terern, beschrieben werden. Triebswetter wurde 1772 angesiedelt, also 124 Jahre nach dem Ende des 30-jährigen Krieges. (300 Jahre Auswanderung der Donauschwaben wurde in Ulm 2012 gefeiert!).
Sie finden hier auch eine Gegenüberstellung der Namen und „wahren, erfundenen" Geschichten aus einem Familiensippenbuch der Triebswetterer und des Romans von Florescu. In dem Roman werden also die Namen real existierender Personen aus Triebswetter, deren Vorfahren oder Nachkommen mit negativ „aufpolierten" Geschichten verwendet. Das Einzige, was geschichtlich in Ordnung ist, sind die Donaufahrten von Ulm nach Wien, weshalb sich der Name „Donauschwaben" eingebürgert hat und weil sie sich im Banat niedergelassen haben, wurden sie auch „Banater Schwaben" genannt. Das Banat wurde nach dem Ersten Weltkrieg 1920 an Ungarn, Jugoslawien und Rumänien verteilt. So kam es dann auch, dass im Roman „Jakob ohne Name" 1926 über die Karpaten, also aus dem Osten des Banates, kam und „das Unheil im Antlitz des Teufels, der sich im Sturm versteckte, nach Triebswetter" brachte. „Jakob ohne Name" ist also kein Banater Schwabe, obwohl die deutsche Schreibweise benutzt wird. So werden den Triebswetterern und Banater Schwaben „schauderhafte", identitätsfremde Lebensgewohnheiten angedichtet. Florescu behauptet, dass er die Ansiedlungsgeschichte der Banater Schwaben beschreibt, aber **die Personen, die er beschreibt, sind keine Triebswetterer und auch keine Banater Schwaben**.

Das kann man an folgenden Fakten und Merkmalen erkennen (hier steht nun, was es bei den Banater Schwaben NICHT gab):
-in Rumänien gab und gibt es Aberglaube, aber nicht bei den Banater Schwaben. Der Roman ist VOLL davon, schon der erste Satz beginnt damit. Das weist schon darauf hin, dass es Florescus bekannte Sitten und Bräuche sind, die beschrieben werden, denn er lebte nie in einem banatschwäbischen Dorf, also kann er die Leute, die er hier beschreibt, auch gar nicht kennen;
-in Triebswetter waren Strohdecken unbekannt, das war ein typischer rumänischer Gebrauchsgegenstand und regelmäßig gewaschen hat man sich dort auch, ist also nicht stinkend, besoffen und verdreckt herumgelaufen;

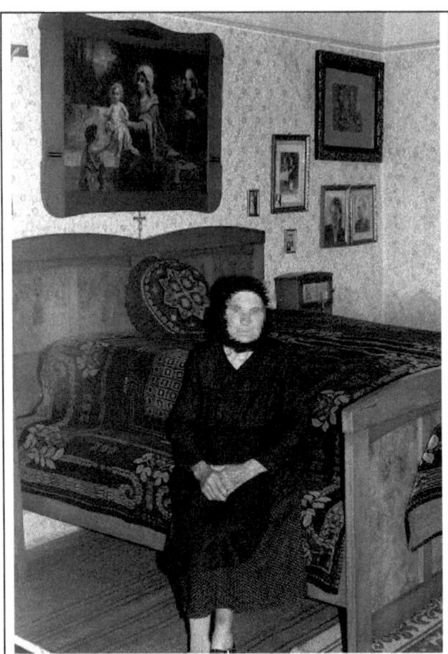

Triebswetterer Schlafzimmer im letzten
Jahrhundert: keine dreckverkrusteten
Füße, kein Gestank nach Kot und Urin,
keine Strohdecken!

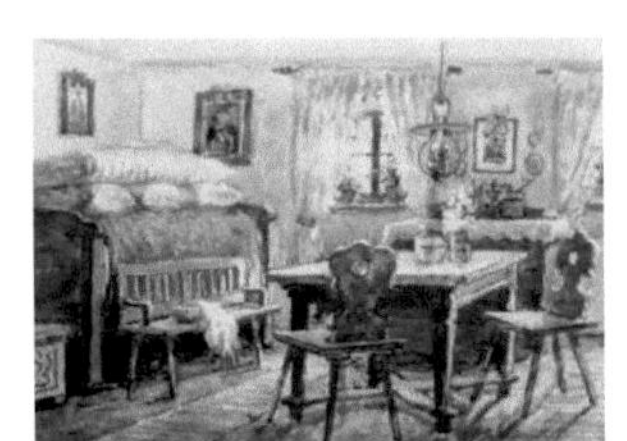

Bettzeug oder Strohdecken?

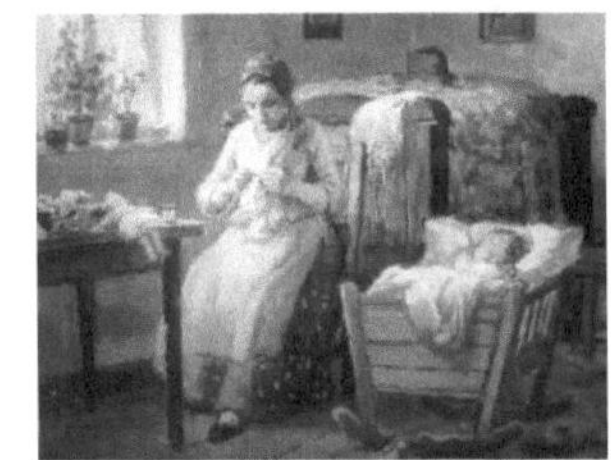

Stinkend und verdreckt?

Bilder des banatschwäbischen
Malers Stefan Jäger

-die Banater Schwaben (das gilt auch immer für die Triebswetterer)
haben sich NIE mit „Bruder und Schwester" angesprochen, das war
eine typisch rumänische Anrede;
-bei den Banater Schwaben sah man NIE einen Ochsenkarren;

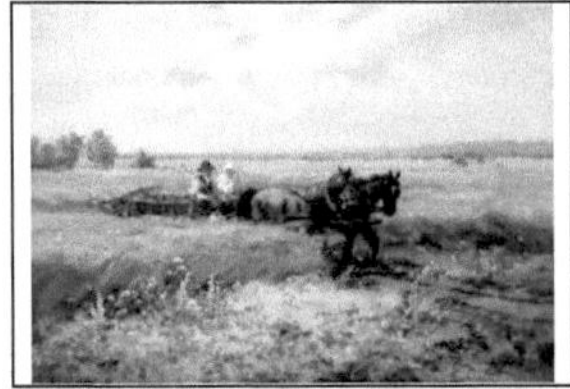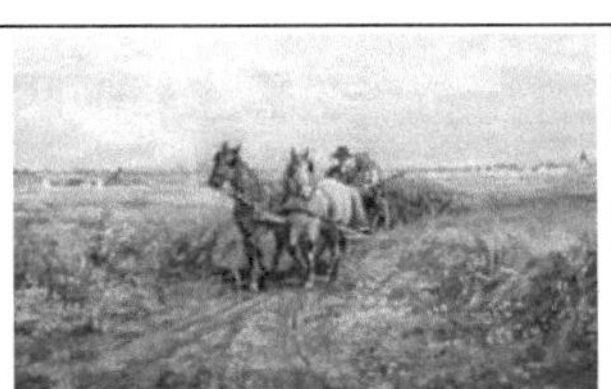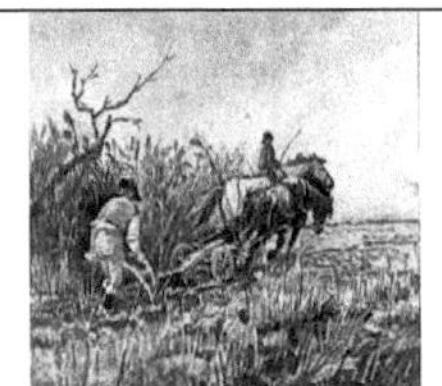

Bilder des banatschwäbischen Malers Stefan Jäger

-kein Banater Schwabe stieg je von den Karpaten herab, das waren
nur Oltener/Rumänen aus dem Osten, Jakob ohne Name mit allen
schlechten Eigenschaften, ein nichtalltägliches, außergewöhnliches

Exemplar (ich kenne Oltener und Rumänen, die verhalten sich anders, aber im Roman handelt es sich allerdings um einen Zigeuner);

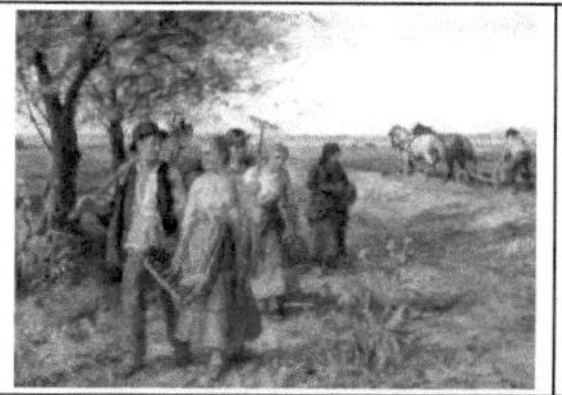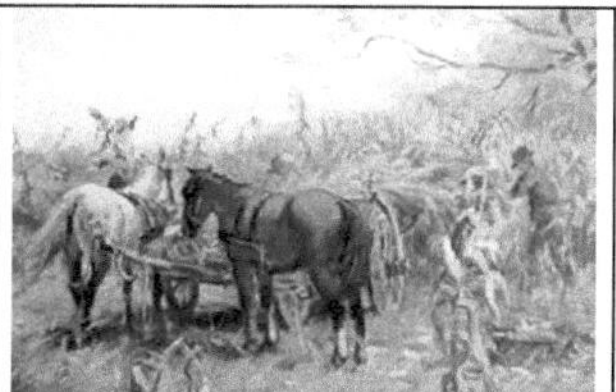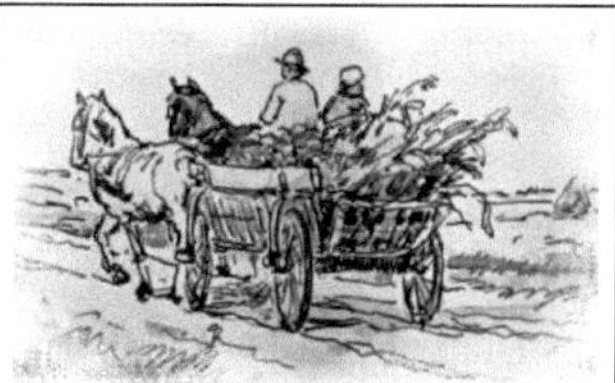

Bilder des banatschwäbischen Malers Stefan Jäger

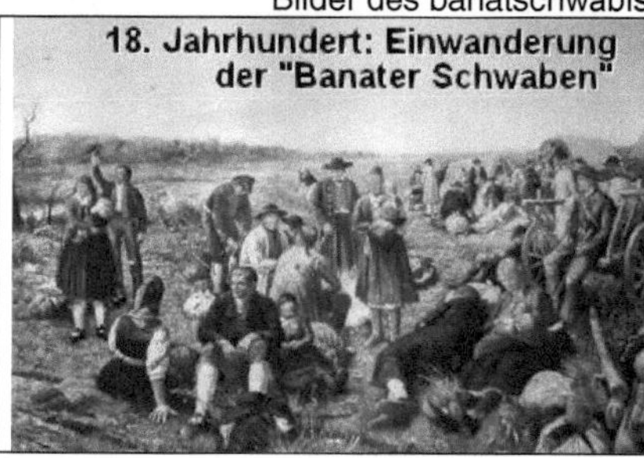

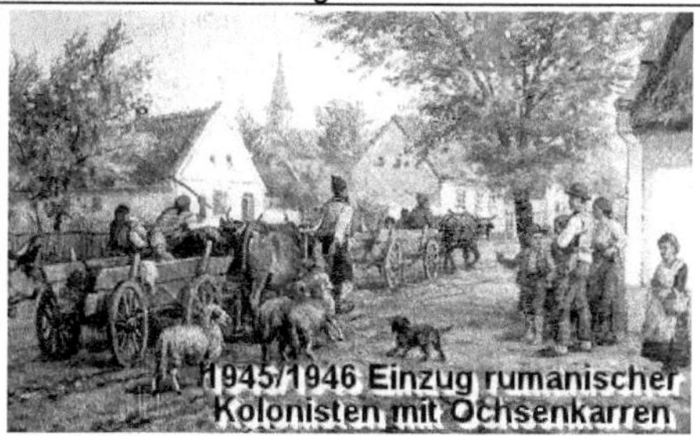

-wir haben in Banater Dörfern keinen Maisbrei gegessen, das war ein typisch rumänisches Gericht;
-bei uns wurde kein Teig aus dem Brot herausgerissen, damit man sich den Mund damit vollstopfen konnte und es folgten auch keine dicken Wurstscheiben hinterher, denn so weit wäre es gar nicht gekommen, da hätten mich meine Eltern oder Großeltern bereits vor die Tür gesetzt;
-schmutziges Geschirr mit Essensresten blieb nie über Nacht auf dem Tisch stehen, es wurde sofort nach dem Essen abgewaschen und weggeräumt - nicht etwa wie in heutigen Studentenbuden;
-unsere Apotheker waren gebildete Leute und nicht etwa Trottel, wie sie in Florescus Roman beschrieben werden,
-keine Mutter bekam ihr Kind auf dem Mist, wobei das ganze Dorf außen herum stand und zugesehen hat;
-bei der Geburt half nie eine Zigeunerin als Hebamme (die Banater Schwaben hatten ihre eigenen Hebammen), die dann 18 Jahre lang wöchentlich ein Huhn und sonstige landwirtschaftliche Erzeugnisse bekommen hat;
-kein Vater hat seinen Sohn an die Russen verraten, so dass er von diesen nach Sibirien deportiert werden konnte und vom Deportationszug ist - meines Erachtens - keiner entkommen, das ist Utopie;

-genauso hätte sich kein Pope in Gefahr gebracht, einen Deutschen nach dem Krieg aufzunehmen und zu verstecken;

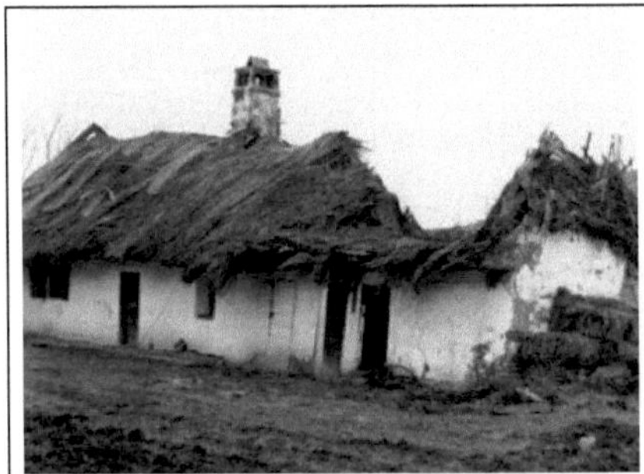

Häuser in Triebswetter nach der Übernahme (ab 1990) durch...

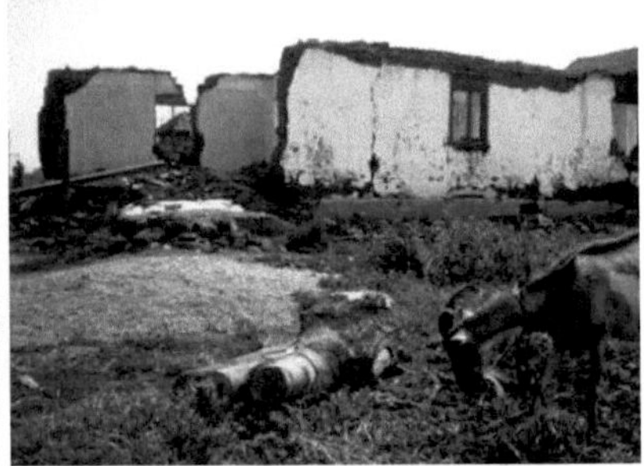

...die Nachbesitzer der Triebswetterer Banater Schwaben

-kein Zigeuner oder „Jakob ohne Name" hat je einen banatschwäbischen Bauernhof auf Vordermann gebracht (eventuell leergeräumt);
-kein Banater Schwabe hatte je als Halbbruder einen Zigeuner und keiner hätte sein Heim gegen das der Zigeunerin getauscht;

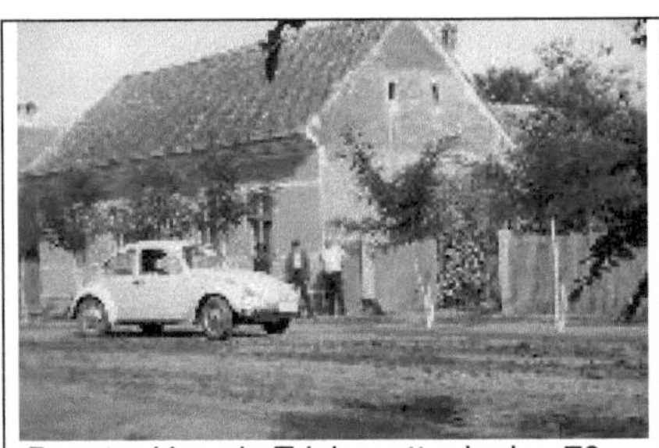

Banater Haus in Triebswetter in den 70er-Jahren (kennt Florescu aber NICHT!)

Laut Florescus Roman hat "Jacob" dieses Haus gemieden...

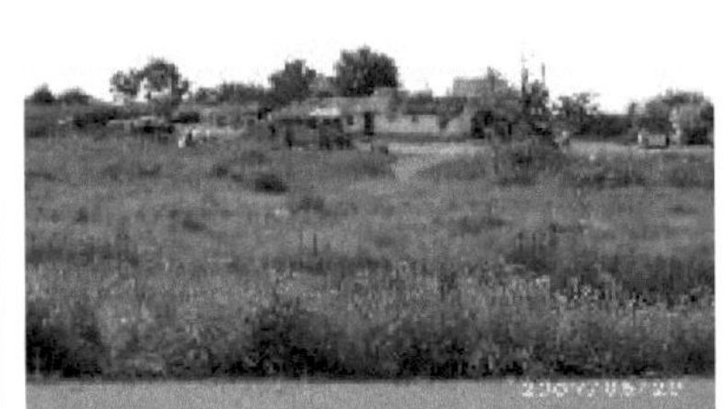

Zigeunerviertel in Triebswetter 2OO7 (Hier hat Florescu recherchiert!)

... und fühlte sich nur bei der Zigeunerin wohl... die Burg?

-bei den Banater Schwaben gibt es keine Burghüter, die gibt es allerdings bei den Siebenbürger Sachsen und die schliefen auch nicht den ganzen Tag und waren auch nicht ständig besoffen (vgl. Komasaufen heute);

-in Triebswetter war es so eben, dass kein Blitz in den Acker ein-
schlagen konnte (erster Satz im Roman), das kann nur in einem
Hügelland passieren, dort wo sich Florescus Roman „Zaira" (in
Strehaia, Oltenien im Osten) abspielt;
**-in Triebswetter sind keine Karpaten zu sehen, auch vom
Kirchturm nicht;**

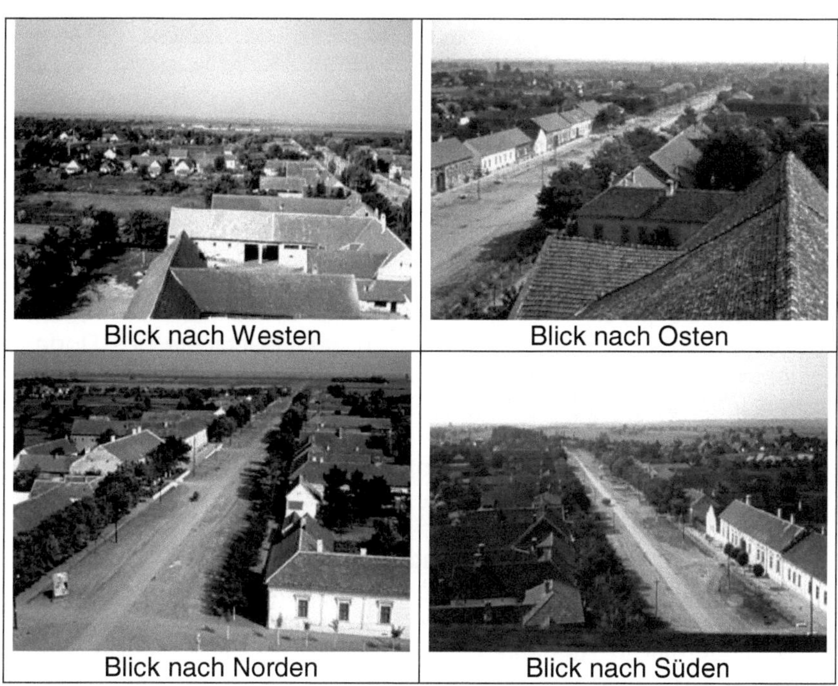

Blick nach Westen	Blick nach Osten
Blick nach Norden	Blick nach Süden

-es war unmöglich, dass 400 Familien nach dem Zweiten Weltkrieg
mit der großen Kirchenglocke (die damals 635 kg wog und 40 m
hoch im Kirchturm hing), zusammen mit ihren aus den Grüften entnommenen Toten, zurück nach Lothringen ziehen konnten (wenn
man aber die 15 kg schwere Glocke aus rumänischen Glockentürmen nimmt, dann geht das schon);

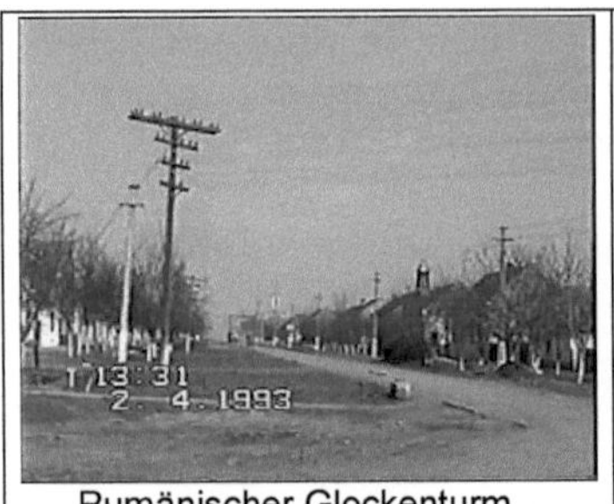
Rumänischer Glockenturm...

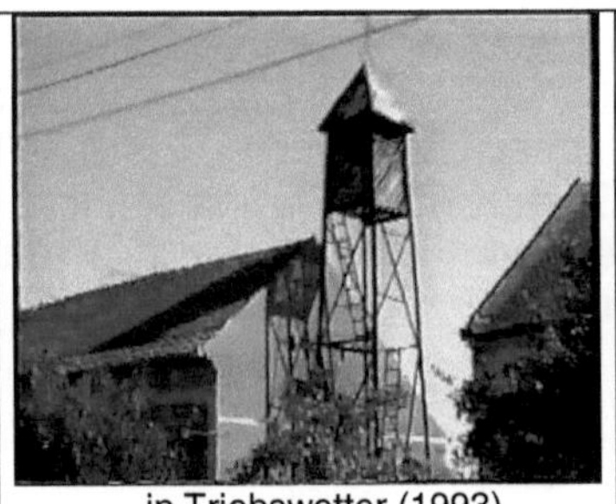
... in Triebswetter (1993).

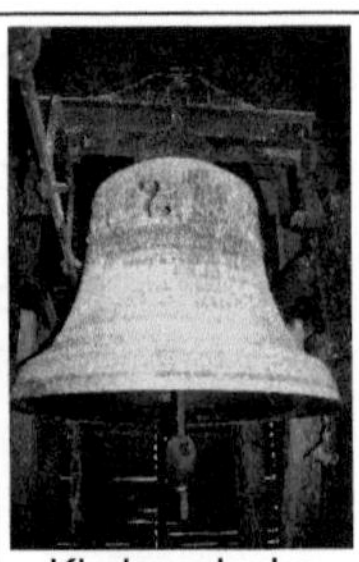
Kirchenglocke

-wie sollten sich Elsa (bei uns heißt es Else) mit „Jakob ohne Name",
der mit einer Anzeige über die Karpaten kam, verständigen? Zu
jener Zeit (1926) konnten die Banater Schwaben nicht Rumänisch
und die Rumänen nicht Deutsch (bis 1920 gehörte das Banat nämlich zu Österreich-Ungarn)!

In einem Gespräch im Schweizer Radio DRS2 kam es seitens
Florescu zu folgenden Aussagen: „Von der Geschichte des Dorfes
(Triebswetter) wusste ich das Wenigste", aber über meine „rumänischen Informanten habe ich sehr viel erfahren". Er verwendet hier
eine Wortkombination, die etwas Alltägliches im Hause Florescus zu
sein scheint. Darauf werde ich noch zurückkommen. Und über die
Geschichte des Dorfes und alle Originalnamen haben wir doch
schon etwas aus dem Familiensippenbuch gehört. Oder? Weiter
heißt es, dass es „reaktionäre traditionalistische Kreise" gibt - eine
Minderheit unter Banater Schwaben (die Triebswetterer) - die etwas
gegen seinen Roman hätten. Jawohl, die Banater Schwaben waren
eine Minderheit in Rumänien, die laut Ceauşescus Assimilierungspolitik verschwinden und in der kommunistischen Gesellschaft untergehen hätten sollen. Und die Deutschen aus Rumänien, auch die
Siebenbürger Sachsen, antworteten mit Ausreiseanträgen und Aussiedlung, die dann von der rumänischen Regierung als Reaktionäre,
Verbrecher, Verräter und Überläufer beschimpft wurden. Und was
erfahren wir im Roman Florescus von den Ahnen der „Obertins" aus
Lothringen? Da kommt sogar noch etwas dazu: Mörder, Zigeuner-,
Kopfgeldjäger, Irre - die ihr eigenes „Zuhause" nicht mehr finden -
Hausabfackeler und Geiselnehmer. Und die Nachkommen, die
„geteilte Minderheit" aus Triebswetter, hat wohl etwas dagegen!
Wenn ich das Wort „Reaktionäre" höre, dann klingelt es bei mir in
den Ohren, ich glaube immer noch, dass ich Ceauşescu höre. Die-

ses Wort kommt direkt aus dem Munde Ceauşescus, des ehemaligen Führers (Conducător) der Rumänischen Kommunistischen Partei (RKP), der ein guter Freund von Gaddafi war, wobei der Untergang beider sehr ähnlich verlaufen ist. (Google: Ceauşescu Gaddafi) Noch ein paar Worte aus seinem ersten Roman „Wunderzeit". Heißt es da nicht, dass dieser so ausführlich und genau beschrieben ist, dass er als „äußerst glaubwürdig" anzusehen ist. Beschreibt er da nicht, dass er freiwillig die „Heldentaten Ceauşescus" referierte, um der hübschen Geschichtslehrerin zu imponieren. Am Nationalfeiertag ist er „in der ersten Reihe" mitmarschiert, um den Mädchen zu imponieren. Ich hätte das zehn Jahre nach Ceauşescu NIE so geschrieben, bei der Geschichtslehrerin hätte ich diese Pflichthausaufgabe nicht gemacht, ein Nachsitzen bekommen und so wäre ich mit ihr allein gewesen. Und am Nationalfeiertag (am Tag der Befreiung unserer Eltern von ihrem Privateigentum) als wir wie „das Vieh" zusammengetrieben wurden, hätte ich geschwänzt und eine Strafe bekommen, um den Mädchen zu imponieren. Da muss sich doch Florescu selbst „gewundert" haben, das man ihm in der Schweiz das alles „abgenommen hat". (Nachträglich, nachdem ich den Roman gelesen hatte, musste ich feststellen, dass diese beiden Beschreibungen im Roman gar nicht so drin stehen, wie sie in der Werbung auf der Florescu-Seite zu lesen waren. Also wurden die Leser schon damals „geblendet".)
Auch seine Auslandsreisen in einer Zeit, in welcher alle im „Lande eingesperrt" waren, sind für uns sehr fraglich. Florescu und sein Vater konnten nach Italien, konnten nach Amerika und nach acht Monaten wieder zurück, um ein paar Jahre später ERNEUT (mit 15 Jahren) IN DIE SCHWEIZ zu flüchten. Das war nur deswegen möglich, weil der Vater „gute Beziehungen" hatte: „Er musste der Miliz täglich Bericht erstatten". Wer täglich Bericht erstattet ist ein professioneller Mitarbeiter oder ein Informant der Miliz, die ja der allgegenwärtigen Securitate unterstellt war. (Das also die Schlussfolgerung zu dem Begriff „rumänische Informanten").

An „Schweizer" Leseratten:
„Und Sie haben sich entschieden, diesen Roman als besten Schweizer Roman 2011 zu wählen. Ist das also die Bereicherung der „Schweizer Literatur" durch „neue Themen" und einem „frischen Ton": Vermischung von Fiktion und Wirklichkeit bei gleichzeitiger Diskriminierung und Kriminalisierung der Familie Obertin, der Triebswetterer und Banater Schwaben, einer **Minderheit** aus einem Lande, in welchem **der Autor** und seine Eltern zur **herrschenden Schicht** gehörten?

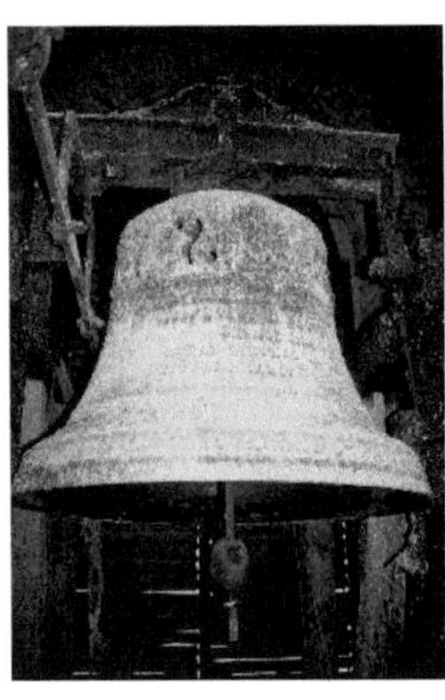

Die große Kirchenglocke in Triebswetter wiegt 635 kg und hing/ hängt 40 m hoch im Kirchenturm.

Das ist doch _ein Roman, also eine Fiktion_! Wenn das eine Fiktion ist, dann dürfen die Namen der Obertins, alle Triebswetterer Namen, der Name des Dorfes, die Bezeichnung Banater Schwaben NICHT drin stehen, da diese Fiktion sowohl eine Geschichtsverfälschung als auch eine Identitätsverfälschung der Triebswetterer und Banater Schwaben darstellt, wenn der Roman auch mit noch so perfekten literarischen Techniken und erzählerischer Kunst geschrieben ist.

Daher halte ich es für sehr fragwürdig, dass gerade dieser Roman einen Preis bekommen hat.

Dass man als Schriftsteller Fiktion und Wirklichkeit sowie Namen real existierender Personen in einem Roman nicht verwenden soll, lernen die Literatur-Studenten schon im ersten Studienjahr, obwohl sich „gewaltgeile Leser" das wünschen! Hallo, Jury!...

Habt Ihr überhaupt nichts gemerkt? Die beiden Sendungen von DRS2 haben genügend Hinweise für irgendwelche Beanstandungen gegeben! Schweizer Buchpreis 2011: Maßgeblich verantwortlich dafür sind auch fünf Schweizer Juroren: Drei davon wohnen ebenfalls wie Florescu in Zürich; drei davon haben ebenfalls Psychologie studiert, wie auch Florescu; einer schafft für den DRS2-Radio und einer für die NZZ (aus Zürich), die zum Teil von uns auch im Vorfeld schon angeschrieben wurden. Warum haben manche nicht reagiert und warum haben wir von manchen keine Antwort bekommen? Stattdessen wurden „Loblieder" auf den Roman in den Medien verbreitet: Das nennt sich wohl moderne Meinungsfreiheit!

Von einer Irreführung der Schweizer Öffentlichkeit und der Leser, die regelrecht für „blöd verkauft" wurden, kann „überhaupt nicht die Rede" sein. Die Leser und die Schweizer Öffentlichkeit haben das Recht, die Wahrheit zu erfahren!

Wir beglückwünschen die fünf Juroren und Leseratten,[*] die dafür abgestimmt haben, für ihre glückliche Hand! Einfach genial!

Motto: Diesmal haben sie es freiwillig gemacht. Das nächste Mal müssen sie es... (Dann gibt es eine rote Flagge mit Hammer und Sichel!)

PS: (*) Es kann ja sein, dass nicht alle den Roman gelesen haben, vielleicht haben einige nur den Klappentext gelesen wie manche Buchbewerter im Internet und Pressevertreter oder vielleicht haben andere **gar nicht deutsch lesen können**.

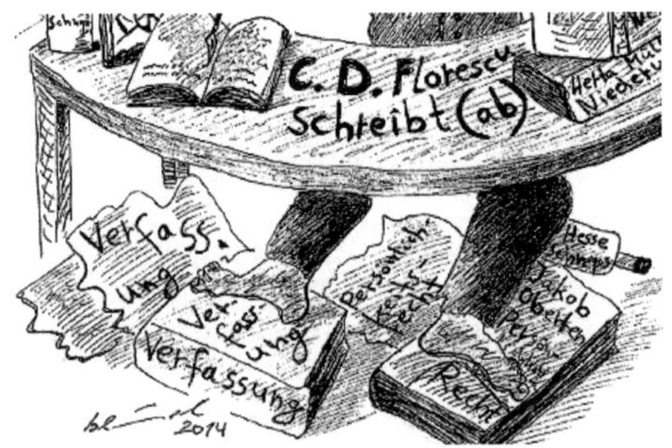

Florescu tritt mit Füßen die verfassungsmäßig zugesicherten Rechte von Jakob Oberten, aller Triebswettrer, deren Namen verwendet wurden und auch aller Toten, die sich gegen diese Infamie nicht mehr wehren können

Karikatur: Michael Blümel

=> 5 <=
Fragen an Lobliedschreiber, „Helfer" und Preisverleiher sowie Armutszeugnis

Fragen an Lobliedschreiber:
-Personen, die beim Schweizer Buchpreis für den Roman gestimmt haben sowie Preisjury, Medien, Institutionen, Gymnasien (Paserellen-Gymnasium) usw.;
- Personen, die bei der Eichendorff-Preisverleihung mitgewirkt haben;
- Personen, die für die Vergabe des Hermann-Hesse-Stipendiums (in Calw, SWR, Sparkasse, Hesse-Stiftung) verantwortlich sind;
-Verantwortlichen des Goethe-Institutes, der Bosch-Stiftung, des lit. Colloquiums, die den Roman im Ausland verbreiten und übersetzen lassen;
- Verantwortlichen des DAAD (Deutschen Akademischen Austausch Dienstes), der durch die Verbreitung des Romans im Ausland (Werbung oder Übersetzung) Deutschland nur lächerlich macht (das scheint aber in Deutschland seit '68 bei Akademikern Normalität zu sein);
- Banater Schwaben und andere, die den Roman gelesen haben;
- Banater Schwaben und andere, die den Roman nicht gelesen haben, ihn aber trotzdem mit einem positiven Kommentar bewerten;
- Personen, die sich in Banater Foren anmelden, aber keine Ahnung von Identitätsmerkmalen der Banater Schwaben haben;
- Literatur- und Kulturredakteure, die Triebswetter kennen oder nicht;
- Literaturgurus, die den Sinn für Realitäten verloren haben, dazu gehören auch Professoren-Doktoren der Literatur;
- andere Lobliedschreiber, die weder die Geschichte der Triebswetterer noch die der Banater Schwaben kennen und trotzdem Experten sind;
- **Personen, die genau wissen, worum es geht bei Kommentaren aber lügen;**
- **Medienverantwortlichen, die durch einseitige Berichterstattung ein falsches Bild vermitteln und „Mediendiktatur", wie in einem totalitären kommunistischen Regime, betreiben. (Frage Nr. 18, Seite 130 beachten!)**

Fragen an alle, die in der Danksagung des Autors für die Unterstützung dieses Romans genannt werden: das Land Schleswig-

Holstein und die Städte Erfurt und Baden-Baden sowie das Litera-
rische Colloquium Berlin und die Bosch-Stiftung. (Frage Nr. 18, Seite
130 beachten!) (Hier fehlen allerdings noch einige!)
**Bei diesen Fragen wird ein enger Bezug zu den Inhalten des
Romans und zu Äußerungen des Autors in verschiedenen
Medien und Interviews hergestellt. Die Fragen sind also nicht
aus der "Luft" gegriffen so wie viele der Kommentare und
Medienberichte, die ich gelesen habe.**

**Wurde das Buch "Deutschland Deppenland"
eigentlich von C.D. Florescu geschrieben?**

**1.) Kennen Sie Triebswetter? Waren Sie schon einmal in
Triebswetter?**

**2.) Kennen Sie einen Triebswetterer, kennen Sie einen Banater
Schwaben? Kennen Sie die Geschichte der Banater Schwaben?
Aber die RICHTIGE und nicht die von Florescu „erfundene", die
er und sein Verlag aber als „europäische Geschichte" verkauf-
te?**

**3.) Wissen Sie, dass Banater Schwaben und Rumänen im rumä-
nischen Banat unterschiedliche Kulturen hatten? Serben, Un-
garn, Zigeuner ebenfalls?** (Gender Mainstream ADE!)
**WISSEN SIE, DASS IM ROMAN EIGENTLICH KEIN EINZIGER
TRIEBSWETTERER ODER BANATER SCHWABE VORKOMMT?
ERKENNUNGSMERKMALE finden Sie weiter oben!**

**4.) Kennen Sie die Geschichte des 30-jährigen Krieges?
Geschichte:** Beim 30-jährigen Kieg 1618-1648 (17.Jhd.) handelte es
sich um einen Religionskrieg, der hauptsächlich Mitteleuropa,
Deutschland, Frankreich und Schweden erfasste. Der Krieg wird
von Historikern in mehrere Teile geteilt, wobei ein Teil der französisch-schwedische Krieg war. Am Krieg nahmen **auch Söldner** aus
GANZ EUROPA teil, welche die Fronten je nach Kriegslage und
Bezahlung wechselten, oftmals überfielen sie, weil sie keinen Sold
erhielten, Bauern, brachten sie um, plünderten ihre Höfe, und brann-
ten ihre Häuser nieder.

Roman: *In Florescus Roman waren es aber **die Lothringer, die Vorfahren** einiger Triebswetterer, die die Häuser der Bauern niederbrannten, die ihr eigenes Heim nicht mehr erkannten, die Bauern umbrachten, sie als Geiseln nahmen, und es kommt noch besser, Zigeuner gejagt, gehängt und Kopfgeld kassiert haben. Der Geiselnehmer **heiratet seine Geisel, nimmt ihren Namen an** und wird so zum „**Obertin**" und begründet somit das „Familienepos der **Obertin-Dynastie**", er wird zum „**Zivilisationsstifter**" (so Florescu in einem Werbevideo, z.B. bei Amazon) von Triebswetter.* Als Auswanderer aus Süddeutschland und Elsass-Lothringen Mitte und Ende des 18. Jhd. wurden aber arme Handwerker und Bauern genannt, die den beschwerlichen Weg ins Banat suchten. **Ist das normal für Sie, dass ein Rumäne so etwas über eine ehemalige deutsche Minderheit in Rumänien und deren Vorfahren schreibt? Halten Sie es für normal, dass Triebswetterer dazu ihre Meinung nicht äußern dürfen? Halten Sie es für richtig, dass der Autor in Interviews behauptet, er hätte recherchiert?**

5.) Kennen Sie die Geschichte der Eroberungskriege des Osmanischen Reiches im Mittelalter (bis 1877)? Geschichte: 1683 - Die Osmanen belagern Wien, werden aufgehalten und zurückgedrängt. 1716-1717 besiegte Prinz Eugen von Savoyen die Osmanen bei Peterwardein, befreit Temeswar und Belgrad und so wird der Weg für die Besiedlung des Banates durch die österreichischen Herrscher frei. Altrumänien - 1859 vereinigt und gegründet - wird erst 1878 die Unabhängigkeit vom Osmanischen Reich erlangen.
Roman: *In Florescus Roman ist davon nichts zu erfahren. Hier hätte er Gelegenheit gehabt, etwas über Gräueltaten zu schreiben.*

6.) Haben Sie schon einmal etwas über die Schwabenzüge (18.Jhd.) gehört? Geschichte: 1722 begann die große Umsiedlungsaktion. Arme Handwerker und Bauern aus Süddeutschland und Elsass-Lothringen wurden in drei Wellen, den Schwabenzügen, im Banat angesiedelt. Von Ulm bis Wien geschah das auf der Donau, aber bis ins Banat waren es noch 400 km. **Auf diesem Weg wurden anfangs viele überfallen, ausgeraubt und auch ermordet.**
Roman: *Florescu behauptet in einem Interview: „Sie starben wie die Fliegen" und im Roman wird der Nachfahre des oben genannten **Zivilisationsstifters erneut einen Mord** begehen, bevor er im Banat ankommt und Triebswetter „gründet".* **Halten Sie es für normal, dass die <u>Vorfahren der Triebswetterer erneut zu Verbrechern</u>**

gestempelt werden? Was für eine Zivilisation sollen diese „Verbrecher" gegründet haben? Wie haben Sie den Roman eigentlich gelesen? Wieso kann jemandem so etwas entgehen? (Professoren-Doktoren an der Spitze!) Halten Sie es noch immer für richtig, dass dieser Roman in Schulen und Bildungseinrichtungen vor Schülern vorgelesen werden soll? Warum wird dieser „Part" nicht auch in der Werbung genannt? *Weil die Leser verblödet werden sollen und das vom Autor, seinen „Freunden" (die man nicht beleidigen darf), vom Verlag, von wohlwissenden sowie unwissenden Lobliedschreibern und „freien(?)..." Medien!*

7.) Was würden Sie sagen, wenn ein Autor in einem Roman, Ihre Mutter als „Hure" beschreiben würde? Das ist Diskriminierung der banatschwäbischen Frauen!

Geschichte: Viele Banater Schwaben suchten ihr Glück in Amerika, manche blieben dort, andere kehrten zurück, was man in Süddeutschland Ende des 19. Jhd. auch beobachten konnte. Florescu war auch in Amerika. Was hat er wohl dort erlebt?

Roman*: So war auch die Elsa Obertin im Roman in Amerika, wo sie zu ihrem Reichtum durch das Horizontalgewerbe kam. Bei den Triebswetterern nannte man aber die Frauen nicht „Elsa", sondern „Else" und die hätten auch nicht jeden „Dahergelaufenen" geheiratet!* Der *„Dahergelaufene" heißt* **„Jakob ohne Name"** *(in der Regel hatten damals* **Zigeuner keinen Namen***, weil sie polizeilich nicht gemeldet waren), heiratet die Elsa Obertin und nimmt ihren Namen an (schon wieder) und* **wird so zum Obertin und als „Banater Schwabe"** *mit all seinen üblen Eigenschaften „weiterverkauft".* **Dass bei einer Heirat die neue Familie den Namen des Mannes angenommen hat, war damals die REGEL! Ist das bei Ihnen Normalität, dass man so etwas mit Banater Schwaben nebst Verschleppung, Enteignung, Bărăgan-Deportation und ewiger Unterdrückung und Bespitzelung machen kann?**

Soll DAS gute Literatur sein? (Ich vergleiche das mit einem Paket mit faulem Inhalt, aber mit einer schönen, hervorragenden, irreführenden, professionell gestalteten Geschenkverpackung!) Ist der Roman eine Fiktion? (Siehe weiter oben Seite 121.)

8.) Was würden Sie sagen, wenn derselbe Autor Ihre Geburt auf dem Mist, wobei das ganze Dorf rundherum steht und zusieht, beschreiben würde?

Realität: Den Jacob Obertin gibt es wirklich. Er ist also Realität!
Roman: *Genauso wie alle Triebswetterer **Namen im Roman REAL** **sind, weil alle aus einem Familiensippenbuch („Das Treffil-Buch") stammen!** Auch einige **Kurzgeschichten** wurden abgekupfert aber bis auf das Unkenntliche **negativ „aufpoliert"** (so Florescu in einem Interview).* **Halten Sie es für normal, dass ein Autor seine Namen aus der Realität (es sind wirkliche Namen, muss man das für einige Hohlköpfe noch erklären?) nimmt und in den Geschichten der beschriebenen Personen unmögliche Eigenschaften einbaut, so dass man die Personen nicht mehr erkennt? <u>Über die verfälschte Identität der Triebswetterer und Banater Schwaben finden Sie auch in anderen Bereichen dieser Analyse zum Roman reichlich Anmerkungen.</u>**

9.) Was würden Sie sagen, wenn bei dieser Geburt Ärzte und ausgebildete Hebammen missachtet würden und der Quacksalberei einer Zigeunerin der Vorrang gegeben würde?
Geschichte: In dieser Zeit gab es in Triebswetter mindestens einen Arzt(*) und **drei Hebammen, aber die wurden *im Roman verachtet, missachtet und somit erniedrigt,* obwohl sie im gleichen Buch drin stehen, aus dem auch die restlichen Namen entnommen wurden!**
(*)Dr. Jakob Koch (1898-1946) war bis 1944 Amtsarzt in Triebswetter, wurde enteignet, verschleppt und beging nach seiner Rückkehr aus der Gefangenenschaft Selbstmord. Führte dieses Ereignis wohl dazu, dass Florescu zu dem Schluss (aus dem Munde der Zigeunerin Ramina) kam, dass die Triebswetterer ein Dorf von Selbstmörder und Pechvögel sind?

10.) Was würden Sie sagen, wenn *ein Apotheker aus ihrem Ort als „unfähiger Trottel", der öfter „den Tod ans Krankenbett brachte" (obwohl es genügend Ärzte am Ort gab), gelten soll, wobei gleichzeitig der „Jakob ohne Name", ein Zigeuner, der große Held sein soll?* Was würden Sie sagen, wenn man über dessen Vater - auch Apotheker, also eine gebildeter Person - schreibt, dass er sich zusammen mit der Apotheke „in die Luft" gejagt hat? (Das gab es doch auch in der deutschen Geschichte? Oder?...)

11.) *„Er riss den Teig aus dem Brot, stopfte sich den Mund voll, steckte sich noch eine Scheibe Wurst hinterher und tunkte den Maisbreiteller vom letzten Abend aus".* Ist das bei Ihnen Alltag? Wird bei Ihnen so gegessen? Was finden Sie dann daran so

toll? Haben Sie das nicht gelesen? Oder haben Sie einen anderen Roman gelesen? (Weil es die Triebswetterer und Banater Schwaben sind, die hier beschrieben werden!)

12.) Was würden Sie sagen, wenn man Sie und *Ihre Vorfahren* in einem Roman, in welchem man Ihren *eigenen Namen* verwendet, folgendermaßen beschreiben würde: *„Geblieben ist ihnen die animalische Kopulation, ständig vom Schnaps besoffen, der Beischlaf fand nur vor Sonnenaufgang statt, Gestank nach Kot, Urin und dreckverkrusteten Füßen, zerstochen von Mücken, unter der Strohdecke den eben so übel riechenden anderen findend... die Männer drangen häufig und heftig in die Frauen ein,... das war aber eine ungewollte Kopulation, denn beide waren noch nicht sechzehn und schliefen miteinander..."*? (Wird hier Sex von Minderjährigen unterstellt?) Man hat mir erzählt, meist seien es Frauen, die positive Kommentare abgeben! Was führt sie dazu? <u>Der Dreck, der Schnaps, die Kopulation oder die Erniedrigung?...</u> Wie sieht es bei Ihnen aus? Ist das für Sie Normalität, so dass Sie es für „GUT" befinden? Ist das NICHT anstößig für Sie, dass <u>ein Rumäne so etwas über eine ehemalige deutsche Minderheit</u> aus Rumänien schreibt? Wenn das ein Deutscher über Juden oder ein Serbe über Kroaten geschrieben hätte, würde ich ihn sofort anzeigen! Gleichzeitig würden alle hochspringen: Nazi, rechtsextremes Gedankengut! Gilt das für Rumänen und Deutsche (ehemalige Deutsche mit rumänischem Pass, Unterdrückte der rumänischen kommunistischen Diktatur, welche Florescu heute noch bejubelt) nicht?

13.) Was würden Sie sagen, dass man *Ihnen unterstellt, einen Zigeuner als Halbbruder zu haben, der tatkräftiger und fähiger ist als Sie, und Sie werden dadurch vom Vater verstoßen und sogar an die Russen verraten und deportiert? Welche Banater Schwaben hatten einen Zigeuner als Halbbruder? Welcher Banater Schwabe hat seinen Sohn an die Russen verraten? Banater Schwaben! Habt Ihr den Roman überhaupt gelesen?* **Realität:** Zigeuner sollen nicht diskriminiert werden! Man muss den Unterschied zwischen Zigeunern von damals und den Sinti und Roma von heute machen. Florescu nennt sie auch Zigeuner oder Jakob ohne Name. Die Zigeuner, die im Roman beschrieben werden, hatten damals keinen festen Wohnsitz, sie sind im Lande herumgezogen und lebten teils vom Betteln, Nichtstun und gezwungenermaßen vom Stehlen. Sie waren nicht polizeilich gemeldet und besuchten keinerlei Schulen. *So dass man deren Identität nicht mit der der Banater Schwaben verwechseln darf. Das wird aber in dem Roman den Triebswetterern, als Banater Schwaben, unterstellt. Offensichtlich haben einige Banater Schwaben andere Erfahrungen gemacht: Zigeuner als Halbbrüder gehabt und ihre Söhne und Töchter an die Russen verraten.*

14.) Hallo Bewohner der ehemaligen DDR! Hat je einer von Euch Honecker auf gleicher Stufe wie Vater und Mutter angesehen? (Siehe Florescu über Ceauşescu in Zeit-Online, 23.08.2012) Gibt es unter den Banater Schwaben jemanden, der Ceauşescu genauso wie seine Eltern, Vater und Mutter, gesehen hat? (Na ja, mal abgesehen von jenen, die der Vetternwirtschaft - erfunden von den Rumänen für Banater Schwaben - heute noch nachwienen.)

15.) Ein Rumäne, der in der zweitgrößten Stadt Rumäniens, in Temeswar im Banat, geboren wurde, dort 15 Jahre mit Unterbrechungen gelebt hat, dann „ERNEUT" mit eigenem PKW in die Schweiz geflüchtet ist, beschreibt ein banatschwäbisches Dorf, wo übrigens zu 95% Deutsche lebten, das 50 km weit weg liegt von Temeswar, dichtet den Einwohnern 30 Jahre später "identitätsfremde" Eigenschaften an. *Woher sollte er das Wesen und die Identität der Triebswetterer und Banater Schwaben überhaupt kennen? (Siehe auch weiter unten.)*

Nicht einmal die Temeswarer deutschen Einwohner kannten diese. Sind Sie da sicher, dass er auch wirklich Banater Schwaben beschreibt? Kennen Sie einen Banater Schwaben, der mit seinem eigenen PKW flüchten konnte? In seinen ersten Romanen handelte es sich um Rumänen und rumänische Dörfer (ganz sicher aus Oltenien), wobei er auch Namen real existierender Personen verwendete. *Das hat er in „Jacob" fortgesetzt. So kommt es in Florescus Roman, dass die Deutschen und Rumänen gleiche Lebensgewohnheiten, Sitten und Bräuche sowie Aberglauben hatten!*

16.) Hallo Banater Schwaben, Lobliedschreiber! Seid ihr in der Gesellschaft der freiheitlich rechtlichen Grundordnung schon

angekommen oder integriert? NEIN! Ihr könnt zwar relativ „gut" Deutsch, aber in der Gesellschaft seid Ihr nicht angekommen! *Das beweisen mir Eure Kommentare zu dem Roman! Oder hat das andere Ursachen?* Warum verletzt Ihr dann, genauso wie der Autor, die uns verfassungsmäßig zugesicherten Grundrechte und erniedrigt und diskriminiert uns Triebswetterer?

17.) *Jakob (**mit k, die deutsche Schreibweise**) ist **der böse Mensch**. Er erpresst, vergewaltigt, verrät den Sohn an die Russen und wird als unmöglicher Mensch im Roman beschrieben. Jacob (**mit c, die rumänische Schreibweise**, die Amtsschreiber nahmen das nicht so genau und rumänisierten die Namen) ist **der Gute und Liebe**. Florescu kann die Identität der Leute „nur" mit einem Buchstaben verändern (Interview in der Thüringer Allgemeinen).* **Versteht eigentlich niemand die Message: der Deutsche ist der Böse und der Rumäne ist der Gute?** Dabei waren die Deutschen im Banat und in Siebenbürgen und andere Nationalitäten die Unterdrückten und die meisten Rumänen gehörten zur herrschenden kommunistischen Klasse. **Die Deutschen (Banater Schwaben und Siebenbürger Sachsen) wurden zu den Opfern (sie verließen schließlich ihre Heimat) des kommunistischen Regimes nationaler Prägung.** *Ceaușescu war ein Nationalist: Abschottung nach innen und nach außen, keiner durfte raus und jeder, der reinkam - war ein Feind - wurde bis auf die Knochen gefilzt, nur die kommunistische Doktrin war ausschlaggebend, die wurde auch bis auf den letzten Blutstropfen verteidigt, was man von den „Untertanen" auch erwartete!* **Der Aufbau des Kommunismus war nur ein Alibi. Und so gewinnt der Begriff Nazi eine andere Bedeutung! Und Sie loben Inhalt, Handlung und literarische Fähigkeiten. Sind Sie da sicher, dass Sie das Richtige tun?**

18.) Hallo, Lobliedschreiber! Wisst Ihr wirklich nicht, was es bedeutet:
(die Banater Schwaben haben es schon vergessen, allerdings nicht alle!)
- in Rumänien gute Beziehungen zu haben und täglich der Miliz zu berichten;
- durch diese „Beziehungen" grenzenlose Freiheiten genießen, die kaum jemand in Rumänien in jener Zeit nutzen konnte (Italien, Amerika, aus dem Lebenslauf);
- die Möglichkeit zu haben, mehrmals - sogar mit dem eigenen PKW - zu flüchten;

- die Heldentaten Ceauşescus zu referieren (Werbung für den Kommunismus, aber nur im Klappentext);
- am Nationalfeiertag in der ersten Reihe mitzumarschieren (nur aus der verlogenen Werbung zu „Wunderzeit");
- über rumänische „Informanten" an Daten über Triebswetter zu gelangen;
- Triebswetter als „Ort von Selbstmördern und Pechvögeln" zu beschreiben;
- Triebswetterer als „REAKTIONÄRE, traditionalistische Kreise" zu bezeichnen;
- Ceauşescu auf gleicher Stufe wie „Vater und Mutter" (Zeit-Online 23.08.2013) zu stellen;
- genau am 23. August, am Nationalfeiertag der Altkommunisten, einen Bericht in der Zeit-Online über Ceauşescu und Rumänien zu posten?
- Der Bericht „Wer eine Welt verloren hat, der muss eine neue erobern" in der Badischen Zeitung sagt alles über seinen „verlorenen Kommunismus" aus.
 Dann seid Ihr auch noch nicht ALLE in unserer Gesellschaft angekommen! Das gilt sowohl für Professoren-Doktoren als auch für die MEDIEN, die ALLEN ihre MEDIENDIKTATUR aufzwingen wollen!

Meine SCHLUSSFOLGERUNG: WIR HABEN GAR KEINE FREIEN MEDIEN! EINSEITIGE BERICHTERSTATTUNG IST VOLKSVERDUMMUNG! HIER HAT „JEMAND" EINEN „GROSSEN" FEHLER GEMACHT UND DAS MUSS VERTUSCHT WERDEN!

Und die Preisjurys tun so, als ob sie von ALLEM keine Ahnung hätten.

Karikatur: Michael Blümel

Letzte Meldung: „Jacob…" wurde ins Russische übersetzt!
Das ist ein „Schlag ins Gesicht" für alle Russlanddeportierten.

Für eine besonders erfolgreiche Mitwirkung zur Verbreitung des Romans „Jacob beschließt zu lieben" erhalten folgende Medien, Institutionen, Kommentatoren und Preisverleiher für ausnahmslos einseitige positive Berichterstattung und Diskriminierung der Triebswetterer dieses

Armutszeugnis

Name:_______________________________________

(den Namen darf jeder hier selbst eintragen.

Geschichte/Gemeinschaftskunde: wegen Geschichtsverfälschung und Identitätsverfälschung:	6 $^{(-)(*)}$ Sechs Minus mit Stern
Ausgewogene Berichterstattung, Rezensionen und Kommunikation der Medien mit uns:	6 $^{(-)(*)}$ Sechs Minus mit Stern
Beihilfe zu Mobbing, Diskriminierung, Erniedrigung, Volksverhetzung durch eine Schmähschrift (die Toten inbegriffen) gegen eine Minderheit:	1 $^{(+)(*)}$ Eins Plus mit Stern
Rassismus und Unterstützung rassistischer Ansichten im Roman:	1 $^{(+)(*)}$ Eins Plus mit Stern
Volksverhetzung gegen Triebswetterer im Besonderen und Banater Schwaben im Allgemeinen:	1 $^{(+)(*)}$ Eins Plus mit Stern
Bemerkungen: Verständnis für freiheitlich demokratische Rechtsordnung und achtungsvollen Umgang miteinander	=> Nicht bestanden <=

Empfehlungen für „Literaturgurus", Kulturredakteure, Prof. Dr. der Literatur und andere „Literaturkundige": Ein Mix von Geschichte und Fiktion sowie die Verwendung reeller Namen und Orte, die mit fiktionalen Aktionen verbunden werden, haben in einem Roman NICHTS verloren! Das ist Schundliteratur, die in einer Europäischen Gemeinschaft zu keinen erstrebenswerten Zielen gehören darf!

Eine Minderheit: Triebswetterer mit Lothringer Wurzeln.

Verwendete Noten: 1=sehr gut; 2=gut; 3=befriedigend; 4=ausreichend; 5=schlecht; 6=miserabil. Weitere zusätzliche Zeichen: (-)=minus; (+)=plus; (um erzielte Noten besser zu verdeutlichen) und (*)=Stern (um diese noch einmal in ihrer Bedeutung auf ein Höchstmaß/einsame Spitze zu bringen)

Medien - schwarze Schafe der Berichterstattung und „stumme" Befürworter des Romans: Meinungsdiktatur

> „Während des Lesens bestimmter Bücher
> kann der eigene IQ vorübergehend sinken."
> Kommentator bei Amazon

> „Die Welt wird nicht bedroht von den Menschen, die
> böse sind, sondern von denen, die das Böse zulassen."
> Albert Einstein.

Zum Roman von C. D. Florescu „Jacob beschließt zu lieben"
An alle MEDIEN: schwarze Schafe in der Berichterstattung zum Roman und andere „stumme" Befürworter, deutsche und Schweizer Institutionen usw. Warum „stumme" Befürworter? Nachdem wir nachgefragt haben, unsere Sicht der Dinge dargelegt haben, sind die Adressaten verstummt. „KEINE ANTWORT"?
Wir wollen ERGÄNZEN, was verschwiegen wurde, wir wollen aufklären und entlarven! Ich muss hier bemerken, dass wir nicht die Einzigen sind, die von unserer angeblich „freien Presse" DISKRIMINIERT werden.

Zwei Strophen aus B.Brechts „Der anachronistische Zug"

Dort die Stürmerredakteure	Blut und Dreck in Wahlverwandtschaft
Sind besorgt, dass man sie höre	Zog das durch die deutsche Landschaft
Und jetzt nicht etwa vergesse	Rülpste, kotzte, stank und schrie:
Auf die Freiheit unsrer Presse.	FREIHEIT und DEMOCRACY!

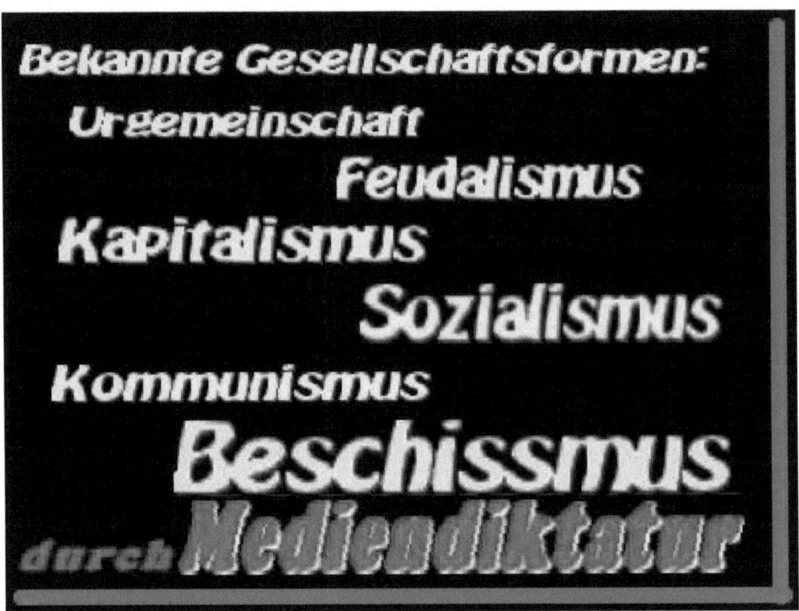

Zitat: „Die freie Meinungsäußerung ist ein heiliges Recht in der Demokratie... Sie ist das konstruktiv-kritische Mittel gegen instrumentalisierte Wahrheiten...
Es darf nicht sein, dass über einseitige Berichterstattung eine Meinungsdiktatur möglich wird!" (Carl Gibson)
Bei der Berichterstattung und den Kommentaren zu diesem Roman hat aber aus unserer Sicht die Meinungsdiktatur schon begonnen. Unbequeme Wahrheiten, der Sache NICHT dienende, werden verschwiegen! Wir werden sogar schon bedroht, weil wir die Beleidigung, Erniedrigung und Diskriminierung NICHT akzeptieren. Für Florescu haben wir „Wahnideen" (in der Allgemeinen Deutschen Zeitung Rumäniens). Wie war denn das mit Sacharow? Wurde er nicht auch von den Kommunisten in die Psychiatrie gesteckt, weil er mit dem „glücklichen" Kommunismus nicht einverstanden war?

Zitate aus „Recht und Gerechtigkeit" von <u>Jörg & Miriam Kachelmann</u>. Untertitel: „Ein Märchen aus der Provinz". Und die Medien waren daran beteiligt. Ich frag mich nur welche Provinz? Geht es hier um jene Provinzen im „tiefsten Dunkel" der östlichen kommunistischen Diktaturen, von welchen man hier gelegentlich etwas gehört hat, wobei einige unserer Zeitgenossen, hauptsächlich Medienvertreter, überhaupt noch nichts davon gehört haben, die aber die „Vetternwirtschaft" in mehr als „vollem Umfang" übernommen haben. Da kommt nur ein Vertreter und schon läuft alles „prima und super". So geht „der Rechtsstaat vor die Hunde!" Das ist „Bananenrepublik" und die Banane ist schon größer als die Republik. Zitat: „Die Berichterstattung der Medien war durch die dezidierte Falschinformationspolitik der Staatsanwaltschaft in Tateinheit mit der Bequemlichkeit der Redakteure aller Qualitätsmedien nahezu identisch." Und so kann man schließen: „Aber wie das Beispiel zeigt, <u>haben diese Menschen (im Knast) mehr Ehre im Leib als so manche Journalisten</u>".

Der Fall Kachelmann ist kein Einzelfall von Medienwillkür und Mediendiktatur. Wie erging es der ehemaligen <u>First Lady Deutschlands</u>? Darf man Deutschland wirklich noch als „freiheitlich demokratischen Rechtsstaat" bezeichnen? <u>Wenn man bedenkt, was die Medien heute alles anrichten, ist das schon lange nicht mehr der Fall.</u> Wenn es um die First Lady geht, dann weiß jeder, dass es sich um Bettina Wulff und ihr Buch „Jenseits des Protokolls" handelt. (Zitate sind immer in Anführungszeichen.) Wie stellten die Medien „die Bundespräsidentengattin... als Partygirl... die bereits zu Schulzeiten wilde Szenequeen" dar, wobei das nur ein „kleiner Vorgeschmack auf Folgendes" war, was letzten Endes eine „extreme Eigendynamik von Gerüchten" in den Medien entwickelte? Weil <u>Bettina Wulff</u> die „Anschuldigungen" in unseren Medien - die auf die Pressefreiheit pochen, wie auch auf ihre unvollständigen oder falschen Nachrichten, die sie verbreiten - wegen ihrer „Vergangenheit im Rotlichtmilieu" nicht akzeptieren wollte, hat man eine REGELRECHTE HEXENJAGD veranstaltet, einschließlich all derer, <u>die das Buch gar nicht gekauft, aber es trotzdem gelesen</u> und in Buchbewertungsportalen kommentiert haben. Soll man das nun als deutschlandweites „Republik-Mobbing" bezeichnen, denn ich habe den Eindruck, dass die Leute, die dort gepostet haben, geistig noch nicht den Jahren ihrer Pubertät entwachsen sind, denn ich finde, dieses Mobbing geht genauso, wie das, was auch Sylvia Hamacher in ihrem Buch „Tatort Schule" beschreibt. Bettina Wulff über die Medien, Zitate: „Aber die

Macht der Medien und was sie anrichten können, nahm noch ganz andere Dimensionen an, wie ich bitter erfahren musste..." Und weiter: „Ich habe mich ja schon fast gewundert, dass kein Journalist einmal nachhakte und recherchierte, ob ich überhaupt die Tochter meiner Eltern bin".

Aus dem Buch von Sylvia Hamacher „Tatort Schule", Untertitel „Gewalt an Schulen" will ich ein bemerkenswertes Zitat hervorheben: „Was geht wirklich an deutschen Schulen ab? Der sprachliche Verfall, der Umgang untereinander ohne Respekt, Gewalt, Sittenverfall und Werteverlust... sieht so Deutschlands Zukunft aus?..." Und das bezieht sich alles auf ein Gymnasium!?... Aber das werden Mitglieder unserer Gesellschaft (auch Pressefuzzis)!...

So verwundert es mich nicht mehr, wenn jetzt ein Psychologe kommt und einen Roman über die Triebswetterer und die Deutschen im Banat schreibt, wobei ALLE außen herum stehen - wie bei der Geburt Elsas auf dem Mist - und diesen „Mist" auch noch „richtig gut" finden, weil die Medien eben nur „Gutes" über den Roman verbreiten, obwohl sie keine Ahnung haben, was da wirklich beschrieben wird. Recherchieren darf man wohl nicht, genauso, wie es in den ehemaligen östlichen kommunistischen Diktaturen der Fall war!...

Hier können ALLE erfahren - und das Ganze hat System - was manche unserer Berichterstatter unter „freier Meinungsäußerung" oder gar besser noch „Pressefreiheit" verstehen? Versteht man nur das, was sie selbst wissen oder NUR „dazu meinen" (und eigentlich NICHTS davon WISSEN, wie Florescu über die Banater Schwaben), unter freier Meinungsäußerung und Pressefreiheit?

Unvollständige Berichterstattungen sind Lügen oder Volksverdummung! Und diesbezüglich hat es zu dem Roman eine Menge gegeben. In der Regel war festzustellen, dass kaum jemand den Roman gelesen hat, aber es wurden fleißig „Loblieder" auf das Werk geschrieben und immer wurde **der Klappentext in jeweils einer anderen Form wiedergegeben.** So steht da immer wieder drin, dass es um die eng zusammenhängende 300-jährige Geschichte der Banater Schwaben und das Triebswetterer Familienepos der Obertins geht. Dabei wäre es eine Leichtigkeit gewesen, einmal in Google nach den Stichwörtern „Banater Schwaben" oder „Triebswetter" zu suchen, und man hätte feststellen können, dass der 30-jährige Krieg (1648) nichts mit der Ansiedlung von Triebswetter (1772) zu tun hat und dass man in keiner einzigen banat-schwäbischen Publikation etwas von dreckigen, stinkigen Verbrechern, Mördern, Hausabfackelern, Geiselnehmern, die ihre damalige Heimat – Lothringen – „machthungrig und mit Blut an den Händen" verlassen und Triebswetter - einen Ort von „Selbstmördern und Pechvögeln" - gegründet haben, gefunden hätte. Durch den 30-jährigen Krieg wurden die Obertins und deren **Vorfahren** aus Triebswetter **NUR „kriminalisiert"** und die Banater Schwaben wurden mit einer **FALSCHEN IDENTITÄT** ausgestattet, da der Autor nie ein Banater Dorf kennengelernt hat und als Rumäne eher seine eigenen Landsleute aus Altrumänien (nicht Deutsche aus dem Banat) beschreibt. Wie es um den Nationalitäten-Flickenteppich in jener Region stand, diesbezüglich kann man sich auch umfassend informieren, wenn man will... Dann tun Sie es bitte!!! (Kulturredakteure!!!)

(Eine Kommentatorin auf Florescus Internetseite schreibt schon: „Wie schön, dass man jetzt deutsch lesen kann, wie man rumänisch denkt".) Jede Nationalität im Banat hatte ihre eigene Sprache, Kultur und Identität. Und da bringt der Psychologe Florescu absichtlich VIELES durcheinander! (Er kann sich ja „die FREIHEITEN nehmen, weil er kein Banater Schwabe" ist, so eine seiner Aussagen in einem Interview der Thüringer Allgemeinen.)

Bevor ich weiterschreibe, will ich zunächst ein paar Bücher aus der neueren deutschen Literatur angeben, ohne Werbung dafür machen zu wollen, sie sind aber exemplarisch für unsere Gesellschaft: „Die Erziehungskatastrophe" von Susanne Gaschke (in Anbetracht der Ergebnisse der PISA-Tests und in Anlehnung daran würde ich „die Bildungskatastrophe" beschreiben), die „Wieczorek-Trilogie" (meine eigene Bezeichnung der drei Bücher des Autors Thomas Wieczorek), „Die geplünderte Republik" (Wie uns Banken, Spekulanten und Politiker in den Ruin treiben), **Die verblödete Republik"** (**Wie uns Medien, Wirtschaft und Politik für dumm verkaufen**), „Einigkeit und Recht und Doofheit" (Warum wir längst keine Dichter und Denker mehr sind) und nicht zuletzt „Generation Doof" von Stefan Bonner und Anne Weis. Ich will da gleich aus **„Generation Doof"** ein Zitat eines der bekanntesten Kabarettisten, Dieter Nuhr - was „eigene Meinung" angeht - anführen: „Man kann ja zu allem seine eigene Meinung haben, wenn man aber nichts weiß, sollte man einfach mal die Fresse halten". Wäre das gut, wenn einige, auch „professionelle" Lobliedschreiber - die in jeder Hinsicht mit den „vollmundigen" Parteiprogrammen von Ceauşescu und Honecker konkurrieren könnten, auf „unserem" Roman, und Berichterstatter das wüssten und beherzigen würden. Um besser zu verstehen, was ich meine, führe ich ein praktisches Beispiel aus einer Bewertung zum Roman (gemeint ist natürlich „Jacob beschließt zu lieben" von C.D Florescu) an, da schreibt eine Kommentatorin: "Der Roman endet mit der Deportation junger rumänischer Männer nach Sibirien." (Natürlich müsste man wissen, was wirklich geschah. Die Banater Deutschen wurden 1951 in einer Nacht-und-Nebel-Aktion von Rumänen, den Vorfahren Florescus, in Viehwaggons 800 km ostwärts in die Bărăgan-Steppe deportiert, also noch innerhalb der rumänischen Grenzen.) In dieser Hinsicht will ich diesen Satz, der ja einseitig gesehen richtig ist, jetzt mal korrigieren: „Der Roman endet mit der Deportation der Banater Schwaben bewacht durch junge rumänische Männer mit aufgepflanzten Bajonetten in die Bărăgan-Steppe". Diese Kommentatorin war wohl so sehr betäubt und hypnotisiert von Florescus hervorragender Erzählkunst, dass sie sogar Sibirien mit dem Bărăgan verwechselt hat. Was Kulturredakteure auch tun!

Dasselbe kann man von einer einseitigen Berichterstattung, die den Roman nur wegen seiner schriftstellerischen Erzählkunst lobt, jedoch viele negative Seiten außer Acht lässt, behaupten. Haarsträubend sind auch die Kommentare „Ich habe aus dem Roman sehr viel über die Geschichte der Banater Schwaben, die eng mit der Familiengeschichte der Obertins verbunden ist, gelernt." Oder eine Radiokommentatorin: „Endlich hören wir Mal, wass in dieser dunklen Ecke Europas passiert ist, wir haben es ja schon lange vermutet." Oder das deutsche Fernsehen: „Diesmal hören wir mal etwas, was nicht aus dem Kontext der (deutschen) Landsmannschaften stammt" - also von einem Rumänen.

Was kann man aus einer fiktiven, wahren, erfundenen Geschichte schon lernen? Wenn man den Roman richtig liest: Es geht um stinkige, dreckige, übelriechende Verbrecher, Überläufer, Vergewaltiger und Geiselnehmer, die auf „kriminelle Weise" ihre Heimat verlassen haben, und das hat man von den Landsmannschaften noch nie gehört. Haben die bisher gelogen? Oder entspricht das den eigenen Vorstellungen der „Leseratten", die nur auf so etwas warten, mehr? („Ich muss meinem Publikum gerecht sein, darf es nicht enttäuschen", so Florescu in einem Interview, in welchem er auch über „seine rumänischen Informanten" und die lothringern Vorfahren, die „machthungrig waren und Blut an den Händen" hatten, sowie von Triebswetter als „Ort von Selbstmördern und Pechvögeln" spricht.) Weder Triebswetter noch das Banat wurden nur allein von Lothringern angesiedelt, beteiligt war ganz Süddeutschland - siehe die Geschichte Triebswetters - und die sind alle im Roman gemeint.

In vielen Kommentaren wird darauf hingewiesen, dass es im Roman um den Jakob (mit k), den Vergewaltiger, den Üblen, der den Sohn an die Russen verrät und den Jacob (mit c), den Lieben, den Guten, der sich nur bei der Zigeunerin wohlfühlt, geht. Jakob (mit k) ist aber die deutsche und Jacob (mit c) die rumänische Schreibweise dieses Namens. So werden also die Deutschen im Banat mit identitätsfremden Eigenschaften beschrieben. Im Klappentext heißt es, dass es um die Geschichte der Triebswetterer Banater Schwaben geht, die Personen, die beschrieben werden, sind aber keineswegs Triebswetterer oder Banater Schwaben, weil Florescu diese Leute nicht kennt und weil er nur - was nahe liegt - seine eigenen Landsleute oder Familienverhältnisse beschreibt. Er gibt das auch in einem Interview zu, dass er mit der Identität spielt und „wie wenig es braucht, um seine Identität zu verlieren, <u>manchmal ist es nur ein Buchstabe im Namen, um seine Identität zu verlieren</u>".

Schlussfolgerung: das ist nicht das Familienepos der Obertins, sondern deren Kriminalisierung, der 30jährige Krieg gehört nicht zur Ansiedlung von Triebswetter (auch nicht des Banats), das ist eine verfälschte Geschichte der Banater Schwaben, die nur nach der Vertreibung der Osmanen (1716) aus dem Banat angefangen werden konnte. Die beschriebenen Personen sind keine Triebswetterer und keine Banater Schwaben, ihre Identität ist total verfälscht, dabei werden aber die Originalnamen der Triebswetterer aus deren Familiensippenbuch sowie einige Kurzgeschichten, die „negativ aufpoliert" wurden, entnommen. Dass in einem Werk Fiktion und Realität **nicht** vermischt und dass **keine Namen** real existierender Personen verwendet werden sollen, lernen die Literaturstudenten schon im ersten Studienjahr. Aber Florescu hat ja gar kein Literaturstudium! Nur „manche" Medien wissen es nicht! Oder ist das Mobbing-Alltag, wie heute die Normalität unter 15-Jährigen in vielen deutschen Schulen?

Warum schreibt eine ehemalige Schülerinn - Sylvia Hamacher - über dieses Mobbing ein Buch mit dem Titel "Tatort Schule"? Florescu darf sich aber als Rumäne „die Freiheiten" nehmen, die sich „unsere Peiniger" in Rumänien seinerzeit auch genommen hatten! Und unsere westliche Presse jubelt: „... so etwas hat es noch nie gegeben!"

Ich habe voll und ganz Verständnis, dass nicht jeder Redakteur das alles über Triebswetter und die Banater Schwaben wissen kann und dadurch einen von Florescu und seinen C.H.Beck-Verlag erhaltenen Klappentext als kritiklosen Beitrag übernimmt und widergibt. Dass man dabei nicht nachdenkt, im Internet zu recherchieren, weil man zu den Leuten Vertrauen hat, verstehe ich auch noch mit Einschränkungen. Aber dass man, nachdem wir darauf aufmerksam gemacht, entsprechende Hinweise gegeben haben, diese GANZ UND GAR **ignoriert und weiterhin „positiv"** über unser Diskriminierungswerk berichtet, das verstehen etwa 2000 Triebswetterer, die alle in der Bundesrepublik leben und in ihrem Pesonalausweis als Geburtsort „Triebswetter" (drin) stehen haben, NICHT MEHR. DISKRIMINIERUNG EINES GANZEN DORFES!!! (Es geht um Artikel 1!)

Desgleichen verstehen wir auch nicht, dass „negative" Bewertungen, die wir bei „bestimmten Portalen" gemacht haben, entfernt oder gar nicht abgedruckt wurden. **Das nenne ich SCHWARZE SCHAFE der Berichterstattung! Und ich wiederhole: <u>Unvollständige Berichterstattungen sind Lügen oder Volksverdummung!</u>** Wie war denn das mit der Berichterstattung in den ehemaligen Ostblockstaaten? Hieß es da nicht immer: Dieses „menschenunwürdige Regime" und diese „Betonköpfe" in den kommunistischen Regierungen? Und womit werden wir heute in „manchen" Medien konfrontiert? (Der Unterschied: **Bei uns gibt es besseren Beton!**)

Und sollte jemand, wie manche meiner Landsleute meinen, auf den Gedanken kommen, uns als Nazis - wie bei Herta Müller - oder fremdenfeindlich zu bezeichnen, so verweise ich auf die „Generation Doof" und darauf, dass wir von einem Rumänen, der zur herrschenden Schicht in Rumänien gehörte, uns als Minderheit diskriminiert. Dasselbe gilt für den C.H.Beck-Verlag, der das Diskriminierungswerk gedruckt hat, uns Triebswetterer und Banater Schwaben gegenüber. Und wenn es jetzt immer noch welche gibt, die in ihren Anschauungen so weit „links" sind (wir sehen uns in der Mitte), dass diese schon gar nicht mehr auf unseren Listen stehen, sei diesen gesagt der „Kommunismus" ist seit mehr als 20 Jahren „passé"- falls sie es noch nicht wissen, und an eine neuartige deutsche Version von „Betonköpfen" ist bei uns keiner interessiert. Falls jemand auf die Idee kommen sollte, uns als Extremisten zu bezeichnen, deren Gesprächspartner sollten aufpassen, <u>nicht mit Zündhölzern oder Feuerzeugen</u> zu hantieren, denn <u>Stroh brennt</u> bekanntlicherweise!

Das obige Armutszeugnis gilt für alle unverantwortlichen Lobliedschreiber und Berichterstatter, die das, was sie berichten, überhaupt nicht gelesen oder nachgeprüft haben. (Seite 132)

Die Liste der Medien und Institutionen, die wir angeschrieben und die auf unsere Schreiben keinerlei Reaktion gezeigt haben.

Von deutschen Institutionen, die den Roman nicht anpreisen und verbreiten, sowie Werbung dafür machen sollten, obwohl wir sie mehrmals darauf hingewiesen haben, haben wir keine einzige Antwort erhalten. Keine Antwort ist für uns auch eine Antwort: „stumme" Befürworter der Diskriminierung. Hinweis: Wenn wir Ihnen „unerwünschte Dokumentationen" zukommen lassen, sollten Sie es NICHT als SPAM behandeln, denn wir wollen Sie NUR darauf hinweisen, was Sie übersehen haben. Wir wollen ERGÄNZEN, was verschwiegen wurde, wir wollen aufklären und entlarven! Unsere Fragen an Medien und Lobliedschreiber finden Sie weiter oben, (S 123).

Wie sich DEUTSCHE INSTITUTIONEN zum Werbeträger eines die Triebswetterer und Banater Schwaben diskriminierenden Ro-mans machen und von einem ehemals zur herrschenden Schicht in Rumänien - den Trägern der rumänischen, kommunistischen Diktatur - gehörenden Schweizer Autor rumänischer Herkunft für seine niedrigen Beweggründe - Erniedrigung und Diskriminierung der Banater-Schwaben - BENUTZEN LASSEN!

Institution	Reaktion:
DZM Donauschwäbisches Zentralmuseum. Gehört Triebswetter nicht mehr zu den Donauschwaben? Warum wird der Roman im DZM-Shop verkauft?	Warum darf der Autor in den Räumen des DZM eine Lesung aus seinem Roman machen? Warum kann uns das DZM nicht antworten? Antwort: noch keine!
Goethe-Institut, DAAD Das ist kein exemplarischer Roman der deutschen Literatur, Deutsche werden darin erniedrigt und diskriminiert!	Das Goethe-Institut organisiert sogar die Übersetzungen des Romans in andere Sprachen! Antwort: noch keine! Wieso denn aber auch? Doch nicht wegen dieser guten „deutschen" Literatur mit „neuem Ton" von rumänischen (Alt)Kommunisten?
Literarisches Colloquium Berlin Hier bedankt sich der Autor für eine gute Zusammenarbeit i.b. auf seinen neuen "großen" Roman.	Das Literarische Colloquium Berlin hat zum Gelingen des Romans beigetragen. Antwort: noch keine!
Robert-Bosch-Stiftung: Hier bedankt sich der Autor für eine gute Zusammenarbeit i.b. auf seinen neuen „großen" Roman. Themen: „Völkerverständigung" und „Das Miteinander im Dialog gestalten".	Die Robert-Bosch-Stiftung hat auch zum Gelingen des Romans beigetragen. Die Themen sind sehr interessant! Oder?... Antwort: noch keine! „Das Miteinander im Dialog gestalten?" Wir haben noch nichts gemerkt.
Stiftung Kulturwerk Schlesien	Man wollte es sich überlegen, hat dann den

<table>
<tr><td>Wangener Kreis - Gesellschaft für Literatur und Kunst „Der Osten" e. V. verleiht den Eichendorff-Preis im Sept. 2012</td><td>Preis für SEIN Gesamtwerk vergeben. (Der Roman „Jacob" gehört wohl nicht dazu?)

Antwort: nach der Preisverleihung noch keine!</td></tr>
<tr><td>Hermann-Hesse-Stiftung vergibt das Hesse-Stipendium 2013 für sein Gesamtwerk. Lesungen gab es aus „Zaira" und „Jacob..."/Aug. 2013</td><td>Man hat das „Stipendium" für SEIN Gesamtwerk vergeben. (Der Roman „Jacob..." gehört wohl nicht dazu?)

Antwort: nach der Preisverleihung noch keine!</td></tr>
</table>

Zeitungen und Zeitschriften usw., die wir auf unsere Probleme mit dem Roman hingewiesen haben und von welchen wir keine einzige Antwort oder Reaktion erhalten haben. Keine Antwort ist für uns auch eine Antwort. Diskriminierung PUR!

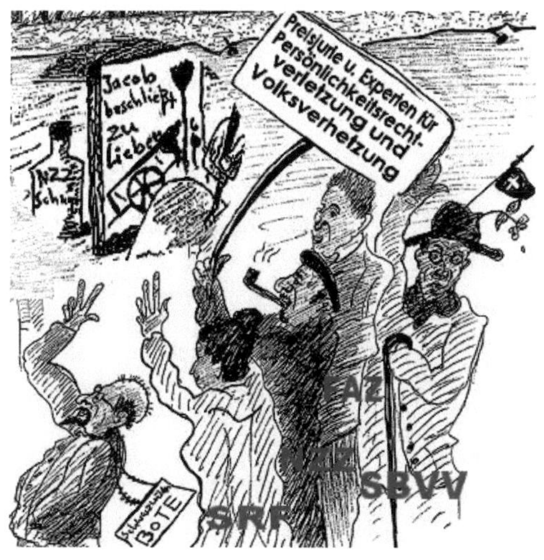

„Persönlichkeitsrecht-
verletzung,
Volksverhetzung, und
Verunglimpfung des
Antlitzes von Toten!"
bei gleichzeitiger
Diskriminierung ALLER
Triebswetterer.

Dafür steht hier eine intelligente
„Jury" von Preisverleihern:
NZZ,SRF2, SBVV, FAZ usw.

Karikatur: Michael Blümel

(Unser Schreiben an Kulturredaktionen finden Sie auf Seite 147)

Zeitung/Zeitschrift/Radio u.s.w.	Reaktion:
Börsenverein des Deutschen Buchhandels: Florescu erhält ein Forum, um seinen „schmutzigen Roman" zu verbreiten! "Nichtdestotrotz lassen wir es zu!"	Antwort: (Immerhin gab es eine Antwort: Fortschritt!) Siehe Ulrich Wicker,Zitat über Lügen, Betrügen, Stehlen. Gier kennt keine Grenzen! Koste es,was es wolle. Siehe auch Gesellschaftsformen.
Schweizer Buchhändler und Verlegerverband: Florescu erhält 2011 dn Schweizer Buchpreis. Auf Hinweise im Vorfeld KEINERLEI Reaktion!	Antwort: noch keine! Siehe Ulrich Wicker,Zitat über Habgier und Lügen, Betrügen, Stehlen, was ja Banater Schwaben auch gut bekannt sein dürfte. Siehe auch Gesellschaftsformen!
Schweizer Fernsehen SRF2 und Radio DRS2 (Kultur?...) - Organisatoren der Vergabe des Schweizer Buchpreises 2011. Florescu gewann!... (NEU: DRS2 gibt es nicht mehr!)	Antwort: noch keine! Schreiben im Vorfeld der "berühmten" Preisvergabe. Wird nachgereicht. Siehe Gesellschaftsformen! Siehe Fragen an Preisvergeber!
Neue Zürcher Zeitung: Unterdrückt negative Kommentare zu „unserem" Roman. Florescu wohnt in Zürich.	Antwort: noch keine! (Seite 145)

Südwestpresse Ulm: Antwort auf unser Anschreiben i.b. auf eine Lesung im DZM?	Antwort: noch keine! Die Stadt Ulm gehört zu den Trägern des DZM (Donauschwäbisches Zentralmuseum).
Der Standard/Wien Unterdrückt negative Kommentare zu „unserem" Roman	Alles, was wir geschrieben haben, wäre sehr interessant und es wurde der zuständigen Stelle weitergeleitet, aber man weiß nicht, ob es redaktionell verwertet wird. Bisher nicht! Wird auch NIE geschehen!
B N N Badische Neueste Nachrichten, Karlsruhe: zwei Anfragen zu der Berichterstattung zum Roman	Antwort: noch keine!
Schwäbische Zeitung: Folgende Anzeige Banater Schwaben, Freunde und Triebswetterer informieren sich hier: www.hog-triebswetter.de	Das ist eine gewerbliche Anzeige und kostet das Dreifache.
Frankfurter Allgemeine Zeitung (FAZ): Elke Heidenreich veröffentlicht überhaupt positive Kommentare zum Roman. Sie ist praktisch die Einzige, die Liebe in dem Roman gefunden hat.	Antwort: noch keine!
Sächsische Zeitung Dresdner Druck- und Verlagshaus GmbH & Co.KG.	Antwort: noch keine!

Dresdner Neuste Nachrichten Positiver Kommentar zum Roman	Antwort: noch keine!
Berliner Zeitung: Positiver Kommentar zum Roman	Antwort: noch keine!
Tiroler Tageszeitung Positiver Kommentar zum Roman.	Antwort: noch keine!
Die Tageszeitung, TAZ: Positiver Kommentar zum Roman	Antwort: noch keine!
St.Galler Tagblatt: Positiver Kommentar zum Roman	Antwort: noch keine!
Schwarzwälder Bote: Bericht zu den Romanen „Zaira" und „Jacob...": „Texte voll Sinnlichkeit".	Antwort: noch keine! (Seite 153)
Winterthurer Zeitung: Anfrage betr. Romanbericht.	Antwort: noch keine!
Winterthurer Löwe Anfrage betr. Romanbericht	Antwort: noch keine!
Landbote (Winterthur): Anfrage betr. Romanbericht	Antwort: noch keine!

**Unsere Frage an diese Pressefuzzis:
Haben wir etwas übersehen, was bei uns zur
Realität und zum Alltag geworden ist?
Volksverdummung und Mediendiktatur?**

Das Schreiben an die Medien, welche den Roman von Florescu mit überschwenglichen Worten gelobt haben.

betr.: Ihr Beitrag zum Roman des Schweizrumänen Cătălin Dorian Florescu „Jacob beschließt zu lieben" über Triebswetter und Banater Schwaben. Fiktion über Identitätsverfälschung und Geschichtsverfälschung!

Sehr geehrte Damen und Herren,
aus der rumänischen Presse habe ich erfahren, was Sie über den Roman des Schweizrumänen Cătălin Dorian Florescu veröffentlicht haben. Ich geh mal davon aus, dass Sie das auch in der deutschsprachigen Presse getan haben. Der Roman wird als das 300 jähriges Familienepos der Obertins, die eng mit der Geschichte der Banater Schwaben verbunden ist, angeboten. Ich hätte erstens gern gewusst, ob einer Ihrer Redakteure den Roman gelesen und danach das geschrieben hat oder ob Sie eine Pressemitteilung des Autors oder seines Verlages erhalten haben, was Sie ungeprüft veröffentlicht haben? Aus unserer Sicht - einige Triebswetterer, die im Roman auf das Übelste erniedrigt werden - ist der Klappentext, der in vielfältigen Versionen - auch im Internet - zu lesen ist, beinahe zu 100% gelogen und stellt eine Irreführung der Leser dar. Es wird eine Menge verschwiegen, weil diese Kommentare alle einseitig verfasst sind. Daher will ich Sie zweitens fragen, ob Sie auch unsere - dieselben Triebswetterer - Version veröffentlichen würden, um Ihren Lesern „reinen Wein" einzuschenken?

UNSERE VERSION - welche die gängigen Loblieder auf den Roman ergänzen soll - was weder eine Werbung noch ein Lob enthält (das Lob haben SIE JA schon gedruckt) lautet:
Der Roman: „Jacob beschließt zu lieben" von Cătălin Dorian Florescu ist kein Geschichtsroman der Banater Schwaben, das ist kein Familienepos der Triebswetterer Familie Obertin, das ist eine Kriminalisierung unserer Ahnen und Vorfahren aus Lothringen, das ist eine Identitätsverfälschung der Banater Schwaben, das ist eine Schmähschrift gegen die Triebswetterer im Besonderen und Banater Schwaben im Allgemeinen! Der reale Name Triebswetter und alle real existierenden Triebswetterer Familiennamen, die zusammen mit ihren Kurzgeschichten, die negativ aufpoliert aus dem Familienbuch übernommen wurden, dürfen kein Thema für einen Roman, der zwischen Wirklichkeit und Fiktion keinen Unterschied macht, sein. Jakob (mit k, die deutsche Schreibweise) ist der Böse und Üble und Jacob (mit c, die rumänische Schreibweise) ist der Liebe und Gute, sagt in meinen Augen alles aus. Der Autor spielt mit Identitäten, die er mit „einem" Buchstaben verändern kann (siehe Thüringer Allgemeine).

Das ist eine Beleidigung aller Opfer der rumänischen kommunistischen Diktatur!
ENDE UNSERES KOMMENTARS.

Ich frage Sie nun drittens, warum unser Kommentar nicht gedruckt werden darf? Was gibt es zu verheimlichen? Mehr erfahren Sie auf der Internetseite der Triebswetterer: http://www.hog-triebswetter.de/Roman.htm. Menüpunkt: „Schwarze Schafe der Berichterstattung". Sie gehören allerdings noch nicht dazu.

Ein kleines und nur ein kleines Beispiel aus einem Werbevideo für den Roman, gesprochen vom Autor selbst (Amazon, Zeit-Online usw.).ZITAT Florescu: „Es geht um die ganze Dynastie der Obertins, die aus Lothringen kommt und Zivilisationsstifter

sind. Aber im Gegensatz zu allen anderen Männern in dieser Familie, auch zu Jacobs
Vater, nämlich Jakob mit k, während Jacob, der Sohn mit c geschrieben wird, dieser
kleine Unterschied ist sehr wichtig, weil sie so unterschiedlich sind, Vater und Sohn.
Wenn also alle anderen Männer Macht suchen, ihr Glück auf das Unglück anderer
gründen wollen, ist eben Jacob mit c ganz anders." ZITATENDE.

Was hat man davon zu halten, wenn man „im Bilde" ist (die meisten „blicken" aber
heute nicht, sowohl Kommentatoren wie auch Presseberichterstatter und auch einige
Literaturgurus, Professoren Doktoren der Literatur!). „Es geht um die ganze Dynastie
der Obertins, die aus Lothringen kommt und Zivilisationsstifter sind". Eine Obertin-
Dynastie gab es nie und wird es nie geben, denn die Ansiedler damals (1772) waren
arme Bauern und Handwerker und keine Söldner des 30-jährigen Krieges (1648), die
eigentlich Bauern und Handwerker überfallen und umgebracht haben, welche
(Söldner) letztendlich im Roman als „Zivilisationsstifter" nebst Mörder, Brandstifter,
Vergewaltiger und Geiselnehmer beschrieben werden.

Und wenn dann „alle anderen Männer Macht suchen, ihr Glück auf das Unglück
anderer gründen wollen", dann „schrillen" bei mir alle Glocken, die nur schrillen
können. In einem Interview bei DRS2 behauptet der Autor, dass die Lothringer ihre
Heimat „machthungrig und mit Blut an den Händen verlassen" haben und
„Triebswetter ein Dorf von Selbstmördern und Pechvögeln ist".1945 wurden die
Triebswetterer Banater Schwaben enteignet (wer nicht weiß, was das ist, soll die
Anmerkung (*) lesen) und in ihre Häuser zogen die rumänischen
Nationalkommunisten ein, ganz zu schweigen von den Rathäusern. Dem war aber
nicht genug. 1951 wurden halbe Banater Dörfer in Viehwaggons gepackt und 800 km
ostwärts im Bărăgan auf einem Stoppelfeld abgesetzt (für Florescu hieß es da nur
„und wieder gründeten sie ein Dorf' - so in DRS2), während in ihre leergewordenen
Häuser wieder von den Nationalkommunisten die Landsleute Florescus einquartiert
wurden; ganz zu schweigen, wie die Häuser nach 5 Jahren aussahen.

WER WAR DA MACHTHUNGRIG? UND WER GRÜNDETE SEIN GLÜCK AUF DAS
UNGLÜCK ANDERER?

Florescu beweist am Nationalfeiertag (23.08.2012) der rumänischen Nationalkommunisten in der Zeit-Online, dass „Ceaușescu zu ihm gehörte wie Vater und
Mutter" und dass er vermutlich auch noch immer dazu gehört.

Die Schreibweise der Namen Jakob und Jacob. Jakob (mit k) ist immer der böse und
unmögliche Mensch, während Jacob (mit c) der gute und der liebe ist und sich nur bei
der Zigeunerin wohlfühlt. Weder Triebswetterer noch Banater Schwaben hatten ein so
gutes Verhältnis zu den Zigeunern, dass es sogar Halbbrüder gab und Jakob (mit k)
ist die deutsche Schreibweise und Jacob (mit c) die rumänische Schreibweise, die
Florescu so wichtig ist, weil er die Banater Schwaben als Verbrecher und seine
eigenen Landsleute als die GUTEN beschreiben will.

Hallo Leute! Gehts noch? Bedenkt mal einer, was er schreibt? Oder weiß das sowieso
keiner mehr, denn man hat dafür gesorgt, dass nur gelernt werden darf, was SPASS
macht?

Es gibt eine ganze Latte von Erkennungsmerkmalen, dass er in seinem Roman
keinen einzigen Banater Schwaben beschreibt und das die Geschichte dieser aufs
Äußerste verfälscht ist. Das ist ein Roman, also eine Fiktion! Dann gehören die

REALEN NAMEN, wie Triebswetter, Banater Schwaben und ALLE REALEN TRIEBSWETTERER FAMILIENNAMEN nicht dazu! In „Zaira" verwendet er ja auch nur Vornamen! Was er auf 478 Seiten an besoffenen, dreckigen, stinkigen, Ehebrechern, Fremdgehern, Spuckern und Schnapstrinkern zusammenbringt, fasst er in „Jacob..." am Anfang in 2-3 Sätzen über die Banater Schwaben zusammen, die er überhaupt NICHT kennt und setzt noch etliches drauf: Animalische Kopulation, Geburten auf dem Mist, Zigeuner als Halbbruder, Vater verrät Sohn an die Russen, Mörder, Brandstifter, Zigeunerhenker, Kopfgeldjäger, Geiselnehmer, usw. (Geben Sie mal unter Google „Zigeuner" ein und wählen Sie „Wikipedia". Sie werden dort eine Abbildung finden, auf welcher in Altrumänien - wo wohl Florescus Vorfahren herkamen und wo sich „Zaira" abspielt - eine Zigeunergruppe zum Versteigern angeboten wird. Das Jahr 1852 kann man in römischen Schriftzeichen genau erkennen.)

Und jetzt frage ich Sie viertens: Wie viele Preise wollen Sie ihm noch verleihen, wobei Sie mit Ihrer einseitigen positiven Berichterstattung, die sogar die Parteiprogramme von Honecker und Ceausescu in den Schatten stellen, beitragen werden? (So heißt Pressefreiheit mit meinen Worten auch Volksverdummung?) Oder habe ich das Wort „Pressefreiheit" falsch verstanden? So eine Pressefreiheit hatten wir auch unter Ceausescu!

Bei Unklarheiten stehe ich Ihnen gerne zur Verfügung. (Vorausgesetzt es wird nichts weggelassen oder verdreht. Ich habe „Kachelmann" und „Bettina Wulff" gelesen!) Vielen Dank für Ihre vermutlich prompten und netten Antworten. (Bisher keine...)

Können Sie es verantworten, wenn kein Triebswetterer mehr seinen Personalausweis, ohne blöd angesehen zu werden, irgendwo in Deutschland, der Schweiz oder Österreich vorlegen kann? Können Sie es verantworten, dass Triebswetterer namens Oberten, ihren Personalausweis, ohne blöd angesehen zu werden, irgendwo in Deutschland, der Schweiz oder Österreich vorlegen kann? Der Roman soll, nicht unter keinerlei Mitwirkung des Goethe-Institutes, der Robert-Bosch-Stiftung oder dem Literarischen Colloquium Berlin ins Französische, Schwedische, Tschechische, Baltische und Rumänische übersetzt werden. Soll ich Ihnen die obigen beiden Sätze jetzt noch für alle diese Länder wiederholen? Oder glauben Sie wirklich noch an Reisefreiheit für diese Leute?

Mit freundlichen Grüßen. F.B.
Triebswetterer mit
Lothringer Wurzeln.

Anmerkung (*): Da die Banater Schwaben Haus, Hof, Feld und Garten besaßen, wobei es für die rumänischen Nationalkommunisten der ersten Stunde schon als Verbrechen galt, wenn man Hausbesitzer war, weil man wohl jemanden, der nie in dieser Gegend gelebt hat, deswegen "ausgebeutet" hat, wurden erstere von "ihrem Privateigentum befreit", also enteignet. Haus, Hof, Feld und Garten gehörten von einem auf den anderen Tag den "unglücklichen" Kommunisten, die in jedem Jahr am 23. August ihren "Nationalfeiertag" oder "Tag der Befreiung" pompös feierten.
###

Mein Schreiben an:
den Schweizer Buchhändler- und
Verleger-Verband **SBVV**
Herrn Dani Landolf
E-Mail: dani.landolf@sbvv.ch

Schweizer Radio und Fernsehen
Kultur, Radio **SRF 2 Kultur**:
Frau Monica Cantieni
E-Mail: srf@srf.ch

Neue Zürcher Zeitung **NZZ**:
Chefredaktor: Markus Spillmann
E-Mail: redaktion@nzz.ch

betr.: Roman von Cătălin Dorian Florescu über Triebswetter: „Jacob beschließt zu lieben", Schweizer Buchpreis 2011. **Warum gibt es DRS2 nicht mehr?** Rückgabe von drei Büchern(*) der HOG-Triebswetterer. **Werden Banater Schwaben nach den „Fiktionen" zweier Hassromanschreiber (Herta Müller und C.D. Florescu), die für ein Regime arbeiteten, das längst untergegangen ist, beurteilt und behandelt? Oder werdet Ihr bedroht? Gezwungen? Bezahlt?**

Macht Euch mal Gedanken darüber, was Ihr da macht. Oder arbeitet Ihr auch noch für diese untergegangenen Regimes? Das würde Eure Kommunikationsverweigerung erklären. Bis heute KEINE Antwort!!!

Sehr geehrter Herr Dani Landolf, vom SBVV,
Sehr geehrte Frau Monica Cantieni, vom SRF2 Kultur,
Sehr geehrter Herr Markus Spillmann, von der NZZ,

ich möchte Ihnen hiermit mitteilen, dass ein Roman wie „Jacob beschließt zu lieben" von Cătălin Dorian Florescu nie einen Schweizer Buchpreis hätte bekommen dürfen. Nicht nur, dass er reelle Personen beschreibt, nein, die Namen und zum „vollen Glanze polierten" (Radio Temeswar 2010) Geschichten stammen aus einem Familiensippenbuch, welches er von einem Triebswetterer bekommen (beziehungsweise den Hinweis, dass man es „online" einsehen kann), den er hintergangen hat. Ein drittes Buch über die „Bărăgan-

Deportation" hat er noch nicht verwendet, dafür aber „professionelle Positivkommentatoren" im Internet. Deswegen wollen wir Triebswetterer diese drei Bücher zurück, bevor neues Schindluder damit getrieben wird. (Bemerkung: Es wäre möglich, dass er das Familiensippenbuch im Internet konsultiert hat, denn dieses Buch ist „online" und kann also von jedem eingesehen werden, was nicht bedeuten soll, dass man es zwecks „Schindluder" verwenden darf.)

Muss ich mich noch vorstellen oder kennen Sie mich bereits? Ich bin in Triebswetter geboren und habe Rumänien 1975 verlassen (im Zuge der Umsiedlungsmaßnahmen, die sich im Nachhinein als „große Freikaufaktion" herausgestellt haben) und arbeite heute noch an der Homepage von Triebswetter, die keine Fiktion (das neue Wort für Lügen) darstellt. <u>Wir pflegen gewöhnlich die Wahrheit zu sagen und haben es nicht nötig, unsere Gesprächspartner zu belügen, was man von jeglicher Berichterstattung zum Roman „Jacob beschließt zu lieben" nicht sagen kann</u>. Es ist durchaus möglich, dass Sie gar nicht genau wissen, was Ihnen Florescu alles „auftischt", denn Sie wissen es nicht (was kein Vorwurf sein soll, man kann nicht alles über Banater Schwaben wissen), aber Sie müssten zumindest dann darauf reagieren, wenn Sie von uns, den Betroffenen - und auch von Ihnen Diskriminierten - Hinweise erhalten.

Wir haben uns im Vorfeld der Schweizer Buchpreisvergabe gemeldet, aber unsere Kommentare wurden unterdrückt, in Bewertungsportalen gelöscht oder gar nicht abgedruckt. Deswegen zweifeln wir (und vor allem ich), dass die Prozedur bei dieser Buchpreisvergabe (um 2011 geht es) mit rechten Dingen zuging. Frau Cantieni, hatten Sie nicht auch ein Werk dabei? Ich hatte Ihnen damals eine Mail geschickt. Ist die verloren gegangen? Wer nimmt sich das Recht, E-Mails zu „kappen" und nicht zuzustellen oder sie so als „Spams" zu kennzeichnen, dass sie nicht gelesen werden können? Ich kenn da einige Spezialisten, die das „hauptberuflich" machten und unter Umständen gar nichts anderes gelernt haben.

Wenn Sie ein Beispiel anstandsloser, verlogener und Triebswetterer diskriminierender (wer ein rassistisch motiviertes Werk lobt, ist auch ein Rassist) Berichterstattung lesen möchten, können Sie die Datei http://www.hog-triebswetter.de/Roman-SchwaBo.pdf   herunterladen und aufmerksam, nicht so schlampig wie unsere von PISA geplagten Schüler, lesen. Durch solche Berichterstattungen, eine regelrechte Volksverdummung „par excellence" durch Presse und Radio, kam es dann dazu, dass irgendwelche Preise vergeben wurden, und der Nächste begründet damit, dass „er" ja schon so viele andere Preise erhalten hat und vergibt einen neuen Preis. Aber wie sind denn die ersten Preise zu Stande gekommen?

Ich habe vier Romane von C.D.Florescu (zuerst „Jacob...") gelesen und nachdem er (in der ADZ, Rumänien) behauptet hat, dass er und Herta Müller dasselbe Thema beackern, auch Herta Müllers „Niederungen" gelesen. In beiden Romanen werden die Banater Schwaben auf das Äußerste erniedrigt, verleumdet, diskriminiert und der „Westen" jubelt, was für **„gute Literatur mit neuen Themen und einem neuen Ton"**! (Florescu in DRS2, Felix Schneider. Gibt es DRS2 nicht mehr? Was meinte er mit „neuem Ton"? Einen altkommunistischen Ton/Einfluss? Die Kommunisten sprachen immer von der „dekadenten Literatur aus dem Westen" und wenn der Westen sie nicht macht, dann machen wir sie eben selber...) Aber beide beschreiben eigentlich keine Banater Schwaben, Herta Müller nur zum Teil, jedoch C.D. Florescu überhaupt nicht. Wenn er behauptet, dass er im Banat geboren ist und die Banater Dörfer kennt, ist das gelogen, denn er weiß überhaupt nichts von Banater Schwaben und deren Dörfern. Er gibt an, die Banater Schwaben zu beschreiben, beschreibt hingegen die etwa 300km weit entfernten Dörfer aus Oltenien, von wo seine ganze Sippschaft (siehe „Der kurze Weg nach Hause", angeblich äußerst glaubwürdig) herkommt und von dort hat er sich die übelsten Exemplare herausgepickt und sie den Banater Schwaben aus Triebswetter untergejubelt. Und keiner merkt etwas. Es merkt auch keiner, dass er aus dem Familiensippenbuch, dem Treffil-Buch, abgeschrieben hat. Na ja, abgeschrieben wie unsere Doktoren hat er ja gerade nicht, er hat nur die Namen (eventuell einen Buchstaben verändert und damit kann er auch die Identität - siehe Thüringer Allgemeine - der Personen verändern) und ihre Geschichten übernommen, verändert, verdichtet und bis zum <u>vollen Glanze poliert</u>.(Radio Temeswar August 2010, daher die Kopier- und Poliervorlage.) Daher will Triebswetter die ausgeliehenen (oder geschenkten) Bücher wieder zurück, weil er Schindluder damit getrieben hat. Er hatte Kontakt mit den beiden Rentnern Jakob Oberten (was rumänisch Iacob Oberten geschrieben wird, der ihm den Friedhof zeigte und hilfsbereit etwas über die Bărăgan-Deportation erzählte) und Heinz Vogel, dem Herausgeber des „Treffil-Buches" (das Familiensippenbuch) aus Triebswetter, von welchen er die drei Bü-

=> 152 <=

cher bekommen hat. Wehrlose Rentner aus Rumänien kann man allerdings in der Schweiz auf das Übelste hintergehen und die Schweizer Öffentlichkeit betrügen und belügen. Gibt es in der Schweiz dafür keine Gesetze? **Verdient so einer wirklich den Schweizer Buchpreis? Mein Rechtsempfinden sagt mir: NEIN!**

<u>Die verdächtige Chronik der Literaturpreise.</u> Überlegungen und Schlussfolgerungen können Sie selbst ziehen, die will ich Ihnen nicht vorwegnehmen. Fragen werde ich selbstverständlich stellen, die Sie sich beantworten können oder nicht. Die Arroganz mancher Medienfuzzis ist nicht zu überbieten.

Die Freikaufaktion der Banater Schwaben und Siebenbürger Sachsen (Rumäniendeutsche und bitte <u>KEINE Deutschrumänen</u>, und wenn wir Deutsche sein wollen, obwohl wir in Rumänien geboren wurden, sind wir keine Nazis!) begann gegen Ende der 60er Jahre. 70er- und 80er-Jahre erreichte die Aktion ihren Höhepunkt. 230.000 Rumäniendeutsche konnten in die BRD ausreisen. Die Aktion wurde von der Securitate (dem rumänischen Geheimdienst) organisiert, deren Mitglieder sich auch noch ein Stück extra abschneiden/ verdienen konnten, denn die Banater Schwaben und Siebenbürger Sachsen haben auch, mehr oder weniger erfolgreich, Schmiergelder bezahlt, die oft das übertrafen, was der deutsche Staat für sie bezahlt hat. (Siehe „Teurer Freikauf" im Phönix-TV oder „Deutsche für Devisen" im Ersten, dieselbe Autorin). Na wohin wohl diese Gelder, die in Devisen (also harte DM oder Dollar) bezahlt wurden, obwohl keine rumänischen Staatsbürger[1] solche besitzen durften, geflossen sind? Drei Mal dürfen Sie raten!

Die Aktion lief aus der Sicht der Rumäniendeutschen gut, das waren fleißige Leute, alle gut ausgebildet, denn sie wussten schon, als sie zur Schule gingen (was die 68er nie wussten und auch heute noch nicht wissen), warum sie lernten, hatten bald einen Job und waren (außer bei Herta Müller und C.D.Florescu) angesehene und geschätzte Mitarbeiter und Bürger. Und damit hatte man bei der Rumänischen Führung (RKP=Rumänische Kommunistische Partei) und ihren Schützlingen, der Securitate, für so manchen „Westler" eine „Humanitäre Hilfsorganisation Kloster Secu" (HuHiOrg), nicht gerechnet. Für die RKP waren die Deutschen, die das Land verließen, öffentlich Verbrecher, Überläufer, Verräter und Deserteure. (Ein Umstand, der sich in Florescus Roman bei den Vorfahren der

Triebswetterer aus Lothringen, die ihre „Heimat machthungrig und mit Blut an den Händen verließen", niederschlägt.)

1982 kommt der Roman (oder das Schriftstück oder die Prosa oder das Schmutzwerk) „Niederungen" von Herta Müller heraus, die den guten Ruf der Banater Schwaben bis ins Mark verunstalten und verleumden sollte. Sie beschreibt natürlich auch einige Szenen aus der Nazizeit. Einen „Wultschmann" wie in diesem Prosawerk gab es nach dem Krieg nie wieder, denn die rumänischen kommunistischen Machthaber haben überall - auch in Schulen - dafür gesorgt, dass niemand, aber auch niemand den Nazis frönen konnte. Wenn die Banater Schwaben sich über dieses „Schriftstück" beklagt haben, und dabei überhaupt nicht die Sache mit den Nazis meinten, sondern die restlichen Verleumdungen und Erniedrigungen , wurden sie von Herta Müller als Nazis beschimpft, was die Kritiken verstummen ließ. Ob das Werk im Auftrag der RKP oder Securitate geschrieben wurde, weiß wohl Herta Müller selbst. Die Abwehrreaktion, dass die Kritiker Nazis wären, kann nur von einem „bauernschlauen" Securitate-Offizier stammen, denn das waren die Einzigen, die aus der Verleumdung der Banater Schwaben Nutzen gezogen haben. Dass ihr Prosawerk zensiert wurde und dass sie damals von der Securitate verfolgt war, ist ganz sicher GELOGEN. Leider hat die NZZ damals schon etwas über dieses Schmutzwerk, aber freudenfroh, berichtet. Warum? Wieso? Woher die Info?

Die „Niederungen" von Herta Müller bekamen 1983 einen Preis (wohl für kommunistische Ethik) vom Zentralkomitee (ZK, CC = Comitetul Central) des Verbandes der Kommunistischen Jugend (VKJ, UTC= Uniunea Tineretului Comunist), wo auch noch der Sohn des Diktators, Nicu Ceauşescu, Vorsitzender war. 1983 war die Diktatur in „voller Blüte" und **eine Verfolgte von der Securitate mit einem zensierten Werk hätte NIE und NIE einen Preis vom ZK des VKJ bekommen.** Die waren nicht so „blauäugig" wie unsere westlichen Literaturgurus. Der Roman wurde gerade noch von einem Banater Schwaben nach Deutschland geschmuggelt und zwei Jahre später vom Rotbuch-Verlag gedruckt. **Diese Version hatte aber vier Kapitel weniger. WO WAR DER ROMAN JETZT ZENSIERT?** Sie durfte mit dem Segen der Securitate, also HuHiOrg, dreimal ausreisen (was in jener Zeit kein Banater Schwabe durfte, weil die in Deutschland geblieben wären), um ihr „Schmutzwerk" der deutschen Öffentlichkeit, wohl **mit dem Segen der 68er,** vorzustellen und zu verkaufen und wieder nach Rumänien zurückzukehren. Das hätte die Securitate nur gemacht, um sie zu kompromittieren. Wer hat es in Deutschland veranlasst, diesen Roman mit einem Preis auszuzeichnen: Stasi, Securitate, Kollaborateure?... Mit dieser Person hätte ich gern gesprochen. Ist es ein reiner Zufall, dass ihr damaliger Mann, Richard Wagner, RKP-Mitglied, im Jahre 1984 ebenfalls einen Literatur-Preis bekommen hat, und zwar genau vom ZK des VKJ? Das war kein Verfolgter.

(Über die „Atemschaukel" will ich mich nicht negativ äußern, nur so viel sei gesagt: Sie begann die Arbeit daran mit Oskar Pastior, der für die Securitate gearbeitet haben soll, wovon sie nichts wusste. Er wäre plötzlich verstorben und sie musste das Werk allein zu Ende bringen. Ist sie deswegen bei der Securitate in Ungnade gefallen - das aber nach 1989? Das wäre allerdings möglich. Aber sonst bräuchte sie uns nichts vorzulügen. Und bei der „Banater Post" sitzen heute lauter ehemalige HuHiOrg-Mitarbeiter.)

Glauben Sie, dass ich vom Thema abgekommen bin? Nein. Da gibt es noch jemanden, der wie Herta Müller dasselbe Thema beackert: Die Verleumdung und Erniedrigung der Banater Schwaben, der auch noch die Frechheit besitzt zu behaupten, mehrmals geflüchtet zu sein. Genau 1982 verlässt die Familie Florescu „erneut auf der Flucht" Rumänien. Wo Flüchtige erschossen wurden, können er und seine Eltern „erneut" flüchten. In seinen Erstlingsromanen, die äußerst glaubwürdig sein sollen, beschreibt er diese Flucht. Im Roman heißt es, dass die Familie nach Italien wollte, in einem Interview beim Tagesanzeiger.CH heißt es, dass sie nach Deutschland wollten (Da lief gerade die Freikaufaktion und Deutschland hat sie wohl als „Nichtdeutsche" abgewiesen.) Gelandet ist man dann in der Schweiz. Mit einem eigenen PKW (den man nur mit Beziehungen gekauft hat/kaufen konnte) mit Anhänger mit doppeltem Boden und Dachgepäckträger (siehe Bilder im SRF2) und das ohne Kontrolle bei der Ausreise an der Grenze, obwohl man „anderen den Wagen auseinandergenommen hat". Geholfen hat der **Aberglaube**, den die Triebswetterer im Roman „Jacob..." auch ertragen müssen, die verstreuten getrockneten Gräser aus der oltenischen Tiefebene. **Damit hat er den ganzen Westen geblendet.** Beide Romane sind in einer **sexistisch-vulgären** Fäkaliensprache geschrieben, **Frauen verachtend, es gibt nur dicke, fette Hausfrauen, die sich volllaufen lassen, die Beine spreizen und Huren.** Alle anderen Nationalitäten, die absichtlich oder zufällig in seinen Romanen vorkommen, **Ungarn, Österreicher, Schweizer werden entsprechend nationalistisch abgestraft.** [ungarische Muschi, österreichische und ungarische Huren am Straßenrand, die **Schweizer könnte man ausnehmen und die merkten es nicht einmal**, weil sie so viel haben, und der Gipfel, die Ungarn (bozgori= rumänisches, abwertendes Schimpfwort zu Ungarn) sind <u>schuld</u> **am Gelingen der Revolution von 1989** in Rumänien]. **Und für diesen Mist bekommt er einen oder mehrere Preise?** Was für Hohlköpfe waren das? Doch keine Hohlköpfe: Stasi, Securitate und Co? 68er?

Wenn Sie mich fragen, die beschriebene Flucht in den beiden Erstlingsromanen ist die Ausreise eines von der Securitate und der RKP beauftragten Spions in den Westen, was geschickt getarnt wurde. Das ist nie ein Dissident, denn sonst hätte er nicht den <u>die Banater Schwaben verleumdenden Roman „Jacob..."</u> geschrieben. So ist das Problem ähnlich wie bei Herta Müller gelagert: Im Auftrag oder im Sinne der Securitate und RKP, nur packt Florescu noch einige Dinge dazu: **Mörder, Frontenwechsler, Zigeunerjäger, Zigeunerhenker, Brandstifter, Vergewaltiger und Geiselnehmer.** Triebswetter ist ein „Dorf von **Selbstmördern und Pechvögeln**". Ihre Vorfahren haben die **alte Heimat** Lothringen „machthungrig und **mit Blut an den Händen verlassen**". Eine „<u>geteilte Minderheit</u>" (also <u>die Triebswetterer</u>) hat etwas gegen seinen Roman, das wären „**reaktionäre, traditionalistische Kreise**", Wörter, die direkt aus dem Munde Ceauşescus kommen. <u>**KEINE FIKTIONEN!**</u>

Wundern Sie sich noch, dass Triebswetterer aufgebracht sind und dass sie von einer unverantwortlichen, verlogenen Presseberichterstattung die „Schnauze" gestrichen VOLL haben?

Der Roman „Jacob beschließt zu lieben" von Cătălin Dorian Florescu hätte nie einen Schweizer Buchpreis (2011) erhalten dürfen:

- weil es ein nationalistisch-rassistisches Werk eines Ceauşescu-Verehrers ist;
- es wird eine real existierende Person, die sich nicht dagegen wehren kann, als Hauptprotagonist beschrieben;
- es wurde ein Familiensippenbuch der Triebswetterer verwendet, aus welchem wieder Namen real existierender Familien genommen und durch die „Scheiße", um auf dem Niveau des Romans zu bleiben, gezogen wurden;

=> 156 <=

- im Vorfeld der Preisvergabe wurden unsere Kommentare ge-
löscht/verweigert, die Leser wurden daher in die Irre geführt;
- ähnlich wie auch jetzt beim ADAC vermuten wir „undurchsichtige
Machenschaften" (ein Schweizer meinte, dass er den Eindruck hatte,
dass dieser Roman den Preis gewinnen musste, und da sind wir auf
dem Niveau der Preisvergaben im Kommunismus);
- die Rumänische Vereinigung (Asociatia Romanilor din Elvetia) hat
in rumänischer Sprache auf ihrer Internetseite aufgerufen, für diesen
Roman zu stimmen (haben da Leute mitgestimmt, die den Roman
gar nicht deutsch lesen konnten, ja vielleicht auch direkt aus Oltenien in Rumänien?);
- der Lektor des Romans, Martin Hielscher, hat Vorlesungen in der
Schweiz, in München, in Bamberg.
Haben seine Studenten auch abgestimmt?

**Kommentar einer Schweizerin: „Ich schäme mich als Schwei-
zerin, dass dieser Roman den Schweizer Buchpreis erhalten
hat". _Und ich auch für die Schweizer, die das Recht haben, die
Wahrheit zu erfahren._**

Weil C.D. Florescu Schindluder mit unseren Triebswetterern
Büchern getrieben hat, wollen wir unsere Bücher wieder zurück
haben. Wir versuchen es auf diesem Wege, vielleicht können uns
diesmal auch der NZZ und SRF helfen, obwohl ich persönlich die
Hoffnung verloren habe.
(Reaktion von SRF, SBVV und NZZ: Null Komma NICHTS.)

**Werden wir Banater Schwaben nach den „Fiktionen" (also
Lügen, denn die Romanschreiber haben „Narrenfreiheit", wenn
es auch Rassismus ist) zweier Hassromanschreiber, die für ein
Regime arbeiteten, das längst untergegangen ist, beurteilt und
behandelt? Ich habe schon die Bemerkung gehört, dass das ja
dasselbe wie bei Herta Müller wäre. Das stimmt leider nicht. Bei
Herta Müller wurden keine Namen genannt!**

**Florescu hat Jakob Oberten hintergangen.
Florescu hat Heinz Vogel hintergangen.
Florescu lügt bei jedem Interview, glaubt er, dass
alle Interviews auch Fiktionen sind? NZZ und SRF2,
glauben Sie nicht, dass Sie von Florescu auch
hintergangen wurden?**

Vielen Dank.
Mit freundlichen Grüßen.
F.B.

---

(1)   In Rumänien wurde zu jeder Zeit ein Unterschied gemacht - auf allen Anträgen und Formularen - Staatsbürgerschaft und Nationalität musste man IMMER ausfüllen. Ich war also bis 1975 immer rumänischer Staatsbürger deutscher Nationalität, und das waren die Ungarn, Serben, Bulgaren, Türken, usw. entsprechend auch.

Mein Schreiben an den Schwarzwälder Boten, der nach einer Lesung Florescus zum Anlass der Hesse-Stipendium-Vergabe 2013 jubelte: „**Texte voll Sinnlichkeit**" und das **Lesen dieser Romane** wäre „ein **Erkenntnisse förderndes Vergnügen**".

Symbolisches Datum des Nationalfeiertages (der heute nicht
mehr gefeiert wird) der rumänischer Nationalkommunisten
Rastatt, den 23.08.2013

An die Redaktion
Schwarzwälder Bote
Redaktionsgesellschaft mbH
Kirchtorstr. 14
78727 Oberndorf am Neckar

---

betr.:   **Texte voll Sinnlichkeit**
        Stiftungsstipendiat Dorian Florescu liest aus seinen Werken.
        von A.S.G. (Calw im August 2013)

Sehr geehrtes Redaktionsteam,

(Ich bitte Sie den **folgenden Text - wenn möglich ungekürzt - zu veröffentlichen,** wenn Sie auch meinen, dass er nicht zu Ihrem Konzept passt. Bei uns werden Bundespräsidenten „abgesägt" und verärgert, dass sie abdanken, Prof.-Doktoren werden fortwährend mit ihren gefälschten Doktorarbeiten entlarvt und dieser Autor mit seinen „fiktionalisierten bitteren Realitäten"- so Florescu in der Allgemeinen Zeitung Rumäniens - wird in Watte verpackt und in den „Himmel gehoben". Seine Romane sind „Fiktionen" und seine Interviews sind es ebenfalls oder ist das der neue Begriff für

=> 158 <=

Lügen? Die ganze Werbung für seine Romane und die Klappentexte sind einzig und allein eine große Lüge und Irreführung der Öffentlichkeit und der Leser, ich nenn das glattweg Volksverdummung und was den Roman „Jacob…" angeht auch <u>**Volksverhetzung den Banater Schwaben gegenüber, die keine Rumänen sind wie Florescu**</u>, sondern eine von der rumänischen **kommunistischen Diktatur unterdrückte Minderheit**. Und das zu Zeiten von Meinungs- und Pressefreiheit. Warum? Lesen Sie bitte weiter unten meinen Kommentar zu Ihrem Beitrag „Texte voll Sinnlichkeit". Entschuldigen Sie, dass es so viel geworden ist, ich kann aber da nichts kürzen. Das ist nur ein Bruchteil dessen, was Triebswetterer an dem Roman zu beanstanden haben. Sie können es ja in mehreren Folgen abdrucken. Vielen Dank. Ich bitte um je ein Exemplar ihrer Zeitung, in welcher Sie das veröffentlichen, auch auf Rechnung, an meine obenstehende Adresse. Und wenn Sie es nicht veröffentlichen, dann möchte ich, bitte, von Ihnen eine genaue/ausführliche Erklärung/Begründung dafür. Meine Vorfahren sowohl väterlicher- als auch mütterlicherseits werden im Roman diskriminiert, kriminalisiert und erniedrigt, falls sich jemand von dritter Seite mit „bauernschlauen" Ansprüchen melden sollte. Halb Triebswetter kann den „Typen" erfolgreich verklagen, wenn nötig.)

Aus dem Pressebericht „**Texte voll Sinnlichkeit**" von A.S.G. will ich auch einige Zitate herausgreifen: „Die Bücher … zu lesen, sei ein spannendes und **Erkenntnisse förderndes** Vergnügen." Und weiter: „Die Werke … spiegelten ein beeindruckendes Stück **osteuropäische und rumänische Geschichte** wider." Ich werde mich während meiner Ausführungen vor allem auf die beiden Romane „Zaira" und „Jacob beschließt zu lieben" von Cătălin Dorian Florescu beziehen.

Thema (betr. Jacob beschließt zu lieben): Ein Rumäne beschreibt Triebswetter als Banater Dorf, in welchem er nie gelebt hat, und dichtet den deutschen Einwohnern identitätsfremde Lebensgewohnheiten an. Er beschreibt sie als dreckige, stinkige, besoffene Mörder, Zigeunerjäger, Brandstifter, Geiselnehmer, und verwendet dabei die <u>**Namen real existierender Personen und die von deren Vorfahren mit negativ „aufpolierten" Geschichten aus dem Familiensippenbuch der Triebswetterer mit einer wortgewaltigen, hervorragend gestalteten schriftstellerischen Meisterleistung. Er hat sich wirklich Mühe gegeben, unsere Identität und Geschichte zu ver-fälschen**</u>.

Zunächst möchte ich mich aber mit dem Begriff „Sinnlichkeit" beschäftigen. Es muss mir wohl entgangen sein, was dieser Begriff bedeutet, oder habe ich ihn falsch verstanden? Wie war es mit den zahlreichen Anwesenden im Hesse-Museum? Waren das lauter Calwer? Ich habe beim Lesen des Romans „Zaira", der sich in Strehaia (Oltenien/Rumänien), Temeswar und Amerika abspielt,

folgende „Sinnlichkeiten" gefunden: Eine Geburt im Bahnhofswartesaal, wobei die Männer mit ihren vom „Alkohol geröteten Gesichtern"
neugierig zum Fenster hineinsahen. Auf einer Pilgerfahrt „stolperte
der Blinde über die Schnapsflasche, mit welcher sich der Lehrer Mut
machte", ganz zu schweigen von den ewig Betrunkenen und Ehebrechern, die vor den Augen ihrer Kinder während einer Vorstellung
im Puppentheater „fremdgehen". Das Wohnzimmer ist voller Alkohol-
flaschen, das Schlafzimmer, das Bad, die Badewanne, der Speicher
ebenso: „Ich wachte auf, um neuen Alkohol zu kaufen", heißt es
dann nur noch, wobei einer der Protagonisten besoffen im „Straßen-
graben übernachtet" hat. Die Mücken, Komasäufer, Ochsenkarren,
der Gestank und die „dreckverkrusteten Füße bei den Zigeunern" in
Bukarest vervollständigen das Bild seiner Landsleute aus Rumänien.
Eine Irreführung, die nicht als Fiktion angesehen werden darf: „Die
Kommunisten haben den (enteigneten) Großgrundbesitzern etwas
für ihre Ländereien bezahlt", so dass diese (z.B. Zizi) sich besaufen
(nicht nur ins Koma, sondern in den Tod) konnten. Ist das Werbung
für die rumänischen Nationalkommunisten der ersten Stunde oder
„fiktionalisierte bittere Realität" (von Florescu verwendeter Begriff
aus einem Interview in der Allgemeinen Deutschen Zeitung Rumäniens)? Oder Sinnlichkeit? Auch folgende Tatsachen dürfen nicht als
Fiktion betrachtet werden, weil sie ein Zerrbild hervorrufen, überhaupt bei unserer heranwachsenden Jugend. Zaira und ihr Lebens-
partner bekommen zur Zeit des Prager Frühlings (ich weiß nicht, ob
jeder weiß, was das heißt, oder gerade mal das Bild vor Augen hat)
in Rumänien ihren Pass in vier Tagen, um Urlaub in der Tsche-
choslowakei zu machen. (Die Banater Schwaben in „Jacob beschließt zu lieben" , die dreckigen, stinkigen Mörder, Geiselnehmer,
Brandstifter, die ihr Zuhause nicht mehr erkennen und den eben so
übel riechenden anderen unter der Strohdecke finden, mussten zehn
Jahre und länger nur auf den Antrag eines Antragsformulars warten.
Ist das auch „fiktionalisierte bittere Realität" oder „Sinnlichkeit"?) Wie
wurden die tschechischen Aufständischen beschrieben? Nur der
Hochprozentige hielt sie bei Laune: Betrinken bis zur Besinnungs-
losigkeit. Es könnte auch ein Hinweis darauf sein, dass jene, die
gegen den Kommunismus aufbegehrten, irgendwie „besoffen und
unzurechnungsfähig" waren. Ein hervorragendes Beispiel für unsere
Jugend, damit kann man durch Schulen in ganz Deutschland, der
Schweiz und Österreich „tingeln" und Lesungen abhalten. Meine
Gratulation an alle Deutschlehrer für die Verbreitung dieser exorbi-

tanten „Sinnlichkeit"! Beide Romane gehörten auf den Index jugendgefährdender Bücher.

Und was erfahren wir über die amerikanischen Abgeordneten: Sie
klauen das Silberbesteck im Restaurant, die denken an nichts anderes als an Edelnutten (die in Whiskey baden und drogensüchtig
sind), Fremdgehen und Saufen. Die anderen Protagonisten beschäftigen sich mit dem Stehlen (die Tochter Joana stiehlt bei den Leuten,
wo sie putzen geht, weil die ja so viel haben), Jointsrauchen und, wie
könnte es auch anders sein, mit dem Saufen. Die Tochter Zairas
(Joana, 20) hat ein sexuelles Verhältnis mit dem Stiefvater (60) und
sie treiben es im Wohnzimmer auf der Couch. Zaira und Joana zerstören daraufhin die ganze Wohnung mit einem Hammer. Wieder ein
gutes Beispiel für die Erziehung unserer Jugend! Können Sie sich
das vorstellen? Haben Sie das Bild vor Augen? Denken Sie noch an
Sinnlichkeit? (Oder Erziehung? Das wird in Schulen vorgelesen!)

Dann werden Sie das Staunen lernen, denn im Roman „Jacob
beschließt zu lieben" über die Triebswetterer Banater Schwaben
werden diese ganzen schlechten Eigenschaften (oder muss ich
darunter Sinnlichkeit verstehen?) noch einmal gesteigert. Wenn
Strehaia in Oltenien liegt, so liegt Triebswetter 400 km weit weg
davon in der Banater Ebene. Die Südkarpaten stellen eine natürliche
Grenze dar. In Oltenien leben Zigeuner und Rumänen, im Banat
leben/lebten Deutsche, Ungarn, Serben, Bulgaren, Rumänen, Zigeuner und andere Nationalitäten, <u>alle mit ihrer eigenen Kultur, Sprache,
ihren Sitten und Bräuchen</u>. Wenn man heute ganz genau folgende
Zuordnungen machen kann: Spaghetti und die Italiener, Cham-
pagner und die Franzosen, Döner und die Türken, Gyros und die
Griechen, Wodka und die Russen, so kann man auch die Zuordnung
treffen <u>Maisbrei, Strohdecken und die Rumänen</u> (und keineswegs
die Banater Schwaben). Nie kam ein Banater Schwabe über die Karpaten (wie im Roman), also aus dem Osten aus Oltenien und nie hat
eine banatschwäbische Frau einen „Dahergelaufenen ohne Name" -
also einen Zigeuner - geheiratet (wie im Roman und er hat ihren
Namen angenommen) und bei der Heirat wurde immer der Name
des Mannes als Familienname weiterverwendet. Das ist übelste
Erniedrigung und Diskriminierung der Banater Frauen und die
deutschen Leserinnen und Leser aus der Schweiz und Deutschland
jubeln darüber und vergeben dem Autor dieser „Fiktionen" unzählige
Preise. Die Banater Schwaben und Zigeuner hatten sich nie so gut

verstanden, dass es auch Halbbrüder gab oder dass die Zigeunerin als Hebamme gerufen wurde und dafür ein Leben lang landwirtschaftliche Produkte - wie im Roman - erhalten hat. So wird nur den Triebswetterern Schwaben ein Zigeuner mit seinen schlechten Eigenschaften untergejubelt. Und das in einem <u>Roman eines Rumänen über eine Minderheit aus dem Banat (Rumänien)</u>, was wohl zu dem eingangs erwähnten Kommentar führte: „ein spannendes und **Erkenntnisse förderndes Vergnügen.“** Das ist auch eine **gewisse rassistische, nationalistische „Sinnlichkeit“.**

Was der Autor (ein Rumäne par excellence) in „Zaira“ an schlechten Eigenschaften seiner Landsleute in Strehaia, Temeswar und Amerika im ganzen Roman verteilt zusammenbrachte, fasste er bei dem Roman „Jacob...“ über die Triebswetterer Banater Schwaben gleich am Anfang folgendermaßen zusammen: „Die animalische Kopulation, wenn sie von Erregung und Verlangen durchflutet waren,.. Sie und der Schnaps in der Kneipe. Häufig fand der Beischlaf vor Sonnenaufgang statt,... Betäubt vom Stallgeruch, vom Kot und Urin im Nachttopf, von der abgestandenen Luft, von Mundgeruch und dem Gestank dreckverkrusteter Füße und ungewaschener Körper, zerstochen von Flöhen und Mücken, rutschten sie unter der Strohdecke herüber und fanden schnell den ebenso übel riechenden Körper des anderen.“ <u>Wie „sinnlich und Erkenntnisse fördernd“ schreibt hier ein Rumäne oder Schweizer „gute Literatur“</u> (sein „großer Roman“ erhält den Schweizer Buchpreis, unsere Rezensionen und Meinungen werden unterdrückt und nicht gedruckt, weil sie der „guten Sache“ nicht dienlich waren, wie im Kommunismus!!!) <u>über Banater Schwaben und deren Vorfahren?</u> Reicht das noch nicht, um den Roman wegen Volksverhetzung zu verbieten? Und weiter etwas für Frauen: „Nicht, dass man sich in dieser Gegend der Welt nicht gerne paarte. Die dumpfen, ihrer Lust ausgesetzten Männer drangen häufig und heftig in die Körper ihrer Frauen ein...“ Die banatschwäbische Hure, die Amerikanerin (siehe Edelnutten im Roman „Zaira“) oder Elsa Obertin, bekommt - im Roman - ein Kind auf dem Mistwagen, wobei das ganze Dorf außen herumsteht und zusieht. Der Apotheker Neper (Originalname im Familiensippenbuch: Nepper) wird zum Dorftrottel gemacht und die Zigeunerin als Hebamme bestellt. Das muss sehr sinnlich und Erkenntnisse fördernd für Frauen sein, weswegen so viele Frauen den Roman auch über den „grünen Klee“ loben (hat man mir berichtet). Das ist wohl nur dann gute Literatur, wenn man den Inhalt verdrängt und das Gehirn abschaltet. Ein Kommentator bei Amazon meint: „Bei solchen Romanen sinkt der eigene IQ während des Lesens." Leser, Leserinnen, Positivkommentatoren und Professoren-Doktoren hat denn keiner von Euch etwas gemerkt?

Die Werke spiegeln ein „beeindruckendes Stück südosteuropäische und rumänische Geschichte wider"? Im Klappentext von „Jacob..." hieß es sogar, dass die 300-jährige Geschichte der Banater Schwaben eng mit dem Familienepos der Obertins verbunden ist. Wenn etwas Geschichtliches in einem der beiden Romane vorkommt, ist es verzerrt oder verfälscht, also eine „wahre, erfundene" Geschichte des Autors - so Florescu bei einem Interview bei Radio Temeswar im August 2010. Osteuropäische Geschichte ist sowieso kaum oder nicht vorhanden, nur aus der rumänischen Geschichte ist eine Menge entlehnt und auch teilweise in „Jacob..." auf die Banater Schwaben angewendet. <u>Die Banater Schwaben</u>, deren Vorfahren alle aus Süddeutschland und Elsass-Lothringen kamen (also alle aus dem Westen und nicht aus dem Osten über die Karpaten, wie im Roman), <u>sind aber keine Rumänen, obwohl sie in Rumänien geboren sind</u>. (Allerdings gibt es vielleicht schon welche, die sich schämen, Deutsche zu sein!) Das Banat gehörte bis 1920 zu Österreich-Ungarn und wurde nach dem Ersten Weltkrieg Rumänien einverleibt. Die dort lebenden Deutschen, Ungarn und Serben waren davon nicht begeistert, obwohl man ihnen zugestanden hat, Schulen in eigener Muttersprache führen zu dürfen. Die Elsa (in Triebswetter hieß es zu jener Zeit aber ELSE) Obertin - im Roman - konnte also zu jener Zeit kein Rumänisch und der Karpatenbezwinger („Jakob ohne Name" aus dem Osten) konnte kein Deutsch. Wie sollten die sich verständigt haben? (Na ja, wie im Roman, sie haben ja auch gleich geheiratet, weil er sie „in jeder Hinsicht" genommen hat, so ohne Wenn und Aber.)

Die 300-jährige Geschichte der Auswanderer aus Süddeutschland Richtung Osten wurde 2012 in Ulm an der Donau mit diversen Aktionen ein Jahr lang gefeiert. Das hat Florescu auch mitbekommen. Sein Roman endet aber 1951 mit der Bărăgan-Deportation. Die Hälfte der Deutschen aus Banater Dörfern wurde in einer Nacht-und-Nebel-Aktion von den rumänischen Nationalkommunisten der ersten Stunde in Viehwaggons gepackt und 800 km landeinwärts gebracht und nach einer Woche Güterzugfahrt auf einer Steppe wieder freigelassen. Wer zog in die leer gewordenen Häuser ein? (Muss man es erklären?) Und wie sahen die Häuser der Banater Schwaben nach 4-

5 Jahren aus? Wie war es da um die sanitären Anlagen auf den Viehwaggons und in der Bărăgan-Steppe bestellt? (Oder soll ich deutlicher werden? Haben Sie das Bild vor den Augen?) Im Internet posten dann vor Erscheinen des Romans „Jacob..." (Febr. 2011) Freunde und Pro-Kommentatoren von Florescu und spotten: „Zur falschen Zeit am falschen Ort" und „Über ihnen nur der Himmel". (Der im Internet „gekaperte" und geänderte Deckel einer Banater Publikation über die Bărăgan- Deportation: „Und über uns der endlos blaue Himmel". Siehe Bild 2 Seite 295) <u>Nun kommt 60 Jahre danach ein Rumäne und schreibt in einem Roman, dass die Banater Schwaben und deren Vorfahren nach „Kot, Urin und dreckverkrusteten Füßen" stinken</u>. Finden Sie das „sinnlich", „humorvoll" (so der Autor in einem Interview beim Schweizer Radio DRS2) oder „geschichtlich korrekt"? Florescu rechnet ab 1951, dem Bărăgan-Deportationsjahr, 300 Jahre zurück und kommt zum Ende des 30-jährigen Krieges (1648). Grund genug jetzt die Vorfahren der Triebswetterer als Schwerenöter und Kriegsverbrecher zu beschreiben: „Sie verließen ihre alte Heimat Lothringen machthungrig und mit Blut an den Händen"- so Florescu bei DRS2 - und werden zu „Zivilisationsstiftern" im Banat. Triebswetter wurde aber 1772 gegründet (124 Jahre nach dem Ende des 30-jährigen Krieges), das sind nur rund 240 Jahre bis heute und <u>bei der Ansiedlung war laut Familiensippenbuch kein Aubertin, Oberten oder Obertin dabei.</u>

Ein kurzer Überblick über die wahre Geschichte der Banater Schwaben. Der 30-jährige Krieg (1618-1648) wird von Historikern in drei Teile geteilt, wovon einer der französisch-schwedische Krieg war, der auf deutschem Boden stattfand. Speziell von Lothringern ist nicht die Rede. Während des Krieges gab es <u>Söldner zu beiden Seiten, die aus ganz Europa</u> kamen (auch hier werden die Lothringer nicht extra erwähnt) und je nach Kriegslage und Sold die Seiten wechselten. Der Sold konnte aber nicht immer ausgezahlt werden, so dass die Söldner Bauern überfielen, ihre Ernte und Speicher plünderten und manchmal diese auch ermordeten, weil die Bauern nicht „so sozial waren" und mit den Söldnern „teilen wollten".

Die Ursache der Umsiedlung in den Grenzen der österreichischen Monarchie konnte nicht der 30-jährige Krieg sein, denn bis über die Jahrhundertwende hinaus gab es eine Menge anderer Kriege, die zu Not und Elend führten. Die Umsiedlung aus Süddeutschland Richtung Osten begann 1712. Vorab muss aber noch Folgendes gesagt

=> 164 <=

werden. Das Osmanische Reich mit seiner Expansionspolitik aus dem Osten stand 1683 vor den Toren Wiens. Am 12.09.1683 werden die Osmanen aus der Umgebung Wiens vertrieben. Am 05.08.1716 besiegt Prinz Eugen die Osmanen bei Peterwardein. Am 13.10.1716 befreit Prinz Eugen Temeswar von der 150-jährigen Herrschaft der Osmanen. Am 22.08.1717 wird Belgrad befreit. Jetzt erst war der Weg frei für die Ansiedlung des Banats, dessen Bevölkerung durch die ewigen Kriege „ausgedünnt" war. Die österreichische Monarchie versuchte durch Anreize Siedler für dieses Gebiet zu gewinnen, wohl mit der Absicht, ein Schutzschild gegen den erneuten Einfall der Osmanen zu haben (eigene Meinung). Die Osmanen kamen nie wieder. Altrumänien hingegen (Oltenien, Muntenien, Moldau, Dobrogea) vereinigte sich erst 1859 und erlangte die Unabhängigkeit vom Osmanischen Reich erst 1878.

So begann man 1722 mit den drei Schwabenzügen: **Die Ersten fanden den Tod, die Zweiten fanden die Not und erst die Dritten das Brot**. Die Übersiedler waren arme Bauern und Handwerker, anfangs alle katholischer Konfession, die aus Süddeutschland (Bayern, Württemberg, Baden, Pfalz), Luxemburg, dem Elsass und Lothringen ins Banat kamen. Ein Teil der Reise wurde auf der Donau von Ulm nach Wien zurückgelegt, das brachte ihnen den Namen Donauschwaben ein. Bis ins Banat waren es aber noch etwa 400 km, eine Strecke, auf welcher die Umsiedler oft von den dortigen Einheimischen überfallen, ausgeraubt und auch ermordet wurden. Triebswetter wurde 1772 gegründet und nach einem Vermessungsingenieur benannt. Die Ansiedler kamen zu etwa 60% aus Lothringen, 8% aus Luxemburg, 15% aus Süddeutschland (Baden, Bayern, Württemberg, Pfalz), der Rest aus anderen deutschen Gebieten. Es gibt Schriften, die behaupten, dass auch Verbrecher umgesiedelt wurden. Es gab einige Transporte, die sogenannten Wasserschübe, auf welchen Landstreicher, Wilddiebe und „leichte Weiber" ins Banat gebracht wurden. Diese „Verbrecher" wurden aber angeblich in Temeswar abgesetzt, wobei man nicht weiß, ob sie auch da geblieben sind, und die Aktion endete 1768. Diesbezüglich sind auch die „Salpeterer" aus Süddeutschland zu erwähnen, die gegen die Machthaber aufbegehrten und von der österreichischen Monarchie ebenfalls als „Verbrecher" bezeichnet wurden. Einige wurden nach Ungarn verbannt (vgl. Segeten, das Banat gehörte damals zu Südungarn).

Das Banat wurde zur Kornkammer Österreichs und Europas, bis es 1920 nach dem Ersten Weltkrieg (zusammen mit Siebenbürgen) an Rumänien fiel. Und jetzt, rund 90 Jahre danach, leben nur noch die letzten Deutschen im Banat (wie auch in Siebenbürgen), deren Anwesenheit kaum merkbar ist. Vor wenigen Wochen kam im Phönix-TV ein Beitrag über den „Teuren Freikauf" der Deutschen (Banater Schwaben und Siebenbürger Sachsen in den 70er- und 80er-Jahren) aus Rumänien. Jetzt erst waren wir sicher (bisher war es ein unbestätigtes Gerücht), dass wir wie „moderne Sklaven" vom Ceauşescu-Regime „geheim und offiziell verkauft" wurden. So mancher Deutscher (Schwabe als auch Sachse) aus Rumänien hat sich da gewundert, weil er selbst einige rumänische Stellen zusätzlich hat „schmieren" müssen, damit seine Ausreiseanträge auch bearbeitet wurden. Gleichzeitig wurden alle ausreisewilligen Deutschen von der rumänischen Regierung und von Parteifunktionären der KP als Verbrecher, Verräter und Überläufer (wie im Roman von Florescu) bezeichnet. Ich will mir hier die bissigen Bemerkungen/Fragen erlauben: „Wurde da immer für ‚ausreisewillige' Deutsche gezahlt? Hatten manchmal gewisse Übersiedler andere Aufgaben?" Nicht jeder, der angibt, Dissident zu sein, ist es auch! Es wurde seitens der Banater Schwaben und Siebenbürger Sachsen in „harten Devisen" bezahlt, obwohl es damals verboten war, welche zu besitzen. Wo sind diese wohl hingeflossen? Kann man jetzt die „modernen Sklaven" des ehemaligen kommunistischen Regimes Rumäniens literarisch behandeln wie den letzten Dreck? Haben die 68er sich dafür eingesetzt?

Und wie wird diese Geschichte im Roman „Jacob..." verarbeitet, so dass es ein „spannendes und Erkenntnisse förderndes Vergnügen" wird? Die Vorfahren der Obertins verhalten sich während des 30-jährigen Krieges wie richtige Kriegsverbrecher mit allem Drum und Dran und werden schließlich zu den „Zivilisationsstiftern" von Triebswetter (so Florescu in einem Werbevideo). Die Umsiedler aus Lothringen (arme Bauern und Handwerker) werden zu Verbrechern und Söldnern gemacht, die wegen des besseren Soldes die Fronten wechselten, Zigeuner jagten und Zigeuner hängten, dafür Kopfgeld kassierten, Bauern überfielen, sie ausraubten und ihre Häuser anzündeten. Gleichzeitig ist sein Protagonist so verwirrt, dass er sein eigenes Zuhause nicht mehr erkennt, die dort lebenden Bauern umbringt, die Tochter des Hauses vergewaltigt und als Geisel nimmt. Kann man das noch toppen? Ja! Man organisiert Lesungen in allen möglichen Schulen und Lehrerfortbildungsanstalten in der Schweiz und in Deutschland. Das ist so anspruchsvoll, „sinnlich" und „Erkenntnisse fördernd", was die Geschichte der Banater Schwaben aus Triebswetter angeht, dass es in Schulen behandelt werden muss, so eine Kommentatorin aus Berlin, und vergibt dem Autor für seine Spitzfindigkeiten und Erniedrigungen sowie Kriminalisierung und Diskriminierung der Triebswetterer Banater Schwaben einige Preise. Der Protagonist heiratet seine Geisel (im Roman), nimmt deren Namen an und wird so zum Orbertin. (Das mit dem „Ihren Namen Annehmen" hatten wir doch schon einmal!) 100 Jahre später wandert ein Nachkomme ins Banat aus, begeht in Wien noch schnell einen Mord und wird zum „Zivilisationsstifter" von Triebswetter. Wie „geistig rege und aktiv" sind eigentlich die Leser|nnen, die so etwas ohne zu zögern aufnehmen, es als „gute deutsche Literatur" bezeichnen und auch noch weiterempfehlen, einschließlich aller Deutschlehrer und -lehrerinnen, die diese Schundliteratur auch noch im Unterricht bearbeiten/behandeln? Ein Kommentator bei Amazon hatte recht: „Der eigene IQ sinkt beim Lesen solcher Romane".

Eine Bemerkung zum Werbevideo (z.B.) auf Amazon und auf Zeit-Online. Das Video, das vom Autor selbst gesprochen wird, besagt unter anderem Folgendes: "Es geht um die ganze Dynastie der Obertins, die aus Lothringen kommt und Zivilisationsstifter ist. Aber im Gegensatz zu... Jacobs Vater, nämlich Jakob mit k, während Jacob, der Sohn, mit c geschrieben wird, dieser kleine Unterschied ist sehr wichtig,... Wenn also alle anderen Männer Macht suchen, ihr Glück auf das Unglück anderer gründen wollen, ist eben Jacob mit c ganz anders."

Wie es um die „Zivilisationsstifter" bestellt ist, habe ich weiter oben beschrieben. Wie es um die „Männer, die Macht suchen und ihr Glück auf das Unglück anderer aufbauen" bestellt ist, dafür, will ich noch einmal die Bărăgan-Deportation strapazieren. In einem Interview bei DRS2 behauptet der Autor, dass die Lothringer ihre Heimat „machthungrig und mit Blut an den Händen verlassen" haben und „Triebswetter ein Dorf von Selbstmördern und Pechvögeln ist". 1945 wurden die Triebswetterer Banater Schwaben enteignet [Da die Banater Schwaben Haus, Hof, Feld und Garten besaßen, wobei es für die rumänischen Nationalkommunisten der ersten Stunde schon als Verbrechen galt, wenn man Hausbesitzer war, weil man wohl jemanden, der nie in dieser Gegend gelebt hat, deswegen „ausgebeutet" hat, wurden Erstere von „ihrem Privateigentum befreit", also enteignet. Haus, Hof, Feld und Garten gehörten von einem auf den anderen Tag den "unglücklichen" Kommunisten, die in jedem Jahr am 23. August ihren "Nationalfeiertag" (an welchem Florescu in seinem Erstlingswerk „Wunderzeit" in der ersten Reihe mitmarschiert ist) oder „Tag der Befreiung" pompös feierten.] In ihre Häuser und in die Rathäuser zogen die rumänischen Nationalkommunisten ein. Dem war aber nicht genug. 1951 wurden halbe Banater Dörfer in die Bărăgan-Steppe deportiert (für Florescu hieß es da nur „<u>und wieder gründeten sie ein Dorf</u>"- so in DRS2), während in ihre leergewordenen Häuser die Landsleute Florescus einquartiert wurden; ganz zu schweigen, wie die Häuser nach fünf Jahren aussahen. **WER WAR DA MACHTHUNGRIG? UND WER GRÜNDETE SEIN GLÜCK AUF DAS UNGLÜCK ANDERER?** Florescu beweist am Nationalfeiertag (23.08.2012) der rumänischen Nationalkommunisten in der Zeit-Online, dass „Ceauşescu zu ihm gehörte wie Vater und Mutter" und dass er vermutlich auch noch immer dazu gehört. (**Daher ist mein Absenderdatum auch symbolisch zu sehen: 23.08.2013.**)

Die Schreibweise der Namen Ja**k**ob und Ja**c**ob. Jakob (**mit k**) ist immer der böse und unmögliche Mensch, während Jacob (**mit c**) der Gute und der Liebe ist und sich nur bei der Zigeunerin wohlfühlt. Weder Triebswetterer noch Banater Schwaben hatten je ein so gutes Verhältnis zu den Zigeunern und Zigeunerinnen, dass es sogar Halbbrüder gab. und Jakob (mit k) ist die deutsche Schreibweise und Jacob (mit c) die rumänische Schreibweise, d<u>ie Florescu so wichtig ist, weil er die Banater Schwaben als Verbrecher und seine eigenen Landsleute als die GUTEN beschreiben will.</u> **<u>Und das hat einen national-rassistischen Charakter!</u>**

Wenn manchen Professoren-Doktoren genau nachgewiesen werden kann, dass sie „abgekupfert" haben, so kann man das bei Florescu nicht unbedingt genauso tun. Er ist sogar noch weiter gegangen, er hat die originalen Familiennamen, manchmal mit einem geänderten Buchstaben, und deren Geschichten aus einem Familiensippenbuch, dem „Treffil-Buch", übernommen und sie ausnahmslos ins Negative, die Triebswetterer erniedrigend, „aufpoliert" - „ich stehle Geschichten und poliere sie zu vollem Glanze", so Florescu bei Radio Temeswar (2010). Und das war kein Zufall. In einem Interview in der Thüringer Allgemeinen behauptete Florescu nach dem Erscheinen des Romans „Jacob...", „wie wenig es braucht, seine Identität zu verlieren, manchmal ist es nur ein Buchstabe im Namen", und dass er kein Banater Schwabe sei und dass er sich „Risiken und Freiheiten" leisten konnte. (Genau die Freiheiten, die sich die rumänischen Nationalkommunisten der ersten Stunde den Banater Schwaben gegenüber auch geleistet haben.)

Ich will nun einige dieser Zitate aus dem „Treffil-Buch" (TB-Seite) und dem Roman „Jacob..." (RJ) aufzählen und gegenüberstellen. Erklärungen und Bemerkungen stehen unter (B).

(TB): Kein Eintrag. (RJ): Mystik und rumänischer Aberglaube („in jedem Sturm steckt der Teufel") ab erster Seite. Kriminelle Lothringer und dreckige, stinkige Banater Schwaben.

(TB, 580): Im Inhaltsverzeichnis steht der Name Oberten 18 Mal drin. Bei der Ansiedlung sind die Obertins - laut „Treffil Buch" - aber nicht dabei. (RJ): Das 300-jährige Familienepos der Obertins, das eng mit der Geschichte der Banater Schwaben verbunden ist! Konzentrierte europäische Geschichte!

(TB, 564) „Die 1te Copulation fand am **27 April 1773** stadt und wurde von Eugen Lenor kopuliert **Ludwicus Godron mit Anna Odromat...**" (B):Copulation/Kopulation steht also für standesamtliche Trauung. (RJ): „Die animalische Kopulation, wenn sie von Erregung und Verlangen durchflutet waren..." oder (RJ): „Die erste Hochzeit in Triebswetter wurde ... am **27. April 1773** eingeläutet. In der Dorfchronik steht geschrieben, dass sie aus Gründen unerlaubter Kopulation erfolgt sei... Also schliefen auch **Ludwicus Godron und Anna Odromat** miteinander, allerdings übereilt. Sie waren <u>beide noch keine sechzehn</u>". (B):Hier wird den Banater Schwaben Sex unter Minderjährigen unterstellt. **Die Namen wurden gar nicht geändert.** Vor kurzem strahlte der TV Sender VOX einen Beitrag über Roma in Deutschland aus, wobei in der Vorschau sinngemäß angekündigt wurde: „Sie erst 15 und er 17, sind laut Tradition im heiratsfähigen Alter." Florescu schreibt aber über „Zigeuner" und die „Zigeunerin Ramina".

(TB, 392): „Johann Manöwer (aus dem Französischen: Manoeuvre) Der Sohn **starb als Lehrerkandidat**". (RJ): „Die erste Hochzeit in Triebswetter wurde nach dem ersten Toten, dem **unglückseligen Knecht Manoeuvre**, am 27. April 1773 eingeläutet." oder (RJ): „Der erste Tote hatte nicht lange auf sich warten lassen. Der Knecht Roland Manoeuvre sollte die Glocke kurz vor der Einweihung polieren, verhedderte sich in den Seilen und stürzte kopfüber in die Tiefe... Vielleicht war es der Schnaps gewesen, vielleicht etwas anderes, Unerklärliches. Jedenfalls war dies der Anfang einer langen Serie von Unfällen, Morden und Selbstmorden, die das Dorf heimsuchen sollte. Das alles war Gottes Land". (B): Der Lehrerkandidat wird zum Glockenputzer und zum Schnapstrinker degradiert. Der rumänische Aberglaube blüht: Was suchen die Banater Schwaben in „Gottes Land"?

(TB, 169): „1920 Am 28t. Feber haben 2 Strolche aus Apathfalvar in **Bartu Peter seine Schwiegertochter** auf der neuen Kleinischen Csarda todtgeschlagen." Oder (TB, 571): „1920 des Peter Partu vom Nro. 288 seine Schwiegertochter ist als geweßene Gastgebers's auf der Triebswetterer neuen Csarda wegen einige Heller, mittels Messer totgestochen worden. Die Mörder waren 2 noch junge Apatfalvaer Strolche, Raubmörder, geschehen am den 28t. Februar 1920." (RJ): „Hatten nicht erst vor wenigen Jahren zwei solcher Männer die **Schwiegertochter von Peter Bartu erschlagen** und waren erst nach einer **tagelangen Hetzjagd** gefasst worden, bei der sogar die Gendarmerie aushelfen musste?..." (B): Diese Leute wollten Selbstjustiz verüben und die Gendarmerie (Polizei) waren nur ihre Gehilfen. Was für ein unzivilisiertes Volk, „machthungrig und mit Blut an den Händen", so Florescu in einem Interview beim Schweizer Radiosender DRS2. Auch hier wurde der Originalname übernommen.

(TB, 169): „1928 Der Blitz ist am 6t. August an 3 Stellen hier im Orte eingeschlagen. Nämlich bei Nro. 284, Nro. 221 und Nro. 663". (RJ): Ein Gewitter nahte und „inzwischen schlugen weit entfernt Blitze in den Acker" und der Feldwächter, der gerade mal wieder „geschlafen" hatte, wurde von „Marian" geweckt, „aber der Schnaps hatte seinen Mund trockengelegt". (B): Der schlafende besoffene Feldwächter, etwas alltägliches. Der Blitz schlägt nur im Hügelland in den Acker. In Triebswetter ist es aber ganz eben, also gibt es keine Angriffsfläche für den Blitz. **Was er hier beschreibt ist NICHT Triebswetter!**

(TB 225): „**Richter Nikolaus Strubert** 1855-1938" (RJ): Marian lief mit dem Horn zum „**Burghüter Strubert**, der an derselben Leidenschaft wie der Feldwächter litt". (B): (Also auch besoffen war.) Der

Richter wird zum betrunkenen Burghüter. Einen Burghüter gab es aber bei den Banater Schwaben nicht. Das war der Messner bei den Siebenbürger Sachsen.

(TB, 548): "**Victor Nepper**. Das Gründungsjahr der Nepperschen Apotheke ist daß Jahr 1883. Es war das Haus 432 neber der Kirche". (B: Rechtschreibung von 1930 war etwas anderes als die neue Rechtschreibung heute.) (RJ): Über den Apotheker **Neper** erfährt man auch, dass er „früher ans Krankenbett geholt, woraus nicht selten das Totenbett wurde". Von **Nepers Vater** weiß Florescu, dass er „seine Medizin, Flaschen und Pulver in allen Farben aus Wien und Budapest importiert" hat. „Als leidenschaftlicher Chemiker hatte er alles Mögliche hergestellt und eines Tages **sich selbst und den Laden in die Luft gejagt**". (B): Der Apotheker wird auch bei der Geburt Elsas auf dem Mist zum Dorftrottel und sein Vater „jagt sich selbst" in die Luft. Das gibt es doch in der deutschen Geschichte auch, oder nicht? Genau so gibt es den Schweizer Buchtitel „Veronika beschließt zu sterben", der aber nicht „abgekupfert" ist (nur inspiriert, wie auch „Zaira" von Robert Serban, siehe DRS2 und Radio Temeswar, August 2010).

(TB, 445): „Dieser **Josef Renon, Gogo Joschka** benannt, ging wie es damahls Ortspflicht geweßen ist, **wegen Räubereien**, am 5ten Februar 1869 Abend's auf die Gassenwache, bei Mitternacht ge-wahrte Josef einen Dieb. ...Der Dieb kehrte sich, ein Schuß fiel, Josef im Bauch getroffen von einer Schroodladung viel nieder." (RJ): Und schon wieder der Schnaps: „...Waren sie nicht zahm und reuig gewesen und hatten vorgegeben, sich an nichts mehr zu erinnern, und alles dem hochprozentigen Rausch zugeschrieben? Und noch früher, war da nicht der **Burghüter Josef Reno oder Gogo Josch-ka**, wie sie ihn alle nannten, in einem schlimmen Winter auf Gassen-wacht **von einem Pferdedieb** mit **seinem eigenen Gewehr er-schossen** worden?" (B): Von einem Pferdedieb? Mit seinem eige-nen Gewehr? War es ein Schweizer? Der Spitzname **Gogo Joschka wurde ungeändert** übernommen. In Triebswetter hatte jeder einen Spitznamen und Gogo sollte eigentlich Koko heißen, weil es von Cocron, Kokron oder von Cocqueron kommt. Werden unmögliche Eigenschaften von heute auf die Banater Schwaben von vor 60-80 Jahren übertragen?

(TB x): kein Eintrag. (RJ) Eine Begebenheit beim Apotheker: Neper fand „Jakob friedlich am Tisch sitzend vor, wie er sich einen Brotlaib an die Brust drückte und ihn mit dem Messer durchschnitt. Er <u>riss ein Stück vom Teig heraus</u> und <u>tunkte es in die Maisbreireste</u> der letzten Nacht. Damit <u>stopfte er sich den Mund voll.</u> Dann <u>folgten einige dicke Wurstscheiben.</u> Das ist doch alles, <u>was man braucht Bruder!</u>" (B): Weder Triebswetterer noch Banater Schwaben aßen so unzivilisiert. Das kommt genauso auch in „Zaira" vor. <u>Wir aßen weder „vertrock-neten Maisbrei", noch sprachen wir uns mit „Bruder und Schwester"</u> an. Wieder das „Beamen" gegenwärtiger Eigenschaften der Schwei-zer und Deutschen von heute in die Zeit der Banater Schwaben von vor 60-80 Jahren. <u>**So etwas Unzivilisiertes, was heute in schmut-zigen, unordentlichen Studentenwohngemeinschaften vorzufin-den ist, hat es zu jener Zeit in banatschwäbischen Haushalten NICHT gegeben! Gerade da gab es Frauen - keine amerikani-sche Huren -, die für Sauberkeit und Ordnung gesorgt haben**</u>. Auch ohne Staubsauger (damals gab es noch keine) waren alle Wohnstuben staubfrei! Ringe in Ohren und Nasen gab es auch nicht, das war den Schweinen und Ochsen vorbehalten.

USW. **Das ist noch lange nicht alles, wir Triebswetterer haben auf 292 von den 405 Seiten des Romans Beanstandungen.**

Wir kommen so zu unserer endgültigen Bewertung des Romans „Jacob...":
Das ist kein Geschichtsroman der Banater Schwaben, das ist kein Familienepos der Triebswetterer Familie Obertin, das ist eine Krimi-nalisierung unserer Ahnen und Vorfahren aus Lothringen, das ist eine Identitätsverfälschung der Banater Schwaben, das ist eine Schmähschrift gegen die Triebswetterer im Besonderen und der Banater Schwaben im Allgemeinen! Usw. (Siehe Seite 16.)

Vielen Dank.
Mit freundlichen Grüßen.
F. B.

PS

Wir haben für „uneinsichtige" Leute, die nicht einsehen wollen, dass wir auch unsere Meinung zu dem Roman sagen/schreiben dürfen, ein „Armutszeugnis" (Seite 132) ausgestellt.

Und sagen Sie bitte nicht, dass unsere Kommentare „emotional" sind und dass es für den Roman „Jacob..." __„differenzierte" (oder „umstrittene", - das habe ich weiter oben auf mehreren Seiten erklärt) Kritiken gibt__. Meinen heißt NICHTS wissen, wir kennen aber **die wahre Geschichte und die Hintergründe: die Fakten!**

In jedem Beitrag, den ich von Florescu gehört/gesehen/gelesen habe, wurden die Hörer/Leser glattweg belogen (siehe auch weiter oben), und zwar genauso, wie es in den ehemaligen „menschenunwürdigen" Regimes des Ostblocks gemacht wurde.

Vielleicht ist das auch noch wichtig.
Die Ansiedler von Triebswetter, also unsere Vorfahren, wurden von Florescu gleich zu Beginn seines „großen" Romans "Jacob..." mit folgenden Eigenschaften belegt: „Animalische Kopulation, sie und der Schnaps in der Kneipe, Beischlaf nur vor Sonnenaufgang, Gestank nach Kot, Urin und dreckverkrusteten Füssen, rutschten sie unter der Strohdecke und fanden den ebenso übel riechenden Körper des anderen." Was er in „Zaira" im ganzen Roman verteilt hat, brachte er über die Banater Schwaben aus Triebswetter gleich am Anfang in einem Satz und hat immer wieder daran erinnert. Die Ansiedler kamen zu 60% aus Lothringen und zu 15% aus Süddeutschland (Pfalz, Baden, Württemberg, Bayern) usw. **Fast alle restlichen Banater Dörfer wurden ausnahmslos von Ansiedlern aus Süddeutschland gegründet. __Die Süddeutschen waren mit dem obigen Schmuddelsatz auch gemeint und ich finde es TOLL, dass diese ihm für sein SCHMUTZWERK PREISE VERGEBEN! Bei uns werden Naturwissenschaftler gesucht, bei Kulturredakteuren und Prof.-Dr. der Literatur haben wir ein größeres Problem!__**

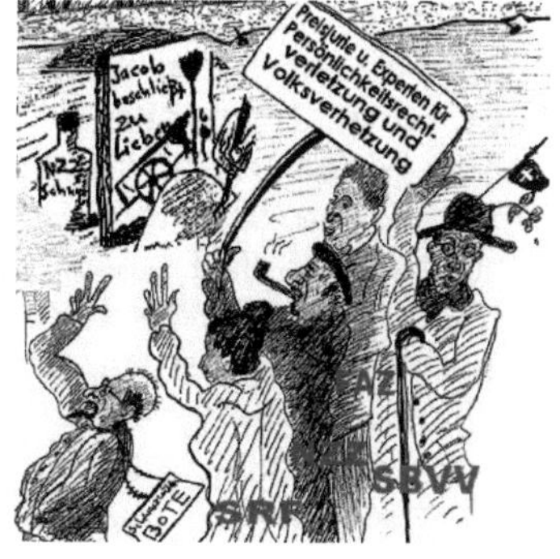

=> 7 <=
Auszüge aus Interviews mit Florescu

Auszüge und Zitate aus Interviews mit Florescu.
Thüringer Allgemeine. Auf die Frage: „Erzählen Sie von der Suche nach Identität?" antwortet Florescu: „Ich spiele damit, dass Identität etwas Vielschichtiges ist und wie wenig es eigentlich braucht, seine eigene Identität zu verlieren... Manchmal ist es nur ein Buchstabe im Namen, der über das weitere Leben entscheidet. Ich habe sehr lange recherchiert, über den 30-jährigen Krieg ebenso wie über die Deportationen der Roten Armee." Frage: „Steckt etwas von Ihrer Biografie in diesem Buch?" Antwort: „Sehr wenig... Ich habe nie die Protektion meiner Familie verloren... Mein Vater war und ist für mich ein positiver Held, ihm habe ich meinen Romanerstling ‚Wunderzeit' gewidmet. **Ich bin kein Banater Schwabe, teile diese Geschichte nicht. Insofern konnte ich mir für den Roman mehr Freiheiten herausnehmen und Risiken eingehen.**" (Der positive Held? War das nicht der mit dem täglichen Bericht über die Nachbarn bei der Miliz?) Florescu beendet das Interview mit: „Ich möchte den Roman verstanden wissen **als Plädoyer für Menschlichkeit und Liebesfähigkeit.** Und für Selbstverantwortung". (Nein! Wirklich? Das hätte ich nie gedacht!)
Interview: Café-Haus-Kultur, Radio Temeswar, August 2010. Von der Moderatorin gefragt, was er denn schreiben würde, antwortet Florescu: „Ich schreibe Weltgeschichte, ha, ha, nein, ich schreibe Weltgeschichten", wobei er sich nicht ganz sicher ist, was ein Erzähler ist. Er gibt aber schließlich zu: „**Ich stehle Geschichten und gebe sie dann weiter in veränderter, erweiterter, verdichteter Form.** Ich suche Rohdiamanten und **poliere sie dann zum vollen Glanz.**" Und mit welchem polierten Glanze sind die Triebswetterer und Banater Schwaben in diesem Roman davongekommen? Auf die Frage: „Zaira. Was ist das für ein Buch?", antwortet Florescu: „Ein **Weltbuch**, ha, ha, ha, und handelt vom **wahren, erfundenen Leben** der Zaira, der großen rumänischen Puppenspielerin... die heute immer noch **hier unter uns lebt in Timişoara**". Wie soll man das „wahre, erfundene" Leben jetzt interpretieren? Gibt es da auch Namen real existierender Personen? Ganz sicher! Aber dieser Roman hat einen lustigen Ton. Das Interview gipfelt in der Phase, als die Moderatorin fragt: "**Wieso haben Sie denn keine**

Themen aus der Schweiz in Ihren Büchern?" Florescu: „Weil die Schweiz viel zu wenig hergibt in dieser Beziehung... Das ist eine ganz andere Kultur (Hoppla! Und die Kultur der Deutschen, Rumänen und Zigeuner aus dem Banat kann man dann in einen Topf werfen und Ceauşescus Vision von der ‚zukünftigen gemeinsamen Kultur' verwirklichen?)... die ‚Traditions', wenn es sie gibt, dann sind sie mir nicht erzählt worden...." **(Muss es doch den Schweizern leidtun. Keine Kultur, keine Tradition, kein Roman.**) Was wohl der nächste Roman werden soll, wird hier auch schon in Erfahrung gebracht: „Es ist auch eine Geschichte aus dem Banat der Deutschen in den Banater Dörfer. Es gibt - ich sage so, ich versuche es, ich bin nicht sicher, ob es mir gelingt", so Florescu. Und der Roman über die „Deutschen in den Banater Dörfern" war damals (August 2010) ganz bestimmt schon fertig, denn im Oktober 2010 trat er die Stadtschreiberstelle in Baden-Baden an, wobei dieser Roman als Grundlage eingereicht wurde. Auch das Thema „Zaira" wurde von Robert Şerban „übernommen"!

Schweizer Radio DRS2 Aktuell in einem Gespräch mit Florescu im September 2011. Hier einige Bemerkungen und Zitate. Da heißt es doch, Triebswetter wäre an einem kleinen Flüsschen, der Marosch, gelegen. (So klein ist das Flüsschen nun auch wieder nicht und ich weiß nicht, ob die 15 km gerade mal als daneben zu betrachten sind.) Die **Ahnen der Triebswetterer aus Lothringen sind „alle machthungrig und haben Blut an den Händen"** und Triebswetter ist ein **„Ort von Selbstmördern und Pechvögeln"**. Florescu legt auch Wert auf „die Macht der ersten Sätze" und so beginnt sein erster Satz im Roman mit: „Dem Teufel, der sich vor Gott im Sturm versteckt", was ein Aberglaube in Rumänien (aber nicht bei den Banater Schwaben) ist. (Wenige Sätze später, kommt es dann zur animalischen Kopulation mit dreckverschmierten Füßen unter Strohdecken mit dem ebenso übel riechenden anderen.) Es wird genau darauf hingewiesen, dass der „Vater Jakob mit k (die deutsche Schreibweise) der ÜBLE und der Brutale ist, er vergewaltigt, verrät den Sohn an die Russen, tritt in die KP ein." Wobei hingegen der „Sohn Jacob mit c (die rumänische Schreibweise) der LIEBE, der vom Vater Unterdrückte ist, der nur die letzte Zuflucht bei der dicken Zigeunerin findet, er liebt das Serbenmädchen, das umgebracht wird." Die Geburt auf dem Mist wird wieder widerrufen, denn die Zigeunerin behauptet: „Die Geburt fand nicht auf dem Mist statt...der Wind hat den Samen gebracht...", also Mystik und Aberglaube? Auf die Frage: „Sie sind Rumäne?", antwortet Florescu: "JA". Der Schweizer Moderator wollte natürlich wissen: „Wie sind Sie auf Triebswetter gekommen?", wobei Florescu antwortet "... wie die Jungfrau zum Kind... es war der Wind." (Hoppla, wir wissen aber etwas anderes.) Florescu hatte „RUMÄNISCHE INFORMANTEN" (Jakob Oberten aus Triebswetter war da bestimmt nicht gemeint, denn der hat Florescu zwei Bücher gegeben, dafür wurde er dann auch zum „Doppelprotagonisten" in Florescus „großem, schönem" und schmutzigem Roman), aber aus der Geschichte des Dorfes wusste er nur ganz, ganz WENIG „alles andere ist FIKTION". (UND DAS Treffil-Buch, das Familiensippenbuch, welches auch online ist?) Der Moderator behauptet, dass „in dem Roman ‚Der blinde Masseur' herrscht ein melancholischer, in ‚Zaira' ein lustiger und in ‚Jacob' ein ganz ANDERER (düsterer, dunkler) Tonfall". Darauf kann Florescu nur antworten: „...**ich muss dem Publikum gefällig sein**" und dass es „HUMOR" im Roman ‚Jacob', gibt. (Aber wo? Den haben wir wohl noch nicht gefunden. Der Wind hat ihn wieder verweht. Genauso wie nur allein Elke Heidenreich im Roman „Liebe" gefunden hat.) Über den Titel „Jacob beschließt zu lieben" wurde auch gesprochen, dabei ist mir aufgefallen, dass es schon einen Schweizer Roman gibt: „**Veronika beschließt zu sterben**". (Abgekupfert ist da überhaupt nichts, auch von unserem Familiensippenbuch hat „er" noch nie etwas gehört.) Florescu behauptet nun: „Es gibt Banater Schwaben, die das Buch als ‚GUT' bewerten, welche die ihm DAUERND gratulieren". Aber es gibt auch „REAKTIONÄRE TRADITIONALI-STISCHE KREISE", die etwas gegen seinen Roman haben. (Genau-so hat auch Ceauşescu gesprochen: „Reaktionäre traditionalistische Kreise".) Ende des ersten DRS2-Beitrages.

In einem zweiten DRS2-Beitrag mit Markus W. begann die Ansa-gerin mit den Worten, dass der Roman in einem „Stil geschrieben ist, der einen manchmal schaudern lässt" und es wird erzählt von „deutschsprachigen Auswanderern einer Gegend, die exemplarisch ist für die Vielvölkerschaft Europas". Florescu hat sich mit seinem Gesprächspartner dort „getroffen, wo der Autor normalerweise seine Romane schreibt, in einem Cafe". Als dieser darauf hingewiesen hat, dass es im Roman „nach Mist und Brandstiftung stinkt", hat das weder Florescu noch weitere Personen - z.B. die Schweizer Lese-ratten - gestört. Es ist auch nicht verwunderlich, wenn sich Florescu als „Intellektueller" und „Migrant" bezeichnet, der wörtlich (im Schweizer Dialekt) sagt: „Wir BEREICHERN die deutschsprachige

Literatur oder die Schweizer Literatur mit NEUEN THEMEN und mit einem FRISCHEN TON". (Irgendwie kommt mir dieser Ton aber sehr bekannt vor: „Ceauşescu-Jargon".) Nur gut, **dass die Schweizer nicht wissen, wo die Wirklichkeit aufhört und die Fiktion anfängt, dass es den Jakob Oberten wirklich gibt, dass es die Triebswetterer auch wirklich gibt und dass wir ein Produkt eines „Kaffeesatzlesers" sind.** Cafe kann man auch mit „Schuss" (dem vielgerühmten Schnaps aus allen Florescu-Romanen) trinken - auch eine „Tradition" in Rumänien.

In einer rumänischen Publikation gibt Florescu, der Autor des großen Romans „Jacob beschließt zu lieben", Folgendes zu:
Frage: „Jacob...? Wenn Sie wählen würden, wer wollten Sie aus dem Roman sein, würden Sie ihn vorziehen?"
Florescus Antwort: Siehe weiter unten (Seite 210).

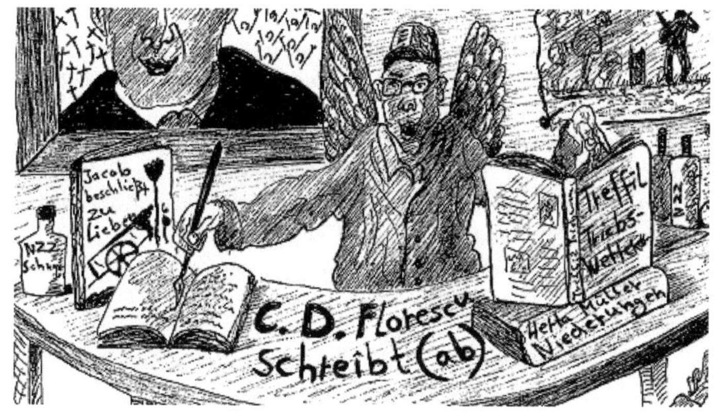

Copy- und Polier-Shop á la Florescu:
Das Schmutzwerk Herta Müllers („Niederugen") über die
Banater Schwaben und das Familiensippenbuch - „Das Treffil-
Buch" - dienten als Vorlage für seinen „großen" Roman
„Jacob beschließt zu lieben". Hat er abgeschrieben?
Nein!!! Nur verwendet, verändert, verdichtet und bis zum
„vollen Glanze" (bedeutet durch den Dreck gezogen) poliert.

Karikatur: Michael Blümel

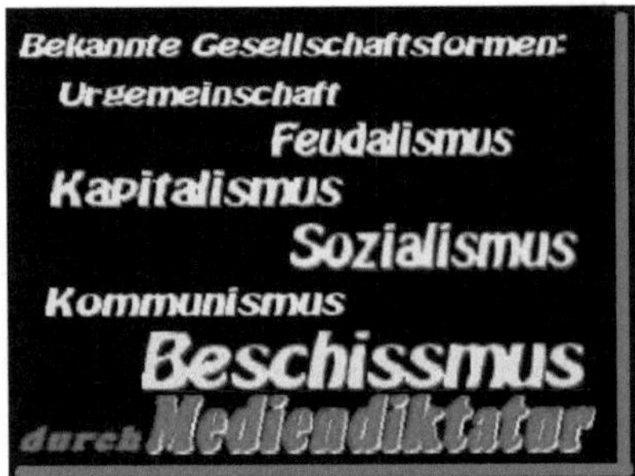

Was schreibt **Ulrich Wickert** in seinem Buch **„Redet Geld, schweigt die Welt"**. Zitat: „Wenn aber in unserer Ge-sellschafts- und Finanzwelt Grundbegriffe wie Werte, Tugend und Moral nicht präsent sind, wohl aber … das Laster ‚Gier' von der Ökonomie zum Goldenen Kalb umbenannt wurde, dann dürfen wir uns auch nicht wundern…, dass die Gier …Menschen dazu verleitet, <u>zu lügen, zu betrügen, zu stehlen und irrezuführen</u>"

„Wer aber auf den größtmöglichen Gewinn aus ist, den schert die Würde des Menschen meist einen Dreck, vor allem dann, wenn die beiden ‚Ziele' in Widerstreit treten."

Das alles passt auch zur Berichterstattung zu diesem „großen" Roman, der nur von den „<u>nichtsahnenden, kommunikationsverweigernden, recherchierfaulen</u>" Medien dazu gemacht wurde. Udo Ulfkotte meint da treffend: „Gekaufte Journalisten". Und ich ergänze noch – ebenfalls treffend – „gekaufte Doktoren" und/oder „gekaufte Rezensisten!"

Ulrich Wickert „Redet Geld, schweigt die Welt". Zitat:
„Keiner darf die Rechte anderer verletzen und niemand gegen die verfassungsmäßige Ordnung oder das Sittengesetz verstoßen." Offensichtlich gilt das nicht für „Krixler", die auf die „Künstlerfreiheit" schwören!

Zitat:
„In Deutschland findet Erziehung zu Ordnung und Selbstbeherrschung wenig Unterstützung... Vergangenheit... In Ländern wie Frankreich oder England hingegen wird Disziplin wie eh und je ohne Hemmung eingefordert."
„Disziplin bedeutet nicht, blind zu gehorchen, sondern sich selbst in die Pflicht zu nehmen." (Das alles setzt aus, wenn man anonym bleibt!)

Zitat:
„Die Generation der 68er sah in der »Moral der Bürger« zunächst die Unterdrückung des Sexuallebens. Wer sich damals mit dem Ausruf brüstete: »Ich kenne keine Moral« wurde damals bewundert."

Das gilt auch heute noch für alle anonymen Buchportalbewerter, die sowohl den Begriff der Moral als auch den des guten Geschmacks und der (nicht vorhandenen) guten Disziplin samt IQ am „Portaltor" abgeben!

8

Einige Bemerkungen zum Beitrag vom 07.11.2012 in der ADZ (Allgemeinen Deutschen Zeitung, Rumänien)
(Nov.2012. Die ADZ wurde von uns schon einmal angeschrieben, die haben aber auch keine Worte, uns zu antworten, gefunden.)

Zitat Reporterin: „...Tatsächlich kann man noch kein Pattern bei ilhren Romanthemen entdecken, nichts wiederholt sich und doch haben alle Romane dieselbe Substanz, eine gewisse Identitätssuche..."

Unsere Antwort: Ich glaube, die ‚Suche nach Identität' wurde in ‚Jacob beschließt zu lieben' sehr gut gelöst, indem der Autor einfach die Identitäten einiger Personen, die in ‚Zaira' vorkommen, auf die Identitäten der Protagonisten in ‚Jacob' übertragen und wiederholt hat. So einfach geht beim Autor die Identitätssuche, die er laut Interview in der Thüringer Allgemeinen eigentlich verändern kann, indem er nur ‚einen Buchstaben im Namen' verändert. Was das Wiederholen angeht, gibt es durchweg in allen Romanen immer dieselben Elemente wie: Mücken, Schnaps, Besoffene, Ochsenkarren, Aberglaube, Gestank nach Dreck, Kot und Urin. Vergleicht man ‚Zaira' mit ‚Jacob', so kann man ganze Sätze finden, die in beiden Roman gleichermaßen vorkommen, obwohl sich der eine in Strehaia - in Oltenien, wo es auch sehr viele Zigeuner gibt - und der andere 300 km weit weg in Triebswetter - im Banat, wo es in jener Zeit kaum Oltener und Zigeuner gab (zumindest hatte man keine Zigeuner als Halbbrüder und keine Zigeunerinnen als Hebammen) - abspielt.

Frage der Reporterin: „Wie stehen Sie zur HOG Triebswetter, die ja sogar Ihr Buch als Beleidigung für alle Triebswetterer verbieten lassen wollte?" (Die Anzeige wurde nur zurückgezogen, um nicht noch mehr Werbung für den Roman und „Blödmänner" zu machen.)

Florescu: „Ich will nicht in der Haut dieser Leute stecken, Das Gift, das sie sprühen, das vergiftet sie selbst. Diese Verbitterung und diese Aggressionen sind **furchtbar** und ich habe eigentlich Mitgefühl mit ihnen. Mich **berührt das nicht**. .. Alle Leute, die unbelastet sind, nicht giftig, nicht böse, diese Leute erkennen in Jacob einen Sympathieträger."

Unsere Antwort: Das sind all jene, die von der Werbung und vom Autor belogen und in die Irre geführt wurden und die nicht wissen, worum es eigentlich wirklich geht, die Triebswetter nicht kennen, die, die <u>Geschichte der Ansiedlung Triebswetters</u>, des Banates und des 30-jährigen Krieges nicht kennen, die teils <u>gar nicht wissen, wo Rumänien liegt</u>, geschweige denn, dass man zwischen <u>Strehaia in Oltenien</u> und <u>Triebswetter im Banat</u> einen <u>kleinen Unterschied</u>, was Identität und Lebensweise angeht, machen muss. Wer Lügen - das gilt sowohl für den Roman wie auch für die verantwortungslosen Kommentare dazu - in den Medien, über andere verbreitet, streut Gift in die Gesellschaft und nicht jener, der diese Lügen entlarvt und bekämpft. Es ist wohl „inakzeptabel" in unserer Gesellschaft, dass sich „Gemobbte und Erniedrigte" wehren! Damit haben die „unbelasteten, ungiftigen Sympathieträger" wohl nicht gerechnet. Und die „gefühlten Aggressionen" stammen auch aus der antikapitalistischen Waffenkammer der Altkommunisten, die in Deutschland, in der Schweiz und in Österreich noch keiner kennt, weil keiner den Kommunismus und dessen kleptokratische Korruption am eigenen Leibe fühlen und ertragen musste. Was schreibt Ulrich Wickert in seinem Buch „Redet Geld, schweigt die Welt". Zitat: „Wenn aber in unserer Gesellschafts- und Finanzwelt Grundbegriffe wie Werte, Tugend und Moral (*) nicht präsent sind, wohl aber die Kardinaltugend der exzessiven Profitmaximierung (**), wie das Laster ‚Gier' von der Ökonomie zum Goldenen Kalb umbenannt wurde, dann dürfen wir uns auch nicht wundern, wenn wir morgens die Zeitung aufschlagen und uns ärgern, dass die Gier nach dem schnellen Geld Menschen dazu verleitet, <u>zu lügen, zu betrügen, zu stehlen und irrezuführen</u>." Diese Probleme kennen doch alle Banater Schwaben? ODER?

Florescu: „Mein Buch ist <u>voller Liebe und Wärme, ohne Hintergedanken</u>. Die zwanghafte Suche dieser Leute nach Sätzen, die irgendwas bei mir entladen sollte, <u>weist eigentlich auf Wahnideen</u>." (Außer Elke Heidenreich hat noch niemand Liebe im Roman gefunden!)
Und die <u>Antwort der Wahnsinnigen</u> - die wohl, wie im Roman, ihr (ehemaliges) eigenes Zuhause nicht mehr erkennen - eigentlich ein „Fall für den Psychiatern": Was schreibt Dr. Eckart von Hirschhausen in seinem Buch „Wohin geht die Liebe..." über das „Schönsaufen": „Das **gilt nicht nur für Gesichter, sondern auch für die ver-zerrte Wahrnehmung des eigenen Charmes**, Witzes und anderer Fähigkeiten." Und noch etwas: „Denn wenn auch <u>etwas Unwahres über jemanden behauptet wird, ist es stets spannender als die meist unspektakuläre Wahrheit</u>. Und es bleibt immer ein

Nachgeschmack!" Ein Psychologe müsste das wissen! Wie war das in dem Interview bei Radio Temeswar (im August 2010)? Moderatorin: „Florescu, was schreiben Sie?" Antwort: „Ich schreibe Weltgeschichte! Ha, Ha..." Moderatorin: „Zaira, was ist das für ein Roman?" Antwort: „Das ist ein Weltroman! Und erzählt vom WAHREN ERFUNDENEN Leben der Zaira, die heute noch unter uns lebt... Ich stehle Geschichten und wiedergebe sie in verarbeiteter, verdichteter Form, ich poliere sie zu vollem Glanze!" (Und wie glänzen die Triebswetterer und Banater Schwaben, die Wahnsinnigen, jetzt?) Und weiter, die Moderatorin: „Warum nehmen Sie keine Themen aus der Schweiz?" Antwort: „Weil die Schweiz zu wenig hergibt... die Traditions, falls es sie gibt... das ist eine ganz andere Kultur..." GENAUSO SEHEN WIR ES AUCH! In Strehaia, Oltenien, die Kultur der Lieben und Guten, zwar dreckig, besoffen und auch erniedrigt und auf der anderen Seite die kulturlosen Zivilisationsstifter, die Mörder, Verbrecher und Wahnsinnigen aus Triebswetter, aus dem Banat, **die diesen „schmutzigen Roman" nicht einschätzen können**. Ein Zitat aus Zaira: „... sie sprachen stumm miteinander..." Wie soll denn das gehen? „Zaira erhielt ihren Pass in vier Tagen". Wie sollte das gegangen sein, wenn Deutschstämmige in jener Zeit bis zu zehn Jahren und mehr überhaupt auf eine Antwort (auf den Antrag auf ein Antrags-formular) gewartet haben? Das gehört wohl auch zur „unbegreiflichen Fiktionalisierung" (siehe weiter unten) der bitteren Realität?

Weitere Zitate aus Interviews (z.B. Schweizer Radio und TV DRS2): „Triebswetter ist ein Ort von Selbstmördern und Pechvögeln." Die Vorfahren aus Lothringen (die Zivilisationstifter, siehe weiter unten) verließen „ihre Heimat machthungrig und mit Blut an den Händen". Florescu hatte nur seine „rumänischen Informanten" und sonst wusste er nichts über Triebswetter (abgesehen vom Treffil-Buch, aus welchem er jede Menge Familiennamen und Geschichten entnommen hat, die entsprechend NEGATIV AUFPOLIERT wurden). Genau das ist auch im Roman über Triebswetter dabei herausgekommen: NICHTS über Triebswetter. Er hätte den Roman auch Strehaia, Teil 2 nennen können, das wäre hier sowieso keinem seiner Leser und Kommentatoren aufgefallen: **Wir bereichern die Deutsche und Schweizer Literatur mit neuen Themen und einem ganz neuen Ton**" (DRS2). Und wie kommt mir dieser Ton bekannt vor, wenn ich dann hören muss: „Das sind reaktionäre, traditionalistische Kreise, die Aggressionen haben." So sprach auch Ceauşescu, der für

Florescu „wie Vater und Mutter" war (Zeit-Online, 23.08.2012). Und wie war denn das mit dem sowjetischen Regimekritiker Sacharow? Wurde der nicht von den „unfehlbaren, überlegenen" Kommunisten in die Psychiatrie gesteckt, weil er „Wahnideen" hatte und mit dem „glücklichen" Kommunismus nicht einverstanden war?

Florescu: „Denn für diese Leute ist eine <u>Fiktionalisierung von bitterer Realität</u> nicht möglich... wie sie es wollen, eine folkloristische Dorfchronik.".
Unsere <u>Antwort/Frage/Verwunderung</u>: Ja kann man das noch toppen? <u>Was ist Fiktion und was ist Realität</u>?(***) Mit wem geht hier die Fiktion und Realität durch? Ich wiederhole nochmal: „Das wahre, erfundene Leben der Zaira" und „sie sprachen stumm miteinander" sowie „die Schweizer haben keine Kultur und keine Tradition". „Ich schreibe Weltgeschichte"! „Das ist ein Weltroman"! Und wir haben Wahnideen?!... Und eine „folkloristische Dorfchronik" haben wir auch nicht erwartet, denn es wäre dasselbe herausgekommen.

Florescu: „**Sie begreifen nicht** (wie blöd sind die eigentlich?), dass <u>ein Rumäne mit dem Namen''Florescu',</u> der <u>nicht aus ihrer Minderheit stammt,</u> aus purer Neugierde und Interesse <u>an einer großen Geschichte</u> und, vor allem, <u>ohne Hintergedanken </u>dieses Buch schreiben kann." **(Was für große Geschichte, eine wahre oder erfundene?)**
Unsere Antwort: Das <u>mit dem Rumänen</u>, den Namen will ich jetzt nicht nennen, und das <u>mit der Minderheit</u>, ist wohl der **Gipfel des Hohns und Spotts**, den ich je von einem Rumänen gehört/gelesen habe. Das ist genau das <u>Verhalten der rumänischen, nationalistischen Altkommunisten</u>, an der Spitze mit Ceauşescu, den Minderheiten gegenüber: <u>ihre Überlegenheit</u>, die auch am Ende in Zaira durch den Kommunisten Dumitru zum Ausdruck kommt. Daher verwundert es mich auch nicht, dass wir von einem Psychologen als Wahnideenträger bezeichnet werden. <u>Das ist rumänisches nationalistisches Gedankengut</u>, genauso wie die <u>Schreibweisen der Namen Jakob (mit k) und Jacob (mit c</u>, Genaueres weiter unten) und die fadenscheinige Antwort Florescus mit dem Beispiel des serbischen Namens in der Schweiz, was eigentlich NICHT ZUM THEMA gehört! (Aber, wie ist es mit den Triebswetterern oder Obertins, wenn die sich irgendwo in der Welt eines Tages ausweisen müssen? Heißt es dann nicht, waren das nicht diese dreckigen, stinkigen Mörder und Geiselnehmer?) Das sich jemand für die Geschichte der Banater Schwaben interessiert, ist bemerkenswert, dass man <u>aber diese</u>

missbraucht, um sowohl <u>eine Identitätsverfälschung als auch eine Geschichtsverfälschung der Banater Schwaben zu beschreiben</u>, was wohl die Hintergedanken und nicht die Neugierde waren, ist **gemein und niederträchtig und hat ebenfalls nationalistische Züge.** Etwas, was noch mehr ins Gewicht fällt, wenn jemand auch noch Psychologie studiert hat!

Anmerkung (*): Dabei ist nicht die Moral, die von den kommunistischen Lobliedschreibern der Parteibüros Honeckers und Ceauşescus bejubelt wird und über die heute anscheinend keiner mehr etwas weiß, gemeint. Jeder muss/darf nur lernen, was ihm "Spaß" macht!

Anmerkung (**): Der Roman wurde, laut Florescu, 50000 Mal verkauft, dass heißt nach Adam Riese 1.000.000 Euro. Hallo Triebswetterer und Banter Schwaben! So viel kostet Eure Diskriminierung und so viel verdient man damit! Lohnt es sich noch, ehrlich zu arbeiten?

Anmerkung (***): Die Geschichte der Triebswetterer und Banater Schwaben, die Vorkommnisse in Lothringen zur Zeit des 30-jährigen Krieg, die Geschichten der einzelnen Personen sind einer <u>fiktionalen nationalistischen Sicht des Autors ent-</u><u>sprungen</u>, die <u>Identitäten</u> der Protagonisten sind <u>aus dem Roman "Zaira"</u>, der sich in Strehaia, Oltenien, abspielt, <u>regelrecht wortwörtlich</u> (von sich selbst) <u>abgekupfert</u> (es gibt eine Menge Parallelen: der Eintritt in die KP von Zairas Vater und Jakobs, die dreckverkrusteten Füße der Bukarester Zigeuner in "Zaira" und die der Triebswetterer in "Jacob", die Mücken, der Gestank nach Kot und Urin, die Besoffenen, die Ochsenkarren usw). <u>Nur die ORIGINALNAMEN Triebswetter, Banater Schwaben und alle aus</u> <u>dem Familienbuch entnommenen Familiennamen der Triebswetterer sind BITTE RE</u> <u>REALITÄT!!!</u>

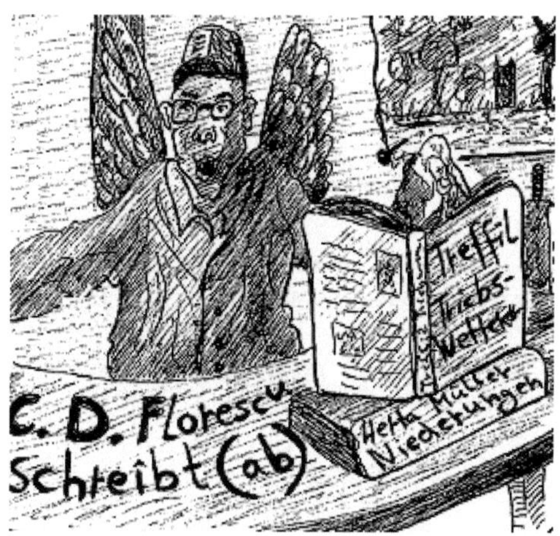

Copy&Polier-Shop á la Florescu: „Niederungen" von Herta Müller.
und „Das Treffil-Buch", Herausgeber Heinz Vogel (Triebswetter)
Karikatur: Michael Blümel

9

**Und da haben wir die Antwort, wo die Nazis „sitzen". Der
C.H.Beck-Verlag druckt 2011 das unselige Schmutzwerk
Florescus, hat aber eine Nazi-Vergangenheit (FAZ 24.12.2013)
Unser Kommentar für die FAZ, der nicht gedruckt wurde**

**Betr.: Deutsche Brüder (Geschichte des C.H. Beck-Verlages)
aus der FAS vom 22.12.2013 FEUILLETON 43 und der Online
Version vom 24.12.2013** von Anna Pizkau

Der folgende Beitrag wurde auch von der FAZ oder FAS (FAZ am
Sonntag, die ich abbestellt habe) NICHT veröffentlicht oder gedruckt.
Es gab auch keinerlei Antwort, die „Leute sind überfordert", pflegt
man bei uns zu sagen.)

Es wundert mich nun nicht mehr, dass das Verlagshaus C.H.Beck
eine Nazi-Vergangenheit, die angeblich bis heute keine Spuren
hinterlassen hat. Leider muss ich dieser Aussage widersprechen,
denn erst vor zwei Jahren hat der C.H.Beck Verlag ein Werk eines in
der Schweiz lebenden rumänischen Nationalisten über eine ehemalige in Rumänien unterdrückte Minderheit, trotz mehrerer Proteste
ihrerseits, ohne mit der „Wimper zu zucken" beworben, gedruckt,
ausgeliefert und verkauft. (Thema Gier?) Vor 70 Jahren waren es die
Juden, jetzt sind es die Banater Schwaben, die nicht nur Russlandverschleppung, Bărăgandeportation und ewige Bespitzelung
durch die rumänischen kommunistischen Behörden unter Ceauşescu
ertragen mussten, nein, jetzt kommt ein Angehöriger dieser „Behörden" und beschmutzt das Ansehen aller Triebswetterer und Banater
Schwaben durch ein Werk, welches vom C.H.Beck-Verlag gedruckt
wurde. So erscheint mir die Antwort auf die Frage: „Warum H. Beck
aber Kommentare zu den Nürnberger Rassengesetzen publizierte?"
„Man muss es aus der Zeit heraus sehen, damals wurden diese
Kommentare gebraucht!" als Hohn und Spott den Banater Schwaben
gegenüber. Oder soll ich den Schluss ziehen, dass man solche
Romane heute als „neue deutsche Literatur" braucht oder, dass das
der „neue Ton" ist, mit welcher der Autor die deutsche und
Schweizer Literatur bereichert (laut Interview des Autors im DRS2,
Schweiz), der nie vergisst zu erwähnen, dass er im Banat in
Rumänien geboren wurde, von wo er mit 15 Jahren „mehrmals"

geflüchtet ist. (Nun muss ich aber festhalten, dass alle, die in Rumänien geboren wurden, nicht auch Rumänen sind, diese Kleinigkeit kennt man bei uns aber nicht und beschimpft jeden, der sich als „Rumäniendeutschen" ausgibt, sofort als Nazi.)

Daher gab es bei Erscheinen seines Romans (ich will hier weder den Namen des Romans noch den des Autors nennen, um nicht den Eindruck zu erwecken, dass ich Werbung für das „unselige" Werk machen will, und vom C.H. Beck Verlag kaufe ich schon lange nichts mehr!) folgenden Kommentar bei den Triebswetterern und Banater Schwaben: „Und wenn jetzt noch jemand kommen sollte und uns etwas von Nazis vorhalten will, so verweise ich auf die Betonköpfe der Ostblockregierungen, die „Generation Doof" und die „Wieczorek-Trilogie". Es geht darum, sich erst genau zu informieren und dann eine ‚eigene Meinung' zu haben. Ich glaube, DASS WIR (Triebs-wetterer vor allem und die anderen Banater Schwaben im Allge-meinen, wenn einige es auch nicht glauben wollen - es gibt doch noch „Reinrassige") von einem rumänischen Nationalkommunisten oder dessen Nachkommen in dem Roman erniedrigt und DISKRI-MINIERT WERDEN. Noch einmal: Wenn der Roman eine FIKTION darstellen soll, dann dürfen der Name Triebswetter, der Name der Banater Schwaben und die Namen aller real existierenden Personen und deren Vorfahren/Nachfahren NICHT genannt werden, egal, wie schön, toll und professionell die schriftstellerische Leistung ist. Wenn des Autors Fiktion ‚zählt' und unsere Rechte i.b. auf eigene Meinung und (besser) Tatsachen missachtet werden, kann man dann noch von einer ausgewogenen Berichterstattung sprechen? Und falls jemandem das Wort ‚Fremdenfeindlichkeit' einfallen sollte, so gilt das eventuell für den Autor und den C.H. Beck-Verlag den Banater Schwaben im Allgemeinen und uns Triebswetterern im Besonderen gegenüber." Daraus mein Fazit: „Ein gewisser ‚Ansatz von Nazis' gehört wohl schon noch immer zur Geschichte des C.H.Beck-Verlages, weshalb dem rassistischen Roman des Autors 2011 auch ‚stattgegeben' wurde". So finde ich, dass der letzte Satz: **„Wahrscheinlich sind gute Manieren der größte Unterschied zwischen C.H. Beck und Deutschland heute"**, doch etwas aus dem Rahmen fällt. Welches waren **die guten Manieren**, die beim Beck-Verlag anzutreffen waren, als festgelegt wurde, **dass der Roman ‚Jacob' gedruckt werden sollte**?

Hier einige Beispiele, warum der Roman nationalistisch oder gar rassistisch einzustufen ist:

Im Roman werden die Triebswetterer und Banater Schwaben (laut Autor im DRS2, Schweiz), eine geteilte Minderheit, als reaktionäre traditionalistische Kreise bezeichnet. Das sind Worte aus dem Munde Ceaușescus, der vom Autor heute noch wie Vater und Mutter angesehen wird, siehe Zeit-Online. Also von einem Rumänen (oder Schweizer aus einer ultramodernen Gesellschaft, bitte das richtig lesen!) mit folgenden Eigenschaften belegt: Animalische Kopulation, sie und der Schnaps, Beischlaf vor Sonnenaufgang, Gestank nach Kot, Urin und dreckverkrusteten Füßen, unter der Strohdecke den ebenso übel riechenden anderen findend usw. Weiter schreibt der Rumäne über Banater Schwaben und der C.H.Beck-Verlag druckt es: Die banatschwäbische Hure bekommt ein Kind auf dem Mist, ausgebildete Hebammen und Ärzte werden missachtet und die Zigeunerin wird als Hebamme gerufen, der Apotheker wird als Dorftrottel dargestellt, sein Vater jagt die Apotheke in die Luft, ein Triebswetterer, dessen Originalname im Roman verwendet wird, ist der auf dem Mist Geborene, der auch noch einen Zigeuner als Halbbruder hat und seinen Sohn an die Russen verrät, damit dieser deportiert wird (eigentlich eine Szene aus einem Bogart-Film). Da fast das halbe Dorf Vorfahren aus Lothringen hat, werden diese mit besonderer „Sorgfalt" vom rumänischen Autor behandelt, wohl weil diese nicht so „reinrassig" sind (das muss der Beck-Verlag auch bemerkt haben) wie die Übrigen: Sie wechseln die Fronten im 30-jährigen Krieg (der nicht zur Geschichte der Banater Schwaben gehörte), bringen Bauern um, „fackeln" ihre Häuser ab, jagen Zigeuner, hängen Zigeuner und bekommen Kopfgeld, nehmen und vergewaltigen Geiseln, heiraten diese und nehmen ihren Namen an, so wird man zum O. und zum „Zivilisationsstifter" Triebswetters (laut Werbevideo des Autors). Hallo, C.H. Beck Verlag, geht's noch? Welches waren die guten Manieren, beim C.H.Beck-Verlag, als der Roman gedruckt wurde? Und das ist noch lange nicht ALLES! Alle Namen - bis auf die der Zigeuner - und Geschichten, die er NEGA-TIV verdreht hat, sind aus einem Familiensippenbuch der Triebs-wetterer und der C.H.Beck-Verlag hat sie trotz Warnungen anstands-los gedruckt. (So geht man beim Beck-Verlag mit Minderheiten um! Beispielhaft! Damit kann man in Schulen „herumtingeln" und das Schmutzwerk verbreiten! Thema: Gier!))

=> 186 <=

Der Kreis schließt sich mit einer Aussage des Autors in einer rumänischen Internetpublikation (hier die Übersetzung): Frage: "J...? Wenn Sie wählen würden, wer wollten Sie aus dem Roman sein, würden Sie ihn vorziehen?" Der Autor: "Zu Beginn sagte ich, dass ich mit J. nichts gemeinsam habe. Ich bin kein Schwabe, ich kannte die Epoche nicht, in welcher er lebte, ich habe keine gemeinsame Themen mit ihm... (Seite 210) der, der bei der „Flucht" kaum kontrolliert wurde, und über ihn wissen wir auch eine Menge.)

„Wo immer sich Deutschland befand, war der Verlag. Und als Hitlers Besessenheit das Land dumm, blind und grausam machte, passte sich C.H.Beck ebenfalls an." Das kann man i.b. auf den vom C.H. Beck-Verlag gedruckten, oben beschriebenen Roman mit „kleinen Einschränkungen" auch sagen. („Erlebtes und Erfahrenes bleibt immer individuell", ist eine Antwort vom C.H.Beck-Verlag. Ceauşescu, Honecker und die menschenunwürdigen Regimes hat es nie gegeben, das haben wir nur geträumt.) Glaubt man des Autors Geschichten immer noch beim C.H.Beck-Verlag und bei allen Medien, die von diesem „bedrängt, bedroht, bezahlt oder unter Druck gesetzt" werden? Die „gekauften Journaliten" lassen grüßen!
Ein Triebswetterer.

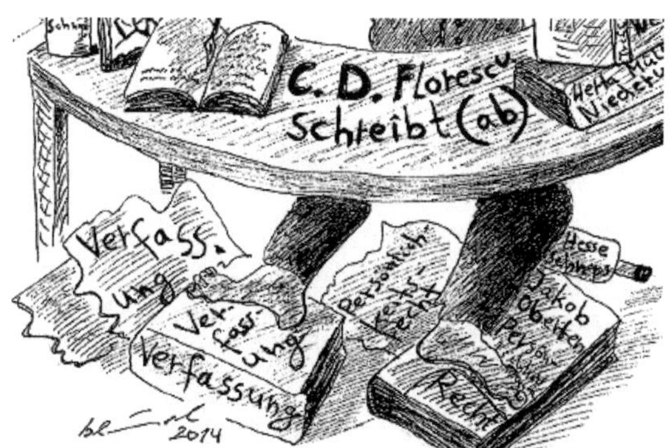

Florescu tritt mit „dreckverkrusteten Füßen", die in vielen seiner Romane vorkommen, die Persönlichkeitsrechte von „Jac/kob" Oberten, und aller Triebswetterer, deren Namen aus dem „Treffil-Buch" entnommen und deren Geschichten ins Negative („bis zu vollem Glanze poliert") verdreht wurden.

Karikatur: Michael Blümel

=> 187 <=

=> 10 <=

Aufklärung über Florescus Werbevideo für den Roman

Hier erfährt man alles, was nichtsahnende Leser wissen müssten, und alles, was von der Werbung für den Roman mit vorsätzlicher Vehemenz verschwiegen wird. Ich habe langsam den Eindruck, dass ein rassistisch ausgerichtetes Werk nur von anderen (auch gekauften) Rassisten unterstützt, gelobt und verbreitet werden kann!

Die Botschaft des Werbevideos, gesprochen vom Autor selbst

ETWAS AUFKLÄRUNG TUT NOT!!!

Einige klärende Worte zu der Werbung für den Roman und wie die Leser aufs „Glatteis" geführt werden. Was hat man unter „**Dynastie der Obertins**" und dass diese „**Zivilisationsstifter**" in Triebswetter waren zu verstehen? Wer war „machthungrig" und gründete „**sein Glück auf das Unglück**" anderer? Ein bisschen „<u>echte</u>" Geschichte hat noch nichts geschadet.

„Es geht um die ganze **Dynastie der Obertins**, die aus Lothringen kommt und Zivilisationsstifter ist". Eine Obertin-Dynastie gab es nie und wird es nie geben, denn die Ansiedler damals (1772) waren arme Bauern und Handwerker und keine Söldner des 30-jährigen Krieges (1648), die eigentlich Bauern und Handwerker überfallen und umgebracht haben, welche (Söldner) letztendlich im Roman als „Zivilisationsstifter" nebst Mördern, Brandstiftern, Vergewaltigern und Geiselnehmern dargestellt werden. Und wenn dann „alle anderen Männer Macht suchen, **ihr Glück auf das Unglück anderer** gründen wollen", dann „schrillen" bei mir alle Glocken, die nur schrillen können. In einem Interview bei DRS2 behauptet der Autor, dass die Lothringer ihre Heimat „machthungrig und mit Blut an den Händen verlassen" haben und „Triebswetter ein Dorf von Selbstmördern und Pechvögeln ist". 1945 wurden die Triebswetterer Banater Schwaben enteignet (siehe Anmerkung*) und in ihre Häuser zogen die rumänischen Nationalkommunisten ein, ganz zu schweigen von den <u>Rathäusern</u>. Dem war aber nicht genug. 1951 wurden halbe

Was hat es mit der Schreibweise **Jakob (mit k) und Jacob (mit c)** auf sich?

Ein kleines Beispiel aus einem Werbevideo für den Roman, gesprochen vom Autor selbst (Amazon, Zeit-Online usw).

ZITAT Florescu: „Es geht um die ganze Dynastie der Obertins, die aus Lothringen kommt und Zivilisationsstifter ist. Aber im Gegensatz zu allen anderen Männern in dieser Familie, auch zu Jacobs Vater, nämlich Jakob mit k, während Jacob, der Sohn, mit c geschrieben wird, dieser kleine Unterschied ist sehr wichtig, weil sie so unterschiedlich sind, Vater und Sohn. Wenn also alle anderen Männer Macht suchen, ihr Glück auf das Unglück anderer gründen wollen, ist eben Jacob mit c ganz anders." ZITATENDE.

Banater Dörfer in Viehwaggons gepackt und 800 km ostwärts, im Bărăgan, auf einem Stoppelfeld abgesetzt (für Florescu hieß es da nur: „und wieder gründeten sie ein Dorf"- so in DRS2), während in ihre leergewordenen Häuser wieder von den Nationalkommunisten die Landsleute Florescus einquartiert wurden; ganz zu schweigen, wie die Häuser nach fünf Jahren aussahen. **WER WAR DA MACHTHUNGRIG?** UND **WER** GRÜNDETE **SEIN GLÜCK AUF DAS UNGLÜCK ANDERER?** Florescu beweist am Nationalfeiertag (23.08.2012) der rumänischen Nationalkommunisten in der Zeit-Online, dass „Ceauşescu zu ihm gehörte wie Vater und Mutter" und dass er vermutlich auch noch immer dazu gehört.

Die Schreibweise der Namen Jakob und Jacob. **Jakob (mit k)** ist immer der böse und unmögliche Mensch, während **Jacob (mit c)** der Gute und derLiebe ist und sich nur bei der Zigeunerin wohlfühlt. Weder Triebswetterer noch Banater Schwaben hatten ein so gutes Verhältnis zu den Zigeunern, dass es sogar Halbbrüder gab, und Jakob (mit k) ist die deutsche Schreibweise und Jacob (mit c) die rumänische Schreibweise, die Florescu so wichtig ist, weil er <u>die Banater Schwaben als Verbrecher und seine eigenen Landsleute als die GUTEN</u> beschreiben will.

Anmerkung (*): Da die Banater Schwaben Haus, Hof, Feld und Garten besaßen, wobei es für die rumänischen Nationalkommunisten der ersten Stunde schon als Verbrechen galt, wenn man Hausbesitzer war, weil man wohl jemanden, der nie in dieser Gegend gelebt hat, deswegen „ausgebeutet" hat, wurden Erstere von „ihrem Privateigentum befreit", also enteignet. Haus, Hof, Feld und Garten gehörten von einem auf den anderen Tag den „unglücklichen" Kommunisten, die in jedem Jahr am 23. August ihren „Nationalfeiertag" oder „Tag der Befreiung" pompös feierten.

11

Triebswetterer Kommentare

> **Aus dem Banat-Blog: „Florescu beschreibt in seinem Werk nicht DIE Banater Schwaben. Er beschreibt auch nicht DIE Triebswetterer oder DIE Familie Obertin. Nein, in meinen Augen beschreibt er die rumänische Landbevölkerung zu jener Zeit und <u>vereint alle negativen Eigenschaften dieser auf die Banater Schwaben</u> in seinem Werk..." (Identitätsverfälschung.)**
>
> **Das nennt sich Volksverhetzung nebst Persönlichkeitsrechtverletzung und Verunglimpfung des Antlitzes von Toten auf dem Triebswetterer Friedhof!**

Ein Rumäne, heute Schweizer Staatsbürger, beschreibt ein Banater Dorf, in welchem er nie gelebt hat, und dichtet den deutschen Einwohnern identitätsfremde Lebensgewohnheiten an, offensichtlich kennt er aber die seiner eigenen Landsleute auch nicht!

<u>(Manche Kommentare und Rezensionen wurden von den Betreibern nicht veröffentlicht, weil sie der „guten" Sache nicht dienlich waren.)</u>

A.P.
„Ein rumänischer Autor, Cătălin Dorian Florescu, schreibt über Banater Schwaben und deren Vorfahren einen Roman mit dem Titel „Jakob beschließt zu lieben." Es ist weder ein Triebswetter-Roman noch ein Banat-Roman; es ist praktisch ein provokatives Sammelsurium eines Schreibenden, da weder die zeitliche, noch die geschichtliche oder ethnische Schiene eines seriösen Romans eingehalten werden. Das ist eben die Künstlerfreiheit, von der auch (Ups.zensiert) oder ganz (Ups-zensiert) Schreiberlinge profitieren."

R.H.
„Ein rumänischer Autor, Cătălin Dorian Florescu, schreibt über Banater Schwaben und deren Vorfahren einen Roman mit dem Titel „Jakob beschließt zu lieben." Wen Florescu in seinem Roman beschreibt, sind keine Triebswetterer, Deutsche, Schwaben oder Bana-

ter Schwaben. Es sind auch keine Rumänen, Ungarn oder Zigeuner, die hier mit den Deutschen lebten. Das Leben, die Kultur und Identität der Menschen hier ist und war eine ganz andere. Von einer genauen Recherche der Fakten dieses Buches, so wie es die Lektorin des Buches darstellt, gibt es überhaupt keine Spur. Ich meine, dass auch Florescu kein Recht hat, das Banat, die Banater Schwaben, Triebswetter und die Triebswetterer auf die übelste Art und Weise zu verleumden und zu diskriminieren. Wenn das Werk eine Fiktion ist, warum verwendet er dann den Namen Triebswetter und den Originalnamen Oberten (Obertin oder Aubertin aus dem Familienbuch) und warum hat er dann überhaupt recherchiert? Wer als Leser oder Kommentator meint, er hätte „viel von der Geschichte der Banater Schwaben gelernt", der wäre besser beraten gewesen, in der Schule aufzupassen und nicht schon eine „eigene Meinung" zu haben, bevor er **überhaupt etwas wusste.**"

B.B.
„Ein rumänischer Autor, Cătălin Dorian Florescu, schreibt über Banater Schwaben und deren Vorfahren einen Roman mit dem Titel „Jakob beschließt zu lieben." Florescu beschreibt in seinem Werk nicht die Banater, die Schwaben, auch nicht die Triebswetterer oder die Familie Obertin. In meinen Augen beschreibt er die rumänische Landbevölkerung in Rumänien aus dieser Zeit und vereint alle negativen Eigenschaften dieser auf die Banater Schwaben in seinem Werk. Er hat angeblich recherchiert, muss aber die Notizen verwechselt haben. Denn er hat sowohl im Banat, in Triebswetter, als auch in Oltenien, in Strehaia, wo sich sein Roman „Zaira" abspielt, recherchiert und hat letzten Endes die Ereignisse und Eigenschaften seiner Protagonisten verwechselt. Das zeigt ein in der Neuen Zürcher Zeitung veröffentlichtes Bild, auf welchem Schafhirten in rumänischer Tracht in einem Hügelland gezeigt werden. In Triebswetter gab es weder Schafhirten in rumänischer Tracht noch eine Hügellandschaft. Dass sein Hauptheld, der über die Karpaten ins Banat kam, also kein Banater Schwabe war und die reichste Frau im Dorf heiraten konnte, ist genauso unmöglich wie die Tatsache, dass sie sich mit „Bruder und Schwester" ansprachen, Maisbrei aßen und unter Strohdecken schliefen. Die Pfarrer wurden auch nicht „Pope" genannt. Wo hat der Autor wohl recherchiert? Er war vielleicht 2-3 Tage in Triebswetter, hat sich das Zigeunerviertel angesehen und vom real existierenden Jakob Oberten, den er nachher auf die übelste Art und Weise bescheibt, ein Familienbuch der Triebswetterer

erhalten. Aus diesem Buch, das er aufs Ausführlichste recherchiert hat, stammen alle Namen und Geschichten, die er „abwertend aufpoliert" und an das Leben auf dem Lande, das er aus „Zaira" kannte, „angepasst" (seine künstlerische Freiheit ausgeübt) hat. Der Roman ist ein provokatives Sammelsurium eines Schreibenden, der weder die zeitliche, geschichtliche oder ethnische Schiene eines seriösen Romans eingehalten hat."

F.B.

„Ein rumänischer Autor, Cătălin Dorian Florescu, schreibt über Banater Schwaben und deren Vorfahren einen Roman mit dem Titel „Jakob beschließt zu lieben." Der Roman von Florescu stellt eine Geschichts- und Identitätsverfälschung der Vorfahren und der Banater Schwaben dar. Der 30-jährige Krieg hat überhaupt nichts mit der Ansiedlung von Triebswetter, die rund 120 Jahre später stattfand, zu tun. Daher kann die fiktive, erfundene Geschichte der Obertins nichts mit der Geschichte der Banater Schwaben zu tun haben. Von einer tiefgehenden Recherche kann überhaupt nicht die Rede sein, zumal dem Leser nicht klargemacht wird, wo die Fiktion anfängt und wo die Wirklichkeit aufhört. Wenn der Roman eine Fiktion sein soll, wie der Autor öfters NUR in Kommentaren beteuert, warum hat er dann überhaupt recherchiert? Und wo hat er recherchiert? Das scheint mir nicht ganz klar zu sein. Der 30-jährige Krieg diente nur dazu, Gewalt, Verrat (da denke ich eher an die „Pflichten seines Vaters, der Miliz zu berichten") und Verbrechen zu verherrlichen, wobei der beschriebene Obertin diesen Namen nur angenommen hat, also war er ein Wolf im Schafspelz. Von einer Tafel beim Denkmal am Donauschwabenufer in Ulm hat er sich für die 300-jährige Geschichte der Obertins inspirieren lassen. Dort ist aber die „fast dreihundertjährige Geschichte der Banater Schwaben" gemeint, die auch auf einer Pro-Florescu Seite, wo professionelle Statementschreiber Kommentare abgeben, im Internet zu sehen ist. Was und wie er über die Triebswetterer schreibt, kann kaum recherchiert sein, denn ich kann nichts erkennen, was zur Identität und Lebensweise dieser gehört. Da geht es mit der „künstlerischen Freiheit" zu weit. Wenn sein Hauptheld über die Karpaten nach Triebswetter kommt, die reichste Frau heiratet und deren Namen annimmt, dann haben wir den zweiten Wolf im Schafspelz, der dann wieder als Banater Schwabe, mit all seinen üblen Eigenschaften, verkauft wird. **Erkennungsmerkmale, dass keine Banater Schwaben beschrieben werden.** Triebswetterer oder Banater Schwaben haben:

-sich NICHT mit Strohdecken zugedeckt;
-Minderjährige hatten keinen animalischen (tierischen) Sex;
-liefen NICHT verdreckt und stinkend herum, weil sie sich regelmäßig gewaschen haben;
-haben nicht den Teig aus dem Brot herausgerissen und sich   den Mund vollgestopft;
-sprachen sich NIE mit „Bruder" und „Schwester" an;
-aßen keinen Maisbrei, der Begriff wäre übrigens richtig, wenn er die rumänische Bezeichnung „mămăliga" verwenden würde;
-dreckverschmierte Teller blieben nie über Nacht stehen,   vielmehr wurden die Reste sofort nach dem Essen an die Schweine oder Hühner verfüttert und das Geschirr wurde sofort abgewaschen, nicht so wie etwa in modernen Studentenbuden;
-kein Banater Schwabe „stieg" je von den Karpaten herab, das waren nur Oltener/Rumänen aus dem Osten, „Jakob ohne Name" mit allen schlechten Eigenschaften („Jakob ohne Name" war allerdings ein Zigeuner);
-keine Mutter bekam ihr Kind auf dem Mist, das ein ganzes Leben lang danach gestunken hat;
-nie half bei der Geburt eine Zigeunerin als Hebamme, die dann auf Lebenszeit wöchentlich ein Huhn bekommen hat;
-kein Rumäne/Zigeuner brachte einen deutschen Bauernhof auf Vordermann (das waren nur „gründliche Altkommunisten");
-kein Vater hat seinen Sohn an die Russen verraten;
-kein Banater Schwabe hatte einen Zigeuner als Halbbruder;
-Banater waren gläubig, aber nicht abergläubisch, so dass sie sich beim Betreten eines Bootes „kreuzigten";
-Apotheker waren gebildete Leute und keine „Trottel" wie in Florescus Roman;
-in Triebswetter schlugen keine Blitze in den Acker, weil es in Triebswetter total eben ist, das geschieht eher im Hügelland, wo Jacob ohne Name herkam;
-usw.

Insofern stellt dieser Roman eine Identitätsverfälschung der Triebswetterer und Banater Schwaben dar. Ja sogar durch die Namensvergabe des Haupthelden wird dieses klar. Wenn eigentlich die deutsche Schreibweise **Jakob** durch die rumänische Schreibweise **Jacob** ersetzt wird, kann man dann auch die Identität der Leute verwechseln oder ändern? Ich glaube, dass dies weder etwas mit „genauester Recherche" noch mit „künstlerischer Freiheit" zu tun hat, das ist Erniedrigung, Verleumdung, Diskriminierung, wie sie schon von Nationalisten und Rassisten gemacht werden. Der Autor hatte sich mit mehreren Romanen einen guten Namen gemacht, einen Umstand, den er diesmal ausgenutzt hat, um seine Leser mit „Fiktion und Wirklichkeit" hinters Licht zu führen. Wenn es um seine Landsleute (in „Zaira") geht, dann sind das wunderbare Menschen (zwar auch dreckig und ständig besoffen), nur wenn es um die Banater Schwaben und deren Vorfahren (in „Jakob...") geht, dann kommen Gewalt, Verrat, Niederträchtigkeit, Hunger und Durst, dreckverschmierte Füße, schmutziger Sex unter Strohdecken und Geburten auf dem Mist sowie Überläufer, Mörder, Brandstifter, Vergewaltiger und Geiselnehmer zum Tragen. Der Roman ist ein provokatives Sammelsurium eines Schreibenden, der weder die zeitliche, geschichtliche oder ethnische Schiene eines seriösen Romans eingehalten hat. **Von Liebe, die von manchen professionellen Lobliedschreibern gesehen und gefühlt wird, kann ich leider darin nichts finden."**

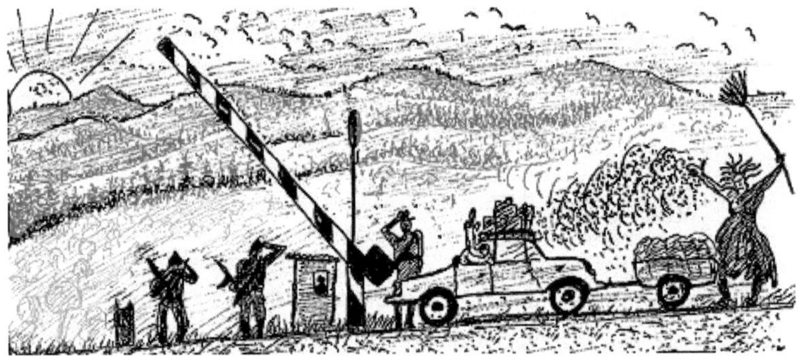

Der Fluchtwagen: PKW mit Dachgepäckträger und Anhänger mit doppeltem
Boden. „Unsere Jungs" an der Grenze lassen ihn durch, obwohl man anderen
den Wagen auseinandernahm. Geholfen haben nur die „getrockneten Gräser",
die über das Gepäck gestreut worden waren. (Das haben die Banater Schwaben und
andere Rumänen, die aus der kommunistischen Diktatur geflüchtet sind, wohl
NICHT gewusst!!!

Karikatur: Michael Blümel

12

E-Mail an Radio Temeswar

Dezember 2012: E-Mail an Radio Temeswar (Timişoara)
Die Sendung in deutscher Sprache.
Tel., Fax: 0040 256 401841
E-Mail: germana@radiotimisoara.ro

1. E-Mail
Hallo, Radio Temeswar,
ich habe in der Sendung vom 12.12.2012 das Interview mit C.D. Florescu verfolgt und kann Ihnen im Moment sagen, dass ich fast alle Interviews in verschiedenen Radio- und TV-Sendern gesehen oder gehört habe. Und in allen hat der in der Schweiz zum großen Schriftsteller erkorene gebürtige Temeswarer glattweg gelogen. Allein schon die Tatsache, sich damit zu brüsten, in Temeswar geboren zu sein und sich deshalb im Banat auszukennen, ist eine Lüge seinen Lesern gegenüber. Er war einen Tag lang in Triebswetter und hat vom Banater Schwaben mit Lothringer Wurzeln, J.O., zwei Bücher bekommen, die er dem armen Rentner bis heute noch nicht zurückgegeben hat. Dafür hat er aber einen „herrlichen, schmutzigen" Roman mit allen möglichen Unterstellungen erhalten, in welchem er als dreckiger, stinkiger, besoffener Mörder, Vergewaltiger, Geiselnehmer, dessen Mutter ihn als Hure auf dem Mist geboren hat, beschrieben wird. Ich gratuliere Ihrem Sender für die Feinfühligkeit und das Fingerspitzengefühl, dafür auch noch Werbung zu machen. Alle seine Romane waren bisher sehr glaubwürdig und der letzte ist plötzlich eine Fiktion? Wenn ein Deutscher so etwas über Deutsche schreibt, ein Rumäne über Rumänen schreibt, dann sagt man, der hat „sie nicht alle" oder er/sie ist ein Nestbeschmutzer. Wenn aber ein Deutscher das über Rumänen oder ein Rumäne das über Deutsche schreibt, dann hat das nationalistische Gründe, ja in diesem Roman eher mit rassistische Tendenzen. Und der „Genosse" Florescu hat kein Recht, über mich zu sagen, ich hätte „beschlossen ihn zu hassen". **Wer hat allerdings den Roman geschrieben? Wer hat unsere Identität bis aufs Äußerste verfälscht? Wer hat unsere Geschichte bis aufs Äußerste verfälscht? Wer hat die Triebswetterer zu „Selbstmördern und Pechvögeln" gemacht? Wer behauptet, wir seien „reaktionäre traditionalistische Kreise"?** (Pflegen Rumänen keine Traditionen?) Wer schreibt am 23.

August in der Zeit-Online, dass „Ceauşescu zu ihm gehörte wie Vater und Mutter"? Ich/wir NICHT!!!

Ich muss jetzt schließen, da ich weg muss. Sie können sich aber auf der Internetseite:
http://www.hog-triebswetter.de/Roman.htm „schlau" machen. SIE DÜRFEN ALLES SENDEN! (Vorausgesetzt, Sie kürzen es nicht so, dass es sinnentstellt wird, das können unsere Experten in D., die nur noch mit Ceauşescus Presseberichterstattern verglichen werden können, oder seid Ihr auch wieder so weit?). Sie können auch einmal in www.Youtube.com den Begriff: „fii nationalist" eingeben, dann erfahren Sie, was Ihre „mitwohnenden Einheimischen" zur Zeit alles fertigbringen.
Vielen Dank. MfG. F. B.

2. E-Mail
Hallo, Radio Temeswar,
in meiner letzten E-Mail hatte ich keine Zeit alles, was ich zu sagen/ schreiben hatte, zu erörtern und zu erklären. Mich hat in Ihrer Sendung ein einziges Wort gestört, dass eben eine „MINDERHEIT", die Triebswetterer, etwas gegen den Roman „Jacob" hat. Deswegen behellige ich Sie noch einmal mit diesen Dingen, obwohl ich mir schon längst vorgenommen habe, mich nicht mehr damit zu beschäftigen. Es hieß in der Sendung vom 12.12.12, dass sich die Diskussionen über den Roman „Jacob" gelegt haben. Leider haben meine Landsleute aus Triebswetter schon im letzten Sommer jede Tätigkeit aufgegeben, weil keiner mehr in unser Rechtssystem irgendein Vertrauen hat. Sie brauchen sich nur mal den Fall „Kachelmann" anzusehen, da haben Sie alles: „Ein Märchen aus der Provinz" ist da viel zu schmeichelhaft ausgedrückt. Die „Vetternwirtschaft", die in seinem Fall zu Tage kam, übertraf sogar all das was wir unter dem Kommunismus in den entlegensten und dunkelsten Ecken Rumäniens erlebt haben. Ein Bankangestellter, der irgendwelche dunklen Kanäle bei einer großen Bank entdeckt hat, wird einfach für verrückt erklärt und sieben Jahre lang ins Irrenhaus gesteckt. (Florescu behauptete in der ADZ auch, dass wir „Wahnideen" hätten.) Ein Vater und sein Bruder werden von der Tochter beschuldigt, sie vergewaltigt zu haben. Beide kommen für fünf Jahre hinter Gittern und danach stellt es sich heraus, dass das Töchterchen noch Jungfrau war. Und die „First Lady" der Bundesrepublik? Weil es in einem Edelbordell irgendwo in Deutschland eine

„Betty" gab, hat unsere „freie Presse" dies unserer Präsidentengattin, Bettina Wulff, unterstellt. Die Sache ging so weit, dass sich Bettina Wulff in einem Buch zur Wehr gesetzt hat. Und was für Kommentare bekam man da zu lesen? „Ich habe das Buch nicht gekauft, aber es trotzdem gelesen und kommentiert." „Ich habe das Buch bekommen, deshalb habe ich es gelesen und gebe jetzt einen negativen Kommentar ab". Und im Rest „Mobbing vom Feinsten"! Wie kann es überhaupt möglich sein, dass eine „Gemobbte" sich gegen die Anschuldigungen wehrt? Das gibt es doch nicht, das hat man wohl in der Schule nie erlebt. Bei verschiedenen Umfragen stellt es sich immer wieder heraus, dass das, was bei uns auf den Straßen herumläuft, wirklich Mob ist, das Wort Mobbing muss ja damit zusammen hängen. So wird im Fernsehen eine junge Dame gefragt, wo denn Berlin liegen würde und sie zeigt prompt und sicher auf München. Offensichtlich hat die nach zehn Schuljahren auch noch nicht lesen gelernt, denn sonst hätte sie es auf der Karte ablesen können. Bei einer Umfrage eines Radiosenders wurde gefragt: "Wo findet denn der Wiener Opernball statt?" Und drei Mal dürfen Sie raten, was geantwortet wurde: "Frankfurt".

Warum schreib ich das alles? Florescu schreibt einen Roman über die Triebswetterer und eine „konzentrierte europäische Gschichte" und solche Leute lesen es. Was glauben Sie, zu welchen Schlüssen die kommen? (Mal ganz abgesehen davon, wie schlecht die Frauen davonkommen: Huren, Edelnutten, die ihre Kinder auf dem Mist bekommen, und das bei den Banater Schwaben: „Ich habe aus diesem Roman von den Banater Schwaben, deren Geschichte eng mit dem Familienepos der Obertins verbunden ist, sehr viel gelernt" ist dann der Kommentar.) Genauso schlau sind jene Kommentatoren und Freunde Florescus, die sich wundern, dass jemand seinen „tollen Roman" vehement kritisieren konnte? Ach was, die Triebswetterer sind doch eine MINDERHEIT (hieß es auch auf Ihrem Sender). Die muss man doch nicht beachten! Was aber an der Geschichte herauskam? Keiner, aber auch keiner der Kommentatoren und Rezensenten, hat diesen Roman als Fiktion angesehen, alle sind davon ausgegangen, dass das die REINE Wahrheit ist. Selbst Florescu sprach in Radiosendungen so, als ob alles Realität wäre. Und gleichzeitig wurden unsere Kommentare gestrichen, gelöscht oder nicht beachtet, weil sie der „guten Sache" nicht dienlich waren.

=> 197 <=

Ich bin der Webmaster der Triebswetterer Internetseite und kenne mich auch recht gut im Internet aus (was Recherche - und nicht etwa krumme Touren angeht). Ich habe fast alle Kommentare zu „Jacob" gelesen und im Nachhinein auch alle Kommentare seiner ersten vier Romane. Alle haben sie etwas gemeinsam: Die Wiedergabe des Klappentextes in jeweils verschiedenen Variationen, keiner geht auf die dreckigen, stinkigen Mörder, Zigeunerjäger und Geiselnehmer, die ihr eigenes Zuhause nicht mehr erkannten, ein. Keiner geht auf die Tatsache ein, dass dies alles von einem Rumänen über Deutsche aus dem Banat geschrieben wurde. Stammen alle Pressemitteilungen von Florescu und seinem Verlag allein, denn jene, die die Zeitungsberichte veröffentlicht haben, haben den Roman NIE gelesen. (Sonst würden sie vielleicht auf unsere Fragen antworten, wenn sie durchblicken würden.) Oder geht es nach dem Motto (laut Ulrich Wickert): "Redet Geld, dann schweigt die Welt!" Wurde die Presse für die Berichte bezahlt? (Siehe Seite 178.)

Von Anfang an wurde ich von mehreren Landsleuten, sowohl aus Triebswetter als auch dem Banat, darauf aufmerksam gemacht, dass dieser Roman überhaupt gedruckt wurde und was für Kommentare es dazu überhaupt zu lesen gab. WAS AUF DER HOMEPAGE STEHT, IST ALSO NICHT MEIN EIGEN DING, wie es Florescu meint. Mich haben mindestens sechs Deutschlehrer - die alle noch in Rumänien studiert haben, informiert, was man von dem Roman zu halten hat. Und des Weiteren bekomme ich regelmäßig Informationen und Tipps von mehreren Landsleuten. Einmal findet der eine was, einmal der andere. So erhielt ich in den ersten beiden Tagen gleich zwei Nachrichten, dass Radio Temeswar einen Bericht über Florescu brachte.

12.12.2012, 20:00 Uhr (von einem Triebswetterer)
Hallo, Franz, habe heute bei »Radio Timişoara in deutscher Sprache« einen Kommentar über Florescus Roman „Jakob beschließt zu lieben" gehört. Vielleicht hörst du mal rein. Dein Name kam auch zur Diskussion. Leider. Viele Grüße. Herm.

13.12.2012, 23:35 Uhr (von einem Nichttriebswetterer)
Sehr geehrter Herr Balzer, gestern kam auf dem Temeschburger Sender eine Jubelsendung von und mit Florescu. Die Macher der „deutschen" Sendung des Temeschburger Rundfunks entblödeten sich indem sie Florescu ein Forum gaben, seine unsauberen und

ungewaschenen Geschichten auszubreiten, besonders ärgerlich, dass Florescu meinte, triumphieren zu können, indem er behauptete, er bekäme gerade von jungen Banater Schwaben viel Zuspruch für sein Buch, in dem er die lothringischen Einwanderer und deren Nachkommen herabsetzt. Selbstverständlich finden auch Sie, Herr Balzer, in einem Satz Florescus Erwähnung. Ich schicke Ihnen mit dieser E-Mail den Mitschnitt von Florescus Interview, ein Schandwerk von Radio Temeswar! Ich werde mir wohl überlegen, ob ich auf Amazon Florescus Schundbuch besprechen werde. Ich glaube, es ist auch für mich an der Zeit. Ich bin kein Triebwetterer, aber in meiner Ahnenreihe sind viele aus Lothringen. <u>Diese Menschen haben es nicht verdient, so ein Denkmal gesetzt zu bekommen.</u> Beste Grüße. Nik.

Ich habe schon einmal eine Ihrer Sendungen gehört und möchte Sie fragen: Finden Sie nicht, dass Florescu Ihnen auf der Nase herumtanzt? (Was er eigentlich mit allen anderen auch macht.) Sendung: Caféhaus-Kultur, August 2010.
Moderatorin: „Florescu, was schreiben Sie?" Florescu: „Ich schreibe WELTGESCHICHTE, ha, ha, ha, Weltgeschichten... ich STEHLE Geschichten und gebe sie in veränderter, verdichteter Form weiter, ich POLIERE sie bis zum VOLLEN GLANZE." Moderatorin: „Zaira, was ist das für ein Buch?" Florescu: „Ein WELTBUCH, ha, ha, ha, und **handelt vom WAHREN, ERFUNDENEN** Leben der Zaira, die **heute noch unter UNS lebt**, hier in Timişoara." (Wo lebt er jetzt? In der Schweiz oder in Timişoara? Und wie jetzt? Wahr oder erfunden? Was für Weltbuch?) Moderatorin: „Warum behandeln Sie keine Themen aus der Schweiz?" Florescu: „Weil die Schweiz zu WENIG hergibt.. die TRADITIONs, falls es sie gibt... das ist eine andere KULTUR..." (Genau, und die Kultur die Banater Schwaben, Oltener und Zigeuner kann man in einen einzigen Topf werfen, ohne irgendeinen Unterschied zu machen?) Und Florescu behauptet in der ADZ, dass wir Wahnideen hätten! SUPER! Oder wundert er sich auch, dass die Verleumdeten, Erniedrigten und Gemobbten sich dagegen wehren?

Etwas für jüngere Banater Schwaben, falls sie nicht zu der Sorte Emigranten gehören, welche die richtigen Dissidenten ausspionieren, um damit zu drohen, dass ihren Angehörigen zu Hause (in Rumänien) etwas passiert. Ich habe genügend Hinweise, dass es diese Sorte von „unwürdigen" Menschen gibt, die auch mal einige

Schrauben an den Felgen der für sie unliebsamen Leute entfernen. Andere versuchen den E-Mail-Verkehr zu stören oder gar die Internetseite mit allem möglichen Ungeziefer zu stören. So wurde z.B. die Internetseite der Triebswetterer im April 2010 mit Viren versehen und zwar gerade in einer Zeit, als in Lothringen ein Festival „Mir redde platt" stattfand, bei welchem auch Personen aus dem Banat teilgenommen haben. Ich habe genügend Hinweise, dass es eine Genealogy-RO in Amerika gibt, die versucht, die Triebswetterer Familienbücher zu diskreditieren, weil sie ihnen nicht wissenschaftlich genug wären. Hat Florescu dieses Buch vielleicht deswegen verwendet, weil es für ihn auch „nichts wert" ist? Außer den Namen der Zigeunerin, Ramina, und des Halbbruders, Salero, stammen alle verwendeten Familiennamen aus dem Triebswetterer Familienbuch, wobei bei einigen nur ein einziger Buchstabe verändert wurde. Der Name des Dorfes Triebswetter, die Abstammung aus Lothringen der Banater Schwaben werden verwendet und mit einer „fiktionalen" Geschichte und Identität verknüpft, was in unseren Augen NICHTS mehr mit einer FIKTION zu tun haben kann! Das ist vom Autor absichtliche Verleumdung und Erniedrigung! Das Motiv: Rassismus! (Etwas, was wohl mit seiner Ausreise aus Rumänien zu tun hat, denn er fühlt sich angeblich in der Schweiz nicht wohl und wollte lieber irgendwo anders wohnen.)

Der erste Satz, den ich über Florescu gelesen habe, war GELOGEN! Da hieß es doch beim Verlag: „1967 in Temeswar geboren... 1976 erste Ausreise mit dem Vater nach Italien und Amerika... Rückkehr acht Monate später... 1982 ENDGÜLTIGE Flucht in die Schweiz..." Und das mit eigenem PKW mit Dachgepäckträger und Anhänger! Wer konnte damals in Rumänien einen Pendelverkehr zwischen Ost und West organisieren? Wer bekam schon seinen Pass in vier Tagen? Welcher Banater Schwabe hatte dieses Glück? Als wir darauf aufmerksam gemacht haben, wurde „die endgültige Flucht" - was eine große Lüge war - vom Verlag umgewandelt. Jeder Banater Schwabe weiß, was das bedeutet, mit Ausnahme einiger 35-Jähriger vielleicht nicht, denn die haben Deportation und kommunistische Unterdrückung nicht mehr erlebt und sind genau in der „Generation Doof" angekommen und wurden davon angesteckt, falls sie nicht zu dem Personenkreis gehörten, über die ich vorher schon etwas geschrieben habe. Die 35-jährigen Banater Schwaben wissen auch nicht mehr - oder sie haben es noch nie gewusst und da gehören meine Kinder auch dazu - was das Folgende bedeutet:

- in Rumänien gute Beziehungen zu haben und täglich der Miliz zu berichten;
- durch diese „Beziehungen" grenzenlose Freiheiten zu genießen, die kaum jemand in Rumänien in jener Zeit nutzen konnte (Italien, Amerika, aus dem Lebenslauf);
- die Möglichkeit zu haben, mehrmals, sogar mit dem eigenen PKW, zu flüchten;
- die Heldentaten Ceauşescus zu referieren (Werbung für den Kommunismus);
- am Nationalfeiertag in der ersten Reihe mitzumarschieren (aus der Werbung zu „Wunderzeit");
- Triebswetter als Ort von Selbstmördern und Pechvögeln zu beschreiben;
- Triebswetterer als REAKTIONÄRE, traditionalistische Kreise zu bezeichnen;
- Ceauşescu auf gleicher Stufe wie Vater und Mutter (Zeit-Online) zu stellen;
- genau am 23. August, am Nationalfeiertag, einen Bericht in der Zeit-Online über Ceauşescu und Rumänien zu posten?
Was soll man dann von den deutschen Kulturredakteuren erwarten, für welche diese Themen ein großes Fragezeichen mit vielen Unbekannten bedeuten, die gegebenenfalls auch noch dafür, unter dem Zeichen der „Presse- und Meinungsfreiheit für alle" gerade stehen wollen. Nur was keiner weiß, dass die Kulturradakteure im kommunistischen Regime Ceauşescus keine anderen als Securitate Mitarbeiter waren, die heute noch mehrmals Loblieder auf Florescu in der Banater Post (ganze Seiten füllend) veröffentlichen.

Und das ist kein Wunder. Bei uns in Deutschland (Österreich und die Schweiz einbegriffen) gilt allgemeine, grenzenlose, persönliche Freiheit, die Freiheit, blöd zu bleiben mit eingeschlossen. Siehe PISA-Tests der letzten Jahre. Um der allgemeinen Verblödung zu entgehen, hat man schon in Erwägung gezogen, an den PISA-Tests gar nicht mehr teilzunehmen. Das würde nichts ausmachen, denn nach den letzten Lehrplanrevisionen würden wir sowieso nicht mehr auf der Liste stehen. Was kommt dann bei einer Romanrezension zu einem Roman wie dem von Florescu heraus? Diskriminierung, Erniedrigung und Mobbing der Extra Klasse auf internationaler Ebene.

=> 201 <=

In dieser Hinsicht kann ich nicht weiterschreiben, ohne etwas über die 68er zu bemerken. Die haben ja erzielt, was sie erzielt haben, aber was Bildung und Erziehung angeht, da haben sie „gottsjämmerlich" versagt. So sehr versagt, dass Deutschland Jahrzehnte brauchen wird, um das alles wieder aufzuholen. (Sorgen Sie beim Radio dafür, dass das in Rumänien in den folgenden Jahren der freiheitlichen Rechtsordnung nicht auch so passiert. Antiautoritäre Erziehung heißt nicht, GAR KEINE Erziehung. Nationalstolz heißt nicht bornierter, hasserfüllter Nationalismus der Individuen, die ganz rechts stehen, wo ich Florescu z.Z. mit seinem „großen" Roman auch dazuzähle.) Hier war noch nie die Rede davon, dass der Roman eine „FIKTION" sein soll. Alle Kommentatoren gingen davon aus, dass es REALE GESCHICHTE ist. Der Begriff Fiktion erschien nur, weil ich Mariana Barbulsecu (die Übersetzerin) und Polirom in dieser Hinsicht angeschrieben und verlangt habe, dass man doch als Protagonisten rumänische Namen verwenden soll, wenn schon rumänische Personen in dem Roman beschrieben werden. Gleichzeitig soll im Klappentext, dort, wo das Wort Geschichte steht, auch das Wort Fiktion erscheinen. So kommt es zum „ersten fiktiven Roman" des Autors. Ich war aber bei den 68ern. Eine Generation, die sich alles Mögliche auf die Fahnen schreibt, nur das Wichtigste wollen sie nicht gelten lassen. Sie haben JA AUCH NIE etwas davon gehört. Der (damals) sowjetische Botschafter der UdSSR in Bonn, Valentin Falin, hat einmal im deutschen Fernsehen dazu Stellung genommen und hat sinngemäß Folgendes gesagt: „Die Studentenunruhen von 1968 wurden vom KGB (dem sowjetischen Geheimdienst) in den westlichen Ländern angestachelt und entfacht, um die westlichen Politiker von der Invasion des Warschauer Paktes in der CSSR abzulenken. Denn so mussten sie sich um ihre eigenen Angelegenheiten kümmern." Das war keine Falschinformation, denn die 68er demonstrierten tatsächlich dafür, den „wissenschaftlichen Sozialismus" studieren zu dürfen, während wir gleichzeitig dieses „unmögliche Zeug" STUDIEREN MUSSTEN, egal welches unser Studiengang war! Und das ist für manche 68er auch zum „Lebensziel" geworden, auch in der Erziehung ihrer Kinder - einen Umstand, den man nicht mehr Erziehung nennen kann - wobei es in der Bildung und Erziehung so weit gekommen ist, dass es heute Personen gibt, die diese Fehlentwicklung erkannt haben und Bücher wie „Generation Doof", oder „Einigkeit und Recht und Doofheit" sowie „Tatort Schule" schreiben. Die Unverschämtheit der Manager, die heute Millionen verdienen, wobei sie gleichzeitig dafür sorgen, dass

Hunderttausende arbeitslos werden, weil die Dividenden an der Börse stimmen müssen, gehören auch zu diesem Personenkreis. Der gesellschaftliche Wandel: LUG, BETRUG und HEUCHELEI.

Dazu gehören auch jene, die Florescus Diskriminierungsroman auf die Liste der Romane gesetzt haben, damit er einen Preis bekommen kann, wobei gleichzeitig unsere Kommentare und Bemerkungen missachtet und eventuell gelöscht wurden. ES WURDE GENAUSO GEARBEITET WIE UNTER CEAUŞESCU! Es stand scheinbar von Anfang an fest, dass dieser Roman gewinnt. Ich kann Ihnen alle E-Mails schicken, die ich an NZZ, DRS2 und den Schweizer Buch und Verlegerverband und an andere Publikationen geschickt habe. Das Forum der Rumänen in der Schweiz hat auf ihrer Internetseite in rumänischer Sprache dazu aufgerufen, für Florescus Roman zu stimmen. Da haben also Leute mitgestimmt, die den Roman gar nicht deutsch lesen konnten. Und da haben wir die „sprichwörtliche rumänische Vetternwirtschaft", die auch in der Banater Post zum Tragen kam. Der Beitrag des „rumänischen Kulturredakteurs" wurde veröffentlicht, nur der, der diskriminierten Triebswetterer, die auch schon die Banater Schwaben kritisierten, die den Roman lobten, ohne dass sie wussten, was sie lobten, NICHT.

So ist es also nicht verwunderlich, dass die „Generation Doof" oder die in „Einigkeit und Recht und Doofheit" Beschriebenen keinen „Blick" haben, was und wen Florescu in seinem Roman beschreibt. Scheinbar sind auch schon einige etwa 35-jährige Banater Schwaben von der „Generation Doof" befallen oder sie haben ein Interesse diese zu verleumden, erniedrigen und zu diskriminieren.

Es gelingt „unseren modernen" Pädagogen, die aus den Reihen der 68er stammen, immer wieder die Schüler dazu zu veranlassen, nur das zu lernen, was ihnen Spass macht Und was macht unseren Heranwachsenden Spaß: Fressen, Saufen, Vögeln. Und siehe da, wir liegen auf dem Niveau von Florescus Romanen, wobei der letztere diese Eigenschaften auf die Banater Schwaben, genau die aus Triebswetter, zu vereinen versucht und jetzt noch die Unverschämtheit besitzt und behauptet, es wäre der erste Roman, in welchem eine FIKTION beschrieben wird. Ich habe auch „Zaira" gelesen, aber NUR um diesen Roman mit „Jacob..." zu vergleichen. In „Zaira" werden lauter Vornamen verwendet (einmal kommt der Name Izvoreanu vor), während im Triebswetterer Roman lauter Familiennamen aus

dem Dorf vorkommen. Woher können diese „Idioten" von Professoren-Doktoren das wissen, dass es nicht so sein soll, wenn sie weder einen Triebswetterer noch das Dorf an und für sich kennen? Wie sagte doch Ulrich Wickert: „Redet Geld, schweigt die Welt." Was fand ich in Zaira? 68 Mal wird vom Saufen, teils Komasaufen (Zizi stirbt sogar daran), berichtet und, was den Leser immer wieder animieren soll, es wird unzählige Mal wiederholt und daran erinnert (im Durchschnitt also jede 7. Seite - auch der Lehrer macht sich Mut mit einer Flasche, über welche ein Behinderter fällt). Wenn ich nun daran denke, was die Schweizer Moderatorin bei (Schweizer Radio) DRS2 gesagt hat: „Florescu schreibt seine Romane im Kafischnaps", da kann ich es langsam verstehen, was dabei als Fiktion zusammengekommen ist. Auf ganzen Seiten wird vom Fluchen erzählt, auch die Schüler in der Schule lernen fluchen. Auf ganzen Seiten wird vom Spucken erzählt, unsere Fußballer haben es auch schon übernommen. 30 Mal geht es um Ehebruch und Fremdgehen in Kombination mit Huren, Nutten und Edelnutten, wobei die amerikanischen Abgeordneten und ihre Anwälte zusammen mit Whiskey „Spitze" sind. Joana (20), die Tochter Zairas, hat mit ihrem Stiefvater, Robert (60), ein Verhältnis, in welchem es auch um sexuelle Kontakte geht: „Als du im Chez Odette warst, haben wir uns im Wohnzimmer geliebt." Und schließlich wird Joana beim Stehlen erwischt: „Ich musste es tun, die Leute haben ja so viel davon." SO ETWAS SOLLTE KEIN RUMÄNE ÜBER RUMÄNEN SCHREIBEN, AUCH WENN ES EINE FIKTION IST!
Im Roman gibt es drei Geburten mit teils fachfremder Hebamme, eine im Bahnhofswartesaal, wo „die Männer mit ihren von Alkohol geröteten Gesichtern" zum Fenster reinschauten und die Anwältin als Hebamme fungierte, und dann die Geburt Donovans in Amerika bei Sturm und Gewitter. Aber bei der Geburt Jacobs, hat der Autor noch eins draufgesetzt: Die banatschwäbische Hure bekommt ein Kind auf dem Mist, wobei das ganze Dorf zugesehen hat und als Hebamme eine Zugeunerin genommen wurde, wobei der Apotheker, Neper (Name aus dem Familienbuch: Nepper), gleichzeitig als Trottel beschrieben wird. Und eine Aktion, die ich nicht einmal als Fiktion gelten lassen möchte: Als eine russische Botschaftsangehörige Zaira um Hilfe gebeten hat, ihr die Flucht in den Westen zu ermöglichen, hat diese abgelehnt. **Dissidenten jeglicher Nationalität hätten so etwas nicht gemacht** und sich gegenseitig geholfen, kämpften sie doch alle gegen einen gemeinsamen Feind, den Kommunismus. (Oder Ommunismus, wie Joana zu sagen pflegte. Wenn ich nun

davon ausgehe, dass „om" auf Rumänisch „Mensch" bedeutet, könnte ich auf die Idee kommen „Ommunismus" als „Menschlichkeit" zu deuten. Sollte denn Jacob nicht ein „Plädoyer für die Menschlichkeit" sein – laut Thüriner Allgemeine?)

Meine Rezension zu „<u>Zaira</u>" (mit Ausblick auf „Jacob")
###
Das wahre, erfundene Leben der Zaira. Irgendwo habe ich in einem Interview des Autors gehört, wie er gesagt hat, dass er mit dem Roman „Zaira", in welchem deren „wahres, erfundenes Leben" beschrieben wird, ein Psychogramm eines Jahrhunderts erstellt hat. Wenn ich den Klappentext mit dem Inhalt des Romans vergleiche, so kann ich leider keinerlei Übereinstimmungen finden.

Auf dem rumänischen Gutshof in Strehaia gibt es nur wenig Spezifisches. Und dass die Kommunisten den enteigneten Gutsherren etwas für ihren Grund und Boden bezahlt hatten, habe ich auch noch nie gehört. Sollte man da den Eindruck gewinnen, dass diese Kommunisten so nett waren und den Gutsbesitzern das Feld abgekauft hatten, damit diese etwas Geld hatten, um sich besaufen zu können? Nicht einmal als Fiktion würde ich so etwas gelten lassen, weil so alle Leser an der Nase herumgeführt werden. Das Tun und Lassen der Kommunisten würde so eigentlich verherrlicht/ verniedlicht.

Im Allgemeinen kann ich nach der Lektüre dieses Romans sagen, dass es eher eine Gebrauchsanweisung zum Komasaufen, Fremdgehen, für Nutten, zum Spucken (so als ob unsere Fußballer es nicht schon genug gut könnten), Stehlen, Drogenkonsum und Dokumentenfälschen darstellt. Das Werk ist auch pädagogisch wertvoll, da immer wieder an diese Dinge erinnert wird. Es gibt nur eine einzige intakte Familie und das ist „Österreichungarn", wobei die dicke, tollpatschige, ungarische Köchin, Zsuzsa, recht schlecht davonkommt und ihr Mann, Josef, begeht letzten Endes Selbstmord (im nächsten Roman haben wir dann die „Dynastie der Habsburger, die Herumstreuner", wobei dann noch ein ganzes Dorf von Selbstmördern, die ihre Heimat Lothringen mit „Blut an den Händen" verlassen und ihr eigenes Zuhause nicht mehr gefunden haben). Wie diese beiden, eine Ungarin und ein Österreicher, überhaupt nach Strehaia gekommen sind, bleibt für mich auch ein Rätsel oder ein Märchen. Der jugoslawische Inhaber des „Chez Odette" in

Amerika folgt seinem täglichen Ritual (Seite 373): „Zuerst einen Schnaps trinken, dann die Tische decken, dann noch einen Schnaps, dann das Tagesmenü vorn an der Straße auf einer Tafel eintragen, dann wieder einen Schnaps." Und als „Dejan" älter wurde (Seite 429): „Es roch nach allen Gedärmen der Welt, nach verschimmeltem Essen, nach aufgetürmtem Abfall, nach Urin." Im letzten Roman riechen dann die Banater Schwaben nach „Kot, Urin und dreckverkrusteten Füßen".

Auf Seite 64 wird sogar behauptet: „Sie sagen alle, dass der Mann unbezwingbar ist, ein Genie, dieser Hitler." Und Mioara mit ihren immerwährenden „vollen Brüsten" wollte die „deutschen Soldaten, die Waffenbrüder, die mit ihren wundersamen Maschinen kamen" verführen. Daher sollten diese beiden Romane nicht in die Hände von Schülern geraten. Lesungen in Schulen sind nicht angebracht.
In der Stadt Timişoara erfährt man nur etwas vom Fremdgehen und dass „die Stunde des Puppentheaters die Stunde des Ehebruchs" wäre. Von Kommunismus ist da wenig zu erfahren. Die Flucht Zairas über Prag ist sehr unglaubwürdig. Welcher Bürger in den ehemaligen Ostblockstaaten bekam schon **seinen Pass in vier TAGEN**? Deutschstämmige (die dreckigen, stinkigen Mörder, Brandstifter, Vergewaltiger und Geiselnehmer aus dem letzten Roman) mussten jahrzehntelang auf einen Pass warten! Das Ziel der tschechischen Aufständischen bestand nicht darin, sich bis zur Besinnungslosigkeit zu betrinken. (Oder soll das ein Hinweis darauf sein, dass jene, die gegen den Kommunismus aufbegehrten, irgendwie irre oder besoffen waren?) Ganz zu schweigen von den „dekadenten" amerikanischen Abgeordneten, die nur als Säufer und Hurenjäger herübergekommen sind. (Entschuldigung, das sind Begriffe aus dem Roman, die er im letzten Roman über die Donauschwaben noch einmal gesteigert hat). Von Timişoara, der Hauptstadt des Banates, wo der Autor angeblich geboren wurde und keine Ahnung von den Leuten von dort hat, kann man nur sehr wenig erfahren.

Dann ist da noch der schwule Minister. Nun muss ich aber feststellen, dass Schwule in jener Zeit in Rumänien verfolgt oder gar eingesperrt wurden. Allerdings wurde der Minister enttarnt und nach „Nirwana" verbannt. War das irgendeine Anspielung?

Falls es Ihnen nicht aufgefallen sein sollte: Der Roman endet mit dem Triumph des „Kommunisten Dumitru, ein Büffel von einem

Mensch", über das Leben der Zaira und deren Familie (dass sie katalanische Wurzeln hat, sei dahingestellt). Damit beweist der Autor in meinen Augen die Überlegenheit des Kommunisten Dumitru. Vielleicht wissen Sie es noch oder haben es noch nie gehört, die kommunistischen Regierungen wollten durch allerlei Mittel ihre Überlegenheit gegenüber allen Gesellschaftsordnungen beweisen. Das sieht auf den letzten Seiten (471-475) auch so aus.
Das wäre also das „wahre, erfundene" Psychogramm des Jahrhunderts!
###

Und wie ist es mit der Werbung für den Roman? Das Werbevideo auf Amazon? (Wiederholung.)
ZITAT Florescu: „Es geht um die ganze Dynastie der Obertins, die aus Lothringen kommt und Zivilisationsstifter ist. Aber im Gegensatz zu allen anderen Männern in dieser Familie, auch zu Jacobs Vater, nämlich Jakob mit k, während Jacob, der Sohn, mit c geschrieben wird, dieser kleine Unterschied ist sehr wichtig, weil sie so unterschiedlich sind, Vater und Sohn. Wenn also alle anderen Männer Macht suchen, ihr Glück auf das Unglück anderer gründen wollen, ist eben Jacob mit c ganz anders." ZITATENDE.

Und was soll das bedeuten? Das wissen unsere 35-jährigen Banater Schwaben auch nicht mehr oder sie haben es nie gewusst, weil ihnen die Bărăgandeportation auch noch Spaß gemacht hat. Dass Jakob die deutsche Schreibweise war und Jacob die rumänische, das weiß man heute auch nicht mehr, denn die Schreibweisen haben sich angeglichen. Damals war es aber ein Namensdiktat der rumänischen Amtsschreiber.

„Es geht um die ganze Dynastie der Obertins, die aus Lothringen kommt und Zivilisationsstifter ist". Eine Obertin-Dynastie gab es nie und wird es nie geben... die letztendlich im Roman als „Zivilisationsstifter" nebst Mördern, Brandstiftern, Vergewaltigern und Geiselnehmern beschrieben oder dargestellt werden.

Und wenn dann „alle anderen Männer Macht suchen, ihr Glück auf das Unglück anderer gründen wollen", dann „schrillen" bei mir alle Glocken, die nur schrillen können... 1945 wurden die Triebswetterer Banater Schwaben enteignet und in ihre Häuser zogen die rumänischen Nationalkommunisten ein, ganz zu schweigen von den Rathäusern. Dem war aber nicht genug. 1951 wurden halbe Banater Dörfer in Viehwaggons gepackt und im Bărăgan auf einem Stoppelfeld abgesetzt, während in ihre leergewordenen Häusern die Landsleute Florescus einquartiert wurden. **WER WAR DA MACHTHUNGRIG? UND WER GRÜNDETE SEIN GLÜCK AUF DAS UNGLÜCK ANDERER?**

Florescu beweist am Nationalfeiertag (23.08.2012) der rumänischen Nationalkommunisten in der Zeit-Online, dass „Ceauşescu zu ihm gehörte wie Vater und Mutter" und dass er vermutlich auch noch immer dazugehört.
Die Schreibweise der Namen Jakob und Jacob. Jakob (mit k) ist immer der böse und unmögliche Mensch, während Jacob (mit c) der gute und der liebe ist und sich nur bei der Zigeunerin wohlfühlt. Weder Triebswetterer noch Banater Schwaben hatten ein so gutes Verhältnis zu den Zigeunern, dass es sogar Halbbrüder gab und Jakob (mit k) ist die deutsche Schreibweise und Jacob (mit c) die rumänische Schreibweise, die Florescu so wichtig ist, weil er die Banater Schwaben als Verbrecher und seine eigenen Landsleute als die GUTEN beschreiben will. (DAS SOLL EINE FIKTION SEIN?)

Vielen Dank für die Aufmerksamkeit, falls Sie alles bis hierher gelesen haben. Was doch ein einziges Wort alles bewirken kann! Frohe Weihnachten und einen guten Rutsch.
Mit freundlichen Grüßen. F. B.

P.S. Mein Name steht in der Liste der Alumni der Uni Temeswar, ich werde die bitten, diesen zu streichen, weil sie gedankenlos Florescus Roman im Rahmen einer Veranstaltung bei der UVT vorgestellt haben. Am liebsten würde ich am Opernplatz öffentlich mein Diplom verbrennen.

Betr.: Donovan. Ich habe irgendwo gelesen, dass der nächste Roman von Florescu über den 11. September gehen, wobei die Hauptperson Donovan heißen soll. (Wird er wohl wieder bei Wind und Sturm geboren werden, so wie es schon einmal in „Zaira" und „Jacob" geschah?) Müssen dann die Amerikaner aufpassen, dass er sie nicht mit den Islamisten verwechselt?

Bei Ihnen hieß es aber, dass der nächste Roman über das Donaudelta geschrieben wird. Ja hoffentlich verwechselt er das nicht mit dem Bărăgan. Denn noch vor Erscheinen seines „Jacob" kursierte im

Internet eine Fotomontage (siehe Bild , Seite 295), in welcher die Bărăgan-Deportierten als „zur falschen Zeit am falschen Ort" verspottet wurden. Die Montage (siehe Bild 1, Seite 295) soll den Eindruck erwecken, dass es den Deportierten nach der Deportation ja besser ging als vorher. Das Bild „vor der Deportation", die Frau (die gar nicht von Triebswetter ist) mit dem Kind, wurde vor deren Hütte im Bărăgan gemacht. Und das Bild mit den Kindern „nach der Deportation" wurde ebenfalls im Bărăgan gemacht und soll dem Betrachter vermitteln, dass es ihnen danach doch besser ging. Alle Bilder sind von banatschwäbischen Internetseiten „gekapert". Und diese Leute wundern sich, dass jemand „seinen" Roman kritisiert, geben aber selbst gleich zwei Rezensionen beim selben Portal ab.

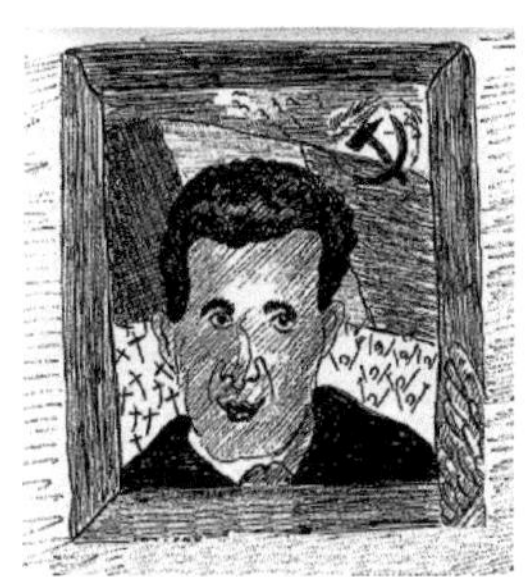

Der Autor sieht den Diktator Ceaușescu wie „Vater und Mutter" (Zeit Online am 23.08.2013, dem Jahrestag der rumänischen Nationalkommunisten, der heute in Rumänien nicht mehr gefeiert wird.)

Karikatur: Michael Blümel

13

Interview mit Florescu in Rumänien (Übersetzung)

Întrebare: "Jacob ...? Dacă ar fi să alegeți, cine ați fi în acest roman, l-ați prefera pe el?"
Florescu: "La început spuneam că nu am nimic în comun cu Jacob. Nu sânt şvab, nu am cunoscut epoca în care trăieşte el, nu am teme comune cu el. Nu sînt un fiu al vieții arhaice de la sat, sânt un fiu al oraşului, mai întâi Timişoara, apoi Zürich, nu am trăit ca şvab în România, cu o cultură diferită de cultura majoritară. Eu traiesc într-o societate ultramodernă şi nu am un tată precum cel al lui Jacob."

Frage: „Jacob...? Wenn Sie wählen würden, wer wollten Sie aus dem Roman sein, würden Sie ihn vorziehen?"
Florescu: „Zu Beginn sagte ich, dass ich mit Jacob nichts gemeinsam habe. Ich bin kein Schwabe, ich kannte die Epoche nicht, in welcher er lebte, ich habe keine gemeinsamen Themen mit ihm. Ich bin kein Kind des archaischen Lebens vom Dorf, ich bin ein Sohn der Stadt, zuerst Temeswar, dann Zürich, ich lebte nicht als Schwabe in Rumänien, mit einer anderen Kultur als die der Allgemeinheit. Ich lebe in einer ultramodernen Gesellschaft und habe keinen Vater wie Jacob."

An einen Autor einer „ultramodernen Gesellschaft":
Also, das ist doch der Gipfel der Unverschämtheit, Hochnäsigkeit und des Größenwahnsinns! Ich bin kein Schwabe (das wissen wir schon lange), ich kenne diese Epoche nicht (das wissen wir auch schon lange), ich kenne auch das archaische Leben auf dem Dorfe nicht (das wissen wir auch schon lange). Was haben Sie dann beschrieben, Herr Florescu? Sie beschreiben ein Dorf, obwohl Sie ein „Sohn" der Stadt sind und haben vom banatschwäbischen Dorf keine Ahnung (dafür kennen Sie aber die oltenischen Dörfer umso besser, siehe „Zaira")?

Glauben Sie nicht, dass Sie Ihre Leser belügen, allein schon, wenn Sie behaupten, dass Sie im Banat geboren sind! Sie haben mit dem Banat und erst recht mit den Banater Dörfern überhaupt NICHTS gemeinsam! Sie lebten auch nicht „als Schwabe" in Rumänien, weil die Ihnen wohl eine zu minderwertige Kultur hatten (und das glaubte auch schon Ceauşescu 1977 über die Minderheiten). Haben Sie sich schon einmal die Frage gestellt, warum „DIE" ihre Kultur so lange bewahrt haben? Und in der ultramodernen Gesellschaft, in welcher Sie nicht schlecht leben, sie aber missachten und belügen, haben wir auch keinen Vater (wie Jacob), der nicht nur seine Mitmenschen, sondern auch seine Kinder „verpfeift".

Prof. Claus Engelhart, Portland, Oregon
Zitat (aus einer Rezension) auf Amazon: „... Diese häufigen Rückbezüge lassen ein Kontinuum entstehen, in dem **Vergangenheit und Gegenwart eng miteinander verflochten** sind und sich immer wieder **gegenseitig spiegeln**. Sie sind nicht nur charakteristisch für eine autonome Minderheitenkultur, die alles daran setzt, ihre eigene kulturelle Identität zu bewahren... Sie sind es auch, die die verschiedenen Abschnitte des Romans zu einer Familiensaga zusammenschweißen ... immer in der irrigen ... Annahme, dass der Autor seinen Roman als wahrheitsgetreue Chronik von Triebswetter verstanden wissen will... Der literarische Wert dieses spannenden Romans bleibt jedoch ... unberührt."

(Die Frage nach dem Jakob mit k und Jacob mit c wurde nicht beantwortet, Herr Professor! Leider!)

An Herrn Professor Claus Engelhart (unsere Antwort)
In unseren Augen stellen die Rückbezüge des Autors die Möglichkeit dar, dem nichtsahnenden **Leser verfälschte Identität und Geschichte vorzugaukeln.** Der Autor gibt an, dass er Triebswetter beschreibt, die Personen in den Rückbezügen und auch sonst im Roman sind aber keine Triebswetterer oder deren Vorfahren, sondern die von Florescu erfundenen, deren Namen er im Original aus dem Familiensippenbuch übernommen hat. **Wie kann sich da etwas spiegeln?** Die Minderheitenkulturen sollten von Ceauşescu ausgelöscht werden und der Autor hat dies in seinem Roman übernommen und auf die Triebswetterer von „**oben herabgeblickt**", genauso, **wie Sie es auch tun.** Eine Familiensaga kann es auch

nicht sein, weil die beschriebenen Personen gar keine Obertins aus Triebswetter sind. <u>Ist es Ihnen nicht aufgefallen, dass zwei Mal - ein Verbrecher und ein Zigeuner - den Namen Obertin angenommen haben.</u> Wenn Sie in den Spiegel sehen, dann sehen Sie ja auch keine Obertins, Verbrecher und Zigeuner, wie wir sie sehen sollten. Oder? Das können Sie aber nicht wissen, denn Sie sind ja so weit weg in Amerika und Triebswetter ist dagegen „so klein und winzig". **<u>Wir haben keine „irrige Meinung", Herr Professor, weil wir den Roman für ein rassistisches Werk gegenüber Triebswetterern halten</u>, das sollte Ihnen auch nicht entgangen sein! Der literarische Wert kann deswegen nur als „Schundliteratur" bezeichnet werden! <u>Und Sie loben es! Gratulation für den Scharfsinn!</u>**

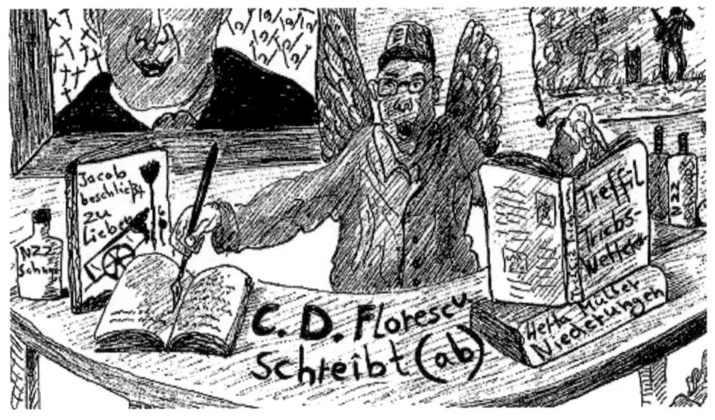

Kopier- und Polier-Shop Florescus:
Aus dem „Treffil-Buch" werden alle
Familiennamen der Triebswetterer
und aus den „Niederungen" Herta
Müllers werden alle schlechten Eigenschaften der Banater Schwaben entnommen und „aufpoliert".

Karikatur: Michael Blümel

14

Bericht der Triebswetterer für die Banater Post

Florescus Roman über Triebswetter:
Unser Roman?
Stellungnahme eines Triebswetterers

Stellt Euch mal folgendes Szenario vor. In einer Schulklasse kommt es unter 13-14 Jährigen nach Eintritt des Lehrers zu folgenden Auseinandersetzungen. Die Kinder sitzen noch nicht auf ihren zugewiesenen Plätzen, schreien herum und prügeln auf einen ihrer Klassenkollegen ein. Sie werfen seine Bücher und Hefte durch das Klassenzimmer, verschmieren seine Bank mit wasserfesten Stiften. Vom Lehrer zurechtgewiesen, erhält dieser die Antworten, dass Siggi - das ausgesuchte Opfer - die Bücher und Hefte selbst weggeworfen und dass er seine Bank auch selbst verschmiert habe. Als die Hausaufgaben kontrolliert werden, kann Siggi kein Heft vorlegen, weil es ihm entweder entwendet oder ihm gedroht wurde, dass er, wenn er die Hausaufgabe zeige, in der Pause Prügel bekomme. Mitunter werden auch Blätter aus seinem Heft herausgerissen oder verschmiert und einer aus der Klasse petzt es dem Lehrer, in der Hoffnung, dass Siggi bestraft werde. Während des Unterrichts steht plötzlich Siggis Banknachbar auf, packt seine ganzen Sachen und setzt sich, nicht ohne sich zuvor richtig bemerkbar zu machen, auf einen anderen Platz. Darf er das? Nein! Aber Unterrichtsstörungen sind heute in der Schule Alltag[1] und Normalität, dem Imponiergehabe muss schließlich und endlich „stattgegeben" werden. Vom Lehrer zurechtgewiesen, antwortet der Störenfried: „Siggi stinkt", so dass er es „nicht aushalten kann" und seinen Platz verlassen muss. Nachdem Ruhe eingekehrt ist, der Lehrer seinen Unterricht fortsetzen will, fliegt plötzlich ein Papierflieger durchs Klassenzimmer und trifft den Lehrer am Kopf. „Wer war das?", will der Lehrer wissen und bekommt im Chor von der Klasse die Antwort „Siggi". Weil der Lehrer noch nicht blickt, was eigentlich in der Klasse los ist, fordert er Siggi auf, sich auf einen anderen Platz zu setzen. Nachdem Siggi seinen neuen Platz eingenommen hat, steht dort ein Schüler auf, geht weg und erklärt: „Siggi ist dreckig und macht Hausaufgaben". Ja, ich könnte die Reihe der Malträtierungen von Siggi noch fortsetzen, wenn ich nicht an meine Landsleute - auch denen, die Florescus Roman als „gut" bewertet haben - und 5-Sterne Kommentatoren die Frage stellen wollte: Was würdet ihr sagen, denken oder machen, wenn Siggi, von welchem die ganze Klasse weiß, dass er ein Banater Schwabe ist, Euer Sohn, Euer Enkel wäre? Ich kann mir vorstellen, dass die Antwort, es sei alles erfunden, gegeben wird. Das ist aber heute - eigentlich schon seit Jahren - Realität und Normalität an deutschen Schulen, so dass die Absolventen, die heute auch als Romankommentatoren[2] tätig sind, zwischen Wirklichkeit und Fiktion nicht mehr unterscheiden können. Genau das nutzt Florecu in seinem Roman „Jacob beschließt zu lieben" aus, um die Leser hinters Licht zu führen. Er hat ja schließlich und endlich Psychologie studiert. Darauf sind eigentlich einige Banater Schwaben und auch einige Professoren-Doktoren hereingefallen. Wer sich von der Richtigkeit meiner Ausführungen überzeugen möchte, soll sich nur mal die Titel folgender Bücher ansehen. „Die Erziehungskatastrophe" von Susanne Gaschke (ich würde als Folge und in Anlehnung[1] daran „die Bildungskatastrophe" beschreiben, die PISA-Tests sind nicht nur aus Versehen so schlecht ausgefallen), die Wieczorek-Trilogie (Autor Thomas Wieczorek) „Die geplünderte Republik" (Wie uns Banken, Spekulanten und Politiker in den Ruin treiben), „Die verblödete Republik" (Wie uns Medien, Wirtschaft und Politik für dumm verkaufen), „Einigkeit und Recht und Doofheit" (Warum wir längst keine Dichter und Denker mehr sind) und nicht zuletzt „Generation Doof" von Stefan Bonner und Anne Weis. Ich will da gleich aus „Generation Doof" ein Zitat eines der bekanntesten Kabarettisten, Dieter Nuhr[3], was „eigene Meinung" angeht, anführen: „Man kann ja zu allem seine eigene Meinung haben, wenn man aber nichts weiß, soll man einfach mal die Fresse halten". Wäre das gut, wenn einige, auch „professionelle" Lobliedschreiber[2] zu „unserem" Roman, und Berichterstatter das wüssten und beherzigen würden!

Was einseitige Berichterstattung angeht - halbe Wahrheiten sind Lügen oder Volksverdummung - will ich auch ein kleines Beispiel anführen. Im Internet auf verschiedenen Bewertungsportalen kann man - meist anonym - seinen Senf zu so manchem Artikel, aber auch zu Büchern dazugeben. Diese heißen in der Regel Kommentare, Bewertungen oder Rezensionen. So kann man von dem „uns gewidmeten" Roman lesen: „Der Roman ist eben eine Fiktion." Also regt euch nicht auf, es ist alles erdacht, erträumt, erfunden und weiter geht es mit: „Ich habe aus diesem Roman sehr viel über die

Banater Schwaben gelernt". Was kann man aus einer „wahren, erfundenen" Geschichte[4] schon lernen? Und über diese Fiktionen wird in allen Zeitungen fleißig berichtet, wobei in der Regel der Klappentext[5] in mehreren Variationen umgearbeitet und abgedruckt wird, so dass ich den Eindruck habe, die haben das Werk gar nicht gelesen und geben trotzdem einen positiven Kommentar ab. Hat man schon vergessen, wie es mit der kommunistischen Berichterstattung in Rumänien war? War nicht alles, was „kommunistisch" war, ein positives Ereignis, worüber berichtet werden musste? Alles andere, was nicht ins Konzept passte, wurde gar nicht erwähnt oder zensiert. Eine Kommentatorin schreibt: „... *und der Roman endet mit der Deportation junger rumänischer Männer nach Sibirien.*" (Gemeint ist dabei die Bărăgan-Deportation.) Außer Sibirien stimmt doch alles, oder nicht? Ich ergänze und korrigiere mal: „Der Roman endet mit der *Deportation* der Banater Schwaben, bewacht durch *junge rumänische Männer* mit aufgepflanzten Gewehren in die *Bărăgan*-Steppe". (Siehe 295, Bild 1, Soldat im linken Teilbild, Deportationen in Triebswetter.) Diese Kommentatorin hat wohl auch die letzten Seiten des Romans gelesen und war so sehr betäubt und hypnotisiert von Florescus Erzählkunst, dass sie Bărăgan mit Sibirien verwechselt hat. Offensichtlich ging das auch anderen Lesern so, die auch, zum Teil animiert von der einseitigen Werbung, die auch von Landsleuten in der Banater Post gemacht wurde, den Roman gekauft und den Schweizer Schriftsteller rumänischer Nationalität dadurch unterstützt haben. Für alle Rumänen, die von meinem Bericht hier erfahren sollten, sei gesagt, dass ich - und ich spreche wahrscheinlich nicht nur von mir allein - die Rumänen in drei Gruppen einteile, und zwar 1.) jene, mit welchen wir befreundet waren und noch sind, mit denen wir friedlich zusammen lebten, über die wir sagten „die teilen ihr letztes Hemd mit dir"; 2.) die rumänischen Nationalkommunisten[6], die uns, unseren Eltern und Großeltern das alles angetan haben, was nach dem letzten Krieg bekannt wurde; und 3.) Florescu. So etwas, was von ihm „fantasiert" wurde, wurde nicht einmal von den Nationalkommunisten über uns und unsere Vorfahren geschrieben. Es fehlt hier in seinem Roman gerade noch, dass man den Schluss ziehen kann, dass diese Triebswetterer und Banater Schwaben sich dermaßen asozial verhalten haben, dreckige, stinkende Verbrecher, Mörder, Hausabfackeler, Selbstmörder und Geiselnehmer waren, dass man sie <u>enteignen und als Strafe in den Bărăgan deportieren musste</u>. Ja vielleicht gibt es schon ein paar Banater Schwaben, die sein Werk in rumänischer Sprache übersetzen wollen - was bei

Lesungen Florescus in München schon geschehen ist - und beim Casting[7] für den Film von Florescu Schlange stehen. Wieso haben das „Goethe-Institut" und das DZM[16] den Roman Florescus in ihrem Angebot? Die 300jährige Geschichte Florescus über die Obertins und Triebswetterer, die keinen Unterschied zwischen „Wirklichkeit[8] und Fiktion" macht, in welcher Florescu seine „Themen aus dem Reich[8] der Träume" sucht, hat nichts im DZM und im Goethe-Institut verloren! Wieso bekommen wir vom DZM auf die Anfrage, ob Florescu dort gewesen sei, etwas über den 30jährigen Krieg und unsere Ansiedlungsgeschichte erfahren habe, keine Antwort? Weil die DZM-Referentin für Südosteuropa aus der ehemaligen DDR stammt, diese ebenfalls verlassen hat oder verlassen musste, im Westen unter anderem Psychologie - genau so wie Florescu – studiert und Florescu einen Saal für eine Lesung zum Roman „Jacob" in den Räumen des DZM zur Verfügung gestellt hat. In einem Interview im Schweizer Radio[9] gibt Florescu zu, dass er in Lothringen und Ulm gewesen sei. Es fällt leider auf, dass unter den professionellen Lobliedschreibern[2] viele aus der ehemaligen DDR stammen, wo Florescu auch seinen Höhenflug begann und wo „unser" Roman in Cafehäusern entstanden sein soll.

Wieso wird so ein Roman überhaupt gedruckt? Dafür sind die Lektoren verantwortlich, die das Manuskript (gibt es heute auch schon in digitaler Form) lesen, bewerten und dem Verlag empfehlen, es zu drucken oder nicht. Beim Lesen der ersten Zeilen aus dem Roman habe ich gleich daran gedacht, dass dies wohl ein Hauptschüler[1] ohne Abschluss gewesen sein muss, denn wenn einem entgeht, dass hier eine deutsche Minderheit aus Rumänien, speziell die Triebswetterer, als dreckige Verbrecher, Überläufer und Mörder von einem Rumänen beschrieben werden, ist das die Normalität[1] für ihn. Nach meinen 9monatigen Recherchen über den Roman, die Reaktionen darauf, Bewertungen, Interviews und den Autor Florescu habe ich erfahren, dass es doch ein Professor-Doktor aus Hamburg war, der in Bayern und auch in der Schweiz Vorlesungen hat. An den Herrn Doktor-Professor und den C.H.Beck-Verlag, den wir Triebswetterer[10] vor der Auslieferung des Diskriminierungswerkes mehrfach gewarnt haben, habe ich keine Fragen mehr und möchte von ihnen auch nichts mehr wissen oder hören! Eine und nur eine Antwort haben wir immerhin vom C.H.Beck-Verlag bekommen, in welcher das „schwere Schicksal von Florescu" und seine „ungewöhnlichen Fluchtbedingungen" genannt werden und wo es weiter heißt:„... Erlebtes und Erfahrenes ist und bleibt individuell... und bei uns gilt immer noch die freie Meinungsäußerung...“. Wie bitte? Den Kommunismus hat es nie gegeben, den haben wir uns nur ausgedacht! Die Bărăgan-Deportation hat es nie gegeben, davon haben wir nur geträumt! Die Ceauşescu-Regierung hat es nie gegeben, dieses menschenunwürdige Regime haben sich nur die westlichen Medien ausgedacht! (Ich hoffe, ich muss jetzt nicht noch erklären, dass die letzten drei Sätze ironisch gemeint waren genauso wie mein Satz auf der Homepage der Triebswetterer[11]: „Leute! Wir werden berühmt im Roman »Jakob beschließt zu lieben«, das kann ja lustig sein!“)

Wir haben natürlich auch Bewertungen zu dem Roman abgegeben, sind dabei nicht gerade zimperlich mit dem Inhalt und Autor umgegangen, haben keine fünf Sterne - was bei Profilobliedschreibern[2] die Regel ist - erteilt und siehe da, unsere Bewertungen wurden entweder entfernt oder gar nicht veröffentlicht, weil wir uns nicht an „die Vorgaben gehalten“ hätten. Auf die Frage, welches denn unsere „Fehler“ gewesen seien, haben wir bis heute noch keine Antwort bekommen. Und dann spricht man bei uns und beim C.H. Beck-Verlag von „eigener freier Meinungsäußerung“. Ja gilt die nur für Florescus Diskriminierungswerk unter dem „Schutz und Schirm“ der „künstlerischen Freiheit“ und für uns nicht? Ich sehe da Parallelen zu einem menschenunwürdigen System, das sind Securitate-Methoden, oder Stasi-Methoden (für die DZM-Referentin und andere ehemaligen DDRler).

Was uns schon beim Vorablesen[12] der etwa 30 Seiten des Romans aufgefallen ist und wie Florescu - der ein in Temeswar geborene Rumäne ist und jetzt in der Schweiz lebt - uns Triebswetterer sieht, ist aus dem folgenden Auszug ersichtlich. Zitat aus dem Roman: „Die *animalische Kopulation*, wenn sie von Erregung und Verlangen durchflutet waren, war das *Einzige*, was ihnen ganz allein gehörte und sie entschädigte. Sie und der *Schnaps* in der Kneipe. Häufig fand der *Beischlaf* vor Sonnenaufgang statt, nicht, um sich vor Gott zu verstecken, sondern weil sie nur dann nicht müde waren. *Betäubt* vom *Stallgeruch*, vom *Kot* und *Urin* im Nachttopf, von der abgestandenen Luft, von *Mundgeruch* und dem *Gestank dreckverkrusteter Füße* und *ungewaschener Körper*, zerstochen von Flöhen und Mücken, rutschten sie unter der *Strohdecke* herüber und fanden schnell den ebenso *übel riechenden Körper des anderen*.“ Welche

Banater Schwaben, die laut Florescu[9] „dauernd gratulieren", die dieses Werk positiv bewerten, können sich mit diesen Eigenschaften identifizieren? Haben die nichts anderes erlebt? Wie kann man das „gut" finden? (Ich bezieh mich hier auch auf die „geistlosen Kommentare", Rezensionen und Diskussionsbeiträge auf dem Banat-Blog und anderen Bewertungsforen[2].) Muss man als Triebswetterer und Banater Schwabe weiterlesen? Ich sage nein! Und wie geht es noch weiter? Was steht dazu im Familienbuch der Triebswetterer[13]? Zuerst aber Heinz Vogel, der Herausgeber des Treffil-Buches: "Wir bringen das große Lebenswerk von Peter Treffil auf dieser Art in einem weiteren Umlauf, zur Schätzung seiner Leistung und zum Ruhme unseres geliebten Heimatortes Triebswetter." Im Inhaltsverzeichnis (Seite 580) steht der Name Oberten 18 Mal drin, daher Florescus Familiengeschichte der „Obertins". Und was hat Florescu jetzt daraus gemacht? Ein Zitat aus diesem Buch, Seite 564: „Die 1te *Copulation* fand am *27 April 1773* stadt und wurde von Eugen Lenor kopuliert *Ludwicus Godron mit Anna Odromat*, als Beistände Dominicus Humbert und Ant. Marlin Cothar Gallica". (*Copulation/ Kopulation* steht also für standesamtliche Trauung, Amtssprache war Latein.) Und ein anderer Auszug von Seite 392: „Johann Manöwer (französisch *Manoeuvre*) Der *Sohn starb als Lehrerkandidat*". Seite 513: „Peter Manöwer/ Pfarrer 1877 1 hl. Messe 1900." Und was schreibt Florescu? Aus dem Roman: Die große Glocke, die mit einem *Ochsenkarren*[20] aus Temeswar gebracht wurde, die vom damals noch nicht vorhandenen Kirchturm „drei Schläge, für *den Vater, den Sohn und den Heiligen Geist*" ausführte, „war es auch, die zuerst erklang, wenn ein Toter zu Grabe getragen wurde. Der *erste Tote* hatte nicht lange auf sich warten lassen. Der *Knecht Roland Manoeuvre* sollte die Glocke kurz vor der Einweihung polieren, verhedderte sich in den Seilen und stürzte kopfüber in die Tiefe... Vielleicht *war es der Schnaps* gewesen, vielleicht etwas anderes, *Unerklärliches*. Jedenfalls war dies der Anfang einer langen *Serie von Unfällen, Morden und Selbstmorden*, die das Dorf[9] heimsuchen sollte. *Das alles war Gottes Land*, aber mit dem anderen rechnete man auch." Und mit *Manoeuvre* geht es noch weiter: „Die erste Hochzeit in Triebswetter wurde nach dem ersten Toten, dem unglückseligen Knecht *Manoeuvre*, am *27. April 1773* eingeläutet. In der Dorfchronik[13] steht geschrieben, dass sie aus Gründen *unerlaubter Kopulation* erfolgt sei. Nicht, dass man sich in dieser Gegend der Welt nicht gerne paarte. Die *dumpfen, ihrer Lust ausgesetzten Männer* drangen häufig und heftig in die Körper ihrer Frauen ein."

Und weiter „Also schliefen[27] auch *Ludwicus Godron und Anna Odromat* miteinander, allerdings übereilt. Sie waren *beide noch keine sechzehn* und kannten sich erst seit wenigen Monaten. Eine Paarung, die nicht mit dem *Willen Gottes* geschah. Der Feldwächter, der sie fand, blies in sein Horn...sie wurden ausgepeitscht... und verbannt... Das Kind, das Anna später gebar, starb ungetauft am zweiten Tag. Seine Seele holten sich *die Teufel*, sagten die wenigen *Rumänen* im Dorf." (1774 *Rumänen* in Triebswetter? Wussten das Florescus „rumänische Informanten[9]"? Entschuldigung, habe ich euch verwirrt, es ist ja alles nur die Fiktion einer „wahren, erfundenen" Geschichte[4]! Der Schnaps, Unerklärliches, eine lange Serie von Unfällen, Morden und Selbstmorden[9], die das Dorf heimsuchten, das alles war Gottes Land, das ist doch Mystik und Aberglaube pur! Und noch ein Zitat aus dem Familienbuch, Seite 169: „1920 Am 28t. Feber haben 2 Strolche aus Apathfalvar in *Bartu Peter* seine Schwiegertochter auf der neuen Kleinischen Csarda todtgeschlagen." Aber es gibt sogar eine zweite Version auf Seite 571: „1920 des *Peter Partu* vom Nro. 288 seine Schwiegertochter ist als geweßene Gastgebers's auf der Triebswetterer neuen Csarda wegen einige Heller, mittels Messer totgestochen worden. Die Mörder waren 2 noch junge Apatfalvaer (Ungarn) Strolche, Raubmörder, geschehen am den 28t. Februar 1920." Und die aufpolierte Geschichte Florescus. Zitat: „Hatten nicht erst vor wenigen Jahren zwei solcher Männer die Schwiegertochter von *Peter Bartu* erschlagen und waren erst nach <u>einer tagelangen Hetzjagd gefasst worden, bei der sogar die Gendarmerie aushelfen musste</u>?..." Wenn man das gedankenlos liest, betäubt und hypnotisiert ist, denkt man sich nichts dabei. Aber wenn man ein wenig nachdenkt, so kommt man doch zu dem Schluss, dass diese Leute, welche die „Mörder hetzten und jagten", <u>Selbstjustiz</u> verüben wollten und die <u>Gendarmerie nur ihre Gehilfen</u> waren. Was für ein unziviliertes Volk, „machthungrig und mit Blut[9] an den Händen"?

Drei Zitate aus dem Familienbuch, Seite 169: „1928 Der *Blitz* ist am 6t. August an 3 Stellen hier im Orte eingeschlagen. Nämlich bei Nro. 284, Nro. 221 und Nro. 663", auf Seite 225 wird die Lebenszeit des „Richters Nikolaus *Strubert* 1855-1938" angegeben und auf Seite 544 dass „Nikolaus M. als Practicant in der Viktor *Nepperschen* Apotheke" tätig war. Und wie sollte es nicht anders sein, wir finden dies auch in Florescus Roman, aber natürlich ganz anders: Ein Gewitter nahte und „inzwischen schlugen weit entfernt *Blitze in den*

Acker" und der Feldwächter, der gerade mal wieder „geschlafen" hatte, wurde von „Marian", die ihm das Horn brachte, geweckt, „aber der *Schnaps* hatte seinen Mund trockengelegt. Er nahm wieder einen kräftigen Schluck, und jetzt erklang sein Ruf durch die verlassenen Gassen". Daraufhin lief Marian mit dem Horn zum „Burghüter[14] *Strubert*, der wusste Bescheid, seine Frau hatte ihn, der an derselben *Leidenschaft* wie der Feldwächter litt, wachgerüttelt". Nachdem das Unwetter vorbei war, folgte „ein gewaltiger Krach dem Blitz und erschreckte sie alle, Mensch und Tier. Neper eilte zum Fenster". Der Blitz hatte bei der „Amerikanerin" (deren Heiratsanzeige „Jakob" dabeihatte, weil er sie heiraten wollte) eingeschlagen. Feldwächter und Burghüter waren schon wieder besoffen. Während der *Apotheker Neper* mit Mantel und Eimer zum Haus der Amerikanerin eilte, um das Feuer zu löschen, „hütete Jakob ohne Name, der über die Karpaten hergekommen war", Nepers Haus, Hof und Vieh. Als Belohnung für seine „Dienste" durfte sich Jakob dann um das leibliche Wohl kümmern: Neper fand „Jakob friedlich am Tisch sitzend vor, wie er sich einen Brotlaib an die Brust drückte und ihn mit dem Messer durchschnitt. Er *riss ein Stück vom Teig* heraus und tunkte es in die *Maisbreireste* der letzten Nacht. Damit *stopfte* er sich den *Mund voll*. Dann folgten einige dicke Wurstscheiben. Das ist doch *alles, was man braucht Bruder*!" Über den Apotheker *Neper* erfährt man auch, dass er „früher ans Krankenbett geholt, woraus nicht selten das Totenbett wurde". Von *Nepers* Vater[15] weiß Florescu, dass er „seine Medizin, Flaschen und Pulver in allen Farben aus Wien und Budapest importiert" hat. „Als leidenschaftlicher Chemiker hatte er alles Mögliche hergestellt und eines Tages sich selbst und den Laden in die Luft gejagt".

Manchmal kannte man sich in Triebswetterer untereinander nur mit dem Spitznamen. So war das auch mit „Gogo". Dieser Name hat es aber in sich. Der wurde eigentlich „Koko" ausgesprochen, weil er ursprünglich von Kokron (Cocron, Cocqueron, die Amtsschreiber haben das nie so genau genommen) stammt. Treffil muss sich wohl verschrieben (oder war es ein Druckfehler) und statt Koko oder Coco eben Gogo verwendet haben. Er hat auch einmal statt „Cluj" „Gluj" geschrieben. Und was macht Florescu? Er übernimmt den Namen *ohne Fehler, und zwar Gogo*, behauptet aber, dass er von der Geschichte des Dorfes das Wenigste[9] wusste. Er hatte eben nur seine „rumänischen Informanten". Im Familienbuch der Triebswetterer steht also auf Seite 445 folgende Geschichte. Zitat: „Dieser *Josef*

Renon, Gogo Joschka benannt, ging wie es damahls *Ortspflicht* geweßen ist, wegen Räubereien, am 5ten Februar 1869 Abend's auf die Gassenwache, bei Mitternacht gewahrte Josef einen Dieb. Josef verfolgte Selben, der Dieb sprach, Joschka bleib zurück, sonst erschieß ich dich! Joschka unerschrocken geht nicht zurück, der Dieb kehrte sich, *ein Schuß fiel*, Josef im Bauch getroffen von einer Schroodladung viel nieder." Er verstarb nach 8-10 Stunden, ohne den Dieb zu verraten. Und was lesen wir im Roman dazu? (Schon wieder Besoffene!) Zitat: „...Waren sie nicht zahm und reuig gewesen und hatten vorgegeben, sich an nichts mehr zu erinnern, und alles dem hochprozentigen Rausch zugeschrieben? Und noch früher, war da nicht der *Burghüter Josef Reno* oder *Gogo Joschka*, wie sie ihn alle nannten, in einem schlimmen Winter auf Gassen- wacht von einem <u>Pferdedieb mit *seinem eigenen Gewehr* erschos- sen</u> worden?"

Der Roman hat 405 Seiten. Ich bin jetzt mit meiner Gegenüberstel- lung Roman-Familienbuch - die keine Werbung für das Diskriminie- rungswerk sein soll - noch nicht einmal mit 30 Seiten fertig. Ihr könnt Euch vorstellen, dass das so weitergeht und die Provokationen und Unterstellungen noch viel deftiger werden, wenn es um den 30jähri- gen Krieg, die Entbindung Elsa Obertins auf dem Mist, den Verrat des Sohnes durch den eigenen Vater an die Russen und andere „wahre, erfundene" Geschichten[4] eines „fantasiereichen Schrift- stellers, der seine Themen aus dem Reich der Träume[8] nimmt", geht.

Dieser Roman ist eine Identitätsverfälschung der Triebswetterer insbesondere und der Banater Schwaben im Allgemeinen, weil die Personen, die er hier beschreibt, keineswegs Banater Deutsche sind, und eine Geschichtsverfälschung, weil der 30jährige Krieg überhaupt nichts mit der Ansiedlungsgeschichte des Banates zu tun hat. Aber ein Krieg eignet sich immer, um Verbrechen und Gewalt zu verherrlichen. Sein Roman endet mit der Bărăgan-Deportation im Jahre 1951, der 30jährige Krieg endete 1648, das sind genau 303 Jahre! Aber die Ansiedlung des Banates konnte erst nach 1716 mit der Vertreibung der Türken aus dem Banat durch Prinz Eugen be- gonnen werden, das sind mindestens 68 Jahre später. Im DZM[16] hängt allerdings eine Tafel über die fast dreihundertjährige Ge- schichte der Donauschwaben, die sich aber bis 2010 bezieht und wo ich nichts vom 30jährigen Krieg gefunden habe. *Dafür aber das Buch von Florescu*. Wer weiß denn noch, was im 30jährigen Krieg passiert ist? Gekämpft wurde (zwischen katholischen und protestantischen Ländern) von der Schiene Österreich, Bayern, Baden, Württemberg[17], Frankreich, Pfalz nach Norden bis nach Schweden. Im Roman kommen aber nur die Lothringer und Schweden vor. Wie haben die sich denn über die Köpfe der anderen hinweg bekämpft? War das ein Cyberkrieg[18]? War das Schiffe versenken, was unsere heutigen Schüler während des Unterrichts spielen und dabei vom durchgenommenen Stoff nichts mitbekommen oder kapieren? Nein. Ein Teil des 30jährigen Krieges war der französisch-schwedische Krieg, der aber auf deutschem Boden stattfand. Die Söldner, die aus GANZ EUROPA kamen, haben sich je nach Kriegslage der einen oder anderen Seite angeschlossen. Aber einige Triebswetterer hatten Vorfahren aus Lothringen und es hieß nun, diese so richtig zu „kriminalisieren": die Obertins. Ja, aber diese sind ja im Laufe von 240 Jahren - seit der Ansiedlung von Triebswetter bis heute - nicht „unter sich" geblieben. War das nicht ein beispielloses Zusammenleben von Ansiedlern aus Elsass-Lothringen - speziell in Triebswetter - und aus Süddeutschland, auch in den restlichen Banater Dörfern? Was sagt Florescu in einem Interview bei Radio Temeswar[4]: „Ich versuche einen Roman über die Deutschen in den Banater Dörfern" zu schreiben, „ich weiß nicht, ob es mir gelingt."

Waren mit dieser Aussage nicht alle gemeint? Und was haben die Vorfahren im Roman während des 30jährigen Krieges in Lothringen gemacht? Sie haben die Seiten gewechselt, sind also desertiert und haben so ihre Landsleute verraten, sie haben Zigeuner gejagt, gehängt und Kopfgeld kassiert, sie haben Bauern umgebracht und ihre Häuser angezündet, sie haben ihr eigenes „Zuhause" nicht mehr erkannt, die Familie, die dort wohnte, umgebracht und die Tochter als Geisel genommen. Der beschriebene „Verbrecher" hat schließlich seine Geisel geheiratet, ihren Namen angenommen und wurde so zum „Obertin". Seine Nachfahren sind dann 100 Jahre später ausgewandert und haben in Wien noch ein paar Verbrechen verübt, bis sie im Banat angekommen sind. Es hieß doch mal, dass seine Romane autobiographischen Charakter haben (zum Beispiel „*Wunderzeit*"), weil sie aus seinem Erfahrungsbereich derart genau beschrieben und daher „äußerst glaubwürdig" sind. Wird in diesem Roman nicht beschrieben, dass Alin (Cat-Alin= Catalin) die „Heldentaten Ceauşescus" referiert hat, um die Geschichtslehrerin zu beeindrucken und dass er am Nationalfeiertag ganz „vorne in der ersten Reihe" mitmarschiert ist, um den Mädchen zu imponieren. Weiter schreibt er noch darüber, wie er mit seinem Vater, der „gute Beziehungen" hatte, in den Westen ausreisen, nach acht Monaten wieder zurück und erneut „flüchten" durfte. Die „guten Beziehungen" hatte er, weil er der „Miliz täglich über seine Nachbarn Bericht erstatten" musste. Waren denn die Miliz nicht diejenigen in Uniform, die der Securitate, die in Zivil im Hintergrund agierte, unterstellt? Wer täglich berichtet, ist ein professioneller Mitarbeiter! Gibt es denn mehr *Verrat* an seinen Mitmenschen? Und über „Ceaucescus Heldentaten" hätte ich zehn Jahre danach nie „referiert", ich hätte mich eher geweigert, was ein Nachsitzen zur Folge gehabt hätte, und ich wäre dann mit ihr allein gewesen. Beim Nationalfeiertag - wo wir wie das Vieh zusammengetrieben wurden - hätte ich geschwänzt und eine Strafe bekommen, um den Mädels zu imponieren. Wer schreibt so etwas noch heute? Ein Ceauşescu-Anhänger aus der ersten Reihe? Und wer sind die, die seinen Roman „Jacob" gut finden und positiv bewerten? Wir haben aus der Geschichte der rumänischen Fürstentümer 900 Jahre (von 275, als die Römer sich zurückzogen, bis etwa 1200) fast nichts erfahren. Verrät uns Florescu bei seinen Eskapaden in Lothringen, was in dieser Zeit in den Orten, woher seine Vorfahren ins Banat kamen, passiert ist? Oder sind das Seitenhiebe auf Frankreich, wegen der Zigeuner? Hat er das von seinen „rumänischen Informanten[9]" gehört? Und wer hat im Krieg die Seiten gewechselt? Ich „wundere" mich jetzt, dass die Schweizer ihm alles (seine Lebensgeschichte und Flucht aus dem Banat[19]) „abgenommen" haben. Vielleicht heißt der Roman deswegen auch „Wunderzeit". Noch ein kleiner Hinweis für die 30/40-jährigen Banater Schwaben oder deren Nachkommen, die vielleicht schon von der „Generation Doof" angesteckt sind. Ihr seid keine Rumänen, auch wenn ihr im Banat geboren seid, es sei denn, ihr schämt euch heute Deutsche zu sein. Wenn eine Katze Junge im Fischladen bekommt, sind es dann Fische? Die Frauen von Banater Schwaben haben ihre Kinder nie auf dem Mist bekommen - wie im Roman beschrieben - eine Zigeunerin war nie Hebamme, das ganze Dorf stand nicht rundherum und sah zu. Die Zigeunerin erhielt auch daraufhin nie 18 Jahre lang oder auf Lebenszeit wöchentlich ein Huhn. Kein Zigeuner oder Rumäne (Nationalkommunist der ersten Stunde) hat einen deutschen Bauernhof auf Vordermann gebracht (höchstens leergeräumt). Kein Vater hat seinen Sohn an die Russen verraten, so dass dieser daraufhin nach Russland deportiert wurde.

Der ganze Roman ist von Aberglauben-Geschichten übersät. Beginnt nicht schon der erste Satz im Roman mit einem rumänischen Aberglauben, soll der nicht schon den Hinweis geben, dass es hier nicht um Banater Schwaben, sondern um Rumänen geht: „Der Teufel versteckt sich im Sturm vor Gott." Das „Bekreuzigen" beim Einsteigen in ein Boot und auch der Satz: „Blitze schlugen in den Acker" beweisen, dass er nicht über Triebswetter schreibt, weil man in Triebswetter auch vom Kirchturm keinen Berg sieht. Geht man allerdings von einem Hügelland aus, das auf einem Bild in einer Schweizer Zeitung mit Hirten in rumänischer Tracht zu sehen war, mit welchem die Schweizer Öffentlichkeit arglistig getäuscht wurde, weil das nicht in Triebswetter gemacht wurde, so können auch Blitze in den Acker einschlagen. Das Bild wurde vermutlich in Strehaia/ Oltenien gemacht, wo sich sein Roman „Zaira" abspielt. Von hier sind vermutlich auch die „schlauen rumänischen Bauern" (siehe Tagesanzeiger.ch), die in „Jacob" beschrieben werden, gekommen. Hat ein Psychologe seine Manuskripte verwechselt?

Und wer schreibt das alles über uns Banater Schwaben oder müssen sich die Triebswetterer allein in die Ecke gestellt fühlen? „Cătălin Dorian Florescu, geboren 1967 in Timişoara in Rumänien. 1976 erste Ausreise mit dem Vater nach Italien und Amerika. Rückkehr nach Rumänien acht Monate später. 1982 **endgültige oder erneute** *Flucht* mit seinen Eltern in den Westen." Der letzte Satz wurde später, und zwar als wir darauf aufmerksam geworden sind und beim C.H.Beck-Verlag *nur ein wenig gemeckert* haben, umgeändert in: „1982 endgültige *Emigration* mit seinen Eltern". „Studium der Psychologie. Florescu lebt als freier Schriftsteller und Suchttherapeut in Zürich." Während wir im Land eingesperrt waren und von allen Seiten beobachtet wurden, konnte Florescu mit seinem Vater einen *Pendelverkehr* zwischen Rumänien und dem Westen organisieren. Wie war das noch in „Wunderzeit"? „Ausschlaggebend waren die guten Beziehungen des Vaters, der täglich berichten musste..." Ja, wenn da noch jemand an Märchen glaubt, dann könnten es die Schweizer sein, die wohl auf der Suche nach einem neuen „Nationalhelden" sind, der auch Wilhelm Tell in den Schatten stellt. Weiter in seinem Lebenslauf: „Er erhielt für seine Romane ‚Wunderzeit', ‚Der kurze Weg nach Hause' und ‚Der blinde Masseur' ein Stipendium und einen Förderpreis, ‚Wunderzeit' war Buch des Jahres 2001 der schweizerischen Schillerstiftung, außerdem erhielt Florescu den Anna-Seghers-Preis und ein Baldreit-Stipendium der Stadt Baden-

Baden für *unseren Roman.*" Damit verbunden war er auch Stadtschreiber[8] in Baden–Baden, wobei sich die Stadt nicht unbedingt mit Ruhm bekleckert hat. Allerdings muss ich doch zugeben, dass Florescu vor Baden-Baden schon Stadtschreiber in einigen Städten der ehemaligen DDR gewesen ist und wahrscheinlich von dort auch die Empfehlung kam. Damals war aber „unser" Roman noch nicht fertig geschrieben /Vermutung). Auf den Roman angesprochen, sagte meine Tochter, die einen der Romane Florescus in französischer Sprache gelesen hat, „dieser Roman muss gut sein, denn der, den ich gelesen habe, war auch gut". Damit haben wohl viele gerechnet, auch Pressekommentatoren, sowohl in Deutschland als auch in der Schweiz. (Mir fällt da eine Geschichte ein, die ich in den 50er-Jahren erlebt habe, laut C.H.Beck Kommentatorin, ist sie vielleicht „individuell", passt aber zum Verhalten von Personen, die hier eine wichtige Rolle spielen. Meine Großeltern hatten manchmal um die Ernte einzubringen, Zigeuner als Tagelöhner beschäftigt. Am ersten Tag waren die um 7 Uhr morgens da, arbeiteten fleißig, wurden gelobt und entlohnt. Am zweiten Tag kamen sie erst um 9 Uhr und wollten zuerst frühstücken, am dritten Tag kamen sie erst zum Mittagessen, wollten ein Mittagsschläfchen halten und dann nach Hause gehen.

Wie es allerdings mit der Verwendung der real existierenden Namen in „Zaira" geht, weiß ich nicht, aber Florescu sagte einmal[4]: „in dem Roman geht es um das *wahre, erfundene* Leben der Zaira, die heute noch unter uns lebt, hier in Timişoara." (Er spricht hier[4] so, als ob er noch in Rumänien „leben" würde.)

Wir leben in einer Demokratie[22], bei uns gilt („noch" laut C.H.Beck-Verlag) die persönliche Meinungsfreiheit und ich finde, dass dies nur möglich ist, wenn die Menschen (sowohl Deutsche als auch Italiener, Türken, Rumänen und andere Migranten) sich auch an gewisse Regeln, die den guten Umgangston untereinander gewährleisten, halten. Darüber setzt sich Florescu in „unserem" Roman mit aller Vehemenz hinweg und tritt unseren ersten Artikel der Verfassung mit Füßen. Zitat aus dem Internet: „Hallo, ich habe mittlerweile mein siebentes Buch veröffentlicht und mich ausgiebig damit beschäftigt. Grundsätzlich gilt Folgendes: Wenn du eine wahre Person beschreibst und den wahren Namen nimmst, dann musst du die Genehmigung dieser Person haben. Grundsätzlich gilt auch Folgendes: Wenn du die Geschichte einer Person beschreibst und einen anderen Namen vergibst, dann musst du das Einverständnis der Person haben, wenn sie sich selbst oder wenn andere Leser/ Leserinnen diese Person erkennt/erkennen. Wenn du über eine Person schreibst, die mehr als 70 Jahre tot ist, dann kannst du den Namen verwenden, es sei denn, es gibt Familienangehörige, dann musst du auch sie um Genehmigung befragen. Dumme Sache, aber so sind unsere Gesetze..." Grüße, Khalinikis. *Zu allen im Roman verwendeten Triebswetterer Namen gibt es Verwandte und Nachkommen.* Dass man die Namen *real existierender Personen* nicht verwenden, in keinem Roman *Fiktion und Wirklichkeit vermischen* soll, lernen schon die Literatur-Studenten[10] im ersten Studienjahr. *Aber Florescu hat doch gar kein Literaturstudium!* Er ist aber Rumäne, „ein europäischer Schriftsteller[8] der deutschen Sprache" und daher „darf er es". Und der C.H.Beck-Verlag zusammen mit seinem Lektor Doktor-Professor, die dürfen das auch. (Siehe Seite 178.)

Auf Loblieder, die auf den Roman geschrieben wurden, gehe ich jetzt nicht ein, die kann man überall lesen, es gab sie auch schon in der Banater Post, sie stellen in der Regel den Klappentext[5] in mehreren Variationen dar. Ich komme aber nicht drum herum, meinen Kommentar dazu abzugeben. Haben wir nicht in Rumänien während unserer Schulzeit die hochgestochenen, lobenden und verherrlichenden Begriffe über den „Aufbau des Kommunismus" und das Parteiprogramm der Rumänischen Kommunistischen Partei ertragen müssen? (Gab es das in der ehemaligen DDR nicht?). Das hat Florescu auch während seiner 8jährigen Schulzeit in Temeswar bis 1982 machen müssen, nur wir hörten von unseren Eltern und Großeltern zu Hause etwas anderes. Wenn man diese Loblieder vergleicht, dazu muss man die von beiden Seiten kennen, dann kann man sagen, dass die auf den Roman das alles in den Schatten stellen, was Honeckers und Ceauşescus Parteibüros hervorgebracht haben. Mir bleibt nur der knappe Kommentar: Betonköpfe. Kennen und können nichts, haben aber ihre eigene Meinung über alles. Wie sagte doch Dieter Nuhr: „Wenn man nichts weiß, einfach mal die Fresse halten."

Es gibt allerdings einen einzigen Kommentator unter vielen anderen, der nicht alles gedankenlos abgenommen hat, was uns der C.H. Beck-Verlag im Klappentext vorgestellt hat, und auch ein wenig nachdachte. Das ist Jörg M. von der Süddeutschen Zeitung. Zitat: „Alles so bunt hier, der Hang des Autors zu Folklore und Kitsch, ist in diesem Roman jedenfalls gut zu bewundern. Ansonsten eher nicht so viel. Das Schicksal der Donauschwaben im Banat als Antrieb und Staffage für ein so flach und gedankenfrei konstruiertes Buch zu nehmen, findet er nicht spaßig. Schließlich sind Hunger, Not und Krieg keine schicksalhaften Weltgerichte... sondern haben Ursachen und Schuldige, wie sich bei Herta Müller gut nachlesen lässt. Dieser Roman von Cătălin Dorian Florescu ist weder plastisch noch poetisch". Vielleicht ist es der Einzige, der den Roman auch gelesen hat.

Auszüge aus Rezensionen und anderen Internetbeiträgen zu dem Roman. Es wird immer wieder darauf hingewiesen, dass der Romanheld Jakob, der Vater ein übles Verhalten an den Tag legt, während Jacob, der Sohn der ist, der zu lieben vermag. Ich habe daraufhin einem Rezensenten, der sich mit dem Nicknamen[23] „turu" kennzeichnet, der unter anderem schreibt: „... Im Mittelpunkt der Ich-Erzählung stehen die Vater-Sohn-Konflikte von Jakob Obertin mit k, dem Vater, und Jacob mit c, seinem ungeliebten Sohn..." geantwortet: „Es wird auf die Schreibweise hingewiesen, ohne zu wissen, was sie eigentlich bedeutet. Jakob (mit k, die deutsche Schreibweise) ist der unmögliche Mensch, der Verräter, Vergewaltiger, Herschsüchtige und Jacob (mit c, die rumänische Schreibweise) ist der Liebe, der nur Trost bei der Zigeunerin findet, die auch als seine Hebamme fungierte als, er von der Deutschen Elsa Oberten auf dem Mist geboren wurde... Wieso wird zu den am Anfang des Romans beschriebenen Seiten keine Stellung genommen, wo die Triebswetterer und Banater Schwaben mit ‚animalischer Kopulation' (das ist sogar eine Beleidigung an die ganze Tierwelt), ‚Gestank nach Kot, Urin und dreckverschmierten Füßen... unter der Strohdecke den eben so übel riechenden anderen' findend, beschrieben werden? Auf die Tatsache, dass die Vorfahren der Triebswetterer auf kriminelle Weise ihre Heimat Lothringen verlassen haben, wird auch zu wenig eingegangen... Und das alles schreibt ein Rumäne über Banater Schwaben." Dieser Hinweis *wurde schon mehrmals gelöscht* bzw. *nicht veröffentlicht.* Ist das noch freie Meinungsäußerung? Das sind aber die Tatsachen und keine Meinungen, damit kommt man aber offensichtlich nicht zurecht. Den Höhepunkt stellt ein Kommentar von der „Vorleserin aus Berlin" am *10.02.2011* (der Roman erschien am *23.02.2011*) auf www.buecher.de dar: „...Dazu kommt, dass das Leben der *Deutsch-Rumänen* in Rumänien selbst zu *jeder Zeit seine Tücken* hatte, was einem bisher gar nicht so bewusst war... Dieses Buch ist ein Lesegenuss und aufgrund seines *anspruchsvollen Inhal-*

tes ein Werk, das *für die Schulliteratur empfohlen* werden sollte." Meine Antwort: „In dieser Bewertung erfährt man *kaum etwas aus dem Inhalt* und schon der abwertende Begriff *‚Deutsch-Rumänen'* (wenn schon nicht anders, dann wenigstens Rumänien-Deutsche) ist anstößig. Der Inhalt dieses *anspruchsvollen Werkes* ist für den *Schulunterricht KAUM* (ganz und *gar NICHT*) geeignet, geht man davon aus, dass in dem Roman die Begriffe vorkommen wie: ‚animalische Kopulation', ‚Gestank nach Kot, Urin und dreckverkrusteten Füßen', ‚unter der Strohdecke zum ebenso übel riechenden anderen rutschen', *‚die der dumpfen Lust hingegebenen Männer drangen häufig und heftig in die Körper ihrer Frauen ein'*, ‚so schliefen auch *die minderjährigen* XY (Originalnamen) miteinander', die *Vorfahren* aus Lothringen *waren* ‚Verbrecher, Überläufer, Verräter und *Mörder'*, sie waren alle ‚machthungrig und hatten *Blut an den Händen'*, sowie ‚ein Dorf von *Selbstmördern* und Pechvögeln' usw. Die Geschichte, die zwischen ‚Fiktion und Realität' keinen Unterschied macht, ist nicht dafür geeignet, das Leben der Banater Schwaben so durch den ‚Dreck' zu ziehen! *Ich hoffe ja nicht, dass diese Bewertung von einer/einem Lehrer/in stammt"*.

Eine weiter mehrmals vorzufindende Meinung ist: „Ich habe aus diesem Roman sehr viel von der Geschichte der Banater Schwaben, die eng mit dem Familienepos der Obertins verbunden ist, gelernt". Darauf die Antwort eines Triebswetterers: „Ihre Zitate und Beispiele bestärken aber meine Befürchtung, dass eine historische Betrachtung von einem Außenstehenden kaum akkurat möglich ist. Insofern werde ich vermutlich kaum 20€ ausgeben und einen Autor damit finanzieren, der meine Landsleute verunglimpft." Mich stimmt auch Folgendes nachdenklich: „Endlich hören wir mal, was in dieser dunklen Ecke Europas passiert ist, wir haben es ja schon lange vermutet." „Das ist ja eine schlimme Sache, hier wird nicht nur der Familienname Oberten sowie das Dorf Triebswetter verleumdet, sondern eine ganze Volksgruppe verhöhnt und beleidigt. Ich habe bereits eine Mail an den Verlag gesendet." Aber seit der Antwort des Verlages. „Erlebtes und Erfahrenes zu interpretieren, ist und bleibt immer individuell", ist der Verlag verstummt. Weitere Highlights[24] von Landsleuten[25] sowie von Kommentatorinnen und Kommentatoren: „Der Roman endet mit der Deportation junger rumänischer Männer nach Sibirien", oder: „Hallo, wenn Du bei Google die zwei Suchbegriffe ‚Florescu Miliz' eingibst, kommst Du zu Florescus erstem Roman ‚Wunderzeit', der sehr viel Autobiographisches enthält, u.a. die ‚Pflichten seines Vaters', der Miliz zu berichten". Oder: „Bin entsetzt, wie er uns Banater Schwaben und die Triebswetterer in den Dreck zieht. Bei aller Liebe zu Literatur und Fiktion geht es hier doch zu weit. Wenn die bundesdeutsche Öffentlichkeit jetzt denkt, so waren die Banater Schwaben, dann müssen wir uns nur fragen, haben wir nach all dem, was unsere Volksgruppe erlebt und erlitten hat, nun auch noch verdient, unsere Geschichte und Traditionen verfälschen und verunglimpfen zu lassen? Das grenzt aus meiner Sicht an Volksverhetzung." Oder: „Habe heute noch einmal mit unserem Vetter Jakob Oberten, in Triebswetter gesprochen. Er ist sprachlos und versteht die Welt nicht mehr. Hat mit Florescu, über die von mir geschilderten Aussagen und Darstellungen des Autors Florescu in seinem Roman über Banat, Triebswetterer und Triebswetter überhaupt nicht gesprochen." Oder: „Das ist aber bei weitem nicht alles. Nur bin ich diese Geschichte im Moment so satt; ich bin von Florescus ständigem Ekel uns gegenüber angeekelt und müde. Sich auf 405 Seiten andauernd aufzuregen, das schlägt aufs Gemüt." Oder: „War es vielleicht ein ‚Auftragsroman' irgendwelcher ‚Kreise'? Und wenn man überall herumgereicht wird - bis hin nach Israel..." Oder: „Und nun kommt ein Exilrumäne und erlaubt sich, die Banater Schwaben namens der französischen Kolonisten in Triebswetter erbärmlich in den Schmutz zu ziehen." Oder: „Wenn so viel über die Rechte der ‚Roma-Flüchtlinge' in Frankreich geschrieben wird, sollten auch die Banater Schwaben einmal das Grundgesetz für sich beanspruchen dürfen." Oder: „Was will man von einem verlangen, der nichts im Kopf hat? Das ist ein Zigeuner, ein Bandit, unterstützt gewesen von der Secu Hand. Glaube auch jetzt noch, denn der Teufel schläft nicht, es existiert noch ein ganz gut funktionierender Apparat, das ist eindeutig. Traurig und erstaunlich ist bloß, dass ein Verlag ihn sogar verteidigt und seinen Sch... auch glaubt." Oder: „Da aber der Erwerb eigenen Landes unter kommunistischer Herrschaft nicht möglich war, brachen die Banater Schwaben im Mai 1951 auf, um zurück in den Westen zu reisen." (Jawohl: Die Bărăgan-Deportation!) Oder: „Auch in Florescus Roman wagen vierhundert Familien aus dem Dorf Triebswetter die Rückkehr nach Lothringen... Um das vertraute Leben wenigstens stückweise zu retten, ziehen die Menschen mit ihren *Tieren und Möbeln* in die unbekannte Ferne, ja auch mit ihren *Toten, deren Särge* sie der Familiengruft entnommen haben. Selbst die *große Glocke* der Kirche wird mitgeführt, damit das religiöse Leben weiterhin seine ‚Stimme' behalte, wie die Dorfbewohner sagen" (Seitenhiebe auf den katholischen Glauben, die große Glocke über 40m hoch im Turm hängend, wog damals 635 kg.). Oder: „Aberglaube und Mystik beherrschten den Alltag der Menschen in Triebswetter. Aber auch der Schnaps war überall zu finden. *Kopulation* und *Schnaps* entschädigte die *Männer* vom harten Leben" (so eine 5-Sterne Kommentatorin). Oder: „<u>Über die Geschichte der *so genannten Donauschwaben* habe ich *nebenbei* sehr viel erfahren</u>" oder „Der *Titel* des Buches ist für mein Empfinden *total irreführend*. Von Liebe ist wenig die Rede... Oder ist die für mich unbegreifliche Liebe zum Vater gemeint? Sein Vater hat ihn zweimal böse verraten. Kann man diesen Menschen lieben?" Oder: „<u>In immer wiederkehrenden Rückblenden erfährt man viel über die Obertins, deren Familiengeschichte eng mit der Historie der Banater Schwaben verknüpft ist</u>" oder „**Die Männer** der Familie haben ihren Willen nicht immer auf die ‚*feine englische Art*' bekommen, sondern **sich mit so mancher *Gaunerei* und auch *Straftat* zu helfen gewusst**". Oder: „Die Geschichte hat aber leider keinen Eindruck bei mir hinterlassen. Das Gelesene hat sich kaum eingeprägt. Leider hat mich die Geschichte nicht so gefesselt, wie zunächst gehofft." Oder: „Ein packendes Drama um Vertreibung, Heimatlosigkeit, Zusammenhalt, Liebe, Hass und Neid der Menschen untereinander. ***Grauenhafte Handlungen** und **Zustände*** werden ohne Verschönerungen stark gezeichnet und genau beschrieben". Oder: „Er setzt sich mit einem **Stück *rumänischer Geschichte*** auseinander, die wir alle nur aus Berichten oder Erzählungen kennen. Und <u>immer steht der Mensch mit seinen *Verfehlungen* und seinen unterschiedlichen *Charaktereigenschaften* im Vordergrund.</u>" Dass Jakob (mit k, die deutsche Schreibweise) der unmögliche Mensch, mit nicht voraussehbarem Verhalten, und Jacob (mit c. die rumänische Schreibweise) der Gute und der Liebe ist, haben nur einige bemerkt. Sie hatten aber keine Erklärung dafür, da sie ja nicht wussten, wo die Schreibweise herrührt. Das Bayerische Fernsehen hat 1977 einen Kulturbeitrag über die Rumäniendeutschen, also die Siebenbürger Sachsen und Banater Schwaben ausgestrahlt. In dieser Zeit war Florescu gerade von seiner Amerikareise mit seinem Vater zurück. Was die Mutter in dieser Zeit gemacht hat, haben wir noch nicht erfahren. In diesem Beitrag <u>stellt der Sender heraus, dass die Deutschen in Rumänien nach und nach von der Assimilierungspolitik Ceaușescus verdrängt werden sollten.</u> Ceaușescu behauptete, dass die mitwohnenden Nationalitäten beinahe keine eigene Kultur mitgebracht hätten, so dass man sich vorgenommen hat, den

„zukünftigen Aufbau des Kommunismus" nur noch mit einer einzigen Kultur, der gemeinsamen kommunistisch geprägten Kultur, wobei die Abstammung von den Römern und Dakiern als ausschlaggebend zu gelten hat, zu gestalten. Der Vielvölkerstaat sollte also, als Zukunftsvision Ceauşescus, im rumänischen kommunistischen Staat untergehen. Geht man von einem professionellen Lobliedschreiber (aus Trier) aus, auf dessen Internetseite Florescu selbst seinen Kommentar zum eigenen Roman abgibt, so hat Florescu die Vision Ceauşescus verwirklicht, da heißt es: „In dem Roman gibt es nicht die Deutschen, nicht die Rumänen und nicht die Zigeuner, ich sehe ein zusammenhängendes Ganzes." Für Florescu heißt das also, dass die Leute, die in den Häusern aus Bild 4 (Seite 296, Banater Haus in Triebswetter aus dem Jahre 1977) wohnten und die Menschen, die in den Häusern aus Bild 3 (S.296, Hütten des Zigeunerviertels aus einem der vier Sandlöcher, das von Florescu besucht wurde) wohnten, mit denselben Sitten und Bräuchen, sowie Identitäten ausgestattet werden können. Auf dieser Internetseite geht es auch noch weiter siehe Bild 2 (Seite 295). Mir öffnet sich eine düstere Zukunftsvision, dass der nächste Roman mit der Bărăgan-Deportation fortgeführt werden soll. Nein! Danke! Herr Florescu! Bild 2 erweckt den Eindruck, dass die Banater Schwaben gerade mal zufällig in den Bărăgan gekommen sind, so nach dem Motto: „Endlich Urlaub und verreisen. Sie hatten gerade mal frei und das Banat satt, wollten Urlaub machen, neue Ländereien urbar machen, neue Häuser bauen und wurden gerade mal so vom Winter, mit Auswirkungen aus der russischen Tiefebene, überrascht". Was für ein Pech: „Zur falschen Zeit am falschen Ort". Welcher Hohn und Spott hinter diesem Bild mit der Beschriftung steckt, wissen eigentlich nur die, die in den Bărăgan verschleppt wurden. Das Bild stammt vom Deckel einer banatschwäbischen Publikation und wurde vom Betreiber der Seite, Arndt S. verändert, verkleinert und mit dem Text versehen. Auf derselben Internetseite habe ich auch das Bild 1 (S.295, die Fotomontage) gefunden, die Links[26] zu den Seiten wurden mir von Landsleuten zugesandt. Auf dieser Fotomontage kann man vier Bilder sehen, die ebenfalls von banatschwäbischen Publikationen aus dem Internet „übernommen" wurden. Das Bild links zeigt die Deportation in Triebswetter und wurde von unserem Fotografen Hans Hehn gemacht, die Kirche in der Mitte stammt von der Homepage der HOG-Triebswetter (www.hog-triebswetter.de) und die beiden Bilder rechts stellen nebenbei noch eine Irreführung der Öffentlichkeit dar. Das obere Bild, mit dem Hinweis „Leben im Banat", erweckt den Eindruck, als sei das Leben vor der Deportation im Banat nicht so gut gewesen. Denn das untere Bild mit dem Hinweis „Nach der Deportation" ist ein Bild mit sonnigem Hintergrund und erweckt den Eindruck, dass es den Leuten nach der Deportation besser gegangen sei. Soll man jetzt den Schluss ziehen: „Es war gut, dass man sie deportiert hat, denn nachher ging es ihnen doch besser?" Und die Auflösung des Rätsels? Das obere Bild wurde im Bărăgan gemacht, und zwar ist es eine Frau aus Alexanderhausen mit ihrem Sohn, der im Bărăgan geboren wurde, vor ihrer dortigen Hütte. Und das untere Bild wurde auch im Bărăgan von einem Triebswetterer Landsmann vor seiner dortigen Hütte gemacht. Die Mitbetreiberin, Bianca R. dieser Internetseite, die aus Radeburg stammt und Betriebswirtschaftslehre gelernt hat, gibt folgenden Kommentar: „Ich danke meiner Oma, die uns sehr viele Anleitungen zum Roman gegeben hat, die mit einem Banater Schwaben verheiratet **war**." (Na mit der hätte ich gerne „schwowisch" gesprochen.) Beide erscheinen auf mehreren Internetseiten als professionelle Lobliedschreiber und geben natürlich nur positive Kommentare zum Roman von Florescu ab. Parallel dazu gibt es dann weitere Personen, so zum Beispiel eine Claudia M. (die in Greifswald Skandinavistik und in Bonn Anglistik studiert hat), die mit den beiden oben genannten befreundet ist, und ähnliche Kommentare bei denselben Buchpräsentationsseiten abgibt. Bei allen Kommentaren fällt auf, dass mit größter Akribie versucht wird, dass es die vorher von mir aufgezählten üblen Eigenschaften, die von Florescu den Triebswetterern und Banater Schwaben im Roman angedichtet werden, nicht gibt. Das wäre doch „nur ein Roman also eine Fiktion", „so sieht Jacob sein Triebswetter" usw. Er gibt also sein Haus, oder seine Wohnung (siehe Bild 4) auf und fühlt sich bei der Zigeunerin (siehe Bild 3, wo der Autor auch ausgiebig recherchiert hat) wohler als Zuhause. *Wenn der Roman eine FIKTION ist, dann darf die GESCHICHTE der Banater Schwaben nicht damit in VER-BINDUNG gebracht werden und dann DÜRFEN die Bezeichnungen TRIEBSWETTER, alle REAL existierende NAMEN und BANATER SCHWABEN NICHT DRINSTEHEN!*

Auszüge und Zitate aus Interviews mit Florescu.
Thüringer Allgemeine. Auf die Frage: „Erzählen Sie von der Suche nach Identität?", antwortet Florescu: „Ich spiele damit, dass Identität etwas Vielschichtiges ist. Und wie wenig es eigentlich braucht, *seine eigene Identität zu verlieren*... Manchmal ist es *nur ein Buchstabe* im

Namen, der über das weitere Leben entscheidet. Ich habe sehr lange recherchiert, über den 30jährigen Krieg ebenso wie über die Deportationen der Roten Armee." Frage „Steckt etwas von Ihrer Biografie in diesem Buch?" Antwort: „Sehr wenig... Ich habe nie die Protektion meiner Familie verloren... *Mein Vater war und ist für mich ein positiver Held*, ihm habe ich meinen Romanerstling ‚Wunderzeit' gewidmet. *Ich bin kein Banater Schwabe, teile diese Geschichte nicht. Insofern konnte ich mir für den Roman mehr Freiheiten herausnehmen und Risiken eingehen.*" (Der positive Held? War das nicht der mit der Miliz?) In Schleswig-Holstein wurde der Roman begonnen, in Erfurt während seiner „Stadtschreiberzeit" - *wo er das Manuskript sogar im Büro des Chefs zwischenlagern konnte* - wurde er in einem Café vollendet. Florescu beendet das Interview mit „Ich möchte den Roman verstanden wissen als *Plädoyer für Menschlichkeit* und *Liebesfähigkeit*. Und für *Selbstverantwortung*". (Nein! Wirklich? Das hätte ich nie gedacht! Welche Frechheit und Unverschämtheit!)

Interview: Café-Haus-Kultur, Radio Temeswar, August 2010. Von der Moderatorin gefragt, was er denn schreiben würde, antwortet Florescu: „Ich schreibe Weltgeschichte, ha, ha, nein, ich schreibe Weltgeschichten", wobei er sich nicht ganz sicher ist, was ein Erzähler ist. Er gibt aber schließlich zu: „*Ich stehle Geschichten* und gebe sie dann weiter in veränderter, erweiterter, verdichteter Form. Ich suche *Rohdiamanten und poliere sie dann zum vollen Glanz.*" Und mit welchem polierten Glanz sind die Triebswetterer und Banater Schwaben in diesem Roman weggekommen? Und es geht weiter mit einem Diamanten und auf die Frage: „Zaira. Was ist das für ein Buch?", antwortet Florescu: „Ein Weltbuch, ha, ha, ha, es ist ein Roman von fast 500 Seiten... und handelt vom *wahren, erfundenen Leben* der Zaira, der großen rumänischen Puppenspielerin... die heute immer noch *hier unter uns lebt* in Timişoara". Wie soll man das „wahre, erfundene" Leben jetzt interpretieren? Gibt es da auch Namen real existierender Personen? Ganz sicher NICHT! Aber dieser Roman hat einen lustigen Ton[9]. Das Interview gipfelt in der Phase als die Moderatorin fragt: „Wieso haben Sie denn keine *Themen aus der Schweiz* in ihren Büchern?". Florescu: „Weil die Schweiz *viel zu wenig hergibt*, in dieser Beziehung... Das ist eine *ganz andere Kultur* (Hoppla! Und die Kultur der Deutschen, Rumänen und Zigeuner aus dem Banat kann man dann in einen Topf werfen und Ceauşescus Vision von der ‚zukünftigen gemeinsamen Kultur' verwirklichen.)...

die ‚*Traditions*‘, wenn es sie gibt, dann sind sie mir nicht erzählt worden....“ (Muss es doch den Schweizern leid tun: *Keine Kultur, keine Tradition, kein Roman.*) Was wohl der nächste Roman werden soll, wird hier auch schon in Erfahrung gebracht: „Es ist auch eine Geschichte aus dem Banat der Deutschen in den Banater Dörfern. Es gibt - ich sage so, ich versuche es, ich bin nicht sicher, ob es mir gelingt“, so Florescu. Und der Roman über die *„Deutschen in den Banater Dörfern“* war damals (August 2010) ganz bestimmt schon fertig, denn im Oktober 2010 trat er die Stadtschreiberstelle[21] in Baden-Baden an, wobei dieser Roman als Grundlage eingereicht wurde. (Dass der Roman fertig war, gab der Autor schon im März 2010 zu!)

Schweizer Radio DRS2 Aktuell in einem Gespräch mit Florescu im September 2011. Hier einige Bemerkungen und Zitate. Da heißt es doch, Triebswetter wäre an einem kleinen Flüsschen, der Marosch, gelegen. (So klein ist das Flüsschen nun auch wieder nicht und ich weiß nicht, ob die 15 km gerade mal als daneben zu betrachten sind.) Die Ahnen der Triebswetterer aus Lothringen sind „alle machthungrig und haben Blut an den Händen" und Triebswetter ist ein „Ort von Selbstmördern und Pechvögeln". Florescu legt auch Wert auf „die Macht der ersten Sätze" und so beginnt sein erster Satz im Roman mit: „Dem Teufel, der sich vor Gott im Sturm versteckt", was ein Aberglaube in Rumänien (aber nicht bei den Banater Schwaben) ist. (Wenige Sätze später, kommt es dann zur animalischen Kopulation mit dreckverschmierten Füßen unter Strohdecken mit dem ebenso übel riechenden Anderen.) Es wird genau darauf hingewiesen, dass der „Vater Jakob mit k (die deutsche Schreibweise) der ÜBLE und der Brutale ist, er vergewaltigt, verrät den Sohn an die Russen, tritt in die KP ein." Wobei hingegen der „Sohn Jacob mit c (die rumänische Schreibweise) der LIEBE, der vom Vater Unterdrückte ist, der nur die letzte Zuflucht bei der dicken Zigeunerin findet, er liebt das Serbenmädchen, das umgebracht wird." Die Geburt auf dem Mist wird wieder widerrufen, denn die Zigeunerin behauptet: „Die Geburt fand nicht auf dem Mist statt...der Wind hat den Samen gebracht..." also Mystik und Aberglaube? Auf die Frage: „Sie sind Rumäne?" Antwortet Florescu: "JA." Der Schweizer Moderator wollte natürlich wissen: „Wie sind Sie auf Triebswetter gekommen?", worauf Florescu antwortet: „... wie die Jungfrau zum Kind... es war der Wind."(Hoppla, wir wissen aber etwas anderes.) Florescu hatte „RUMÄNISCHE INFORMANTEN", aber aus der *Geschichte des Dorfes* wusste er nur ganz, ganz *WENIG*, „alles andere ist FIKTION". (UND DAS Treffil-Buch? Die Geschichte und Identität der Triebswetterer Banater Schwaben ist NICHT geeignet für einen Roman, der zwischen *Fiktion und Wirklichkeit NICHT* unterscheidet!). Der Moderator behauptet, dass „in dem Roman ‚Der blinde Masseur' herrscht ein melancholischer, in ‚Zaira' ein lustiger und in ‚Jacob' ein ganz ANDERER (düsterer, dunkler) Tonfall". Darauf kann Florescu nur antworten: „...ich muss dem Publikum gefällig sein" und dass es „HUMOR" im Roman ‚Jacob', gäbe. (Aber wo? Den haben wir wohl noch nicht gefunden. Der Wind hat ihn wieder verweht.) Über den Titel „Jacob beschließt zu lieben" wurde auch gesprochen, dabei ist mir aufgefallen, dass es schon einen Schweizer Roman gibt: „Veronika beschließt zu sterben". (Abgekupfert ist da überhaupt nichts, auch von unserem Familiensippenbuchbuch hat er noch nie etwas gehört. Ich könnte doch gerade auf die Idee kommen einen Roman zu schreiben: „Doralin beschließt zu schreiben".) Florescu behauptet nun: „Es gibt Banater Schwaben, die das Buch als ‚GUT' bewerten, welche die ihm DAUERND gratulieren". Aber es gibt auch „REAKTIONÄRE TRADITIONALISTISCHE KREISE[27]", die etwas gegen seinen Roman haben. Ende des ersten DRS2-Beitrages.

In einem zweiten DRS2-Beitrag mit Markus W. begann die Ansager-in mit den Worten, dass der Roman, in einem „Stil geschrieben sei, der einen manchmal schaudern lasse" und es werde erzählt von „deutschsprachigen Auswanderern einer Gegend, die exemplarisch ist für die Vielvölkerschaft Europas". Florescu hat sich mit seinem Gesprächspartner dort „getroffen, wo der Autor normalerweise seine Romane schreibt, in einem Cafe". Als dieser darauf hingewiesen hat, dass es im Roman „nach Mist und Brandstiftung stinkt", hat das we-der Florescu noch weitere Personen, z.B. die Schweizer Leseratten, gestört. Es ist auch nicht verwunderlich, wenn sich Florescu als „Intellektueller" und „Migrant" bezeichnet, der wörtlich (im Schweizer Dialekt) sagt: „Wir BEREICHERN die deutschsprachige Literatur oder die Schweizer Literatur mit NEUEN THEMEN und mit einem FRISCHEN TON." (Irgendwie kommt mir dieser Ton aber sehr bekannt vor.) Nur gut, dass die Schweizer nicht wissen, wo die Wirk-lichkeit aufhört und die Fiktion anfängt, dass es den Jakob Oberten wirklich gibt, dass es die Triebswetterer auch wirklich gibt und dass wir ein Produkt eines „Kaffeesatzlesers" sind. Kaffee kann man auch mit „Schuss" (dem vielgerühmten Schnaps in Florescus Roman) trinken – auch eine „Tradition" in Rumänien.

Ich möchte nun zwei Begriffe aufgreifen, um sie etwas näher zu betrachten. Wenn ich nun die Bezeichnung „RUMÄNISCHE INFORMANTEN" mit der größten Selbstverständlichkeit aus dem Munde von Florescu höre, so muss ich unweigerlich an „die Pflichten seines Vaters, der Miliz zu berichten" denken. Das war wohl Alltag und Normalität im Hause Florescu. Ganz zu schweigen von den Worten „REAKTIONÄRE TRADITIONALISTISCHE KREISE", die ja direkt aus dem Munde Ceauşescus zu kommen scheinen. Wollte dieser nicht in den 70er-Jahren Kultur und Tradition der mitwohnenden Nationalitäten in die rumänische kommunistische Kultur einverleiben? War denn Florescu in dieser Zeit nicht gerade Schüler (etwa 1973-1982, mit Unterbrechungen) in Temeswar? Alle dürfen ihre Traditionen[27] pflegen, nur wir Banater Schwaben - speziell die Triebswetterer - nicht? Wenn ich jetzt noch aus dem vorigem Schweizer Beitrag hinzufüge, dass die Triebswetterer, die aus Lothringen stammen, „alle machthungrig sind und Blut an den Händen hatten" und Triebswetter ein „Ort von Selbstmördern und Pechvögeln" ist, dann möchte ich doch die Schweizer - sowohl Leseratten als auch Presse, Radio, Fernsehen und Jury für Preisvergabe - gerne fragen: **„Habt ihr überhaupt nichts gemerkt?"** (Ich bezweifle aber, dass es bei der Preisvergabe mit rechten Dingen zuging. Ich bin mir nicht sicher ob alle, die für den Roman gestimmt haben, ihn auch in deutscher Sprache lesen konnten - so meine Schlussfolgerung aus einer erhaltenen E-Mail.)

Zum Schluss noch ein paar Hinweise für unsere 30-40-jährigen Landsleute, welche die rumänischen Nationalkommunisten nicht erlebt haben. Ich beziehe mich jetzt also auf die 50er-Jahre, das ist also die Zeit, in welcher Florescus Roman endet. Gleich nach der Bărăgan-Deportation im Sommer 1951 zogen die ersten Kolonisten in die leer gewordenen Häuser ein. Als der Winter kam, sah man wie nach und nach die Lattenzäune und Fensterläden verschwanden, und nach der Rückkehr der Deportierten konnte man feststellen, dass die Parkett- und Schiffböden in den Wohnzimmern verbrannt, mitten drin ein Lagerfeuer gemacht worden war, und es gab Hinweise, dass auch die Ziegen und Schafe im Wohnzimmer gehaust hatten. Die Fußböden in Läden und Schulklassen mussten mit Petroleum eingelassen werden, um der Verbreitung von Läusen und Flöhen vorzubeugen. Wasser und Seife waren ihnen unbekannt. Und jetzt **finden wir uns** als dreckige, stinkende, besoffene Romanfiguren, die unter Strohdecken die ebenso übel riechenden (ungewaschenen) anderen finden. Ganz klare Hinweise, dass Florescu in seinem Roman keine Banater Schwaben beschreibt sind: Wir verwendeten keine Strohdecken, das war ein typischer rumänischer Gebrauchsgegenstand; wir aßen keinen Maisbrei, das war ein typisches rumänisches Gericht; wir hatten unseren katholischen Glauben (das war Bedingung bei der Ansiedlung) und Aberglaube, von welchem der Roman praktisch überfüllt ist, war kein Schwabenproblem (das einzige, was ich anführen möchte, wäre, dass „der Storch die Babys bringt"); wir nannten uns nie „Bruder und Schwester", das war eine typisch rumänische Anrede, gerade dann, wenn man von dem anderen etwas wollte; keine schwäbische Mutter bekam ihr Kind auf dem Mist und das ganze Dorf stand da und sah zu; nie half bei der Geburt eine Zigeunerin als Hebamme, die dann 18 Jahre oder auf Lebenszeit wöchentlich ein Huhn bekommen hat; kein Vater hätte je seinen Sohn an die Russen verraten, so dass er nach Sibirien deportiert worden wäre; kein Schwabe riss den Teig aus dem Brot, stopfte sich den Mund voll und schob noch zwei Wurstscheiben hinterher (meine Eltern oder Großeltern hätten mir den Ranzen versohlt oder man hätte mir „den Teller umgedreht", das hieß einmal herum zusehen); Apotheker gehörten zu gebildeten Leuten und waren keine Trottel, wie in Florescus Roman; dreckverschmierte Teller blieben nie über Nacht stehen, vielmehr wurden die Reste sofort nach dem Essen an die Schweine oder Hühner verfüttert und das Geschirr sofort abgewaschen; Minderjährige hatten keinen animalischen (tierischen) Sex, weil die Eltern und Großeltern zu gut aufgepasst haben; kein Banater Schwabe „stieg" je von den Karpaten herab, das waren nur Oltener/Rumänen aus dem Osten, „Jakob ohne Name" mit allen schlechten Eigenschaften („ohne Name" weist darauf hin, dass es ein Zigeuner war, weil nur die waren in jener Zeit nicht immer polizeilich gemeldet); kein Rumäne oder Zigeuner brachte einen deutschen Bauernhof auf Vordermann; kein deutscher Vater verstieß seinen Sohn und zog einen Zigeuner vor; in Triebswetter schlugen keine Blitze in den Acker, weil es in Triebswetter total eben ist, das geschieht eher im Hügelland, wo „Jakob ohne Name" herkam; in Triebswetter gab es keinen Burghüter, der stammt von den Siebenbürger Sachsen usw. Insofern stellt dieser Roman eine Identitätsverfälschung der Triebswetterer und Banater Schwaben dar. Wenn es um seine Landsleute (in „Zaira") geht, dann sind dies wunderbare Menschen, nur wenn es um die Banater Schwaben und deren Vorfahren (in „Jacob") geht, dann kommen Gewalt, Verrat, Niederträchtigkeit, Hunger und Durst, dreckverschmierte Füße, schmutziger Sex unter Strohdecken und Geburten auf dem Mist zum Tragen. „Der Roman ist ein provokatives Sammelsurium eines Schreibenden, der weder die zeitliche, geschichtliche oder ethnische Schiene eines seriösen Romans eingehalten hat" (so ein bekannter Banater Publizist). Von Liebe, die von manchen professionellen Lobliedschreibern gesehen und gefühlt wird, kann ich leider darin nichts finden, auch wenn der Roman mit noch so „hochwertigen, professionellen, schriftstellerischen Mitteln und Techniken" geschrieben wurde.

Was fällt mir spontan zu einigen im Roman verwendeten Begriffen ein? „Animalische Kopulation": ging nicht in den 60er-Jahren ein Gerücht in Rumänien um, welches besagte, dass es eine (verbotene) Sekte gebe, bei welcher sich die Mitglieder in einem verdunkelten Zimmer nackt auszogen und dann sexuell übereinander herfielen? Es war also möglich, dass der Vater mit der Tochter und die Mutter mit dem Sohne... Rumänische Gerüchte haben sich sehr häufig im Nachhinein als wahr erwiesen. „Sie und der Schnaps": Man bekam in jeder Kneipe überall im Banat und Rumänien einen „kleinen Monopol" (schnapsartiges Getränk), wobei 100ml (also 10cl) und einen großen, wobei dann gleich 200 ml (20cl) ausgeschenkt wurden (Vergleiche: in Deutschland 2cl und 4cl). „Gestank nach Kot und Urin": Während der Deportation 1951 wurden die Banater Schwaben in Viehwaggons verfrachtet, eine Woche lang durch das Land gefahren und auf einer Steppe abgesetzt. Wie war es denn da mit den sanitären Anlagen bestellt und wer wäre dafür verantwortlich gewesen? „Urin im Nachttopf": Der Münchner Herbert Hisel hat 1960 in seinem Kabarettstück „Der Feuerwehrmann" gesagt: „Emma, wo ist denn mein Helm?", worauf die antwortet: „Unterm Bett, aber pass auf, dass nichts verschütt'st". Wer hätte sich denn kümmern sollen, dass in den Banater Dörfern Kanalisation und Wasserleitung installiert werden? „Dreckverschmierte Füße": In Triebswetter gab es eine Ziegelei, die wir als Schüler seinerzeit besuchten, wo auch Zigeuner arbeiteten. Ihre Arbeit bestand darin, Lehm, Spreu und Wasser zu mischen. Und so stampften sie barfuss durch das Gemisch, bis es gebrauchsfertig war. In dieser Hinsicht ist es auch eine Diskriminierung der Arbeit dieser Leute, die eigentlich eine Arbeit gemacht haben, die wohl kaum ein anderer gemacht hätte. „Unter der Strohdecke den ebenso übel riechenden anderen finden": Dazu fällt mir leider nichts ein, weil wir keine Strohdecken benutzten und uns regelmäßig gewaschen haben. „Schwabenhof auf Vordermann gebracht": Als die Kollektivisierung (besser als Kollektivierung) vorgenommen wurde, hat man meinen Großeltern praktisch die Pferde und sonstige bäuerliche Gebrauchsgegenstände „freiwillig abgenommen" und sie im Gebäude der Kollektivwirtschaft untergebracht. Die dortigen Verantwortlichen (Nutznießer der rumänischen Kollektivisierung), die alles auf Vordermann bringen sollten, waren so pflichtbewusst und professionell, dass die Pferde zwei Wochen später tot auf dem Hof lagen. „Maisbrei": Mais wurde eigentlich angebaut, aber an das Vieh verfüttert (und für die Schweine, Hühner, Enten und Gänse war er auch „nahrhaft"). Meine Großmutter rührte in einem Blecheimer, in dem sich warmes Wasser befand, den grob geschroteten Mais für die Schweine an. Wir können nur von Glück sprechen, dass Florescu das nicht wusste, denn wie wäre sonst „unser Maisbreiessen" ausgefallen - im gemeinsamen Trog mit den Schweinen? „Verräter, Verbrecher, Überläufer": Den einheimischen Rumänen im Bărăgan wurde gesagt, dass die Deportierten Verbrecher seien, mit welchen sie keinen Kontakt aufnehmen dürften. Hat uns nicht die Ceaușescu Regierung bereits bei der Antragstellung und bei der Aussiedlung als Verräter und Überläufer bezeichnet? „Selbstmörder, Pechvögel, rumänische Informanten": Das menschenunwürdige System war bis in allen Ecken und Winkeln organisiert, das Informationssystem hat wunderbar funktioniert (nicht so wie Windows heute), man sagte sogar „die Wände haben Ohren". So wurden Mitte der 50er-Jahre zwei Triebswetterer von der Securitate erschlagen (wer nicht weiß, was es bedeutet: verprügelt, bis sie tot waren) und es hieß nachher, sie hätten Selbstmord begangen. Und wie kam die Securitate gerade auf die Beiden? 1-2-3. Richtig! Informanten! (Ein Dorf von Selbstmördern und Pechvögeln...)

Wir haben einen Fragenkatalog an Florescu zusammengestellt, leider konnte uns Florescu noch keine einzige Antwort geben. Ich nenne hier nur einige wenige Beispiele. Wann kamen Ihre Vorfahren nach Temeswar oder ins Banat? Wurde einer Ihrer Verwandten, Bekannten, Nachbarn von Deutschen im 2. Weltkrieg misshandelt oder ermordet? Enthält Ihr Roman Jakob auch Autobiographisches bzw. etwas über Ihre Vorfahren? Woher kamen Ihre Vorfahren ins Banat? Spielt sich die Handlung des Romans „Zaira" (das Leben auf dem Lande) in diesem Ort ab oder war es ein anderer Ort? Haben Sie in dem Roman „Zaira" auch Namen real existierender Personen verwendet? Wissen die Protagonisten das oder waren sie froh, berühmt geworden zu sein? Wissen Sie, warum in den kommunisti-

schen rumänischen Geschichtsbüchern von den Ländereien Südru-
mäniens 900 Jahre verschwiegen wurden? Welcher Tätigkeit ging
Ihr Vater während Ihrer Temeswarer Zeit nach? Was meinten Sie in
ihrem Roman „Wunderzeit" mit den „Pflichten ihres Vaters, der Miliz
zu berichten"? Können Sie den Unterschied zwischen Miliz und
Securitate erklären? (Unsere Antwort: dieselbe Organisation, die
Miliz in Uniform und die Securitate in Zivil.) Sie waren in den 70er-
Jahren mit ihrem Vater in Italien und Amerika, gingen zurück nach
Rumänien und flüchteten 1982 (mit 15 Jahren) ERNEUT in die
Schweiz. Können Sie mir erklären, warum mich das Wort ERNEUT
stört? Sie haben doch Psychologie studiert? Sind Sie mit einem
Reisepass geflüchtet oder haben Sie die Grenze aus der Sicht des
damals kommunistischen Rumäniens unter Ceauşescu „illegal" mit
dem Risiko erschossen zu werden (was vielen passierte), verlassen?
Warum sind Sie in die Schweiz geflüchtet? Italien wäre doch für Sie
vom sprachlichen Standpunkt einfacher gewesen? Latein, Italienisch, Rumänisch ist doch fast dasselbe. Warum haben Sie gerade
Deutsch gelernt? In der Schweiz hätten Sie auch Italienisch oder
Französisch lernen können? Beide Sprachen liegen als romanische
Sprachen Rumänen besser. Haben Sie schon in Rumänien eine
rumänisch-deutsche Schule besucht? (Wir wissen genau, dass er
nicht in der Lenau-Schule war. Es war aber eine Auslandsschule.)
Können Sie erklären, warum Sie den Banater Schwaben, einer Minderheit in Rumänien, Lebensgewohnheiten von Zigeunern, die auch
unter Ceauşescu noch nicht sesshaft waren, in Ihrem Roman
„Jakob" unterjubeln? Können Sie erklären, warum Sie im Roman
„Zaira", das Leben auf dem Lande, alles mit hellen, schönen, farbenfrohen Tönen beschreiben, es werden Lobeshymnen gesungen, die
mit Honeckers und Ceauşescus Parteiprogrammen konkurrieren
könnten und im Roman „Jakob..." (von uns absichtlich öfters falsch
geschrieben) über Triebswetter und Banater Schwaben sehr düster
über Gewalt, Verschwörung, Verschleppung, Vertreibung und Verrat
berichtet wird? Sie haben Psychologie studiert - sonst könnte man
ihnen Unwissenheit attestieren - und haben VORSÄTZLICH die Banater Schwaben diskriminiert und verleumdet. In wessen Auftrag
haben Sie eigentlich gehandelt? ODER Wie sind Sie überhaupt auf
Triebswetter gekommen und warum haben Sie den Namen nicht
geändert? Warum verwenden Sie die Namen real existierender
Personen (lebender oder verstorbener), die Sie aus dem Familiensippenbuch der Triebswetterer, dem „Treffil-Buch", übernommen und
einen Buchstaben verändert haben? Obertin wird Oberten gelesen,

Renon wird Reno gelesen, Manoeuvre wird Manöwer gelesen und Gogo hat Treffil falsch geschrieben und Florescu auch. Was hat Ihnen Vetter Jakob, der heute noch lebende Jakob Oberten und nicht Bruder Jacob oder gar frère Jacques, erlaubt? Was hat ihnen Heinz Vogel, der Herausgeber des „Treffil-Buches" erlaubt? Den Gebrauch von erkennbar veränderten originalen Namen dürfte ER Ihnen gar nicht erlauben. Kennen Sie oder waren Sie schon jemals in einem banatschwäbischen Haushalt? Dann müssten Sie wissen, dass Strohdecken, Maisbrei, Popen, Bruder und Schwester im Banat und Triebswetter im täglichen Gebrauch keineswegs verwendet wurden! Wo und wie haben Sie genauestens recherchiert? Die Triebswetterer haben ihr Dorf gegenüber Herumstreunern mit einer Nachtwache (Nachtswächter) geschützt. Warum kommen bei Ihnen neben „Habsburgern, Ungarn, Irdischen und Außerirdischen" (Herumstreunern) nicht auch Rumänen und Zigeuner vor? Glauben Sie wirklich, dass die Habsburger Dynastie das nötig hatte? Warum degradieren Sie die Deutschen im Banat zu Zigeunern? Ich weiß, dass Zigeuner auch Menschen sind aber der Kulturkreis, aus dem Sie kommen, ist doch ein anderer, mit welchem ich mich, als Triebswetterer, nicht identifizieren möchte! (Siehe Seite 296, Bilder 3 und 4) In Triebswetter lebten nach einer Statistik (auch Treffil-Buch) 2835 Deutsche, 37 Ungarn, 34 Rumänen, 101 Zigeuner - sesshaft auf einer Insel/Halbinsel oder vielleicht „Burg"?- und 21 Bürger anderer Nationalität. Warum beschreiben Sie den Lebenswandel der Zigeuner und jubeln ihn den Deutschen unter? Weil Sie nie einen schwäbischen Haushalt gesehen haben und weil Sie Sitten und Bräuche eigener Volksstämme - die Sie als Temeswarer auch nicht kennen - oder die von Zigeunern, beschreiben. Wir bekamen keine einzige Antwort von Florescu. Ich denke da auch an die Fernsehsendung Stern-TV, wo der Reporter vor einer Tür steht, die ihm nicht geöffnet wird, er einen Megafon nimmt, mit einem Bagger bis vor das Fenster des 3. Stockwerkes gehievt wird, seine Fragen anbringen will aber niemand öffnet das Fenster oder die Tür und kann seine „Fragen" beantworten. Das ist ganz einfach zu erklären: *„Dreck am Stecken"*! (Siehe Seite 302!)

Während ich diese Zeilen schreibe, läuft bei uns gerade ein Gerichtsverfahren gegen eine 14-Jährige[1], die zusammen mit zwei über 20-jährigen Typen eine 13-Jährige mit Hochprozentigem (erzwungenes Komasaufen) „volllaufen" ließen, sie vergewaltigten, ihre „heldenhafte" Tat filmten und den Film ins Internet stellten. Und was lesen wir bei Florescu? Gewalt, schmutziger Sex von Minderjährigen, Vergewaltigung, ständig von Schnaps besoffene Schwaben... Gleichzeitig erscheinen solche Typen und geben „anonym positive" Bewertungen für den Roman ab, weil das ja „ihre Welt, also auch für sie Normalität" ist. Wie sich doch die Zeiten und Menschen gleichen!

Immer wieder gibt es bei uns in den Medien Meldungen von rumänischen Duos oder Banden, die Einbrüche in Privathäusern, in Vereinsheimen, Scheckbetrügereien usw. verüben. Man kann fast schon den Wecker danach stellen. Ein Highlight war eine Meldung: „Mit brachialer Gewalt das Schaufenster einer Bank mit einem Schaufelbagger zerbrochen und den Kontoauszugsdrucker aus der Verankerung gerissen und geklaut". Vor kurzem klaute ein Rumäne im Auftrag eines anderen (aus Rumänien) wertvolle Brieftauben und brachte sie nach Rumänien. Weil dem Ersten 5000 Euro versprochen wurden, er aber nur 1000 bekam, ist der „Deal" aufgeflogen. Von einer rumänischen Firma, die Bioprodukte nach Italien lieferte, von wo sie nach ganz Westeuropa verteilt wurden, erfuhr man, dass diese Bioprodukte gefälscht waren. Weiter gab es Aufsehen über eine rumänische Bande, die in Deutschland „Flatrate-Bordelle" betrieben hatten. Die „Freier" mussten einmal bezahlen und konnten sich dann, solange sie wollten, mit jungen Rumäninnen „bedienen", die zu ihrem „Glück" mit Drohungen, dass ihren Angehörigen in Rumänien etwas zustößt, dazu gezwungen wurden. Wenn mich jetzt jemand fragt: „Wo liegt denn Triebswetter oder das Banat?", dann würde ich ungern „Rumänien" sagen wollen!

Ich bin laut Florescu ein „Pechvogel", weil ich in Triebswetter geboren wurde. Die ersten Schulklassen besuchte ich in Triebswetter, Lyzeum und Universität (1961-1970) dann in Temeswar und konnte mehr als 25 Jahre mit Rumänen, Ungarn, Türken, Bulgaren, Serben, Deutschen usw. leben, zusammen lernen, studieren und arbeiten. Unser Lyzeum hatte vier Rumänische Parallelklassen, zwei Deutsche, eine Ungarische und eine Serbische und das Zusammenleben war beispielhaft. Als Sportler konnte ich das ganze Land (Rumänien) bereisen und ich hatte Freunde in Bukarest, Ploieşti, Craiova, Bacău, Constanţa, Temeswar und Arad. In dieser Zeit ist mir kein Rumäne, mit der Dreistigkeit und Unverschämtheit des Herrn Florescu untergekommen, der in seinem Roman, Lebensgewohnheiten zweier Volksgruppen dermaßen miteinander durchmischt und verwechselt, dass ich nicht „so viel fressen kann", wie ich „kotzen möchte" .

Und wenn jetzt noch jemand kommen sollte und uns etwas von Nazis vorhalten will, so verweise ich auf die vorher beschriebenen Betonköpfe, die „Generation Doof" und die anfangs erwähnte „Wieczorek-Trilogie". Es geht darum, sich erst genau zu informieren und dann eine „eigene Meinung" zu haben. Ich glaube, DASS WIR (Triebswetterer vor allem und die anderen Banater Schwaben im Allgemeinen, wenn einige es auch nicht glauben wollen) von einem rumänischen Nationalkommunisten oder dessen Nachkommen (und der „verirrten" deutschen Presse) in dem Roman erniedrigt und DISKRIMINIERT WERDEN. Noch einmal: wenn der Roman eine *FIKTION* darstellen soll, dann darf der Name *Triebswetter*, der Name der *Banater Schwaben* und die Namen aller *real existierenden Personen* und deren Vorfahren/ Nachfahren *NICHT genannt werden*, egal, wie schön, toll und professionell die schriftstellerische Leistung ist. *Wenn Florescus Fiktion „zählt"* und *unsere Rechte* i.b. auf Tatsachen *missachtet werden*, kann man dann noch von einer ausgewogenen (so etwas verlangen ja auch nur Nazis) Berichterstattung sprechen? Und falls jemandem das Wort „Fremdenfeindlichkeit" einfallen sollte, so gilt das eventuell für Florescu[28] und den C.H. Beck-Verlag den Banater Schwaben im Allgemeinen und uns Triebswetterern im Besonderen gegenüber.

F. B. Ein Triebswetterer

Erklärungen, Ergänzungen, Hinweise, Quellen (Alle Zitate- auch im obigen Text- sind in Anführungszeichen, meine Bemerkungen- neben Zitaten- sind in der Regel in Klammer)

(1) Es wird soviel gelogen, betrogen, gespickt, geschwindelt, gemobbt, geneckt, genervt, gestört, bedroht, geprügelt (weil der andere Hausaufgaben macht) u.s.w. wie in den letzten 40 Jahren noch nie! In dieser Hinsicht wurde von Sylvia Hamacher ein Buch „Tatort Schule" geschrieben. Laut ZDF (Dez. 2011) wird in 9 von 10 deutschen Schulen gemobbt. Haben die Triebswetterer auch „ihre Hausaufgaben" gemacht?

(2) Professionelle Lobliedschreiber sind Leute, die teils von den Autoren, teils von den Verlagen Informationen bekommen, um die richtige Werbung für ihre Werke zu machen, sie kennen die Inhalte der Werke, die Klappentexte (von der Rückseite) schon vor deren Veröffentlichung und geben immer positive 5-Sterne-Wertungen (oder Rezensionen) ab. Manchmal sind es die Autoren oder Vertreter der Verlage selbst, die auch unter mehreren Benutzernamen (Nicknamen) bei verschiedenen Portalen im Internet Bewertungen abgeben.

=> 243 <=

(3) Dieter Nuhr hat auch ein Buch geschrieben. „Gibt es intelligentes Leben?"

(4) Interview Florescus bei Cafehaus-Kultur, Radio Temeswar im August 2010.

(5) Klappentext ist der Text auf dem hinteren Deckel eines Buches, wo in der Regel eine Inhaltsangabe zum vorliegenden Werk abgedruckt ist.

(6) Die Begriffe rumänische Nationalkommunisten und Kleptokraten werden auch im Siebenbürgen-Blog im Internet verwendet.

(7) Casting ist die Auswahl von Kandidaten, Schauspielern, die in einem Film eine geeignete Rolle übernehmen wollen.

(8) Aus einem relativ ausgewogenen Bericht im Badischen Tagblatt, März 2011 vom Oberbürgermeister der Stadt Baden-Baden, wo Florescu als Stadtschreiber tätig war. Er „verließ Baden-Baden mit einem lachenden und einem weinenden Auge". Einige ehemalige „Flüchtlinge haben sich wegen Verunglimpfung ihrer Kultur" an die Medien gewandt.

(9) Bericht, Interview mit Florescu im Schweizer Radio DRS2 mit Felix Schneider.

(10) Triebswetterer mit akademischer Ausbildung, in der Regel Universität, Ingenieure, Direktoren, mehrere Deutschlehrer (also Literaturkundige), Naturwissenschaftler, Pfarrer, u.s.w. Wichtige Tipps gibt es auch von einem Literatur-Professor Doktor aus Österreich.

(11) Homepage der Triebswetterer: http://www.hog-triebswetter.de

(12) Manche Autoren oder Verlage veröffentlichen vor der Auslieferung der Bücher Originaltexte aus dem Inhalt, damit sich die Leser ein Bild über das Werk machen können.

(13) Familienbuch der Triebswetterer, auch „Treffil-Buch" genannt, in welchem alle Namen von der Ansiedlung her aufgeführt sind. Hier kann man aber auch Kurzgeschichten über einzelne Personen oder Familien lesen. Die Daten wurden von einem Triebswetterer Schmiedemeister gesammelt und von Heinz Vogel veröffentlicht. Das ist aber keine Dorfchronik, da es nicht um eine zeitliche Abfolge der Ereignisse geht.

(14) Den Burghüter gibt es nicht bei den Banater Schwaben, den gibt es aber bei den Siebenbürger Sachsen, das ist bei den Banater Schwaben der Messner.

(15) Familienbuch, Zitat Seite 227: „Alexander Nepper geb.1819, verst. 1911. Er hat hier in Triebswetter im Jahre 1883 die erste Apotheke gegründet, welche bis heute (1933) noch unter dem wt. Namen Nepper besteht. Sein Weib Anna Skribek geboren in Wien-Nusdorf."

(16) DZM ist das Donauschwäbisches Zentralmuseum Ulm.

(17) Ich komm nicht drum herum, aus der Zeit der Entstehung von Baden-Württemberg einen Witz anzubringen. Der Enkel kommt zum Militär (zum Bund) und schreibt seinem Opa, dass sie 7 Badener und 5 Schwaben sind. Und der Opa antwortet: „freut mich, dass ihr schon 5 Gefangene gemacht habt".

(18) Cyberkrieg ist die Bezeichnung für einen im Internet über die Telefonleitungen geführter Krieg.

(19) Manche Rumänen lebten im Banat „wie die Maden im Speck". Jetzt ist der Speck weg, jetzt diskriminiert man den Hersteller. Die Nationalkommunisten - also die Eltern und Großeltern - haben uns um Haus und Hof gebracht und die Söhne bringen uns jetzt um unsere Identität.

(20) Bei den Banater Schwaben und im Banat wurde von mir nie ein Ochsenkarren gesichtet.

(21) Das Baldreit-Stipendium der Stadt Baden-Baden wird Künstlern auf Antrag gewährt, die dann 6 Monate lang mit einer Wohnung und 750 Euro pro Monat ausgestattet werden, dafür müssen sie Zeitungsberichte für die Stadt schreiben.

(22) Demokratie? Ich bin mir nicht mehr „ganz sicher", wenn ich die Presseberichterstattung zu dem Roman betrachte. Man hat oft von den „*Betonköpfen*" aus östlichen Diktaturen berichtet; bei jenen wuchs aber der Beton von außen nach innen und bei unseren „Berichterstattern", die alles nur „einseitig sehen und das als ihre eigene Meinung verbreiten", wächst der „Beton" um einen *Stecknadelkopf* von innen nach außen!

(23) Turu aus Iserlohn, Kommentar am 17.02.2011 (DER ROMAN KAM ABER AM 23.02.2011 heraus). Ein Hellseher?

(24) Highlights sind in unserem Sinne hier herausragende, einmalige, unübertroffene Spitzenbewertungen.

(25) Viele Landsleute - sowohl aus Triebswetter als auch aus anderen Banater Orten - haben dazu beigetragen, dass ich diese ganzen Informationen über Florescu und seinen Roman erhalten habe. Vielen Dank an alle von hier.

(26) Links sind die Namen der Internetseiten, die man eintippen muss, wenn man sich diese ansehen möchte.

(27) Aus einer Programmvorschau von VOX: „Tradition ist alles! Roma...Djuliana ist 15, ihr Bräutigam ist 17. Nach Tradition und Sitte sind sie damit längst im heiratsfähigen Alter." (Vgl. Roman: „animalische Kopulation...beide waren noch nicht sechzehn...")

(28) Dass die Schwaben für Florescu im Banat nicht willkommen waren, wird mit dem Satz verdeutlicht: „das alles war Gottesland" und daher kam es zu einer „Serie von Unfällen, Morden und Selbstmorden in Triebswetter".

An die Preisjurys:
Hat sich schon jemand einmal
Gedanken gemacht, wie und
warum man einem Werk,
welches einen ganzen Volksstamm
verleumdet und diskriminiert,
einen oder mehrere Preise
vergeben kann?

War es der Schaps?
Oder etwas Unerklärliches?
Oder Gedankenlosigkeit?
Oder das schlechte Beispiel
anderer (vorheriger Preise)?
Lust auf Persönlichkeitsrechtverletzung,
Volksverhetzung und Verunglimpfung Toter?

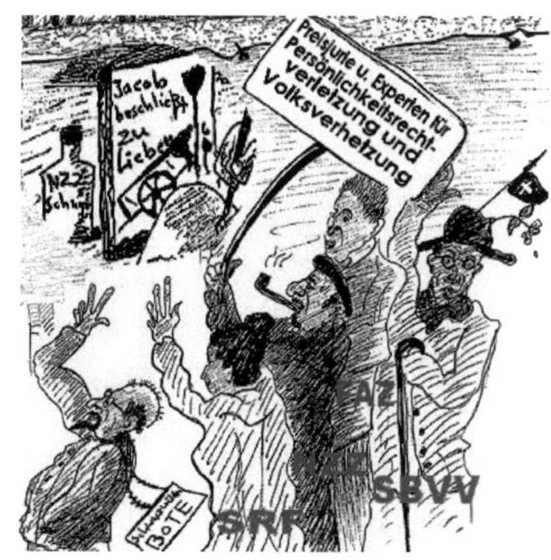

Karikatur: Michael Blümel

=> 15 <=
Unser Kommentar übersetzt

http://www.hog-triebswetter.de/Roman-Salut.htm (comentariul în limba română)
http://www.hog-triebswetter.de/Roman-English.htm (Our coment in English)
http://www.hog-triebswetter.de/Roman-France.htm (Comment en France)
http://www.hog-triebswetter.de/Roman-pyccki.pdf (ПО РУССКИ)

The English Version: „Jacob decides to love"

En France: „Le turbulent destin de Jacob Obertin"

Versiunea in limba română: „Jacob se hotăreşte să iubească"

ПО РУССКИ: „Якоб решил любить"

**Neben der Zufahrt zum Triebswetterer Friedhof
befindet sich ein Kriegerdenkmal.**

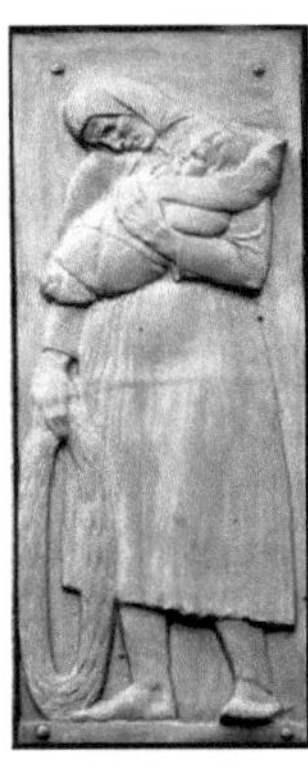	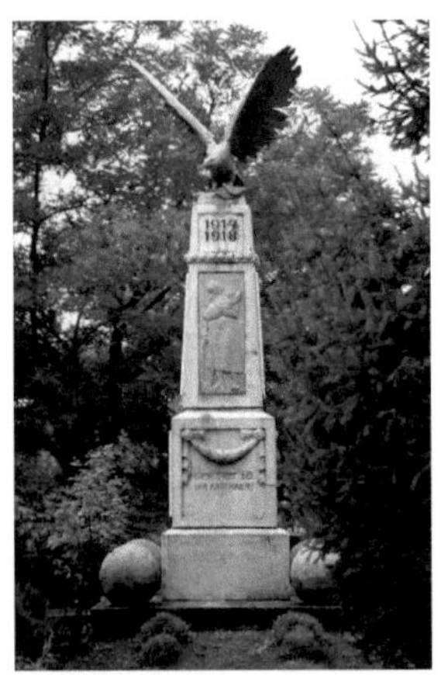	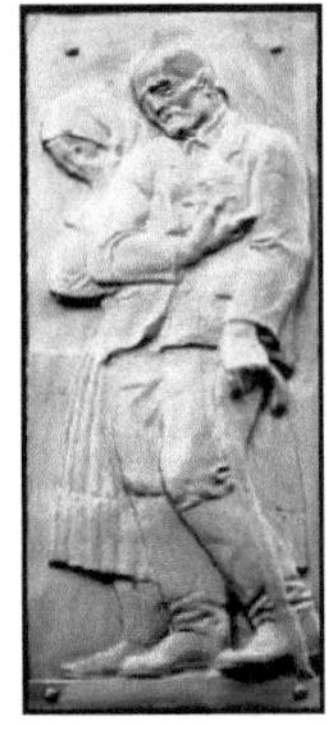
Relief am Kriegerdenkmal : Die Hinterbliebenen, Mutter und Kind	**Kriegerdenkmal in Triebswetter (etwa 1980)**	Relief am Kriegerdenkmal : Die hinterbliebenen Eltern (Das Relief wurde geklaut.)

Nachlese. Diverse Ergänzungen und Korrespondenz
Schreiben an die **Fränkischen Nachrichten**

Sehr geehrte Damen und Herren,
ich habe Ihren **Bericht über Herta Müller von Carl Gibson** regelrecht verschlugen und mit Genugtuung festgestellt, dass es jemand mal wagt, der Autorin zu widersprechen.

Mir geht es hauptsächlich um den die Banater Schwaben erniedrigenden und verleumdenden Roman "Niederungen". Wer diesen Roman kritisiert, der ist ein Nazi, so die Autorin bei verschiedenen Veranstaltungen. Herta Müller vergisst aber, dass die Nachkriegsgeneration in Rumänien von Nazis all das mitbekommen hat, was diese während des Krieges verbrochen haben, und das war so in der Schule, in den Medien und im Kino. Diese haben auch unter ihrem verleumderischen Werk zu leiden. Die Abwehrreaktion der Autorin, dass jeder Kritiker ein Nazi sei, könnte von einem "bauernschlauen" Geheimdienstler stammen. (…)

So erschien der Roman Herta Müllers 1982 genau mitten in dieser „Freikaufaktion", um im Sinne der RKP (Rumänischen Kommunistischen Partei) und Securitate (für welche die Aussiedler als Verräter, Überläufer und Verbrecher galten) diese in Deutschland und der ganzen Welt zu verleumden. (…)

Und so gibt es auch schon Nachahmer, keine Banater Schwaben, die aus Rumänien genau 1982 „mehrmals" mit eigenem PKW und Anhänger „erneut" flüchten konnten, und der „Westen" hat ihnen alles abgenommen, auch die Tatsache, dass der Vater täglich dem Milizmann, also der Securitate, berichten „musste", so, dass er seinen Roman auch „Wunderzeit" nennen konnte und der „blauäugige" Westen, genau gesagt die Schweiz, hat ihm alles abgenommen und für sein Schmutzwerk „Jacob beschließt zu lieben", in welchem er noch einiges auf das von Herta Müller in „Niederungen" Beschriebene draufsetzt, den Schweizer Buchpreis 2011 verliehen. **Wieder darf sich kein Banater Schwabe zum Schmutzwerk äußern! Die „Nazis"! Oder die „Securitate ist immer noch im Dienst!" MfG. F.B.**

Wie der C.H.Beck-Verlag mich „mundtot" machen will.
Hat nur der uns diskriminierende Autor das Recht auf Künst
lerfreiheit, wo bleibt unsere Meinungsfreiheit? Wo bleibt unser
Recht, die Triebswetterer Publikationen, die von C.D. Florescu
„zwecks Diskriminierung der Obertins, der Triebswetterer und
Banater Schwaben missbraucht" wurden, zurückzuverlangen?

Sehr geehrter Herr Balzer,

wir nehmen Bezug auf unser Schreiben vom 4. April 2012.

In Ergänzung hierzu müssen wir Sie heute aus gegebenem Anlass
auffordern, es künftig zu unterlassen, mit unserem Autor, Herrn
Cătălin Florescu, in jeglicher Form in Kontakt zu
treten, sei es brieflich, per Mail oder per Telefonat.

Weiterhin fordern wir Sie auf, es künftig zu unterlassen, sich **mit
unwahren oder ehrabschneiderischen Behauptungen** an
Veranstalter von Lesungen mit unserem Autor zu wenden.

Sollten Sie hiergegen künftig verstoßen, so sähen wir uns
gezwungen, unverzüglich juristische Schritte einzuleiten.

Mit freundlichen Grüßen
Dr. B. von B.
Rechtsanwalt
-Verlagsjustiziar-
Verlag C.H.BECK oHG

An den C.H.Beck-Verlag: Justitiar und Lektor (28.02.2014)

Sehr geehrter Herr B.,
Sehr geehrter Herr H.,

entschuldigen Sie, dass ich Ihnen auf Ihr erstes Schreiben nicht geantwortet habe. Ich hatte es einfach vergessen. **Ich bin aber nicht unbedingt daran interessiert, mit C.D. Florescu in Kontakt zu treten, weder per Email, noch per Brief, noch per Telefon oder bei einem persönlichen Treffen.**

Es ist schon sonderbar, dass man von einem Menschen nicht verlangen darf, dass er ausgeliehene Bücher zurückgeben soll. **Denn schließlich hat er aus dem „Treffil-Buch", dem Triebswetterer Familiensippenbuch, jede Menge abgeschrieben:** *Familiennamen und deren unwürdig verdrehte Geschichten.* Hätte er die Geschichten und Namen so übernommen, wie sie dort drin stehen, hätte sich niemand darüber geärgert und dagegen protestiert, obwohl er abgeschrieben hätte. Das können Sie aber nicht beurteilen, denn Sie kennen den Inhalt dieser Bücher nicht. **Herr Hielscher hätte sich aber informieren können!**

Was soll an meinen Behauptungen „**unwahr**" sein? Das Erste, was ich vom Autor gelesen habe, war glattweg gelogen: „Die erneute Flucht", was auf der **Internetseite des Beck-Verlages** zu lesen war, aber nach unseren Protesten geändert wurde. Ich habe etliche Interviews gelesen/gesehen/gehört. **Überall hinterlässt Herr Florescu eine Spur von Lügen und die hören sich für die Zuhörer/Leser sehr glaubwürdig an.**

Wenn der Erste glaubwürdig lügt, dann wird jeder, der nachher die Wahrheit sagt, als Lügner bezeichnet. Und darauf sind der Beck-Verlag, sein Lektor Dr. Hielscher, die Leser und die Presse reingefallen.

Von den **beiden Rentnern Jakob Oberten (82) und Heinz Vogel (80,** Herausgeber des Treffil-Buches) hat der Autor drei Bücher (oder einen Internettip) bekommen: „Das Treffil-Buch", „Das Friedhofsbuch" und das Buch über die Bărăgan-Deportation (organisiert 1951 von Florescus Landsleuten; dieses Buch wurde für Schindluder im Internet verwendet: „Zur falschen Zeit am falschen Ort, über ihnen nur der Himmel", was der übelste Hohn und Spott gegenüber deportierter Banater Schwaben darstellt).

Den Jakob Oberten gibt es wirklich und er hatte eine Begegnung mit C.D. Florescu. Triebswetter gibt es auch wirklich und im „Treffil-Buch" stehen **alle Familiennamen** (außer den beiden Zigeunern, sogar Katiza steht drin), die im Roman vorkommen, drin.
Das „Treffil-Buch" ist auch online und den Tipp hat der Autor vom Verfasser selbst bekommen:
http://www.triebswetter-banat.ro
(Es ist eigentlich egal, ob er aus dem Buch oder aus dem Internet abgeschrieben hat.)

Herr Hielscher Sie könnten doch noch einmal den „Jacob..." lesen und dann im Internet nach den Triebswetterer Familiennamen suchen und die Geschichten vergleichen. Wenn Sie dann die „abwägigen Stellen" markieren, wir haben 292 Stellen gefunden, so haben Sie dann auch ein „angemaltes Buch". Und wenn Sie wirklich Prof. Doktor sind, dann kommen sie zu demselben Schluss wie die Schweizer Schüler: **<u>Ich schäme mich langsam als Schweizer, dass dieser Roman den Schweizer Buchpreis bekommen hat</u>".**

Zu „**ehrabschneiderischen Behauptungen**" will ich Ihnen einige Szenen/Zitate aus dem Buch niederschreiben. Zum noch lebenden **Jakob Oberten (was im rumänischen Ausweis Iacob Oberten geschrieben wird)** aus Triebswetter:
- sein Vater ist ein Zigeuner;
- seine Mutter ist eine Hure;
- er wurde auf dem Mist geboren;
- er verrät (als Vater) seinen Sohn an die Russen;
- sein Halbbruder ist ein Zigeuner;
- seine Vorfahren aus Lothringen sind:
  Mörder, Überläufer, Zigeunerjäger, Zigeunerhenker,
  Brandstifter, Vergewaltiger, Geiselnehmer.
  Gehts noch? Herr Professor? Wo bleibt die
  Würde dieses Mannes? Und die der anderen
  Triebswetterer? Sowie die der verunglimpften Toten?

In einer Werbung sagt Florescu „**dass er die Dymastie der Obertins beschreibt, die Zivilisationsstifter Triebswetters"** und damit wird ganz Triebswetter dermaßen erniedrigt und verleumdet, dass Sie sich das gar nicht vorstellen können, denn Sie sind nicht im Kommunismus seiner Landsleute aufgewachsen.** Weiter:
-Triebswetter ist ein Ort von Selbstmördern und Pechvögeln;
-die Vorfahren der Triebswetterer aus Lothringen haben ihre alte Heimat mit Blut an den Händen verlassen;
-die **geteilte Minderheit** der Banater Schwaben hat etwas gegen seinen Roman, das sind „**reaktionäre traditionalistische** Kreise" (Worte DIREKT aus dem Munde Ceauşescus);
-und nicht zuletzt, der falsche **Aberglaube** und die **verfälschte Identität und Geschichte der Banater Schwaben** und Triebswetterer.
Ceauşescu wollte die Identität der Minderheiten (vor 1989) auslöschen (siehe Nachrichten aus jener Zeit), Florescu holt es jetzt nach mit seinem Roman. Was er beschreibt, sind keine Banater Schwaben oder Triebswetterer. DAS NENN ICH VOLKS-VERHETZUNG!

Und wir dürfen uns NICHT darüber äußern! Sind wir wieder im Kommunismus, nur wissen wir es noch nicht? Ist das der Sound der heutigen Generation? Bis zu 292 Beanstandungen hätte ich noch...

Vielen Dank.
MfG. F.B.

Textauszüge des Bundesamtes in Bezug auf jugendgefährdende Schriften. Indizierung jugendgefährdeter Schriften

Dazu zählen: „Träger- und Telemedien, die geeignet sind, die Entwicklung von Kindern oder Jugendlichen oder ihre Erziehung zu einer eigenverantwortlichen und gemeinschaftsfähigen Persönlichkeit zu gefährden... Dazu zählen vor allem **unsittliche, verrohend** wirkende, zu **Gewalttätigkeit, Verbrechen** oder **Rassenhass** anreizende Medien: **Gewalthandlungen**, insbesondere **Mord, Selbstjustiz** als einzig bewährtes Mittel... Verherrlichung exzessiven Alkoholkonsums."

„Verfassungsfeindliche Medieninhalte..., die dem <u>Grundgesetz zuwiderlaufen</u>..., dürfen demnach auch dann indiziert werden, wenn sich die <u>Jugendgefährdung</u> ausschließlich <u>aus ihrer politischen Aussage</u> ergibt".

<u>Indizierungsgründe: die Spruchpraxis der Bundesprüfstelle</u>

Diskriminierung von Menschen

„Unter Diskriminierung wird die **Benachteiligung** von Menschen oder Gruppen (**zumeist Minderheiten**) aufgrund von **Merkmalen wie soziale Gewohnheiten, sexuelle Neigungen** oder Orientierungen, **Sprachen**, Geschlecht... verstanden. Sie steht dem Grundsatz der Gleichheit der Rechte aller Menschen entgegen." (Z.B. die Diskriminierung von Frauen, Triebswetterern, Banater Schwaben usw.)

Unsittlichkeit

„Unter unsittliche Medien fallen zunächst solche mit sexuell-erotischem Inhalt, wobei der Inhalt nicht den Straftatbestand der Pornographie (§ 184 StGB) erfüllt... Ein Medium ist nach höchstrichterlicher Rechtsprechung unsittlich, wenn es nach Inhalt und Ausdruck objektiv geeignet ist, in sexueller Hinsicht das Scham- und Sittlichkeitsgefühl gröblich zu verletzen (BVerwGE 25, 318 (320)".

Gewaltdarstellungen

„... wenn Gewalt legitimiert oder gerechtfertigt wird. Dies ist dann gegeben, wenn der Medieninhalt **Selbstjustiz** als einziges probates

Mittel zur Durchsetzung der vermeintlichen Gerechtigkeit nahe-
legt..." („... sie veranstalteten eine Hetzjagd, wobei **sogar die Gendarmerie** geholfen hat...")

Anreizen zum Rassenhass

> „Der Begriff der zum Rassenhass anreizenden Medien konkretisiert
> das **allgemeine verfassungsrechtliche Diskriminierungsverbot**
> des Art. 3 Abs. 3 Satz 1 GG. Mithin ist der **Begriff ‚Rasse'** weit
> auszulegen. Wenn eine... feindselige Haltung gegen eine durch ihre
> **Nationalität**, **Religion** oder ihr **Volkstum** bestimmte Gruppe erzeugt
> wird,... und wenn darin Menschen **wegen ihrer Zugehörigkeit** zu
> einer anderen **ethnischen Volksgruppe, Nation, Glaubensge-
> meinschaft** oder Ähnlichem **als minderwertig und verächtlich
> dargestellt oder diskriminiert** werden."

Verherrlichung exzessiven Alkoholkonsums

„Über die gesetzlich genannten Jugendgefährdungstatbestände
hinaus nimmt die BPjM nach ihrer Spruchpraxis auch solche Medien
in die Liste jugendgefährdender Medien auf, **welche exzessiven
Alkoholkonsum propagieren, verherrlichen oder verharmlo-
sen**.... Die Verherrlichung exzessiven Alkoholkonsums und das
Suggerieren, dass dieser als einziger zum Lebensglück führen
werde, kann demgegenüber vorhandene Hemmschwellen... herabsetzen, was im Sinne des Jugendmedienschutzes verhindert werden
muss."

Briefe an das Jugendamt und an Kollegen

Hallo Kollegen,

Entschuldigung. Bitte nur lesen, wenn Sie sich aufre-
gen dürfen/können. Danke!

Ich habe ein Problem, normalerweise habe ich solche Probleme
nicht, welche ich Leuten, die noch einen Durchblick haben, mitteilen
möchte. Und zwar will ich ehemalige Kollegen vom EVB benach-
richtigen, weil ich es mit Leuten, die normalerweise alles verharm-
losen, z.B. WGE, nicht teilen möchte.

Jeder von Ihnen weiß noch, was Honecker in der ehemaligen DDR war. Jeder weiß auch noch, welche Rolle die Stasi spielte.

Jeder von Ihnen hat schon etwas vom Ceauşescu-Regime in Rumänien gehört. Wahrscheinlich weiß auch jeder, dass die Securitate sein berüchtigter Geheimdienst war, der wohl übelste im ehemaligen Osteuropa.

Jeder weiß, dass Meinungsfreiheit und Pressefreiheit unter den oben genannten Regierungen nicht vorhanden waren, alle Berichte zensiert wurden und Verfasser eventuell verfolgt und verhaftet wurden.

Dass manche Redakteure verschiedener kommunistischer Publikationen oft Mitglieder der Stasi und Securitate oder zumindest ihre „informellen Mitarbeiter" (IMS) waren, weiß man vielleicht nicht so genau. Alle Publikationen wurden ja zensiert.

Dass wir heute in Deutschland, der Schweiz und Österreich Medien haben, die das, was die vorher Beschriebenen getan haben, übertreffen und in den Schatten stellen, weiß wahrscheinlich keiner: Volksverdummende Mediendiktatur!

Es geht um den in der Schweiz lebenden, sich zur Ceauşescu-Diktatur bekennenden Romancier Cătălin Dorian Florescu, der mehrere Romane geschrieben hat, und immer wieder von irgendwelchen Hohlköpfen, die wohl für die „Guck- und Horch-AGs" gearbeitet haben, Preise bekommt. Und unsere Literaturgurus, an der Spitze mit Professoren-Doktoren jubeln, so etwas hat es noch nie gegeben, das ist gute deutsche Literatur! Und die Presse, so als wären sie bei Honecker und Ceauşescu vorbereitet worden, tun eben dasselbe, nur Loblieder schreiben und REAGIEREN nicht auf die von uns (Banater Schwaben und Triebswetterern) gegebenen Hinweise. Ein Beispiel eines solchen Lobliedes und meine Kritik dazu habt Ihr in meinem Schreiben an den Schwarzwälder Boten (Seite 158).

Dass C.D. Florescu während der Ceauşescu-Diktatur eine sehr „ungewöhnliche" Flucht in die Schweiz „gelang", will ich jetzt nicht näher beschreiben: Kaum kontrolliert, mit eigenem PKW und Anhänger, wobei Banater Schwaben zehn Jahre und länger auf einen (auch Reise)Pass gewartet haben. Am 23. August 2012, dem Nationalfeiertag der rumänischen Nationalkommunisten (der heute nicht mehr gefeiert wird), schreibt Florescu einen Bericht in der Zeit-Online, wobei er behauptet, dass „Ceaușescu zu ihm gehörte wie Vater und Mutter". Und aus dieser Sicht werden die Banater Schwaben dann auch in seinem „letzten großen" Roman beschrieben. (Dasselbe merkt man bei Herta Müller, die ihren Roman „Niederungen" auch quasi „im Auftrag" der Securitate und von Ceaușescu geschrieben hat, dafür im kommunistischen Rumänien einen Preis und für denselben „Schinken" auch in Deutschland einen Preis erhalten hat. Was für Leute waren das? 1984? Genau! 68er!)

Ich habe vier Romane von C.D. Florescu gelesen: Zu drei würde ich folgenden kurzen Kommentar abgeben: **sexistisch-vulgäre Fäkaliensprache (dafür bekommt man bei uns Preise!)** und der letzte: **Volksverhetzung gegen Triebswetterer und Banater Schwaben sowie Rassismus**. (Ein Banater Schwabe sagt dazu: **Samen-und-Schwanz-Vergewaltigungsliteratur**, die nicht vor Schülern gelesen werden sollte!)

Mit seinen zwei letzten Romanen tingelt der Romancier der „neuen deutschen" Literatur durch Schulen und Lehrerfortbildungsanstalten in Österreich, der Schweiz und in Deutschland herum. Letzten November war er in der Europaschule Karlsruhe, beim **Börsenverein des Deutschen Buchhandels in Stuttgart und zwei Tage davor in Tübingen. Die Kommentare „Eingeweihter" bleiben UNBEACHTET!**

Die beiden letzten Romane „Zaira" und „Jacob beschließt zu lieben" will ich auf den Index jugendgefährdender Schriften setzen lassen. Vielleicht brauche ich Eure Hilfe dazu.

Ich will keine Werbung für diese unseligen Bücher machen. Es soll also niemand rennen, sich die Bücher kaufen und den „Schmierfink" finanziell unterstützen. **Wer viel Zeit** hat, der kann sich auf der **Homepage der Triebswetterer** informieren (dort wird nicht gelogen, kein Roman geschrieben, das sind keine Fiktionen).

Zitate aus E-Mails von Schweizer Schülern: **Siehe Seite 260.**

Mein erstes Schreiben an das Jugendamt:

Sehr geehrte Damen und Herren,

ein von unserer Presse und den „Literaturgurus" hochstilisierter Romancier rumänischer Abstammung mit dem Wohnsitz in der Schweiz tingelt sowohl in Deutschland als auch in der Schweiz in Schulen herum und verbreitet seine **Romane, die meiner Meinung nach auf den Index jugendgefährdender Schriften gehören sollten**, wenn schon die Medien nicht durchblicken oder nicht durchblicken wollen, was er beschreibt.

Ich habe vier seiner fünf Romane gelesen und kann abschließend kurz dazu sagen: Sexistisch-vulgäre Fäkaliensprache (verpackt in hervorragend gestalteter, angeblich „guter deutscher" Literatur). Ein Landsmann meint beim Lesen der ersten Seiten aus dem letzten Roman: „Samen-Schwanz-Vergewaltigungsliteratur."
(Entschuldigung, aber dem begegnen Sie, wenn Sie diese Romane lesen, Sie können sich vielleicht besser in die Situation hineindenken, das wäre das Niveau dieser Romane, die regelmäßig in Schulen vorgelesen und angeboten, in der Schweiz sogar im Paserellen-Gymnasium zur Pflichtlektüre gemacht werden.)

Wer sind diese Hohlköpfe, die solche „Literatur" mit Preisen belegen? Kürzlich erhielt er das **Hesse-Stipendium in Calw. Zu diesem Anlass hat der Schwarzwälder Bote** einen „süßlichen" Bericht gebracht: **„Texte voll Sinnlichkeit"**, in welchem auch der Satz: **„ein Erkenntnisse förderndes Vergnügen"** vorkommt. Ich habe daraufhin dem SchwaBo geantwortet und ihn aufgefordert, diese Aussagen zu berichtigen, denn sie seien für die beiden letzten Romane des Romanciers FALSCH. Ich habe bis heute keine Antwort bekommen, also wissen diese „Medienfuzzis" ganz genau, was sie schreiben, und denen gehörte das Handwerk gelegt, zumal sie sich als „Freie Medien" mit „Pressefreiheit" bezeichnen. **Pressefreiheit heißt nicht,** die Leser zu verdummen bzw. **Volksverdummung und Mediendiktatur zu betreiben.** (Siehe Seite 158: Das Schreiben an den Schwarzwälder Boten.)

Über mich: Ich bin in Triebswetter, rumänisches Banat, 1947 geboren, habe dort die Allgemeinschule (früher Volksschule) besucht, nach einer Aufnahmeprüfung das

Lyzeum Nr. 10 in Temeswar mit Abitur (Bakkalaureat) bestanden und nach einer erneuten Aufnahmeprüfung an der Universität Temeswar (heute UVT Timişoara) Mathematik und Physik studiert (studiert und nicht demonstriert). Fast fünf Jahre war ich Lehrer (dort wurde man Professor genannt) an der Allgemeinschule Guttenbrunn (heute Adam-Müller-Guttenbrunn-Schule) und 1975 bin ich im Zuge der großen „Freikauf-Aktion" (was wir aber damals nicht wussten) nach Deutschland gekommen. Ich habe an den Realschulen in Bühl, Gaggenau und Durmersheim Mathematik, Physik, Computer, Musik, BK und Biologie unterrichtet und bin heute Pensionär. Mein Bruder hat Germanistik studiert und mich in Sachen Romane umfangreich beraten. Ich habe mich seit 1983 mit Computerkursen und Netzwerkinstallation beschäftigt und war einer der Ersten im Schulkreis, der dies den Schülern auch in AGs anbieten konnte. Aus meiner Jugend könnte ich sagen: „Ich hatte eine sehr schlechte Kindheit und Jugend unter den Kommunisten und Ceauşescu, so dass ich einen Kommunisten und dessen Machenschaften schon auf 15 km gegen den Wind riechen kann."

Seine ersten Romane sind „Wunderzeit" und „Der kurze Weg nach Hause", die Schweizer und deutsche Preise bekommen haben. Für diese gut ausgeschmückte Fäkalienliteratur? Dann kam „Der blinde Masseur", den ich nicht kenne und zuletzt **„Zaira**" und **„Jacob beschließt zu lieben"**. Letzterer über die Banater Schwaben, deren Lebensweise er nicht kennt und in dem **nicht nur den Originalnamen des Dorfes Triebswetter** (also meinen Geburtsort), sondern auch alle in einem **Familiensippenbuch („Das Treffil-Buch" genannt) vorkommenden Familiennamen** und **Geschichten, die er ALLE ins Negative „aufpoliert",** verwendet.

Der Autor: Cătălin Dorian Florescu wurde 1967 (zu meiner Studienzeit) in Temeswar geboren, durfte 1976 (also mit neun Jahren) mit seinem Vater Italien und Amerika besuchen (das waren damals nur Träume für Banater Schwaben, die zehn Jahre und länger auf einen Pass warten mussten) und kehrte acht Monate später zurück. In seinem Lebenslauf hieß es dann, dass er **1982** "ERNEUT" flüchten konnte, eine Aussage, die jeden Banater Schwaben zum Erzittern bringt, für Literaturgurus aber ein Hinweis, für Preisvergaben darstellt. **Ich halte seine ganzen Preisvergaben für einen „Stasi-Securitate-Sumpf",** der schon bei Herta Müller mit ihren "Niederungen" (**1982**) begonnen hat: Beide schreiben erniedrigende und diskriminierende Romane über die Banater Schwaben, die bis dahin einen guten Ruf hatten, der während der „Freikaufaktion" zerstört werden sollte: Treten mit Füßen der ihnen verfassungsmäßig zugesicherten Rechte. Beweisen kann ich das durch Folgendes:
-dass es in allen Romanen immer nur dreckige Säufer, unzivilisiertes Essen und Trinken, Frauenerniedrigungen (Frauen sind immer nur Huren und Edelnutten) gibt;

-Fremdgehen vor den Augen ihrer Kinder im Matinee zum Puppentheater (**Zaira**);
-jeder Vertreter einer anderen Nation wird mit Verachtung und nationalistischer Feindschaft bestraft;
-Verherrlichung Hitlers und der deutschen Soldaten (gerade in Zaira: „Hitler, dieses Genie, ist nicht kaputt zu kriegen", die „Deutschen kamen mit ihren wundersamen Maschinen, die Waffenbrüder" (als sie nach Russland zogen);
-die Prager Aufständischen (1968) hielten sich nur mit Schnaps bei Laune;
-Zaira bekam in dieser Zeit den Pass in vier Tagen (Banater Schwaben in zehn Jahren),
-die rumänischen Nationalkommunisten der ersten Stunden haben den enteigneten Gutsbesitzern etwas für ihr Vermögen bezahlt, so dass sie sich besaufen konnten (nicht nur ins Koma, sondern in den Tod, z.B.Zizi);
-Joana stiehlt bei den Leuten, wo sie putzen geht, weil die ja so viel haben;
-Geburten mit fachfremden Hebammen (kein Unterschied zwischen Kind und Kalb);
-in „**Jacob beschließt zu lieben**" geht es dann erst richtig los, alles, was er an Negativem im ganzen Roman „Zaira" beschrieben hat, beschreibt er zu Beginn in (fast) einem Satz: dreckige, besoffene, nach Kot und Urin stinkende, die übel riechenden, die sich unter der Strohdecke findenden, auf dem Mist geborene usw. Banater Schwaben;
-die Vorfahren aus Lothringen verließen ihre alte Heimat mit „Blut an den Händen" und waren dann die „Zivilsationsstifter" von Triebswetter;
-diese Vorfahren (die eigentlich den **<u>Namen Obertin angenommen haben, den Namen eines noch lebenden Rentners, des Deutschen Oberten Jakob, der aber im rumänischen Ausweis Oberten Jacob heißt</u>**) haben im 30jährigen Krieg (der nicht zu der Geschichte der Banater Schwaben zählt) die Fronten gewechselt, Zigeuner gejagt, Zigeuner gehängt, Kopfgeld dafür kassiert, Bauernhäuser angezündet, ihr eigenes „Zuhause" nicht mehr erkannt, Geiseln genommen, auf der Fahrt ins Banat noch einmal jemanden ermordet und Triebswetter „gegründet";
-Ein „Jakob ohne Name", also ein Zigeuner, hat die „banatschwäbische Hure" geheiratet, wieder den Namen „Obertin" angenommen und der aus dem „Osten" wird er zum Banater Schwaben mit all

seinen schlechten Eigenschaften, der sogar seinen Sohn an die Russen verrät, damit er deportiert wird (die Quelle dieser Fiktion ist aber ein „Bogart-Film", in welchem der Vater auch seinen Sohn verrät, der dann mit „Huren und Verbrechern", siehe „Der kurze Weg nach Hause", abtransportiert wird). Der Autor findet das „humorvoll" (DRS2) und bezeichnet die „Triebswetterer als Selbstmörder und Pechvögel", sowie als „reaktionäre traditionalistische Kreise" (Wörter aus dem Munde Ceauşescus), weil ihnen dieser „große" Roman „nicht gefällt", weswegen sie eine <u>„geteilte" Minderheit</u> sind (der andere Teil sind wohl die, die heute noch dem „Stasi-Securitate-Sumpf" nachweinen und dafür sorgen, dass der Roman Preise bekommt). Der Autor postet am 23. August 2012 (dem Tag der rumänischen Nationalkommunisten) in der Zeit-Online, dass Ceauşescu zu ihm gehörte wie „Vater und Mutter".

Aus den oben angegeben Gründen möchte ich Sie bitten, mir zur Seite zu stehen, um die beiden Romane „Zaira" (Gebrauchsanweisung zum Saufen, Fremdgehen, Frauenverachten und Spucken) und „Jacob beschließt zu lieben" (zusätzlich als Rassistenwerk, Identitätsverfälschung und Geschichtsverfäl-schung mit Originalnamen) auf den Index der jugendgefährdenden Schriften zu setzen, damit die Lesungen in Schulen und Fortbildungsanstalten für Lehrer aufhören. Ich würde mich auch direkt an die Bundesanstalt wenden, aber dort habe ich erfahren, dass es ein Jugendamt sein muss. Ich bin gerne für ein mehrstündiges Gespräch bereit.

Ich besitze beide Bücher, aus „Zaira" auch eine ganze Zitatensammlung (diese gibt es auch von den beiden ersten Romanen „Wunderzeit" und „Der kurze Weg nach Hause"), sowie das Familiensippenbuch aus Triebswetter, welches „Treffil-Buch" genannt wird, woraus alle Namen stammen samt den negativ „aufpolierten" Geschichten. Auf der Homepage der Triebswetterer finden Sie noch detailliertere Hinweise und Kommentare:
http://www.hog-triebswetter.de/Roman.htm

Eine aus Triebswetter stammende Germanistin schreibt:
„Ich habe mich mit diesem Thema nicht mehr beschäftigt, aber ich sehe gerade, dass der französische Titel des Romans: **,Le turbulent**

destin de Jacob Obertin' ist - **mein Gott, geht es denn noch geschmackloser?"**

Mir haben Schweizer Gymnasiasten Folgendes geschrieben.

Zitate aus E-Mails von Schweizer Schülern:
"...vor Kurzem sind wir auf Ihre Internetseite gestoßen, die sich mit dem Roman ‚Jakob beschließt zu lieben' von C.D. Florescu kritisch auseinandersetzt. **Da wir dieses Buch in der Schule lesen und ein Referat darüber halten dürfen**, möchten wir die Geschichte der Triebswetterer genauer untersuchen und Ihre Sicht der Dinge erfahren."

„In einem ihrer Texte haben Sie erwähnt, dass es Jacob Obertin bzw. Jakob Oberten in der Realität geben soll **und dass ihn Florescu nie gefragt hat, ob er seine Identität verwenden darf! Wir waren äußerst schockiert."**

„Wir danken Ihnen vielmals, dass Sie sich die Zeit genommen haben, eine Webseite zum Roman zu erstellen und damit den **Zugang zu einer kritischen Quelle zu ermöglichen.** Wir hoffen, dass Sie uns antworten und unser Vorhaben unterstützen.
Mit freundlichen Grüßen aus der Schweiz."

"Ich habe gesehen, dass Sie auf einem Literaturblog zwei Kommentare gepostet haben. Bei beiden Kommentaren gibt es mehr negative Bewertungen als positive, **zudem wurden Sie von einem gewissen Mr. Rail arg beschimpft, obwohl Sie sachlich blieben!** Und Mr. Rail hat positive Bewertungen bekommen!!! Jeder andere Kommentator bzw. ‚Pseudo-Literaturstudent' hat ungefähr geschrieben, **es sei ja ein Roman,** also Fiktion, ergo dürfe Florescu **schreiben, was er wolle."**

„Ich habe gestern angefangen, das **Buch noch einmal genau zu lesen.** Dabei habe ich gewisse Namen bzw. Ereignisse mit dem Treffil-Buch bzw. Wikipedia (Eintrag Banater Schwaben) abgeglichen und allfällige Fehler, Ungereimtheiten und abschätzige Worte mit Leuchtstift markiert. **Und langsam schäme ich mich als Schweizerin, dass dieser Roman mit dem Schweizer Buchpreis ausgezeichnet wurde, denn mein Buch ist voller Leuchtstift!!!** Florescu war äußerst clever, denn beim Ersten-Mal-Durchlesen, fallen einem die Seitenhiebe nicht auf, sondern sie werden eher als „literarische Ausschmückungen" getarnt. **Dabei werden die Familie Nepper und viele andere durch den Schmutz gezogen und niemand merkt etwas."** (Ende des Schreibens/E-Mails.)

<u>Mein zweites Schreiben an das Jugendamt:</u>

Sehr geehrte Damen und Herren,

beide Werke kommen in je zwei Exemplaren vor, und zwar eine vom C.H.Beck-Verlag und eine vom Deutschen-Taschen-Buch-Verlag. Die ISBN-Nummern werden hier nicht abgedruckt...

Weiter unten haben Sie eine von mir kommentierte Zitatensammlung aus drei seiner ersten Romane: „Wunderzeit", „Der kurze Weg nach Hause" und „Zaira" mit Ausblick auf „Jacob beschließt zu lieben". Ich habe so manches Zitat mit einem Kommentar versehen. Manchmal weiß man nicht genau, was mit verschiedenen Aussagen gemeint ist, z.B.: ein Zitat aus „Wunderzeit" „...aber die hatten ja nicht Frau Wygor als Lehrerin" und später „... auf den Buchstaben W können wir im Rumänischen verzichten" das zielt genau darauf ab, dass man auch auf den „<u>ungarischen</u>" Namen Wygor „verzichten" kann. Derartige Umschreibungen kommen öfter in all seinen Romanen vor und wenn man es nicht interpretieren kann, was gemeint ist, stuft man das als „gute literarische Umschreibung" ein.

In den Zitaten habe ich eher die „Kommunisten verherrlichenden" Aussagen und die „nationalistischen Seitenhiebe" hervorgehoben. Die „sexistisch-vulgären" Ausdrücke, die hauptsächlich in den beiden ersten Romanen („Wunderzeit" und „Der kurze Weg nach Hause") zu lesen sind, sind hier nicht dabei. **Für diese Werke wurden Preise vergeben, ein Umstand, den ich mir nicht erklären kann. Und alle anderen Preisverleiher beziehen sich darauf, dass er ja schon diesen und jenen Preis bekommen hätte.**

Alle Klappentexte der von mir gelesenen Romane stellen eine Irreführung des Lesers dar, weil in den Romanen nicht das drin steht, was im Klappentext beschrieben wurde. Dasselbe haben wir mit der Berichterstattung in den Medien, meist Zeitungen:

Eine Irreführung und regelrechte Volksverdummung der Leser. Diese Berichterstattungen und Loblieder verschiedener „gekaufter" Professoren-Doktoren sollte man nicht in Betracht ziehen, um den erzieherischen Wert der beiden Romane („Zaira" und „Jacob beschließt zu lieben") zu bewerten. <u>Eine Erklärung bietet die Buchempfehlung: „Gekaufte Journalsten" von Udo Ulfkotte.</u>

Verdächtiges.
In „Wunderzeit" beschreibt er seine sonderbare Flucht in den Westen, verherrlicht teils den „Obergenossen", die „sauberen Panzer" sowie „unsere Jungs", die Grenzer, die die „Gewehre wie am Nationalfeiertag" tragen, die er bei der nächsten Heimreise lieber sehen möchte als das Land und die Leute. Das ist niemandem, auch den Preisverleihern, nicht aufgefallen. Hatten die das Werk nicht gelesen? Oder wussten sie genau, was sie machen?

Die „ERNEUTE" Flucht 1982 war nicht die eines Dissidenten und in „Zaira" beweist er auch, dass er mit Dissidenten nicht umgehen kann. Auch eine „Fiktion" müsste anders ausfallen. Wer bekam im ehemaligen Ostblock schon seinen Pass in vier Tagen? Bestimmt keine Dissidenten!

Auf seiner Homepage steht zu lesen, dass seine Ausreise den guten Beziehungen des Vaters zu verdanken waren, der, der Miliz täglich Bericht zu erstatten hatte. Was niemand bei uns weiß, dass diese Berichte auf den „Tisch" der Securitate landeten.

Da kann man auch lesen, dass er, um der Geschichtslehrerin zu imponieren, die „Heldentaten Ceaucescus" referierte und dass er am Nationalfeiertag „in der ersten Reihe" mitmarschiert ist, um den Mädchen zu imponieren. Nun steht das aber in seinem Roman „Wunderzeit" gar nicht drin: weder Ceauşescu (der heißt nur Obergenosse und wird mit dem amerikanischen Obergenossen verglichen), noch das Mitmarschieren in der ersten Reihe. Warum wird auf der Homepage diesbezüglich gelogen? Oder ist es ein Hinweis auf eventuelle „Schläfer"?

Die **reaktionären** traditionalistischen Kreise", die seinen „großen" Roman kritisieren (DRS2), und die „Wahnideen" (ADZ), können nur aus der „Waffenkammer der Altkommunisten" stammen. Am 23. August 2012 schießt er den „Vogel" ab, als er in der Zeit-Online be-

hauptet, „Ceaușescu gehörte zu ihm wie Vater und Mutter". Der 23. August war der Nationalfeiertag der rumänischen Nationalkommunisten, der heute nicht mehr gefeiert wird. **Er wird aber von Hohlköpfen gefeiert, die ihm hier bei uns Preise verleihen und seine Werke in Schulen und Lehrerfortbildungsanstalten verbreiten.**
(Ende des Schreibens an das Jugendamt.)

Ergänzendes: Herta Müller
Auch bei der Nobelpreisvergabe an die Banater Schriftstellerin Herta Müller gab es seitens der Banater Schwaben eine Menge Proteste, die aber von unseren „immer und ewig recherchierenden" Medien missachtet wurden. Dieser Nobelpreis war für sie genauso „geplant" wie die Schweizer Buchpreisvergabe 2011 an C.D.Florescu. Die „irrtümlichen Preisvergaben" begannen aber schon viel früher. In den 70er- und 80er-Jahren wurden die Rumäniendeutschen (Banater Schwaben und Siebenbürger Sachsen) von der damaligen deutschen Regierung „freigekauft". Die Aktion lief so getarnt und geheim, dass kaum jemand etwas mitbekommen hat. Um ihre Ausreise zu beschleunigen, haben viele Schmiergelder (harte Devisen, obwohl man keine haben durfte) an rumänische Stellen bezahlt. Der Organisator der Aktion war die Securitate. Diese Leute waren auch die Nutznießer der Schmiergelder. Und bei den Umsiedlungsaktionen haben diese auch versucht, Nichtdeutsche unter die Aussiedler zu mischen, „bauernschlau", wie diese Leute schon waren.

Nun kommt Herta Müller und schreibt 1982 ihr Prosawerk „Niederungen", in welchem sie auch tatsächlich die Banater Schwaben „niedergemacht" hat. Die Rumäniendeutschen sind nach und nach verschwunden und die gelernte Deutschlehrerin ist in Rumänien zurückgeblieben und wollte eben nicht weg, was man ihr allerdings nicht verübeln darf/sollte.

Sie gab aber an, dass ihr Werk zensiert, gekürzt und dass sie von der Securitate verfolgt wurde. Nun bekommt sie aber für das „Diskriminierungswerk" der Banater Schwaben 1983 einen Preis vom ZK (Zentralkomitee) des VKJ (Verband Kommunistischer Jugend Rumäniens), weil das „Werk" im Sinne der „kommunistischen Ethik" verfasst war. **Eine von der Securitate Verfolgte hätte in jener Zeit**

keinen Preis für ein zensiertes Werk bekommen. Denken Sie an die DDR und an die Stasi. (Übrigens wurden Banater Schriftsteller auch von der mit der Securitate „verbrüderten" Stasi beobachtet: Bruderschaftshilfe zwischen „Humanitären Hilfsorganisationen".) Nun wird aber ihr Werk „Niederungen" 1984 auch in der BRD gedruckt und in dieser Version fehlen ganze vier Kapitel, die in Rumänien dabei waren und hier gab es auch einen Preis dafür. Was für Hohlköpfe waren das?

Wer wurde verfolgt und wo wurde das Werk zensiert?
Ich glaube, da hat jemand gelogen.

Zum gleichen Schluss kommt Carl Gibson, ein Banater Schwabe, der unter Ceauşescu verhaftet war und die Securitate-Methoden von „innen" kennt. In seinem Werk „**Ohne Haftbefehl gehe ich nicht mit**" (ISBN: 978-3-00-045364-9) analysiert er Herta Müllers Bericht in der Zeit Online: „**Die Securitate ist immer noch im Dienst**". Herta Müller beschreibt darin, wie sie von zwei Securitate-Agenten im **Bahnhof** von **Poiana Braşov** angehalten wurde, weil die sie mitnehmen wollten, wobei sie sich geäußert hatte, dass sie „**ohne Haftbefehl nicht mitgehen**" würde. Haben sich Stasi und Securitate je zurückschrecken lassen, wenn sie jemanden mitnehmen wollten, weil sie keinen Haftbefehl hatten? (Die Securitate hat es sogar geschafft, Unschuldige zu verhaften, nötigenfalls haben sie bei einer anstehenden Hausdurchsuchung die nötigen Beweise selbst mitgebracht, um sich der Regime-Kritiker zu entledigen.) Die Geschichte aus dem angeblich realen Bericht (kein Roman, keine Fiktion) ist daher schon unglaubwürdig, **da es den Bahnhof Poiana Braşov gar NICHT GIBT**. (Poiana Braşov oder Kronstadt ist ein Touristenzentrum, ähnlich wie der Feldberg.)

In „Niederungen" erzählt Herta Müller auch etwas von ihrem Vater, der bei den Nazis war. (Rumänien war mit Hitlerdeutschland verbündet, als sie nach Russland zogen. Die Rumänen wechselten die Fronten und die Volksdeutschen mussten vor der Roten Armee flüchten, was nun in Florescus Roman verdreht wird.) Als die Banater Schwaben nun ihr Werk kritisierten, wobei sie eigentlich nicht die Stellen mit den Nazis meinten, erwiderte Herta Müller, dass die Kritiker Nazis wären, was zum Verstummen der Kritik führte. Die Idee, in einem literarischen Werk 2-3 Seiten über Nazis einzubauen, wobei die Banater Schwaben gleichzeitig im restlichen Teil auf andere Art und Weise diskriminiert und verleumdet werden, könnte allerdings von einem „bauernschlauen" Securitate-Offizier stammen, wenn nicht das ganze Werk oder Teile davon von „dort" verfasst wurden.

1982 erschien das Prosawerk „Niederungen" und zwar in der Zeit, als die „Freikaufaktion" lief. In demselben Jahr gelang dem damals 15-jährigen Florescu die „ERNEUTE" Flucht in den Westen. Er und seine Familie konnten flüchten, und zwar mit PKW, Dachgepäckträger und Anhänger mit doppeltem Boden, und das ohne Kontrolle, wo man doch anderen den Wagen auseinandernahm. Geholfen haben die „getrockneten Gräser" aus der oltenischen Tiefebene, die sein Vater über das Auto und Gepäck verstreut hatte (siehe „Wunderzeit" und „Der kurze Weg nach Hause", zwei autobiographische Werke, die äußerst glaubwürdig sein sollen). Oder war es doch die „Humanitäre Hilfsorganisation Kloster Secu"? Angeblich hatte man Pässe für Italien, wollte nach Deutschland (da lief aber gerade die Freikaufaktion) und landete schließlich in der Schweiz (Tagesanzeiger.CH).

Man darf sich nun auch nicht wundern, dass sein letzter Roman über Triebswetter und die Banater Schwaben sich eben auch in dieser oltenischen Tiefebene abspielt, wo es mehr Zigeuner gibt als sonst wo, da, wo sie früher von Rumänen auch gejagt und als Sklaven verkauft wurden (Siehe Wikipedia „Zigeuner"). Die Banater Schwaben werden somit als Zigeuner mit verfälschter Identität und Geschichte dargestellt und die Professoren-Doktoren finden das als „gute, deutsche, preiswürdige" Literatur. Waren das die Ziele der 68er?

Warum werden Äußerungen und Kommentare von Triebswetterern und Banater Schwaben über den Roman „Jacob beschließt zu lieben" nicht veröffentlicht? Warum werden diese in Literaturportalen im Vorfeld der Schweizer Buchpreisfindung 2011 gelöscht? Warum wird nur die TOLLE schriftstellerische Leistung gelobt und warum geht man nicht auf den diskriminierenden, nationalistischen-rassistischen Inhalt ein? Warum wird ein wehrloser 83-jähriger Rentner im Roman regelrecht entwürdigt und warum machen es die Medienfuzzis auch? Warum darf der Leser nicht erfahren, dass die Familiennamen real sind aber ihre ins Negative gekehrten Geschichten aus dem „Treffil-Buch", dem Familiensippenbuch der Triebswetterer stammen? Warum wird das Antlitz von Toten verunglimpft und keiner will etwas merken? <u>Warum darf ein Rumäne die Identität und Geschichte einer von Ceaușescu unterdrückten Minderheit, welche dieser auslöschen wollte, total verfälschen und das als „eigene Fiktion" verkaufen?</u> **Was haben die Lektoren beim C.H. Beck-<u>Verlag gemacht?</u>**

Zum Schluss ein (übersetztes) Zitat des Autors aus einer rumänischen Publikation: Siehe Seite 210. Interview mit Florescu in Rumänien.

Leben wir wieder im Kommunismus und
ich habe davon nichts mitbekommen?

Vielen Dank.
MfG. F.B.

E-Mail an einen Schweizer nach einem Artikel im „Sonntag"/CH:
Linsmayer, ein monopolisierender Germanist, hat ein Loblied in der Nummer der katholisch-protestantisch-christlichen Zeitschrift „Sonntag" auf Florescu gesungen. Über „Jacob beschliesßt zu lieben" steht da drin:

„Wie 'Wunderzeit' bezieht auch dieser Roman, der das abenteuerliche Leben des trotz allem liebenden Jacob in die tragischleidvolle Geschichte der Banater Schwaben hineinstellt, seine erzählerische Kraft vom **Heimwehland Rumänien**, <u>in das die Ausgewanderten, ob real oder literarisch, immer wieder zurückkehren.</u>"

Hallo Herr M.,

dass je ein Ausgewanderter (z.B. Banater Schwabe) wieder zurück-
gekehrt ist, habe ich noch NIE GEHÖRT, nur in Florescus Roman
„Wunderzeit" kommt so etwas vor. Nur kommen in all seinen ersten
vier Romanen NIE Banater Schwaben vor, sondern nur speziell
Rumänen einer bestimmten Art, und zwar genau Oltener, deren Lebensweise er SEHR GUT kennt, weil er selbst Oltener ist. Das kann
man sehr genau in seinem Werk „Der kurze Weg nach Hause" nachlesen. Man kann auch genau erkennen, dass Florescu „Heimweh"
hat oder hatte oder dass es ihm in der Schweiz nicht gefällt.

Und genau das ist es dann, was uns auf die „Palme" bringt, weil er
seinen letzten Roman ANGEBLICH über die Banater Schwaben
schreibt, dieser aber die Fortsetzung seiner ersten vier Romane ist
(in welchem er laut rumänischer Presse „Identität" sucht), in welchem er den Protagonisten auch noch „familiäre und sexuelle" Kontakte zu Zigeunern unterstellt und noch einige Sachen draufsetzt, die
in den Ersteren nicht drin waren.

Ich habe in der letzten Zeit einige Nachrichtensendungen des Fern-
sehens aus der Zeit des Umsturzes in Rumänien (1989) überar-
beitet/geschnitten (nur die Ereignisse aus Rumänien behalten). Auffällig sind zwei Sequenzen. Ceauşescu behauptet beim Prozess vor
seiner Hinrichtung, dass dieser „Staatstreich" von ausländischen
Agenten durchgeführt wurde. Und komischerweise beschreibt
Florescu etwa 12 Jahre später in „Der kurze Weg nach Hause" auch
diese „ausländischen Agenten", die „Schuld" am Umsturz in Rumänien waren, Er weiß es aber besser, es waren die Ungarn. Weiter
heißt es, dass Ceauşescus Bruder, Marin Ceauşescu, nach dessen
Sturz in Wien Selbstmord beging. Er war der Chef der rumänischen
Spionage-West. Die Schwester Ceauşescus, Elena Bărbulescu, wur-
de mit 50000 Dollar gefasst. Nun finde ich es sehr komisch, dass die
Übersetzerin des Romans „Jacob..." ins Rumänische Mariana
Bărbulescu heißt. Reiner Zufall? Kann ja sein.

Über Herta Müller gibt es auch Neuigkeiten. „Ohne Haftbefehl gehe
ich nicht mit" (Herta Müllers erlogenes Securitate-Folter-Martyrium)
ist das Buch von Carl Gibson.

MfG. F.B.

POSSE um Herta Müller in der BamS (27.07.2014)

(Zitat: „**Beim Streit um die Ehrenbürgerwürde für Herta Müller ist Berlin wieder dabei, sich lächerlich zu machen**… Bis heute schreibt sie gegen die Schreckensherrschaften kommunistischer Diktaturen an, die sie selbst erlebt hat. Im Kampf um die Rechte der Siebenbürger wurde sie vom rumänischen Ceauşescu-Regime gedemütigt und eingesperrt.")

Hallo BamS-Leserforum,
Hallo Herr Hahne,

so unwürdig ist die Ablehnung der Ehrenbürgerwürde an Herta Müller durch Herrn Wowereit, den ich in seiner Haltung voll und ganz unterstützen kann, nicht. Als gebürtiger Banater Schwabe kenne ich die Situation sehr genau und kann heute behaupten, dass Herta Müller weder eine Bürgerrechtlerin ist und war noch schreibt sie immer gegen kommunistische Diktaturen an, noch kämpfte sie um die Rechte der Siebenbürger (sie ist eine Banaterin wie ich ein Banater bin), noch war sie im kommunistischen Regime Rumäniens eingesperrt. Ganz im Gegenteil, sie bekam für ihr Hass- und Schmutzwerk „Niederungen" (in welchem sie ihre eigenen Landsleute - die Banater Schwaben, auf das Äußerste verleumdet und erniedrigt) sogar einen Preis vom Zentralkomitee der Rumänischen Kommunistischen Jugend und durfte, was andere nicht durften, während des „geschlossenen eisernen Vorhangs" mehrmals ins Ausland (nach Deutschland), um ihr Werk vorzustellen. Verfolgte oder Bürgerrechtler hätten im kommunistischen Rumänien NIE - aber auch NIE- einen Preis bekommen. Die „Kontrolleure" des Regimes waren nie so „blauäugig" wie manche „westliche" Medienfuzzis hier. Proteste durch Banater Schwaben im Vorfeld der Nobelpreisvergabe wurden unterdrückt.

MfG. F.B.

Und noch einmal extra an Herrn Hahne (natürlich ohne Erfolg).

Sehr geehrter Herr Hahne,

ich kann es Ihnen nicht verdenken, dass Sie in Ihrem (BamS)Bericht vom 27.Juli 2014 einige Fehler gemacht haben und ich mache Sie dafür auch nicht verantwortlich, denn über die Rumänien-Deutschen (Siebenbürger Sachsen und Banater Schwaben) weiß man in Deutschland nur sehr wenig. Vor dem Fall des „eisernen Vorhangs" (vor mehr als 20 Jahren) wusste man in den Medien mehr, besser und genauer als heute. Entsprechend waren auch die Berichterstattungen. (NZZ und FAZ usw eingeschlossen.)

Ich bin Akademiker im Ruhestand, habe in Temeswar (Timişoara) fünf Jahre lang studiert, mein Studium 1970 mit Diplom beendet und bin 1975 nach Deutschland gekommen/umgesiedelt wie auch so viele andere Banater und Siebenbürger Deutsche aus Rumänien. Dass wir vom deutschen Staat (damals 70er-, 80er-Jahre) aus der rumänischen kommunistischen Knechtschaft „freigekauft" wurden, war nur ein unbestätigtes Gerücht. Viele „schmierten" auch nebenbei rumänische Stellen (meist Securitate) um ihren Ausreisevorgang zu beschleunigen (manchmal mehr als die deutsche Regierung bezahlte).

Die Aktion lief so etwa ab 1968 bis 1989 (als Ceauşescu gestürzt wurde). Es gab 2013 zwei TV-Sendungen: „Teurer Freikauf" und „Deutsche gegen Devisen". Dass gerade in der ersten Sendung Herta Müller auftrat und befragt wurde, fand ich geschmacklos, unwürdig und unverschämt. Aber die verlogene Berichterstattung (wohl durch kommunistische Kollaborateure) in Deutschland begann schon viel früher.

1982, mitten in der Freikaufaktion, kam die „Prosa" (nach ihrer eigenen Darstellung) von Herta Müller heraus: „Niederungen". In diesem Werk werden die Banater Schwaben als die „letzten Menschen" auf Erden beschrieben: Vergewaltiger, Verbrecher, Mörder, Vermummte, Drogensüchtige, Tierquäler, Brandstifter, Frauenverächter und von Inzucht Gezeichnete. Die damals in Deutschland ankommenden Banater Schwaben **sollten gleich** mit der Kriminalpolizei, der Drogenfahndung, den Frauenvereinen, den Tierschutzvereinen usw. konfrontiert werden. Und für dieses Prosawerk bekam Herta Müller

1983 einen Preis vom Zentralkomitee der Kommunistischen Jugend Rumäniens (wo der Sohn von Ceauşescu Vorstand war). Dem nicht genug, 1984 wurde das Werk auch in Deutschland gedruckt, aber hier fehlten ganze vier Kapitel. Herta Müller behauptete jedoch, dass ihr Werk in Rumänien gekürzt/zensiert und dass sie verfolgt wurde. Sie durfte etwa 3-4 Mal nach Deutschland (was kein anderer Rumäniendeutscher durfte, weil er hier geblieben wäre), um ihr Hasswerk vorzustellen. Eine Bürgerrechtlerin und Verfolgte hätte damals in Rumänien (oder in der ehemaligen DDR) NIE einen Preis für ein Prosawerk bekommen, das Werk wäre überhaupt nicht gedruckt worden. Wer war verfolgt? Wo wurde zensiert? FAZ und NZZ bejubelten schon damals diese „Niederungen". (Im Auftrag der RKP und Securitate? Die Desinformationspolitik in den Medien hat schon damals begonnen wie in den menschenunwürdigen Regimes der Länder Osteuropas!) Was mussten sich die Ausreisewilligen für Vorwürfe und Erniedrigungen von der RKP (Rumänischen Kommunistischen Partei) und deren Handlanger - die Securitate - alles anhören: Überläufer, Verräter, Verbrecher, ua.

Herta Müller war nie eine Bürgerrechtlerin, nie eine Dissidentin, schrieb eher FÜR die kommunistischen Machthaber (oder in deren Auftrag, Ausnahme „Atemschaukel") und vor allem war sie NIE eingesperrt und wurde auch nie von der Securitate verhaftet, wie es in dem Bericht in der Zeit-Online (2009) steht: „Die Securitate ist immer noch im Dienst". Diesen Bericht sehe ich eher noch als Drohung all jenen gegenüber an, die ihre Werke kritisieren. Denn wenn Banater Schwaben das Wort „Securitate" hören/lesen/sehen, dann verstummen und verkriechen sie sich sofort: Und das mehr als 20 Jahre danach (nach dem Fall Ceauşescus).

Zwei Beispiele aus dem Bericht „Die Securitate ist immer noch im Dienst": Herta Müller wird (so ihre Darstellung) im Bahnhof von „Poiana Braşov" von der Scuritate gestellt und sie sagt: „Ohne Haftbefehl gehe ich nicht mit". Einen Bahnhof Poiana Braşov gibt es nicht und wer konnte schon der Stasi oder Securitate gegenüber behaupten, wenn ihr keinen Haftbefehl habt, gehe ich nicht mit? Wie blöd ist man heute, so etwas zu glauben?

Was Herr Wowereit gemacht hat, und hoffentlich bleibt er auch dabei, ist weder eine peinliche Provinzposse noch hat er sich lächerlich

gemacht. Bitte meinen vorher gesandten Kommentar zu veröffentlichen (falls Sie sich nicht lächerlich machen wollen).

Es gibt nun auch schon andere Schweizer Autoren rumänischer Herkunft (die mit 15 Jahren mehrmals und „erneut" aus dem kommunistischen Rumänien 1982 <!!!> fast OHNE Kontrolle, wo man anderen
„doch den Wagen auseinandernahm", mit PKW, Dachgepäckträger
und Anhänger flüchten konnten), die „dasselbe Thema beackern"
wie Herta Müller: Verleumdung, Diskriminierung, Erniedrigung der
Banater Schwaben (und von deren Vorfahren vor 250 Jahren), Persönlichkeitsrechtverletzung, Volksverhetzung und Verunglimpfung
des Antlitzes von Toten unter dem Applaus und Jubel (wieder) von
NZZ, FAZ usw., die durch ihre FALSCHEN/ GEWISSENLOSEN/ UN-
VOLLSTÄNDIGEN Berichterstattungen dafür sorgen, **dass solche
„Krixeleien" auch noch Preise bekommen. Die Meinungen
Betroffener werden nicht gedruckt.** Aus Gründen der Pietät?
Oder? Siehe auch: www.triebswetter.de

MfG. F.B.

An Herrn Wowereit: info@spd-berlin.de

Sehr geehrter Herr Wowereit,

i.B. auf die Nichtvergabe der Ehrenbürgerwürde an Herta Müller hat
die BamS einen Bericht von Peter Hahne gedruckt.

**Ich finde als Banater Schwabe, dass Herta Müller diese Würde
nicht verdient und Ihre Entscheidung mehr als korrekt. Bleiben
Sie bitte dabei und geben Sie nicht nach!**
Daher erhielt die Bams/Peter Hahne obiges Schreiben von mir:

MfG. F.B.

Analyse einiger Zitate aus Florescus Romanen
(Meine Bemerkungen in Kursivschrift und in Klammern!)

Seite 2/Klappentext in „Wunderzeit"
„... Lässt die magische Welt der Kindheit aufleben und erzählt mit **großer Sensibilität** von der nicht einfachen **Suche nach Identität.**"
(Siehe auch ADZ. Daher auch die Identitätsverwechslung in „Jacob.." und er hat wohl die Identität noch nicht gefunden, oder er kann sie durch Verändern eines „einzigen" Buchstaben verändern.)

Seite 2/Klappentext in „Der kurze Weg nach Hause"
„Wunderzeit" wurde vom Publikum begeistert aufgenommen. Auszeichnungen: Hermann-Lenz-Stipendium, Chamisso-Förderpreis, Werkjahr der Stadt Zürich, Buch des Jahres 2001 der Schweizerischen Schiller-Stiftung Peter von Matt: „Aus jeder Zeile, jedem Abschnitt **strahlt einem das Vergnügen** entgegen." *(...genau so, wie in Zaira und Jacob... beim Schwarzwälder Boten in Calw 2013. Oder? Siehe Seite 158!)*

Zitate aus „Wunderzeit"

(Lob rumänischer Kommunisten und deren Einrichtungen)
Seite 7
„Das gelbe **Zollhaus hat Fenster... Vater kennt sich gut aus...** Hier also leisten **unsere Jungs** Dienst..." *(Gelbes Zollhaus? UNSERE Jungs?)* „Unsere Jungs bewachen aus der Ferne unseren Wagen auf dem **leeren Parkplatz** des Grenzpostens." *(Banater Schwaben standen bis zu 18 Stunden am Grenzübergang. Wieso leerer Parkplatz? Besonderer geheimer Übergang? Ich habe nie ein GELBES ZOLLHAUS gesehen, und es soll auch Fenster gehabt haben. Wo war das?)*
Seite 20
„Hammer und Sichel... Im Geschichtsunterricht brauchte meine Leistung keine Rasierklinge" *(um die Noten zu fälschen; der in der Werbung angekündigte Part **mit dem Referieren der „Heldentaten Ceausecus" sowie das Mitmarschieren in der „ersten**

Reihe beim Nationalfeiertag", ein Hinweis für alle „Diktatur-Anhänger", fehlt im Roman in dieser Form).

Seite 30

„... Dann kommentierte Vater und ich freute mich, **so einen klugen Vater** zu haben... **wie die <u>Lehrer in der Schule</u>**. Manches, **was er sagte, <u>ergab keinen Sinn</u>**... Die Ernte war sicher nicht so schlecht wie ihr Ruf, wenn damit so viele Konservendosen gefüllt werden konnten." *(Da kaum noch jemand im Land etwas arbeiten wollte, wurden Schüler und Studenten zu Beginn und Ende eines jeden Schuljahres ‚gezwungen', die Ernte, die von Jahr zu Jahr schlechter wurde, einzubringen.)*

Seite 33

„Wir hatten eine tolle Volksarmee mit strahlenden Gesichtern und sauberen Panzern. Unsere Jungs setzen sich ein... Die Forderungen des geliebten Führers sollen vollständig erfüllt werden... Unsere Armee kümmert sich um die Ernte des Volkes, die Straßen und sein gesamtes Wohlergehen... Gesundheit..." *(Es ist unklar, ob das ironisch gemeint war.)*

Seite 36

„Der Obergenosse war ein beschäftigter Mann... Und zeigte den Weg für uns auf, damit wir auch in Zukunft so glücklich sein würden, wie bisher." *(Hinweis auf Ironie fehlt!)*

Seite 36

(Parade am Nationaltag) „Es war nicht ungewöhnlich, dass man mehrmals marschierte... Und die Stimme im Fernsehen lobte immer den Einsatz des Volkes." *(Dass die Zuschauer zusammengetrieben und bewacht wurden, wird nicht erwähnt. BEMERKUNG: Der Unterschied zwischen Lob und Ironie ist in manchen Fällen NICHT erkennbar! Für Ironie fehlen z.B. die „Anführungszeichen" oder sonst ein anderer Hinweis!)*

Seite 42

„Großmutter hatte sehr viele Beziehungen, vielleicht mehr als Vater, alles ehemalige Schüler, Offiziere, Ingenieure und Direktoren."

Seite 46

(Vater bekommt den Pass 1976) „Aber Mädel, Herr Teodorescu ist schließlich Hausverwalter. Hausverwalter haben Macht, sie reden mit dem Milizmann." *(Wie lange es gedauert hat und welche Rückschläge man hinnehmen musste, um den Pass zu erlangen, steht nicht drin. Das hätte mich interessiert. In „Zaira" bekommt man ihn in vier Tagen ohne Unannehmlichkeiten. Sehr verdächtig! Vom Milizmann gelang das „Material" zur Securitate. Guck-und-Horch-AG überall!)*

Seite 74

„Die Stimme sagte, dass **ich und Vater aus dem Sozialismus** kämen, und unser Land sei **ein tolles Land** und der **Obergenosse ein großer Mann**...der **Sozialismus eine gute Sache.** Im Sozialismus **könne man bestimmt was nach der Schule,** nicht wie Anna und ihre Freunde." *(In Italien, also im Westen, ist die Schule NICHT so gut.)*

Seite 172

»**"Du wirst sehen, die halten uns für Geheimdienstler",** sagte Vater kurz vor dem Bahnhof. **„Nur die und verrückte gehen zurück".«** *(Der Angriff ist die beste Verteidigung. Das merkt man auch bei Herta Müller. Wer zuerst ruft „Haltet den Dieb", wird nie verdächtigt, nur derjenige, der sich zu wehren versucht.)*

Seite 204

(Geschichtslehrerin) „Sie hatte viel Geduld und gab gerne Antworten, wenn einer von uns wieder einmal etwas über die **glorreichen Kämpfe unserer Ahnen gegen die Barbarenvölker** wissen wollte." *(Sind in „Jacob..." nicht diese Barbarenvölker, die aus Lothringen stammen, gemeint?)*

Seite 275

(Auf dem Weg zur Grenze) „Die Soldaten haben die Gewehre vor der Brust getragen so wie die Armee im Fernsehen, <u>wenn Nationalfeiertag ist</u>." *(Das ist bestimmt keine Ironie!)*

Seite 253

(Ein ehemaliger Kollege Vaters aus Mediaş (???) arbeitete beim Geheimdienst und sollte Vater im Bahnhof Arad aushören.) *(In Medias war der Vater in der Fliegerschule und wurde zum Funktechniker (???) ausgebildet. Wie er zum Ingenieur wurde und wie er zu seiner Funktion in der Fabrik kam, wurde mit keinem Wort erwähnt. Wenn andere seiner Kollegen zum Geheimdienst kamen, wieso wurde er dann Ingenieur und Hausverwalter?)*

Seite 283

»Der Obergenosse hält eine Rede im Radio...wir werden alles tun, um uns von Kapitalismus und Imperialismus zu befreien." „Jawohl wir werden alles tun". *(Das halte ich jetzt für Ironie, Hohn und Spott, wenn Florescu, und auch Herta Müller, Romane im Sinne des Obergenossen und seiner Anhänger über die Banater Schwaben schreiben!)*

(Seitenhiebe auf andere Nationalitäten)

Seite 10

„Dann ist da noch das zurückgezogene **Akademikerpaar**... mit dem **ungarischen Familiennamen**... Er ist so dünn und dürr... Er nennt sie Krake... Wie nennt sie ihn... ‚Impotent'."

Seite 19

(Aus der Schule) „Aber die hatten **auch nicht Frau Wygor** als Lehrerin."

Seite 20

„... Auf den **Buchstaben W können wir gerne in unserer Sprache verzichten**." *(Den Buchstaben W gibt es im Rumänischen nicht, Wygor ist ein ungarischer Name, den man nicht haben möchte!)*

Seite 30

(Liebesbrief) „Den miesen Kerl, der meinen Brief gestohlen hat, **hätte ich liebend gern erschlagen**. Oder noch besser, man hätte ihn den Schweizern schicken sollen." *(Was sollen die Schweizer – „besser" als erschlagen - mit dem miesen Kerl?)*

Seite 92

„**Die Juden waren Menschen wie wir und hatten die bolschewistische Revolution geführt**... denen sei es zu verdanken, dass der Sozialismus gesiegt habe und dass es uns seither so blendend ginge." *(Kein Kommentar! Ich halte das für Hetze gegen Juden! Was würde der ganze ehemalige Ostblock dazu sagen?)*

Seite 142

(Die Neger:) „**...die leben wie in einem Schweinestall**, alles verbrannt, alles verdreckt. Wenn da mal einer die Tür öffnet, hält man sich besser die Nase zu."

Diverse andere Zitate, auch i.B. auf „Jacob..." oder „Niederungen" von Herta Müller sowie Verherrlichung Hitlers und Mussolinis

Seite 48

„Bei uns zu Hause saßen Zigeunerinnen am Straßenrand und gaben kleinen Kindern die Brust. An ihren Fußsohlen klebte Staub, denn Zigeuner gehen barfuß..." *(Dreckverkrustete Füße in „Zaira" bei den Zigeunern aus Bukarest und so kommen sie dann bei den Banater Schwaben in „Jacob..." zu Stande. Selbstabkupferung!)*

Seite 106

**„Als die <u>Deutschen nach Russland</u> zogen, waren sie alle <u>zuge-
knöpft, stramm und freundlich</u>...** Später sind auf der Nationalstraße **von Westen die Russen** gekommen." *(Die Russen kamen
aus dem Westen?)*

Seite 166

„Vater klaute seit drei Wochen Abend für Abend und wir lebten von
dem, was er heimbrachte... Würste, Käse, Kuchen, Milchflaschen,
Weinflaschen, Himbeerjoghurt, Bier, Brot, Salami, Butter, Zucker,
Kartoffeln und alles, was Frau Sanowsky **sonst noch an Bestel-
lungen aufgab."** *(Lügen, betrügen, stehlen, der Sound unserer
Generation, in welcher laut 68er nichts mehr „zeitgemäß" ist.
Geklaut wird auch in „Zaira" von der Tochter Joana.)*

Seite 182

**(Die Großmutter) „Zumindest zum Stehlen müsstest du doch
eine Beziehung haben. Du hast aus der Fabrik schon alles Mögliche entwendet, erwiderte Großmutter... <u>Alle vom Arbeiter bis
zum Direktor. Man trägt die Ware einfach so hinaus. Nur nicht
so auffällig. Und ganz ohne Schuldgefühle. Es gehört zur Kultur.
Zur Lebenshaltung. Ohne Angst. Wie ein persönliches Recht.
Stehlen vom Volksvermögen als persönliches Recht."</u>** *(Stehlen
in Rumänien. Wenn das ein Banater Schwabe schreiben würde,
würde man ihm Volksverhetzung und Verleumdung vorhalten.)*

Seite 189

**„...und was behauptet wird, bleibt haften,
auch wenn es Unsinn ist."**
*<u>(Siehe „Jacob..." und Florescu wusste es,
hat es nur bei „Jacob" absichtlich vergessen!)</u>*

Seite 266

(Ariana) „Sie legte sich neben mich. Sie legte ihre **Arme unter den
Kopf.** Taten das **Frauen in Hollywoodfilmen** auch? **<u>Ava Gardner?
Marilyn? Brigitte?</u>"** *(Der unendliche Topf von Hollywoodfilmen
und die "Niederungen" Herta Müllers sind die Quelle verschiedener Fiktionen Florescus. Es wird nichts abgekupfert, nur
verwendet, abgeändert und bis zum „vollen Glanze poliert."
Copyshop á la Florescu.)*

Zitate aus „Der kurze Weg nach Hause"
(Lob rumänischer Kommunisten und
deren Einrichtungen)

Seite 9

„...damit die Kapitalisten wussten, dass sie es nicht lustiger hatten wie wir. Will heißen: besser. **Bei uns war Schluss mit der Ausbeutung. Da hatte ein Volk seine Würde gefunden."** *(Im Kommunismus?...)*

Seite 40

„Vater und Mutter hatten mich nach Zürich gebracht, jetzt sollen sie sich plötzlich getäuscht haben. Vielleicht täuschte ich mich und es könnte einem auch <u>hier</u> gut gehen." „Mutter sagte doch, dass ich mit dieser Unzufriedenheit aufhören sollte, weil die Umstände nicht so schlecht waren...dem Lauf der Dinge hingeben und nicht mehr aufbegehren." *(Was war in Zürich nicht in Ordnung? War es nur Heimweh?)*

Seite 65

(Budapest) „Vielleicht würde ich auch dort nicht finden, was ich in all den Jahren gesucht hatte... **Die richtigen Orte hingegen lagen ostwärts."** *(Also in Rumänien?)*

Seite 154

T I M I Ş O A R A (vor der Grenze bei Nădlac) **„Jetzt aber konnte ich es kaum erwarten, bis ich die <u>Uniformen</u> sah und das Land dahinter."** *(Zuerst die Uniformen, dann erst das Land und die Leute?)*

Seite 156

„Auf den letzten hundert Metern **überholten wir Privatwagen...** Wenn wir vorbeifuhren, drehten sie einer nach dem anderen die Köpfe, denn wir **saßen im Wagen aus dem richtigen Land."** *(Im Wagen aus dem richtigen Land oder mit dem <u>richtigen Kennzeichen</u>, welches die Grenzer auch gleich erkennen konnten? Schon wieder <u>keine Kontrolle</u>? Kein Stau, bis teilweise 18 Stunden? Wer kann an einem <u>Stau einfach vorbeifahren</u>?)*

Seite 229

(Getrocknetes Gras) „Als Vater heiratete, bekam er die andere Hälfte. Das war **der Grund, weshalb wir 1982 so einfach über die Grenze** konnten. <u>*(GANZ SICHER!)*</u> Weil Vater überall im Auto, im Gepäck und über uns Gräser gestreut hat. **Dass man uns mit wenig Aufwand und Kontrolle <u>praktisch durchwinkte</u>,** wo man doch anderen den Wagen auseinandernahm." *(Schon sonderbar, was der „kleine" Florescu damals an der Grenze erlebte. Dass er* *wirklich nichts mitbekommen hat? Eine fiktionalisierte Geschichte wahrer Begebenheiten... Ach NEIN: Der Aberglaube hat geholfen. oder die „Humanitäre Hilfsorganisation Kloster Secu"?)*

Seitenhiebe auf andere Nationalitäten)

Seite 39

„D-Mark oder Dollar gingen in Ordnung. Deutschland oder Amerika, da hatte man immer hingewollt. **Die Schweiz war bloß fiktiv."** *[Warum ist er (in der Schweiz)geblieben, es hat ihn niemand aufgehalten, oder doch?...]*

Seite 67

„Es war nicht so, dass ich Tschechoslowaken, Polen, Ungarn, Bulgaren, Ukrainer, Russen, Albaner oder Rumänen immer **voneinander unterscheiden konnte... Ich erkannte eher eine Region dank der Formen**, der Farben, der Töne und der Bewegungen." *(Nur das Banat in Jacob nicht! Manche Olterner kann man aber von jedem der anderen unterscheiden! Siehe weiter unten!)*

Seite 69

(In Wien) „Die Pension Votiv... **Im Frühstücksraum standen Speisereste und schmutziges Geschirr."** *(... und das vor Mitternacht in Wien? Auch in „Jacob" und „Zaira" wird vertrockneter Maisbrei aus verdreckten Tellern ausgetunkt!)*

Seite 70

(Von einer Frau ausgenutzter Mann in Polen oder Rumänien) „Er war sehr verändert, hat ‚nie wieder' gesagt und ist **gleich zur Flasche übergegangen. Hauptsache, du bist aus der Schweiz raus**..." *(Wer hat ihn gehalten?)*

Seite 70

(Sie) „*Zwei Jahre ohne das beschissene Österreich, ohne das beschissene, katholische und verlogene Österreich*..."

Seite 77

(Ungarn/nach Hegyeshalom/Grenze) „Ich fuhr auf der Nationalstraße und die **ungarischen Huren** wussten, dass die Ausländer...auch hier entlang fuhren."

Seite 90

„Es gab Gras und Bier und Schnaps und Jeck Daniel's und Baccardi Rum, und **das Gras hatten Ausländer mitgebracht**... Man hatte schnell reagiert, nicht anders als die **Zöllner und Huren und die Rentner am Bahnhof Keleti."** *(Zöllner, Huren, Rentner - alle ein Sumpf?)*

Seite 93

„Alle Zigeuner, Rumänen, Polen und Russen, **alle** gerissen und verbrecherisch. Am Bahnhof Keleti lauerten sie, dann gingen sie einbrechen. Die Harmlosen unter ihnen nahmen Touristen aus." „Die Juden hätten vor dem Krieg gewuchert. Ja, sogar nach dem Krieg ging es denen besser. Jetzt bereicherten sich andere und mit anderen Mitteln." *(Schon wieder Hass gegen die Juden streuen?)*

Seite 106

„Denn ich hatte ihr immer noch nicht erzählt, **dass ich kein Schweizer** war, keiner, dem **die sechs Richtigen... beim Hineinflutschen** in die Welt zugeflogen waren."

Seite 107

„Ich musste gleich sagen, dass ich Angst gehabt hatte, weil Ungarn Rumänen nicht mochten. Und dass ein bisschen davon an uns hängen bleiben würde." *(Das mit den Ungarn und Rumänen muss wohl auf Gegenseitigkeit beruhen.)*

Seite 108

(Der Ich-Erzähler **schläft mit Zsófia, der „ungarischen Muschi"**! Siehe weiter unten)

Seite 122

„In Europa hatte es sich herumgesprochen, **dass Ungarn die ‚besten Muschis hatten'**..." *(Erniedrigung ungarischer Frauen!)*

Seite 125

„...er zeigte mit dem Kopf auf Zsófia. Er flüsterte auf englisch: ungarische Muschi, was?"

Seite 158

„Jene, die aus dem **Norden** und **Westen** Rumäniens stammten, waren **hellhäutig und blond,** jene aus der **Moldau** (???) und **Oltenien nicht.**" *(Nur die Oltener waren nicht hellhäutig, so dass man sie in Rumänien oft genug erkennen konnte und oft mit Zigeunern verwechselte. Die aus der Moldau waren aber auch hellhäutig!)*

Seite 159

„...nicht wie diejenigen, die in großem Stil klauten, was nicht klebte, und es **dann zu den ‚bozgori'** brachten." *(„Bozgori"=Schimpfwort für Ungarn)*

Seite 161

„In Târgu-Mureş war den Menschen **(Ungarn) die Glut ins Hirn gestiegen.** Die Revolution gegen den Diktator hatte ihnen nicht genügt. **Unschuldig war keiner, aber die „bozgori" waren schuldiger.** Anderthalb Millionen (früher 2 Mill.) waren die, **doch lautstark wie zwanzig.** Nur sie, eben die **Ungarn, hatten nach dem Ersten Welt-**

krieg so viel Land verloren, und das **wollten sie jetzt zurück. Aber verloren ist verloren. Schlechte Verlierer.**" *(Banater Schwaben hatten das gleiche Schicksal, leider! Auch das Banat fiel 1920 an Rumänien. Warum kamen die Rumänen weder mit den Ungarn noch mit den Deutschen aus? Warum waren beide Minivölker sofort Mitläufer - wie auch die Rumänen - als Hitler auftauchte? Diese Frage hat noch niemand beantwortet.)*

Seite 161

„Es gab Gerüchte, der Aufstand in Timişoara im Dez. 1989, der dann zur Revolution im ganzen Land führte, sei von jenseits der Grenze (zu Ungarn) angezettelt worden... Es hieß auch, dass zum bewaffneten Aufstand der Ungarn gegen Rumänien aufgerufen wurde..." *(Woher weiß Florescu das, denn das hat die Securitate viel später - Jahre später - unter das Volk und in den Medien, um die Gräueltaten zu „verniedlichen" - auch im Internet - gestreut?)*

Seite 162

(Beschreibung von Verwüstungen in T. Mureş, Unruhen zwischen Rumänen und Ungarn.)

Seite 164

„Die Deutschen (Deportierten) **kamen nach Russland** (nach dem 2. Weltkrieg). **Andere kamen in den Bărăgan,** ans Schwarze Meer (Wer ???). Dort war es heiß und **es starb sich von selbst.**" *(‚Bin ich froh darüber'! Sie waren zur ‚falschen Zeit am falschen Ort'! Und im Winter? ...Überschwemmungen? Die Banater Schwaben wurden auch in die Bărăgan-Steppe deportiert! Wusste er das damals noch nicht?)*

Seite 167

(Jugendliche in Arad) **„...in der Schweiz könnte man gute <u>Ge-schäfte</u> machen. Die Schweizer seien <u>leicht auszunehmen</u> und genug hätten sie auch, so dass sie es nicht einmal bemerkten.**" *(Siehe auch in „Zaira", Joana stiehlt dort, wo sie putzen geht, „weil die ja so viel haben". Und was treiben heute rumänische Banden in Deutschland? Die lassen sogar den Kontoauszugsdrucker, der mit brachialer Gewalt aus der Verankerung gerissen wurde, mitgehen. Das sind wohl „gute" Geschäfte?)*

Seite 196

„Nun sagten gewisse Kreise, der spontane Volksaufstand in Timişoara, der Funke sozusagen, der aufs Land übergriff, sei von **ausländischen Agenten entfacht worden. Von Ungarn.**" *(Rumänen hätten das nie getan, denn ihnen war es eigentlich Recht*

so, denn ihnen ging es gut: NICHTS tun und aus ihrer Sicht gut leben! Das ist Stimmung gegen Ungarn!) (Wiederholung!)
Seite 204
„Dabei war die Gegend, wo er (Vater) aufgewachsen war, er, die Tante, der Onkel und Vater, fast farblos *(so farblos wie das Banat in Jacob?).* **Die Ebene Olteniens... Die Donau daneben, braungelb, weil sie den ganzen Schlamm Europas mit sich trug."** *(Den rumänischen Dreck nicht? Ich habe von Anfang an geahnt, dass der Autor von "Jacob..." ein Oltener sei! Wegen „bauernschlauer" Unverschämtheit!)*
Seite 212
(Beschreibung der Anfänge der Revolution 1989 in Rumänien durch einen <u>Säufer</u>**.** *Passt doch ins Konzept der Altkommunisten: „Die, die gegen den Kommunismus sind, sind* <u>besoffen</u> *oder unzurechnungsfähig"!)*
Seite 215
„...Die Armee habe gar nicht geschossen. Dann, dass es **das Ausland** gewesen war, **die Ungarn.** Leute, die schuldig waren, wurden entschuldigt. **Dinge wurden erfunden."** *<u>(Die Ungarn waren an der „geglückten" Revolution 1989 in Rumänien „schuldig"!!! Die Ungarn sind also „schuld", dass Rumänien heute „diktaturfrei" ist!)</u>*

Diverse andere Zitate, auch i.B. auf „Jacob..." oder „Niederungen" von Herta Müller

Seite 6
„Die Mutter ist nicht fett, doch die Schwangerschaft und das fettige Essen haben Spuren hinterlassen."
Seite 10
„Es sind **üppige Frauen.** Sie essen viel Fleisch und Suppen namens ‚Ciorba' (*Gemüsesuppe*) mit **großen Fettaugen** darauf... In den **winzigen Küchen** kochen sie, **lassen sich vollaufen und streiten."**
Seite 15
„Nein, Luca (der Italiener) war nicht der Grund gewesen, wes-halb ich Zürich verlassen hatte. **Eher der Wunsch, an den Ort zurückzukehren, aus dem ich neun Jahre zuvor geschlüpft bin."**
Seite 24

(In Zürich) „...wir saßen nebeneinander und warteten gespannt, was die guten Mörder mit den schlechten Mördern tun würden." *(O.K., der Fernsehfilm!)* (Toma gab sich eine Spritze und schlief tief. Drogenkonsum in Zürich.) „...aber es gab andere Möglichkeiten. Sie hießen: LSD, Speed, Heroin, Kokain, Rohipnol, Toquilon, Seresta, Tolvon, PCP, Haschisch, und deren Farben." *(Ein Drogenspezialist kennt sich aus und gibt sein Wissen weiter!)*
Seite 46

(Im Kino) „Für diese Zelluloidrealität, die Paramount oder MGM erschaffen, gab ich gerne Essen und Freunde auf." *<u>(Die „Realitäten" aus den Filmen werden später zu den „Fiktionen" in seinen Romanen!)</u>*

Seite 55
<u>„...er lernte einiges über Hitler, der nicht tot zu kriegen war."</u>
<u>(Schon wieder!)</u>
Seite 65
(Zigeunerin) „Ich schaute ihre Augen an, ihre Busen und wieder ihre Augen. Zu Hause stellte ich mir vor, dass **ihre Brüste so groß waren wie die Sonne, und fressen durfte nur ich**... Dein Stab übertrifft den des schwarzen Mannes..." *(Hat die Zigeunerin in ‚Jacob...' deswegen eine so große und wichtige Rolle, so dass sich sein Jacob so wohl fühlte bei ihr, weil Florescu sie so gut kennt?)*
Seite 91
„Ich stieg in den Tanz ein. An mir rieben sich fremde Brüste und Blicke, ich war erregt, also ging ich aufs Klo und masturbierte. Das Sperma lag warm auf meinem Bauch und in meinem Bauchnabel..." *(Auf dem Klo? Lag er auf dem Rücken oder machte er Handstand oder Kopfstand?)*

Seite 99   **(Szenen aus einem Film mit Belmondo.
Hier kommen die Florescu-Fiktionen her!!!)**
(Bogart Film) „Er wurde verhaftet, weil er eine Schreibmaschine gestohlen hat, sein eigener Vater zeigt ihn an und er wird mit dem Polizeiwagen zusammen mit Nutten und Verbrechern weggefahren." *(Beamen von Filmszenen auf die Banater Schwaben in „Jacob beschließt zu lieben": Vater verrät Sohn an die Russen, damit er deportiert wird.)*

Seite 107

**„Das kommt davon, wenn du immer erfindest, als ob du in ei-
nem Film lebtest, dachte ich."** *(Das denke ich auch langsam,
lauter „eigene Fiktionen": Copy-Shop á la Florescu)*

Seite 184

(Tante) „Sie **lief barfuß** umher. In der Wohnung und vor dem Haus...
Nicht anders als im Dorf. Seit fünfundzwanzig Jahren in der Stadt,
und das Dorf saß ihr immer noch in den Knochen." *(Das gilt dann
auch für die Banater Schwaben in seinem „großen" Roman
„Jacob...". Oder? In Banater Dörfern lief niemand barfuß herum,
weil man damit rechnen musste, dass man in Glas, verrostete
Nägel oder anderen Unfug hineintreten konnte.)*

Seite 191

„An einer Straßenkreuzung standen Kinder...Kleine Köpfe, **kleine
Füße, Schmutz an den Fußsohlen**, den Zehen, den Fingern und im
Gesicht." *(Und von hier kommen die dreckverkrusteten Füße der
Banater Schwaben. Oder kommen die in allen Romanen vor,
auch bei Herta Müller?)*

Seite 244

(Letzter Satz im Roman) **„Offen gesagt, ist mir das gleichgültig!
Vom Winde verweht 1939. Welterfolg."** *(Zuruf zu Luca, dem Italiener, von welchem er - der ICH-Erzähler - sich trennt.)*

**ZUSAMMENFASSUNG NEGATIVER TUGENDEN
(SINNLICHKEITEN LAUT VERDUMMUNGSPRESSE?)**

26x	**Saufen, Besoffene, Alkohol, Schnaps**
4x	**Stehlen**
14x	**Frauen erniedrigend, verachtend, Huren**
8x	**Aberglaube**
10x	**Drogen**
10x	**Szenen aus amerikanischen oder italienischen Spielfilmen/Erinnerungen**
10x	**Sexistisch, teils vulgär (Zitate hier nicht behandelt)**
8x	**Nationalistisch gegenüber Ungarn**
5x	**unzivilisiert Essen**
2x	**Ehebruch, Untreue**
2x	**Ochsenkarren (die fahren ununterbrochen in allen Romanen!)**

*In einem Bogart-Film verrät der Vater seinen Sohn/ähnlich wie
in Jacob!... Der Roman über Triebswetter ist nicht nur ein Sammelsurium oltenischer Sitten und Bräuche (oder Aberglauben),
sondern auch das Ergebnis einiger Fiktionen aus amerikanischen oder italienischen Spielfilmen und eine Auswahl von
negativen Eigenschaften der Protagonisten aus allen Romanen
eines Autors, der lieber Filme guckt, als sich mit seinen Freund-
innen oder Freunden zu treffen! Von Herta Müller ist auch einiges (eigentlich vieles) übernommen und recht gut in Florescu-
Manier verändert, verdichtet, aufpoliert, aber nicht „abgekupfert"!*

Zitate aus „Z A I R A"

(Lob rumänischer Kommunisten und
derer Einrichtungen)

Seite 125

„ZIZI hat den Boden verkauft... " *(... an die Kommunisten???
Diese haben sich genommen, was sie begehrten oder wollten,
ohne jemanden zu fragen oder etwas dafür zu bezahlen.)*

Seite 152

„Zaira gibt Aufnahmeprüfung in der Theaterschauspielschule, hatte
nie eine Schule besucht und wird Jahrgangsbeste." *(So war es mit
‚guten Kommunisten' immer, sie waren immer die Besten,
manchmal wurden auch die Besten zu Kommunisten gemacht,
ob sie es wollten oder nicht.)*

Seite 308

„...am nächsten Tag zum Passamt und beantragten **URLAUB in
Prag**. Eine Woche nur im August." *(Und das 1968 während des
Prager Frühlings?...)*

Seite 314

„Vier Tage später hatten wir die Pässe. Wenn ihm **solche Wunder**
gelangen, dann war Laszlo wohl noch nicht ganz unten angekommen... o d e r **war es doch Gabor?"** *(Das verlassene Grab, schon
wieder ein Aberglaube, ein verlassenes Grab zu pflegen, um
Glück zu haben und den Pass zu bekommen, da hatten die
Banater Schwaben wohl immer Pech oder keinen richtigen
Aberglauben?)*

Seite 332

„Der Zöllner: Ich drehe mich jetzt um. Sie haben 30 Sekunden Zeit, um es bis zu den Österreichern zu schaffen." *(Mit falschen Visa-Stempeln – Dokumentenfälschung - und geschmuggelten Filmen?) (Was geschah mit den Filmen? - Fehlt. Wie kam man nach Amerika? - Fehlt)*

Seite 471-475

Des Kommunisten Erfolg über das Leben Zairas, ihre Familie demonstriert die Überlegenheit des Kommunisten Dumitru. Dumitru, der Kommunist und Intrigant, zieht die Fäden. Dumitru zerstörte Zairas Leben und ihre familiäre Verbindungen. Der Kommunist: der starke, gut Gebaute, ein Büffel von einem Mann *(unauffälliges Zitat vom Anfang des Buches). (So wurde das Ziel des Kommunisten erreicht, er hat gewonnen. Und sein Werk wird durch viele Preise bestätigt!)*

Seite 474

Dumitru zu Zaira: „Sie hatten fast stärkere Waffen als ich. Wenn eine Frau die Schenkel öffnet, hat sie fast immer stärkere Waffen." (???) Dumitru über Traian: „Er hat sich verkauft. Und er hat sie praktisch nur für Schnaps aufgegeben." *(Kommunist als Intrigant, wie immer?)*

Seitenhiebe auf andere Nationalitäten, außer Hitler u.a.

Seite 24

„Ungarn, ein ‚Anhängsel' Österreichs..."

„Zsuzsa und Josef/ **dicke tollpatschige Ungarin**" *(Vgl.Zigeunerin in Jacob)*

„**Österreichungarn**", ein Paar in Strehaia *(das einzige ohne Fremdgehen, aber wie kamen die hierher? Nach Strehaia in Oltenien?)*

Seite 64

„**Sie sagen alle, dass der Mann unbezwingbar ist, ein Genie, dieser Hitler." (Verherrlichung Hitlers, alle Nazis müssen wohl positiv posten, oder ...?)**

Seite 94

„**Die Deutschen fuhren in ihren wundersamen Maschinen..."** *(Positive Darstellung der deutschen Soldaten Hitlers.)*

Seite 98/99

„Aber sonst waren die Deutschen (Soldaten) straff und kräftig." *(Verherrlichung der deutschen Soldaten.)*

Seite 110

„Die Regierung in Bukarest hetzte gegen alles, was nicht rumänisch war." *(Hier begann schon der rumänische Nationalismus, oder schon früher?...)*

Seite 143

„Zigeuner in Bukarest: sie liefen barfuß... An den Sohlen klebte eine dicke Schmutzschicht... *(und von da haben wir die dreckverkrusteten Füße auch in Jacob.)*

Seite 184

„...der Blinde wollte sich festhalten, doch er stürzte über die Schnapsflasche, mit der sich der Lehrer Mut machte." „...der scharfe Geruch des Alkohols vermischte sich mit den Gerüchen verunstalteter, sterbender Körper *(von Behinderten)."* *(Lehrer als Schnapssäufer, wie cool, und die verunstalteten Körper sterbender Behinderter, wie Preisverdächtig!!!)*

Seite 185

„Der Zug war voller Pechvögel und Unglücksraben..." *(Gibt es daher in Triebswetter auch Selbstmörder und Pechvögel?...)*

Seite 199

„...danach hatte Josef Mişa beim Wettsaufen begleitet, aber irgendwann half auch der Alkohol nicht mehr ...dann hatte sich Josef in seinem Stall erhängt." *(Josef, der Österreicher, Selbstmörder wie in Jacob...)*

Seite 200

Bauern in Strehaia: „Die gnädige Frau ist beim Gebären. Dabei hatten sie keinen Unterschied zwischen einem Säugling und einem Kalb gemacht." *(Ist das ein Beispiel für die Geburt auf dem Mist in Triebswetter?)*

Seite 224

Verehrerinnen des Bürgermeisters: „Er suchte sie sich in der Stadtverwaltung aus, unter Sekretärinnen, Beamtinnen(?), Beraterinnen. Alle <u>gute Genossinnen, vertikal oder horizontal</u>."

Seite 284

„...auch wenn ihm nur listige, grinsende Zigeuner, <u>fette Hausfrauen</u> und <u>Männer mit vom Alkohol geröteten Gesichtern</u> Modell standen."

Seite 323

„Für tschechoslowakischen Schnaps war gesorgt worden. Sie
wollten sich bis zur Bewusstlosigkeit betrinken." *(Diejenigen,
die gegen den Kommunismus aufbegehrten waren entweder be-
soffen oder unzurechnungsfähig. Die Sowjets steckten Sacharow ins Irrenhaus, in Deutschland geschieht das auch schon.
Einfluss des KGB auf die 68er?)*
Seite 365
**„Fahr zur Donau und mach dich von dort auf in den Westen
(Eugene) ...der Fluss braungelb, in dem der ganze Müll aus
Deutschland, Österreich und Ungarn schwamm."** *(Schon wieder
kein Dreck aus Rumänien?)*
Seite 366
(Eugene schwimmt über die Donau nach Serbien, deutsche Gefangene verhelfen ihm zu falschen Papieren. Wieder Dokumenten-
fälschung.) **„Das versteht sich von selbst für einen Waffenbru-
der."** *(Genau die Waffenbrüder von 1942, als man mit den Nazis
gegen Russland zog.)*
Seite 385

**„...und sie schauten den Russen zu, wie sie sich auszogen und
anzogen, wie sie stumm miteinander sprachen oder mit sich
selbst."** *(Zaira verwehrt einer Russin die Hilfe, in Amerika zu
bleiben. Dissidenten würden das nicht machen. Der Autor hat
also keine Ahnung von Dissidenten, weil ER einer anderen
„Volksgruppe" zugehört.)*

Seite 429
**„Beim alten Dejan: Es roch nach allen Gedärmen der Welt, nach
verschimmeltem Essen, nach aufgetürmtem Abfall, nach Urin."**
*(Nach Urin stinkt es auch bei Herta Müller und in ‚Jacob'. Der
alte Dejan war aber ein Jugoslawe und Jacob ein Deutscher.)*
Seite 430
Zaira zum Cocktailbarboss: „Man sagt, dass diese **Politik ziemlich
feucht** ist, weil sich dort alle **besaufen.** Und man sagt, dass es bei
Ihnen **die teuersten Nutten** der Stadt gibt" *(in Washington).*
Seite 434

Über Studentinnen und Alkohol: „**Manchmal gehen sie mit so einem ins Bett und meinen, sie hätten eine gute Partie gemacht...
Aber haben sie keine Angst, hier möchte ich keine Huren haben...dann sind noch die Politiker und Anwälte selbst, die sich
gern besaufen.**" *(Politiker, Anwälte, Studentinnen, Huren und
Alkohol. Gute Mischung! DER DEKADENTE WESTEN aus der
SICHT DER ALTKOMMUNISTEN!!!)*

Seite 437

„Sie ist kaum 25 und schon auf dem **Edelnuttenstrich**. (Woher die zarte Haut?)...**Nein ich bade lieber in Whiskey.**" *(Kommt von hier die Idee der banatschwäbischen Hure Elsa?)*

Seite 447

„Zu Abgeorneten: ...und passt auf, dass ihr nichts mitgehen lasst, das Besteck ist aus Silber. Ich habe Politikern noch nie getraut." *(Die amerikanischen Abgeordneten klauen das Silberbesteck. Die Armen. Sie haben es bestimmt nötig, weil sie so wie der Autor denken.)*

Diverse andere Zitate, auch i.B. auf „Jacob..." oder „Niederungen" von Herta Müller

Seite 17

(Großvater) „.. hat in Katalonien **ein Mädchen gekauft.**"
(Daher hat Ceausescu die Deutschen aus Rumänien „verkauft"?)

Seite 20

„...man soll 'flachlegen', was man liebt."

Seite 20

Geburt im Bahnhofswartesaal: Anwältin als Hebamme *(Jacob: die Zigeunerin als Hebamme, aber die Geburt auf dem Mistwagen, das ganze Dorf drum herum.)* **Männer gucken mit „vom Alkohol geröteten Gesichtern" zum Fenster herein.**

Seite 28

„Mioara - große Brüste - wo alle davon saugen - auch die Männer, die nicht ihr Mann waren... pralle Brüste... Fütterst die ganze Königsarmee..."

Seite 35

„...wir halten zu den Deutschen, die Stärksten in Europa..."
(Also auch Nazis?)

Seite 41

„Geld für den 'Dottore', ein Schwindler, ein Mörder..." *(Akademiker, die Betrüger, für die 68er willkommen.)*

Seite 45

„Gott hat dafür gesorgt, dass wir uns als Säufer wohlfühlen..."
(Säufer überall in allen Romanen, auch bei Herta Müller...)

Seite 50

„...im Hof stinkt es nach Urin..." *(in Jacob die Banater Schwaben...)*

> **„Maisbrei kochen, Maisbrei von vorgestern, gierig vertrocknete Stücke herausreißen... Karren mit Heu, die Ochsen verdrehen die Augen..."** *(Unzivilisiertes Essen und Maisbrei gibt es auch in Jacob, die Ochsenkarren ebenfalls.)*

Seite 59

„Cedrics Vater stirbt... Weil ihn der eigene Vater verstoßen hatte." *(Den verstoßenen Sohn haben wir auch in Jacob.)*

Seite 64

„Sie sagen alle, dass der Mann unbezwingbar ist, ein Genie, dieser Hitler." *(Verherrlichung Hitlers, alle Nazis müssen wohl positiv posten, oder ...?)*

Seite 69

„...die Männer lobten ihn und brachten Schnaps, er **kippte das Glas in einem Zug aus, wischte sich den Mund mit dem Ärmel ab."** *(...unzivilisiertes Saufen!)*

Seite 74

„Die Männer rissen schweigend große Brotstücke ab..." *(Unzivilisiertes Essen...)*

Seite 86

„**...die Bauern werden alles verdrecken in der Küche."** *(Haltung Bauern gegenüber)*

Seite 94

„Die Deutschen fuhren in ihren wundersamen Maschinen..." *(Positive Darstellung der deutschen Soldaten Hitlers)*

Seite 97/98

„Zizi nahm das Horn, stieg aufs Pferd - Zeitung der **Bauern - lasst eure Mädchen nicht zu nahe ran (an die Deutschen),** Deutsche sind auch nur Menschen." *(In Jacob wird auch das Horn geblasen.)*

Seite 98/99

> **„Aber sonst waren die Deutschen (Soldaten) straff und kräftig."** *(Sie haben sich sogar am Brunnen gewaschen/Mioara wollte sie verführen. In „Niederungen" haben sich die Banater in demselben Wasser mehrmals gewaschen - man bedenke den ökologischen Umweltschutz, den sie leisteten - und in Jacob haben sie sich überhaupt nicht mehr gewaschen.)*

Seite 117

Dumitru (der Kommunist, ehem. Mann Mioaras): **„Die Großmutter fehlt, das ist gut so, dass euer Aussterben schon angefangen**

hat." „Er ging um uns herum, ein kräftiger Kerl, ein Büffel von einem Mensch." *(Der Kommunist Dumitru! Keine Nazis mehr?)*
Seite 118
„Alle müssen auf Drängen des Kommunisten Dumitru den Herrschaften **vor die Füße spucken. Mioara spuckte auch.**"
Seite 144
„Aberglaube: ...ich werde keine Kunden kriegen, wenn du mir nicht eine Scheibe zum Zerschlagen gibst." *(Eine Scheibe wird dabei zertrümmert.)*
Seite 148
„Vater Zairas tritt in die KP ein" *(Der ehem. Offizier in der rumänischen Armee Antonescus, und Jakob tritt auch in die KP ein, welch Zufall.)*
Seite 179

„Beim Alkoholiker Traian: Auf seinem Pult, auf den Regalen, unterm Bett, auf dem Sofa standen und lagen leere Wodka- und Whiskey-Flaschen, Cognac-, Bier- und Weinflaschen." *(Zaira will Paul wegen des Alkoholikers Traian verlassen.)*

Seite 200
„Der Dreck an den Füßen der Kinder weichte auf, sie kratzten ihn mit kleinen Ästen ab." *(... bei Regen in Strehaia und die dreckverkrusteten Füße in Jacob...)*
Seite 207
„Paul trank, was ich zum feinen Essen servierte. Zizi trank am Schluss so ziemlich alles. Mişa haftete sein Geruch an wie eine alte Gewohnheit." *(Vorbereitung aller zum Komasaufen? Oder?)*
Seite 208
„Was wäre: Mişa ohne Alkoholgeruch und Mioara ohne ständig volle Brüste?" *(Brüste als Symbol von Alkoholikern?)*
Seite 210
„...Mütter mit Männern, von denen man nicht wusste, ob sie ihre Männer oder ihre Geliebten waren...Die Stunde des **Puppentheaters** war immer auch die **Stunde des Ehebruchs.**"
Seite 251
„Da gab es die Männer, die ihre Frauen während der Sonntagsmatinee betrogen... Auch die Geliebten dieser Männer... Was für ein großes **Reservoir für Seitensprünge.**"
Seite 265
„Mein Vater war ein böser Mann, so böse, dass meine Mutter hinter einem anderen hergelaufen ist." *(Beinahe wie bei Herta Müller.)*

Seite 268
„Männer, die neben der Flasche noch eine weitere Leidenschaft hatten: die der fremden Frauen." *(Die „Leidenschaft" gibt es auch in Jacob.)*

Seite 274
„...wenn er sich zu mir legte, hatte er nicht den **Geruch einer anderen Frau** am Körper - nicht damit betrog er mich - sondern **den von Hochprozentigem**... Die Flaschen... standen wieder überall, auf den **Regalen, Tischen, Boden, Abstellkammer, Bad, Balkon, Bett**."
(Das beispielhafte Bild eines Koma-Säufers... Preisverdächtig! Kann in ALLEN Schulen vorgelesen und angeboten werden!)

Seite 373
„Dejans (Chez Odette) Ritual: Zuerst einen Schnaps trinken, dann die Tische decken, dann noch einen Schnaps, dann das Tagesmenü vorn an der Straße auf einer Tafel eintragen, dann wieder einen Schnaps." *(Ritual eines notorischen Säufers, beispielhaft für Schüler in Schulen.)*

Seite 381
„Das Grollen kam immer näher, die **Blitze schlugen ein**...sanft **setzte der Regen** ein, aber bald würde er unerbittlich werden." *(Blitze schlugen in den Acker? Auch in Jacob und geregnet hat es auch.)*

Seite 382
(Donovans Geburt während eines Sturmes, der das Dach abdeckte) **(Fachfremde) Hebamme: Der Vater (Donovans).** *(Bei der Geburt Elsas in „Jacob" wurde als Hebamme eine Zigeunerin geholt.)*

Seite 383
„Der Mann hatte das Dach repariert und war dann bei Nacht ohne Lohn, aber mit der Mutter (Donovans) abgehauen. Der Vater suchte sie,... um sie zu finden und zu erschießen."

Seite 400
„Joana stahl nicht nur bei den Morgans, sondern aus allen Häusern, in denen sie sauber machte... (Joana) Ich weiß es nicht, ich muss es einfach tun. Die Leute, bei denen ich putze, haben so viel davon." *(Ist Stehlen Normalität für Rumänen? Es geht nicht um die Fiktion, sondern um den Einfall, die Idee des Autors.)*

Seite 457

> **Robert betrügt Zaira: „Du betrügst mich. Du benimmst dich wie ein Esel, zu Hause und bei der Arbeit. Schämst du dich nicht? Du bist bald 60 und sie ist 20!"** *(Später erfährt man, es war die Stieftochter, also ein <u>Sexverhältnis zwischen Stiefvater und Tochter</u>. Eine blendende Erziehung für Schüler, daher <u>so viele Lesungen in Schulen</u>?)*

Seite 459

> **„Joana zerstört die Wohnung mit einem Hammer: Sie schrie und zertrümmerte ein Stück Wand, den Tisch, das Regal, den Schrank, die Böden... Sie zerstörte das Wohnzimmer, die Möbel, den Fernseher, den Staubsauger, das Geschirr, die Türen, die Waschbecken. Sie zerstörte auch Roberts Büro."** *(Gutes Beispiel! So kann man auch familiäre, noch intakte Gemeinschafts- und Gesellschaftsstrukturen zerstören.)*

Seite 462

> **Zaira die Trinkerin: „<u>Ich trank und wenn ich ausgetrunken hatte, trank ich weiter. Die Flaschen kullerten durch mein Haus... Ich wachte nur auf, um Alkohol zu kaufen, das ganze Haus war mit Alkohol imprägniert</u>."** *(Alkoholikerbeispiel ohnegleichen. Gutes Beispiel für ALLE Schüler!)*

ZUSAMMENFASSUNG FÜR IDENTITÄTSSUCHE UND „ERKENNTNISSE FÖRDERNDE" BEGRIFFE

Alkohol, Schnaps, Besoffene	**68-mal**
Fremdgehen, Ehebruch, Huren	**30-mal**
Spucken (teils ganze Seiten)	**8-mal**
Geburten/fachfremde Hebamme	**3-mal**
(keinen Unterschied zwischen Kalb und Kind)	
Joint (guter Stoff) rauchen	**3-mal**

Dreck, Stehlen, Edelnutten, nur eine intakte Familie: „Österreichungarn" (Zsusza und Josef in Oltenien?)

Alkoholismus:	**jede 7. Seite.**
Frauenverachtung:	**jede 16. Seite.**

**Hitler- und Naziverherrlichung.
Lob rumänischer Nationalkommunisten (Seiten 471-475).**

Auszüge aus dem Pressekodex

Ziffer 1 - Wahrhaftigkeit und Achtung der Menschenwürde

„Die Achtung vor der **Wahrheit**, die Wahrung der **Menschenwürde** und die wahrhaftige **Unterrichtung der Öffentlichkeit** sind oberste Gebote der Presse. Jede in der Presse tätige Person wahrt auf dieser Grundlage das **Ansehen** und die **Glaubwürdigkeit** der Medien."

Ziffer 2 – Sorgfalt

„**Recherche** ist unverzichtbares Instrument journalistischer Sorgfalt. Zur Veröffentlichung bestimmte Informationen in Wort, Bild und Grafik sind mit der nach den Umständen gebotenen Sorgfalt auf ihren **Wahrheitsgehalt** zu prüfen und wahrheitsgetreu wiederzugeben."

Richtlinie 2.6 – Leserbriefe

(1) „Bei der Veröffentlichung von Leserbriefen sind die Publizistischen Grundsätze zu beachten. Es dient der **wahrhaftigen Unterrichtung der Öffentlichkeit**, im Leserbriefteil auch Meinungen zu Wort kommen zu lassen, die **die Redaktion nicht teilt**."

(2) „**Zuschriften an Verlage oder Redaktionen** können als Leserbriefe veröffentlicht werden, wenn aus Form und Inhalt erkennbar auf einen solchen Willen des Einsenders geschlossen werden kann... Der Verfasser hat keinen Rechtsanspruch auf Abdruck seiner Zuschrift." TOLL!! Und Richtigstellungen? *(Gehören zum Kodex des Verfassers!)*

(3) „... **Bestehen Zweifel an der Identität des Absenders**, soll auf den Abdruck verzichtet werden. Die **Veröffentlichung fingierter Leserbriefe** ist mit der Aufgabe der Presse unvereinbar."

(4) „**Änderungen oder Kürzungen von Zuschriften** ohne Einverständnis des Verfassers sind **grundsätzlich unzulässig**. Kürzungen sind jedoch möglich, wenn die Rubrik Leserzuschriften einen regelmäßigen Hinweis enthält..." *(So können dann die Inhalte entstellt und verdreht werden!)*

Ziffer 3 - Richtigstellung

„Veröffentlichte Nachrichten oder Behauptungen, insbesondere personenbezogener Art, die sich **nachträglich als falsch** erweisen, hat **das Publikationsorgan**, das sie gebracht hat, unverzüglich von sich aus in angemessener Weise **richtig zu stellen**."

Richtlinie 3.1 – Anforderungen
„Für den Leser muss erkennbar sein, dass die vorangegangene Meldung ganz oder zum Teil unrichtig war... **Der wahre Sachverhalt wird geschildert**, auch dann, wenn der Irrtum bereits in anderer Weise in der Öffentlichkeit eingestanden worden ist."

Ziffer 12 – Diskriminierungen
„Niemand darf wegen seines Geschlechts, einer Behinderung oder seiner **Zugehörigkeit zu einer ethnischen**, religiösen, sozialen oder **nationalen Gruppe diskriminiert** werden." *(Keine Antwort oder Reaktion ist auch Diskriminierung!)*

**Es gibt also einen Pressekodex?
Trotz Kommunikationsverweigerung?
Pressekodex, aber für wen?
Das habe ich bis heute nicht gemerkt!**

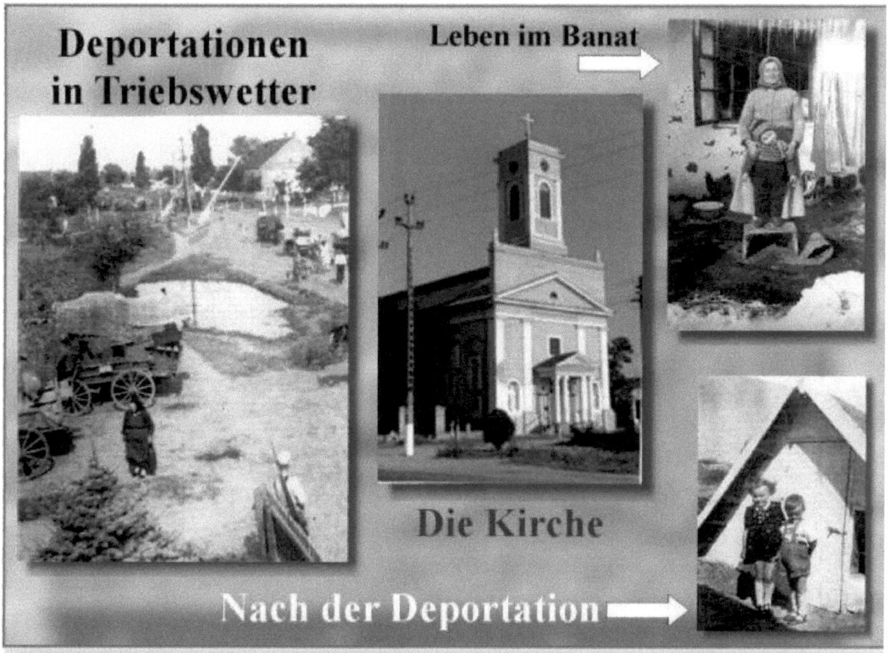

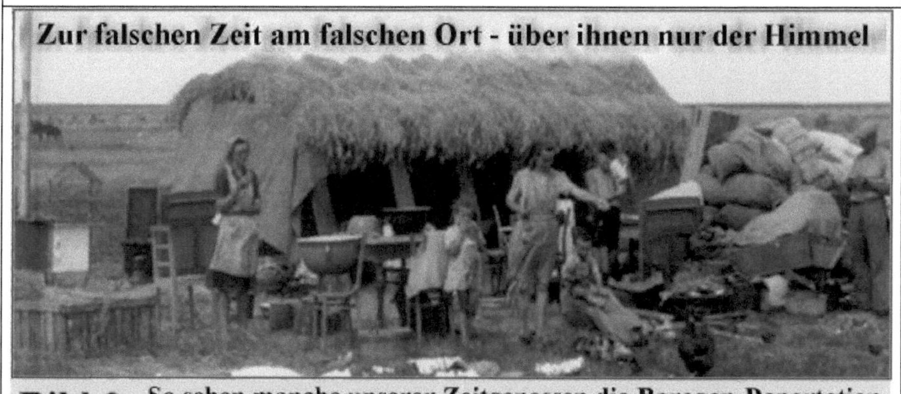

Bild 1 Fotomontage professioneller Lobliedschreiber aus dem Internet

Bild 2 So sehen manche unserer Zeitgenossen die Baragan-Deportation. (Und geben Bewertungen zum Roman ab!)

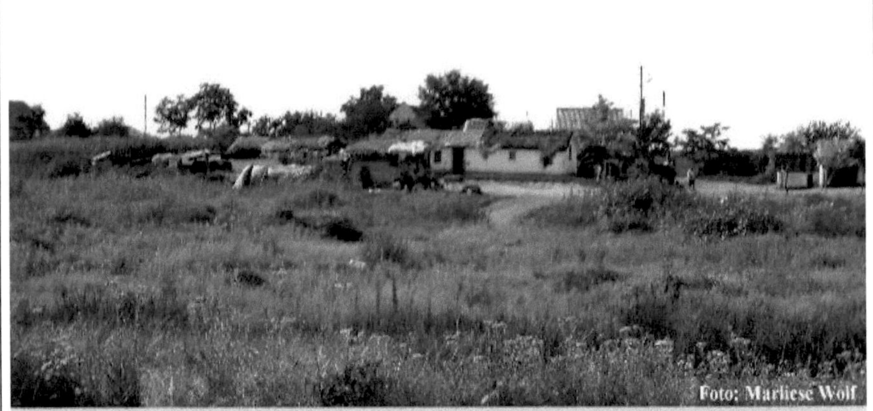

Bild 3 Das Zigeunerviertel in Triebswetter. Offensichtlich hat Florescu hier recherchiert. Nur bei der Zigeunerin fühlt sich sein "Jacob" wohl.

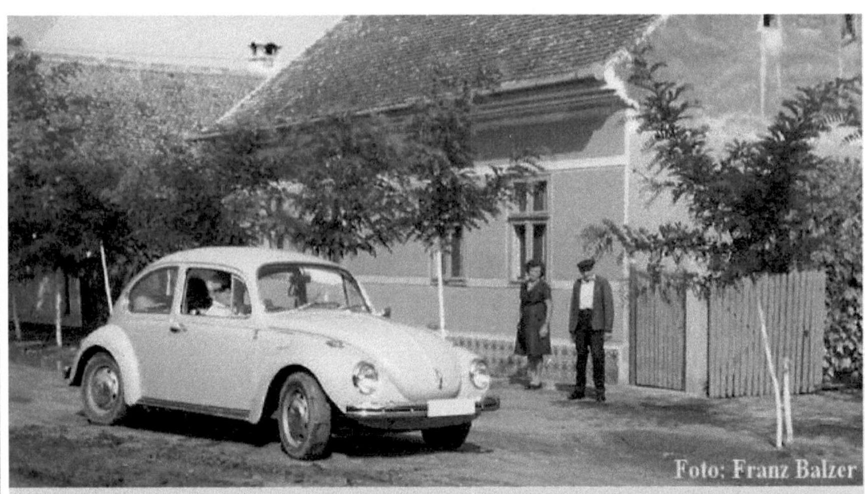

Bild 4 In Triebswetter in den 70-er Jahren.

Beiträge in der ADZ (Allgemeine Deutsche Zeitung) Rumänien

In der ADZ, von: Robert Tari, Sonntag, 06. Juli 2014
Zitat:
„Literarische Aufarbeitung der Diktatur
Von politischer Verfolgung handelt auch der jüngste Roman des Schweizer Schriftstellers Cătălin Dorian Florescu… Florescu eröffnete das Lectora-Festival mit einer Lesung an der Stefan-cel-Mare-Universität. Neben ‚Jakob beschließt zu lieben‘ stellte er auch seinen Roman ‚Zaira‘ vor.

In seinem jüngsten Buch erzählt Florescu eine abenteuerliche Geschichte über das Leben der Rumäniendeutschen im Banat. Er greift die Deportationen der Minderheit auf, zuerst nach Russland und später in die Bărăgan-Steppe.

Florescu hielt auch eine Lesung an der Stefan-cel-Mare-Schule von Suceava. Zwei Stunden dauerte die Begegnung mit den Schülern…“

MEIN KOMMENTAR 23.10.2014
Das was ich in diesem Artikel gelesen habe, „haut dem Fass den Boden raus". Das kann doch nicht wahr sein: C.D. Florescus „Schmutzwerk" über Triebswetterer ist eine „Literarische Aufarbeitung der Diktatur"? Das gibt es doch nicht! Was für Diktatur? Die „Mediendiktatur", die bei uns betrieben wird, hat wohl schon Früchte „getragen", die bis nach Temeswar geflogen sind. Wer lügt jetzt wen an? Florescu Sie oder Sie Ihre Leser? Wenn Sie nicht wissen, was ich meine, dann nehmen Sie sich doch Udo Ulfkottes „Gekaufte Journalisten" vor, dann wissen Sie auch, warum der Roman „Jacob..." einen Schweizer Preis bekommen hat. Auch das Zitat: „Von politischer Verfolgung handelt auch der jüngste Roman des Schweizer Schriftstellers Cătălin Dorian Florescu" ist für mich niederschmetternd und ERLO-GEN. Wer ist im Roman politisch verfolgt? Die Triebswetterer? Die Banater Schwaben? Oder der wehrlose Rentner Jac/kob Oberten (Jakob als Deutscher und Jacob im rumänischen Ausweis), oder die, die laut Florescu „Wahnideen" haben, oder jene, die „besoffen und unzurechnungsfähig" sein müssen, wenn sie „so einen großen Roman" (oder den untergegangenen Kommunismus) kritisieren. Dann wird dieser und „Zaira" noch vor Schülern vorgelesen. Beide Romane „Zaira" und „Jacob..." gehören auf den Index jugendgefährdender Schriften, die nicht in Schulen vorgelesen werden sollten. Vielleicht glaubt sich der Autor C.D.F. als „politisch" Verfolgter? Wer gibt an „Ceaușescus Heldentaten" zu referieren, wer gibt an am Nationalfeiertag (23.August) in der ersten Reihe mitzumarschieren? (Das steht aber nur in der Werbung und nicht in den beiden Erstlingsromanen drin.) Wer schreibt einen Bericht über Ceaușescu, genau am 23.August 2012, in der Zeit-Online? Wer behauptet, dass er „eine Welt verloren hat" und muss jetzt eine neue „erobern"? (Was für Welt hat er denn verloren? Den Kommunismus?) Wer nennt die Triebswetterer „reaktionäre traditionalistische Kreise"? (Diese

Wortkombination stammt aus dem Ceauşescu-Repertoire. Das kennen Sie aber vielleicht nicht mehr.) Wer darf es sich erlauben „Triebswetter als Ort von Selbstmördern und Pechvögeln" zu bezeichnen? Genau: „Ein politisch Verfolgter"! Sein Vater ist ein „positiver Held", ja genau, das ist derjenige, der seine Nachbarn an die „Miliz" (und wer war die Miliz?) verpfiffen hat! Sein Roman „Jacob..." stellt eine Persönlichkeitsrechtverletzung des 83-jährigen Rentners Jakob Oberten dar, weiterhin ist es eine Volksverhetzung, weil das keine Triebswetterer sind, die er beschreibt, und letzten Endes die Verunglimpfung des Antlitzes von Toten (aus dem Triebswetterer Familien-sippenbuch). Und was machen Sie? Irgendwie komm ich also mit den Be-griffen: „Literarische Aufarbeitung der Diktatur" und der „politischen Verfol-gung" in seinem letzten Roman nicht zurecht. Und Sie sollten auch nicht damit zurecht kommen, oder sind Sie auch von der „Krankheit", die Ulfkotte in seinem Buch beschreibt, befallen?

Außer dem „Blinden Masseur" habe ich alle Romane von Florescu gelesen. Fazit: „sexistisch, vulgäre Fäkaliensprache" mit zum Teil nationalistischen Seitenhieben (hauptsächlich gegen die Ungarn, die SCHULD daran sind, dass Rumänien HEUTE DIKTATURFREI ist) und dem Lob ehemaliger kom-munistischer Einrichtungen, sehr „sinnlich" und „Erkenntnisse fördernd", laut einer deutschen, verlogenen, leserverachtenden Verdummungspresse. Un-sere Gesellschaft ist aber so weit fortgeschritten, dass man so etwas mit „Preisen" belegen muss, denn was besseres haben wir im Moment auch nicht (nur die 68er, Gehilfen und Kollaborateure).

NACHTRAG
Noch ein Nachtrag über Florescus „Aufbereitung mit der Diktatur". Am 23. August 2012 behauptet er in der Zeit-Online, dass Ceauşescu zu ihm gehörte „wie Vater und Mutter". Fragen wir mal einige (ehemalige) DDRler, ob sie das Gleiche mit Erich und Margot auch behaupten können oder würden?
„Er greift die Deportationen der Minderheit auf, zuerst nach Russland und später in die Bărăgan-Steppe." Das habe ich total und „ganz" übersehen. Erst stört mich das Wort „Minderheit", über welche man sich jetzt in der „neuen deutschen Literatur" mit einem neuen Ton, der mir so bekannt vor-kommt, entwürdigend und erniedrigend äußern kann und dann diese Depor-tationen, die er beschreibt. Der Vater „Jakob" (der böse und üble Deutsche aus einer Minderheit) verrät seinen Sohn „Jacob" (der gute Rumäne) an die Russen, damit dieser deportiert wird. Und der „bauernschlaue Jacob" ent-kommt vom Deportationszug der Roten Armee?
Das ist wirklich Fiktion, oder doch nicht? Diese Szene stammt aus einem Bogart-Film, in welchem der Vater den Sohn verrät, so dass dieser dann mit „Verbrechern und Nutten" abtransportiert wird.
Und der Roman endet mit der Bărăgan-Deportation, welche von Pro-Flores-cu-Kommentatoren so beschrieben wird: „Zur falschen Zeit am falschen Ort, über ihnen nur der Himmel". Wie entwürdigend muss das für die ehemaligen Deportierten sein? Florescu behauptet in einem Interview im Schweizer Ra-

dio (DRS2, das den Dienst mittlerweile eingestellt hat): „Und wieder gründeten sie ein neues Dorf". Gleichzeitig postet eine Kommentatorin: „Der Roman endet mit der Deportation junger rumänischer Männer nach Sibirien". Ein Beweis dafür, dass aus dem Roman NICHTS verstanden wurde, dass er einen falschen Eindruck bei den Lesern hinterlassen hat und dass man zwischen Bărăgan und Sibirien einen Unterschied machen muss. Gleichzeitig ist der Satz symtomatisch für eine „rücksichtslos falsche, volksverdummende Berichterstattung". Ich will mal den Satz richtig stellen bzw. ergänzen: "Der Roman endet mit der Deportation der Banater Schwaben bewacht durch junge rumänische Männer mit aufgepflanzten Gewehren in die Bărăgan-Steppe."
Diese Leute (Banater Schwaben im Allgemeinen und Triebswetterer mit Lothringer Wurzeln im Besonderen) haben es nicht verdient, von einem Rumänen (mit altkommunistischen Ansichten) derart durch die „Scheiße" gezogen zu werden. (Scheiße, das ist das Niveau dieses Romans.)
Natürlich geht es auch um die „Aufbereitung der Diktatur" und um „politische Verfolgung", allerdings muss hervorgehoben werden, dass es eher um die <u>Verhöhnung und Verspottung der Opfer</u> dieser „Diktatur" und Verfolgten geht. So bereiten Altkommunisten auf!

In der ADZ, am 05.12.2012, von Robert Tari.
Zitat:
„Florescu: ... sprach über den Schaffensprozess, die persönlichen Hürden, die man überwinden muss und die Ängste, die Schriftsteller meist belasten **und er selten spürt**. Rumänien ist und bleibt seine Inspirationsquelle, obwohl er in der Schweiz lebt und auf Deutsch schreibt...
Mit ‚Jakob beschließt zu lieben' liefert Cătălin Dorian Florescu seinen **ersten rein fiktiven Roman**, der zwar von dem Schicksal[*] der Rumäniendeutschen **aus dem Banater Dorf Triebswetter/Tomnatic inspiriert** wurde, sich **jedoch von der Biografie realer Personen distanziert**. Durch seine Figur Jakob Obertin erzählt Florescu von der Einwanderung der Deutschen im Banat sowie von den harten Jahren während, zwischen und nach den beiden Weltkriegen. Die Deportation der Deutschen nach Russland greift Florescu ebenso auf, wie die harten Jahre der Kolonisierung, als viele Deutsche im Banat den Tod fanden." (Bei Florescu waren es Mörder!)
[*] Das von Floreccu erfundene und kriminalistisch aufbereitete Schicksal.

MEIN KOMMENTAR: 24.10.2014
In jedem Kommentar zum „großen" Roman „Jacob beschließt zu lieben" werden die Leser aufs „Kreuz" gelegt. Dass dieser rassistisch konzipierte Schundroman sein „erster fiktiver Roman" sein soll, das erfährt man hier bei der ADZ zum ersten Mal. Alle anderen waren „äußerst glaubwürdig" und real verfasst, was ich auch bestätigen kann. Auch alle (<u>gekauften</u>) Kommentatoren unterstreichen das immer wieder, indem sie den Klappentext jeweils in einer anderen Form wiedergeben. Wieso kann ein Roman eine „Fiktion" (der erfundene Begriff für schriftstellerisches LÜGEN) sein, wenn darin der echte

Name des Dorfes vorkommt, wenn darin echte Familien-Namen der Trw. vorkommen, deren Geschichten durch den Dreck (oder durch die Scheiße) gezogen wurden, wobei man auch nicht zurückschreckte das Antlitz von Toten zu beschmutzen. Wie wird der Rentner Jakob (83, als Banater Deutscher) sowie Jacob (aus seinem rumänischen Ausweis) beschrieben? Entwürdigend und erniedrigend. Äußerst persönlichkeitsrechtverletzend. Und da wird behauptet, dass der Roman „sich jedoch von der Biografie realer Personen distanziert", was eigentlich im Grunde stimmt, weil der Autor die IDENTITÄT aller Triebswetterer, die im Roman vorkommen, verändert hat. Selbst die Auswanderer aus Lothringen, die ihre alte Heimat „mit Blut an den Händen verlassen" haben, auf dem Weg noch schnell einen Mord begingen, um danach als „Zivilisationsstifter" das Dorf Triebswetter zu gründen! Kapiert denn kein Leser oder Kommentator, dass diese ständigen Rückblenden eine „Kriminalisierung" der Ansiedler Triebswetters darstellen? (Ich halte mich zurück, um den geistigen Zustand dieser Leute zu charakterisieren: Nationalisten und Rassisten!) Was waren denn die Vorfahren Obertins: Frontenwechsler, Zigeunerjäger, Zigeunerhenker, Geiselnehmer, Irre (kannten das eigene Zuhause nicht mehr), Brandstifter, und Vergewaltiger? Und wie ergeht es dem wehrlosen Rentner Jakob Oberten, der sowohl als Jakob (mit k, der böse verbrecherische Deutsche mit Lothringer Wurzeln), wie auch als Jacob (mit c, der liebe und gute Rumäne, der sich nur bei der Zigeunerin wohlfühlt, weil Florescu diese so gut findet und gut kennt, dass er in einem Roman schreibt, dass ihre „Brüste so groß wie die Sonne" waren und „nur ER reinbeißen" durfte - das war glaubwürdig!) beschrieben wird: Seine Mutter war eine Hure, heiratete einen Zigeuner, er wurde auf dem Mist geboren, er verriet seinen Sohn an die Russen, die ihn verschleppten, er säuberte menschliche Knochen, hielt sich in einer Gruft bei den Toten auf, usw. Ja geht es noch übler zu? Zwei mal wurde den Banater Schwaben ein Verbrecher (einmal der Frontenwechsler und Mörder in Lothringen und einmal der Zigeuner, der über die Karpaten aus dem Osten kam, um Elsa zu heiraten und deren Familiennamen annahm und Katica ermorden ließ) untergejubelt und keiner hat wohl etwas gemerkt! <u>Kann man das noch TOPPEN? JA, man liest es Schülern vor: DAS waren die Banater Schwaben und ihre Vorfahren! TOLL! SUPER! SPITZE! Und was macht die Presse? Dermaßen LÜGEN, dass das Schundwerk noch einen PREIS bekommt. Gratulation für EURE "intelligent", volksverdummende "Pressefreiheit"!</u> Was schreibt eine Schweizerin: "Ich schäme mich als Schweizerin, dass gerade dieser Roman den Schweizer Buchpreis erhalten hat". Darauf sollten alle Positivkommentatoren und Pressefuzzis achten und es beherzigen!

Von den harten Jahren der Kolonisierung ist natürlich auch etwas zu erfahren: „Sie haben ihre alte Heimat Lothringen mit Blut an den Händen verlassen", mordeten noch einmal in Wien und wurden zu den „Zivilisationsstiftern von Triebswetter". Geht's noch Leute? Geht's noch? Kann man Geschichte noch besser „Fiktionalisieren"?

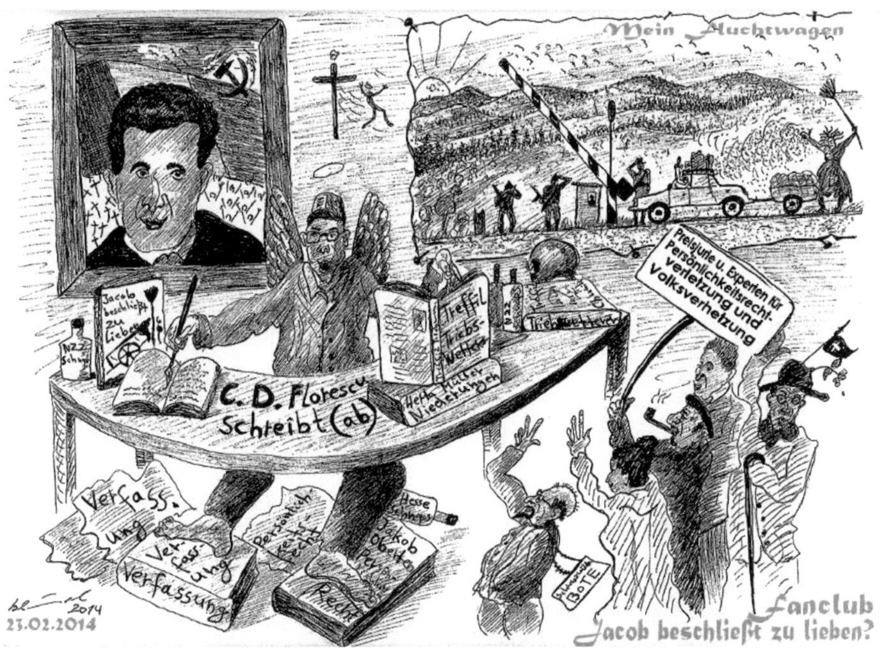

Karikatur zum Roman von Cătălin Dorian Florescu
„Jacob beschließt zu lieben"

Der Autor sieht Ceauşescu wie „Vater und Mutter" (Zeit-Online 23.08.2012)

Die Flucht, gemütlich im PKW mit Anhänger und Dachgepäck ohne Kontrolle, gelang nur, weil die „getrockneten Gräser", die von der „Hexe" über das Gepäck verstreut wurden. („Der kuze Weg nach Hause")

Das Treffil-Buch fiel der raffinierten Abschreib- und Poliertechnik des Autors zum Opfer, wobei auch Elemente aus Herta Müllers „Niederungen" zur Geltung kamen. (Beide „beackern" dasselbe Thema).

Die Verfassungsmäßig zugesicherten Persönlichkeitsrechte aller Triebswetterer, deren Familiennamen nebst entwürdigenden Geschichten im Roman vorkommen, sowie insbesondere die von Jakob Oberten, werden mit „dreckverkrusteten" Füßen getreten (die in allen Romanen vorkommen, genauso, wie die immer und ewig, ständig Besoffenen und Schnapsleichen).

Die „jubelnden Preisverleiher", die sich „blind und/oder blöd" stellen, oder...(Siehe auch schwarze Schafe der Berichterstattung, Seite 133.).

Sind Sie auch „unter'm Schlappen"?

Zum Schluss noch eine kleine Anekdote, mit welcher ich einen Beweis erbringen will, dass durch die Darstellung des Hauptprotagonisten „Jakob", als brutaler herrschsüchtiger Vergewaltiger, die Identität der Banater Schwaben in Florescus Roman ebenfalls auf das Äußerste verändert und verdreht wurde.

Unter den Banater Männern ging ein „Gerücht" um, welches besagte, dass in Familien, in welchen die Frauen Zuhause das „Zepter füh-ren" oder „die Hosen anhaben", die Männer „unter'm Schlappen" sind.

So geschah es eines Tages, dass man alle Männer, die „unter'm Schlappen" waren, zum Temeswarer Opernplatz einbestellte und alle Männer, die NICHT „unter'm Schlappen" waren, sich am Dom-platz einfinden sollten. Drei Männer erschienen am Domplatz und alle anderen fanden sich am Opernplatz („unter'm Schlappen") ein. Neugierig, wie die Meute schon war, wurden die „Helden" vom Domplatz gefragt, wie sie das geschafft hätten, nicht „unter'm Schlappen" geraten zu sein, und sie antworteten: „Unsere Frauen haben uns hier hergeschickt!"

„Jakob" war dann wohl die einzige Ausnahme (neben Herta Müllers „Vater" in den „Niederungen").

„Dreck am Stecken"
Eginald Schlattner „Rote Handschuhe"

Nach der Beschwerde im Securitateverhör, dass Klopapier fehlt. „Nahezu unmerklich gleiten die Augen der Männer hin zu dem Mann mit den gefalteten Händen. Der sagt in väterlichem Ton: »Das kränkt dich also? Damit hast du eine erste wichtige Aussage gemacht. **Denn Klopapier, das ist eine bourgeoise Erfindung** für den verwöhnten und degenerierten Steiß eines Ausbeuters. (…) Im Detail versteckt sich der Teufel, der Unreine, der Siebengeschwänzte! Und genau den wollen wir euch austreiben. **Hatten wir früher Klopapier zu Hause, Genossen**[(*)]?« Die Männer schütteln im Takt den Kopf. »Nein! Niemals. « (…) Und darauf beschreibt der riesige Mann Abarten, wie man denn After anders säubern könne, erweist sich als **Kenner der Materie**: mit dem nackten **Kukuruzkolben**, dienlich der ganzen Familie; im Frühsommer mit **Rhabarberblättern**; unabhängig von Jahreszeit und Ort **mit den Fingern, die kann man nachher an der Wand abwischen**. .Aha, darum sind die Wände unten im Klosett voll brauner Streifen. Selbst **mit einem Stecken** könne man alles wegschaben. Also daher die **Redewendung: Er hat Dreck am Stecken**. (…) Zum Schluss lässt der imposante Mann mich wissen, dass beim echten Proletarier - im Gegensatz zum Bourgeois - nichts von alldem nötig sei. Denn bei diesem funktioniere der Schließmuskel so exakt, dass die Exkremente haarscharf abgeschnitten würden, wie bei einer Salami...

[(*)]... und wenn die **Genossen kein Klopapier Zuhause hatten**, dann „hatten wohl die Siebenbürger Sachsen und Banater Schwaben auch keines", und stanken nach Kot, Urin und dreckverkrusteten Füßen – den **Fiktionen in Florescus Roman „Jacob...".**

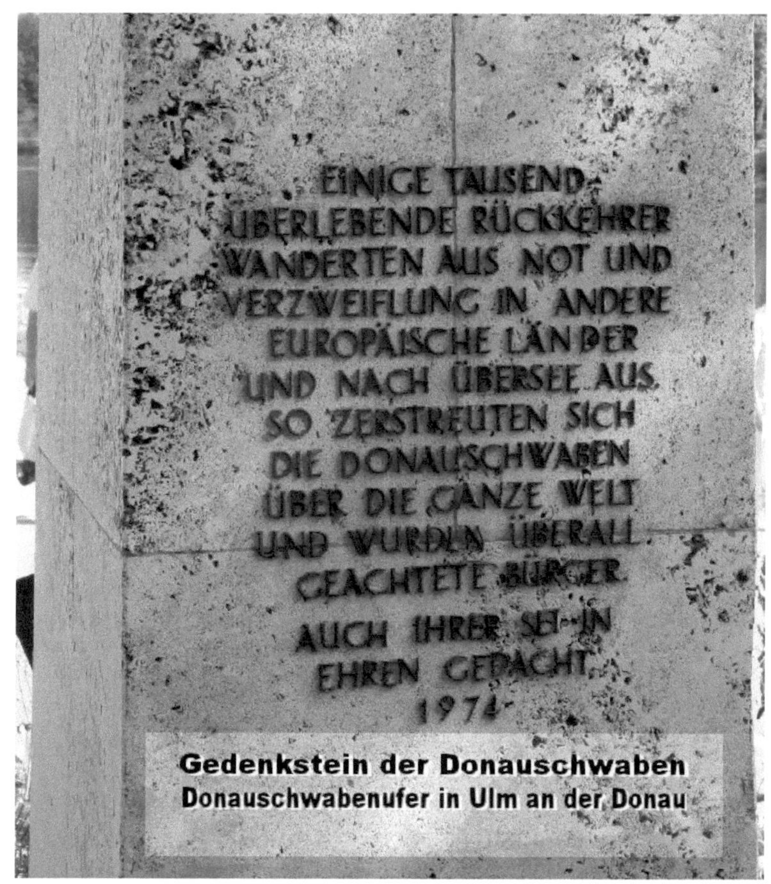

Gedenkstein der Donauschwaben
Donauschwabenufer in Ulm an der Donau

Gedenkstein der Donauschwaben

„... zerstreuten sich die Donauschwaben über die ganze Welt und wurden überall geachtete Bürger..."

... nur bei Herta Müller (in „Niederungen") und
Cătălin Dorian Florescu (in „Jacob beschließt zu lieben") NICHT!
(... und das ist keine Fiktion!)

<u>Zitate Carl Gibson</u>: (Gründer und Leiter des „Instituts zur Aufklärung und Aufarbeitung der kommunistischen Vergangenheit in Europa". www.carlgibsongermany.wordpress.com)

„SPIEGEL: *Frau Müller, vor allem Ihr erstes Buch ‚Niederungen' zeigt, dass Sie nicht nur unter der staatlichen Repression, sondern vielleicht noch unmittelbarer unter der engstirnigen, <u>beschränkten, oft reaktionären Mentalität</u> der deutschen Minderheit <u>gelitten</u> haben. Waren Sie in einem doppelten Sinn heimatlos?"*

MÜLLER: **Ja, genau diese muffige spießige Provinzialität hat mir den Hass eingegeben, mit dem ich die „Niederungen" schreiben konnte."**

„Das ist der Original-Ton einer wahrhaftigen Hasspredigerin, die den ideologisch fixierten Vorgaben der SPIEGEL-Redakteure willig folgt, einer Tendenz, die vom SED-Blatt des Kommunisten Erich Honecker *‚Neues Deutschland'* nicht mehr zu überbieten gewesen wäre."

„Also war es ‚der Hass', der Herta Müller seinerzeit (1982) antrieb, mit ihren deutschen Landsleuten auf ihre Art und Weise abzurechnen!"

Herta Müller ist uneinsichtig und bleibt bei ihrer Hetzbotschaft.
Da diese Wahrheit nicht an den Tag durfte, behindert durch undemokratische Machtausübung, durch Lug und Trug und Täuschung, darüber hinaus auch noch durch moralisch verwerfliche Druckausübung auf Aufklärer und ihre Medien, steht für mich fest, dass die Hasspredigerin Herta Müller ihren Nobelpreis nicht aufrichtig erworben, sondern verlogen ergaunert hat.

Das <u>Nobelpreiskomitee</u> in Stockholm um Peter Englund wurde <u>hinters Licht geführt und getäuscht</u>, damit ein kleiner Verschwörer-Kreis zu seinem Zweck gelangen konnte."

„Das Ausland wird kritischer hinschauen, gerade wenn die Deutschen in anderen Ländern mit erhobenem Zeigefinger Moral und Menschenrechte einfordern, im eigenen Land aber Grundrechte wie die heilige Meinungsfreiheit bzw. die Pressefreiheit eklatant verletzen."

„Wer den russischen Präsidenten Wladimir Putin oder die Chinesen der Volksrepublik moralisch rügt und die Respektierung der elementaren Menschenrechte einfordert, *der sollte primär den eigenen Stall sauber halten,* sonst verkommt er bald zum Saustall, *auf dem Weg in die Diktatur!"*

„Wenn der Rubel rollt, ist alles möglich, auch wenn Ethik und Moral unter den Tisch fallen, ja bewusst geopfert werden."

„In ihrem von rumänischen Kommunisten geförderten und prämierten Debütband ‚Niederungen' geht Herta Müller mit der Welt ihrer deutschen Landsleute im Banat heftig ins Gericht, während diese in Agonie im Exodus stehen, statt die Kommunisten Ceausescus anzugreifen."

=> 304 <=

„Das Lügen ist bei Herta Müller Methode.
Die Lüge ist die Regel, nicht die Ausnahme. Also fragte ich mich schon oft, wann sie überhaupt noch die Wahrheit spricht…
Wenn in **deutschen Medien Mythen und Märchen als Fakten** verkauft werden, wird *unprofessioneller, unkritischer Journalismus zwischen politischer Naivität und bewusster Desinformation oder gezielte Instrumentalisierung zwecks politischer Einflussnahme und Deviation zum Alltag. **Was in der Zeitung steht, ist wahr!?“***

<u>**Carl Gibson**</u>, Philosoph, Literaturwissenschaftler, Historiker, <u>**Gründer und Leiter des „Instituts zur Aufklärung und Aufarbei-tung der kommu-nistischen Vergangenheit in Europa**</u>“, lieferte mit seinen autobiographischen Aufklärungswerken **„Symphonie der Freiheit“** (2008) und **„Allein in der Revolte“** (2013), verfasst aus der Insider-Perspektive eines Bürgerrechtlers und Opfers der kommunistischen Diktatur in Rumänien, die realistischen Vorlagen für Herta Müllers Selbstinszenierung als Oppositionelle. Gibsons scharfe, seit Jahren bekannte Herta-Müller-Kritik ist in der „Forschung“ noch nicht recht angekommen. Mehr dazu in: **„Die Zeit der Chamäleons“**. Kritisches zum Leben und Werk Herta Müllers aus ethischer Sicht, 2014, bzw. in: **„Ohne Haftbefehl gehe ich nicht mit“** – <u>Herta Müllers erlogenes Securitate-Folter-Martyrium</u>, 2014. Carl Gibsons fünf Bücher mit umfassender Dokumentation bilden die Basis für die noch aus-stehende „kritische Herta-Müller-Monographie“ sowie für eine **syste-matische Aufarbeitung der kommunistischen Vergangenheit in Rumänien.**

<u>Plagiat als Methode</u> – Herta Müllers „konkreative“ Carl-Gibson-Rezeption.

Wo beginnt das literarische Plagiat? Zur Instrumentalisierung des Dissidenten-Testimoniums „Symphonie der Freiheit“ – Selbstapologie mit kritischen Argumenten, Daten und Fakten zur Kommunismus-Aufarbeitung sowie mit kommentierten Securitate-Dokumenten zum politischen Widerstand in Rumänien während der Ceauşescu-Diktatur.

Symphonie der Freiheit Widerstand gegen die Ceausescu-Diktatur , 418 Seiten. Mit Tuschezeichnungen von Michael Blümel ISBN 978-3-89754-297-6	Allein in der Revolte Eine Jugend im Banat Aufzeichnungen eines Andersdenkenden Selbst erlebte Geschichte und Geschichten aus dem Securitate-Staat. 409 Seiten. ISBN 978-3-89754-430-7	Die Zeit der Chamäleons Kritiches zum Leben und Werk Herta Müllers Aus ethischer Sicht. 359 Seiten. Mit Tuschezeichnungen von Michael Blümel ISBN 978-3-00-045135-5

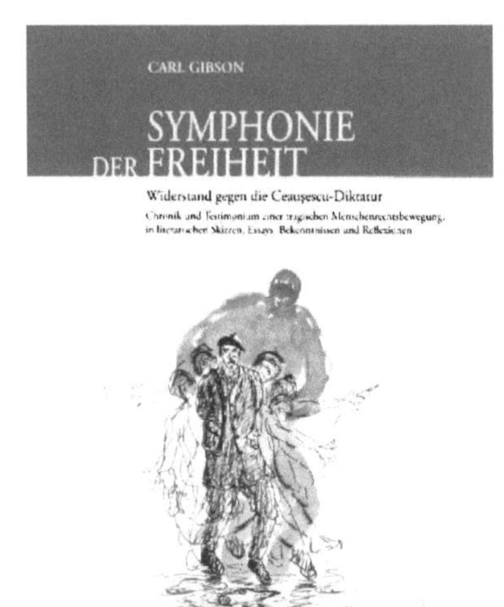

ISBN 978-3-89754-297-6

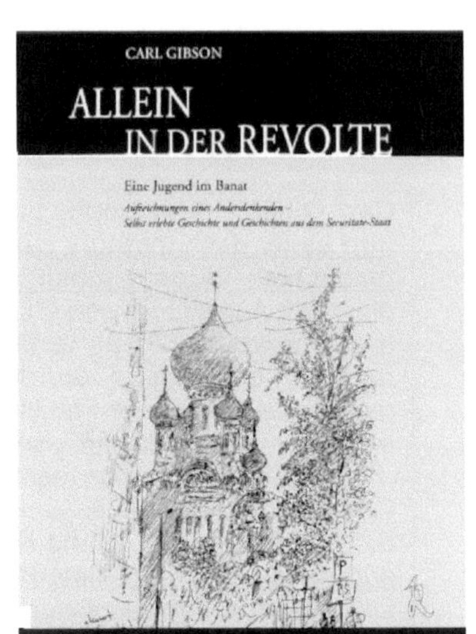

ISBN 978-3-89754-430-7

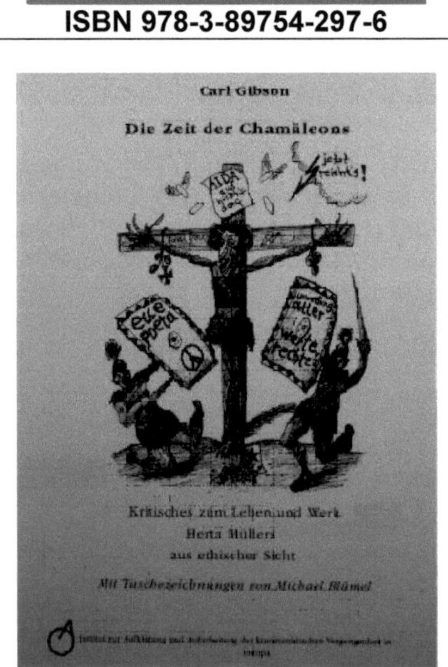

ISBN 978-3-00-045135-5

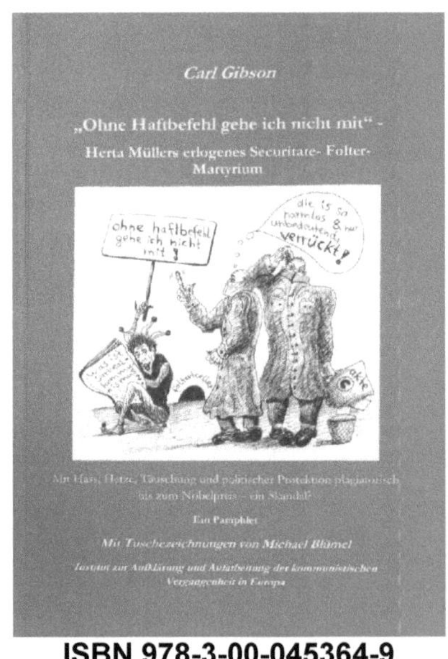

ISBN 978-3-00-045364-9

Carl Gibson

Plagiat als Methode –
Herta Müllers „konkreative" Carl-Gibson-Rezeption

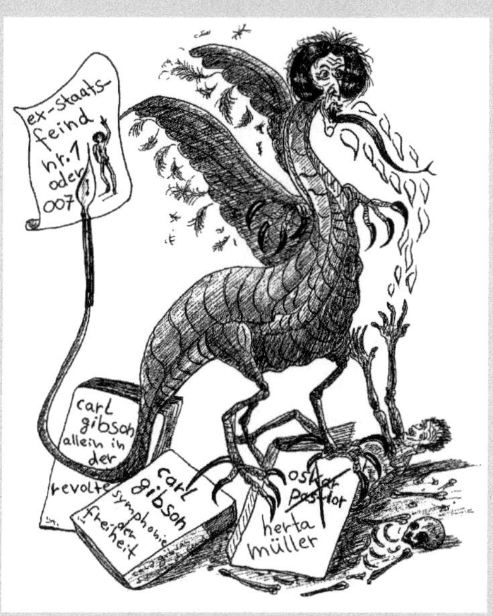

Wo beginnt das literarische Plagiat?
Zur Instrumentalisierung des Dissidenten-Testimoniums
„Symphonie der Freiheit" –
Selbst-Apologie
mit kritischen Argumenten, Daten und Fakten zur
Kommunismus-Aufarbeitung sowie mit
**kommentierten Securitate-Dokumenten zum
politischen Widerstand in Rumänien** *während der*
Ceauşescu-Diktatur
ISBN 978-3-00-045670-1

„Ohne Haftbefehl gehe ich nicht mit". Über die kommunistische Vergangenheit Europas! Was schon viele vergessen haben!...

Dieses bemerkenswerte Buch über die kommunistische Vergangenheit Europas konnte ich beim Autor selbst über den Carl Gibson Blog besorgen. **Hier mein Kommentar dazu:**

„Es sind mehr als 20 Jahre ins Land gegangen, seit die letzten Bastionen der menschenunwürdigen kommunistischen Regimes gefallen sind, eine Zeit, in welcher sich neue menschenunwürdige Praktiken dieser Regimes erneut stabilisieren, und das mit dem Segen der "unfehlbaren, freien" Medien. Die Pressefreiheit wird mitlerweile genauso gehandhabt wie in den vorab erwähnten Regimes. Die Altkommunisten sind (in der Literatur) wieder im Kommen, auf dem Vormarsch und wollen ihre Untaten verniedlichen. Das bemerkt man auch bei anderen ("großen, literarischen") Publikationen.

Welcher Dissident aus dem ehemaligen kommunistischen Rumänien (unter Ceausescu) oder der ehemaligen DDR (unter Honecker usw.) hätte dem berüchtigten Geheimdienst (der Securitate oder der Stasi) gegenüber bei einer Verhaftung sagen können: "Ohne Haftbefehl gehe ich nicht mit"? Wer konnte auf einem Bahnhof (Poiana Braşov, Rumänien), den es in Wirklichkeit gar nicht gibt, von der Securitate verhaftet werden? So etwas gelingt nur Herta Müller in einem Bericht bei der Zeit-Onlne: "Die Securitate ist immer noch im Dienst". Und das geht nur, weil keiner hier weiß, was richtig ist oder richtig sein könnte. Diese und weitere Ungereimtheiten werden in Carl Gibsons Buch beschrieben.

Als ich das Buch, das von Karikaturen von Michael Blümel gespickt ist, gelesen habe, habe ich mir Sätze, die mir besonders gut gefielen und die voll und ganz der Wirklichkeit (die Vergangenheit, die kaum noch von jemandem erkannt und wahrgenommen wird) entsprachen, unterstrichen und markiert. Und jetzt ist mein ganzes Buch unterstrichen und markiert. Das Buch stellt auch eine Kritik an die nach und nach schwindende Presse- und Meinungsfreiheit, die heute bei uns schon so gehandhabt wird wie in den oben genannten menschenunwürdigen Regimes, dar. Dieses Buch ist meiner Meinung nach empfehlenswert in einem freien, demokratischen Land, in welchem sich nicht Lug, Betrug und Heuchelei ausbreiten dürfen."

Kommentierte Zitate aus Publikationen
von Richard Wagner,

einem Ex von Herta Müller. (*Meine Kommentare dazu in Klammer.*)
„Das Gedicht. Der Jargon. Die Legitimation. Banater Post"
15.06.2015

„Wir waren links und in unseren eigenen Augen, wenn <u>nicht die besseren Kommunisten</u>, dann doch <u>die gebildeteren Marxisten</u>... Eine maximale Provokation für unsere Landsleute, deren Dorfkultur und Folklore wir wenig abgewinnen konnten." *(**Der erste Hinweis darauf, dass die Landsleute, die in den 70er und 80er Jahren die Freiheit suchten, nicht beliebt waren – das waren sie auch nicht bei den kommunistischen Machthabern in Rumänien. Sie verachten die Dorfkultur und Folklore, kommen aber alle aus diesem Milieu!*)*

„Wir hatten uns die Mundart zum Feind Nummer eins erkoren. Für uns war Mundart identisch mit Provinz." (*Auch Ablehnung und Verachtung.*)

„Die wohl steilste These, die damals einschlägig ersonnen wurde, war, Herta Müllers ‚'Niederungen' seien im Auftrag der ‚ZK-Propaganda-Abteilung' verfasst worden. Und das alles <u>bloß</u> wegen des schwäbischen Bads, einer knappen Seite Text, der die <u>Sauberkeit</u> der Landsleute <u>satirisch zugespitzt</u> in Frage stellte." (*Das war leider nicht alles! Und wie war es mit der zweiten knappen Seite Text über ihren ‚gewalttätigen', besoffenen Nazi-Vater, wobei sie <u>alle banat-schwäbischen Kritiker zu Nazis</u> machte – und <u>die werden heute noch immer so behandelt</u> – wohl das Ergebnis der Volksverhetzung? Und der Rest der Erniedrigungen? Z.B. wird deren Lebensweise an einem wohl einzigartigen Beispiel im Banat – einer Familie die so nie im Banat anzutreffen war - derart übertrieben, dass eigentlich alle Deutschen Ämter, Verbände und Institutionen auf die <u>Banater Schwaben</u> – während der Freikaufphase - als ‚<u>gefährliche Übeltäter</u>' hätten aufmerksam werden müssen: das Jugendamt wegen Einprügeln auf Kinder, Frauenorganisationen wegen Diskriminierung und Erniedrigung der Frauen, Tierschutzorganisationen wegen Tierquälerei (z.B. den Hund mit dem Fuß getreten, bis er verendete, dem Kalb das Bein abgehackt, damit es notgeschlachtet werden konnte), der Drogenfahndung (weil ‚vermummte' Großmütter Mohnkuchen backten und auserwählte Banater Krähenmist als Droge nutzen), Polizei wegen gewalttätiger und besoffener Männer und Korruption, usw. Dieselben Interessen*) *hatten auch die auserwählten Mitglieder der RKP – Rumänischen Kommunistischen Partei – die es nicht gerne sahen, dass alle Deutschen das Land verlassen wollten, und ebenfalls alle kollektiv als Nazis oder Hitleristen beschimpften.)*

„Niemals in der Geschichte konnte eine einseitige Prosa eine Gemeinschaft so folgenreich irritieren als diese... <u>Zum Glück gab es ‚Kommunisten'</u> wie Nikolaus Berwanger und Emmerich Reichrath, den Feuilleton-Redakteur des Neuen Wegs, <u>der für angemessene Rezensionen sorgte</u>, und einen <u>linken Verlag in Westberlin</u>, auf den die Kunstrichter aus Darowa keinen Einfluss hatten.“ *(Nur aus Darowa? „Zum Glück gab es noch Verbündete im Westen", die heute ebenfalls für angemessene Rezensionen sorgen, und* **andere Meinungen unterdrücken**, *und auch die Landsmannschaftsführung reagiert heute ANDERS! <u>Wie im vor 25 Jahren untergegangenen Kommunismus: Publikationsverbot, Unterdrückung der Meinungsfreiheit und Desinformation der eigenen Landsleute!</u>)*

Die ACHSE DES GUTEN von Richard Wagner   21.10.2010
Die Gibsons oder Die Banater Schwaben, ihre selbsternannten Sprecher und unser Zwei-Fronten-Krieg *(... ihre selbsternannten Sprecher? Brauch man denn hier eine Partei, die einem das Denken und Sprechen abnimmt, oder ist nicht jeder mündig genug, seine eigene Meinung ohne Vorgekautes, zu äußern? Der Beweis für eine RKP-Mitgliedschaft, die er leugnet.)*

„Meine Landsleute, die Banater Schwaben, waren immer schon dafür bekannt, dass sie sich mehr dem Haben zuneigten als dem Sein. Deswegen <u>ist auch nicht viel übrig von einer eventuellen geistigen Disputation</u>, die ihre und meine Geschichte hätte begleiten können. .... Um es kurz zu machen, <u>am Kommunismus störte sie nicht die eingeschränkte Freiheit, sondern die Enteignung</u>. *(Weiß jemand von den Lesern hier, was Enteignung bedeutet? Die banatschwäbischen Bauern arbeiteten oft so lange es hell war, kehrten am Abend zurück und versorgten auch noch das Vieh. Sie hatten kein Wochenende und keine Ferien und schufen sich etwas Eigentum (diese verhassten Streber!): ein Haus, landwirtschaftliche Geräte, Pferde, Wagen, Garten, usw. und* **eines Tages kamen** *„bauernschlaue"* **Kommunisten**, *stellten sich in die Tür und sagten:* **„Ab morgen gehört das alles mir".** *Und die Begründung muss wohl die* **Ausbeutung** *der Kommunisten* **durch die Banater Schwaben** *gewesen sein, weswegen die dann noch in* *die Bărăgan-Steppe deportiert wurden, wo sie wieder so frei waren, dass sie sich Hütten bauen durften, während sie gleichzeitig von den Machthabern unter den dortigen Einheimischen als Verbrecher bezeichnet wurden!)*

„Wahr ist, dass das <u>Privateigentum eine Voraussetzung</u> für die individuelle Freiheit darstellt, aber wahr ist auch, <u>dass die Freiheit eines geistigen Horizonts bedarf.</u>“

(Offensichtlich haben manche Banater Schwaben die Anspielungen der „geistigen Disputation“ und die „des geistigen Horizonts“ und dass das Privateigentum – dessen die Altkommunisten sie entledigt hatten, wohl unter dem Applaus einiger Banater Dichter und Denker wie Herta Müller und Richard Wagner - die Voraussetzung für Freiheit war, total und ganz übersehen. Die Empörung ist ausgeblieben. Nach dem Motto: Man kann ja nichts machen! Der Leser möge hier an die Beschimpfung der „Nazis“ durch Herta Müller denken!)

Und über Carl Gibson?

„Gibson hält wahrscheinlich einen einzigartigen Rekord im heutigen Deutschland. Er ist wohl der aus den meisten Blogs Ausgeschlossene.“ *(Und auch das ist das Ergebnis des imaginären Paktes zwischen den ehemaligen Altkommunisten aus dem Ceauşescu-Fan-Block und den „unfehlbaren“ 68ern, damals vom KGB unterwandert, heute die Vorkämpfer für die Meinungsfreiheit, aber nicht für Carl Gibson, sondern für sich selbst. **<u>Warum darf ein von der Ceausescu-Diktatur Inhaftierter und Gefolterter in einem freien demokratischen Land seine Meinung nicht äußern?</u>**)*

„Wie wäre es, wenn der Mann seine Energie für die Aufarbeitung des Kommunismus einsetzen würde, anstatt uns, die Banater Autoren, laufend zu diskreditieren.“

*(**Wer diskreditiert hier wen?** Einige **Banater Autoren** gehören aber zu diesem - übrigens längst untergegangenen - Kommunismus und tun so, als ob es ihnen nicht bewusst wäre, dass sie **heute noch für die „alten“ Machthaber arbeiten**, was man daran erkennen kann, **dass sie ihre Landsleute**, die nach Freiheit strebten, die in den 70er und 80er Jahren freigekauft wurden, **in jener Zeit und auch noch heute**, in „fiktionalen“ Schriften und sich auf die Künstlerfreiheit berufend, **diskriminieren und verleumden**, und ihre bundesdeutschen **Helfershelfer vergeben ihnen sogar Preise dafür!** **<u>Geschmacklos und Menschenunwürdig!</u>** **<u>Und genau DAS hat Carl Gibson an Herta Müller und Co zu beanstanden!</u>**)*

„Gibson, Brantsch und Dieter Schlesak, der uns neuerdings als ‚Luxusdissidenten' abqualifiziert,... scheuen, warum auch immer, keine Mühe, das Verleumdungswerk der Securitate zu vollenden." (*Der Satz wäre fast richtig, wenn es heißen würde: „Sie scheuen keine Mühe das <u>Verleumdungswerk einiger Banater Schriftsteller</u> – die keine Dissidenten sind, die kein Publikationsverbot hatten und erst Recht nicht verfolgt und gefoltert wurden – <u>ihren Landsleuten gegenüber zu entlarven und aufzudecken!</u> Keiner von den drei oben genannten hatte etwas als Informant oder sonst mit der Securitate zu tun – nur Carl Gibson war inhaftiert und hat ganz sicher kein Verleumdungswerk der Securitate vollendet!*)

Welcher „Shitstorm" bricht heute über jemanden herein, wenn er etwas Negatives über Flüchtlinge sagt/schreibt - wenn er gerade mal als Rechtsextremist bezeichnet wird, kann er noch froh sein. Und was hat Herta Müller 1982 mit ihren „Niederungen" gemacht? Ist das nicht dasselbe Problem? Nein? Sie darf das, weil sie Schriftstellerin ist und auf die Künstlerfreiheit pochen kann!

Und was heißt Diskriminierung? Wenn heute Kritiker protestieren, posten, Rezensionen verfassen oder die Medien anschreiben und Ihre Meinungen – die eigentlich oft nur Fakten sind - werden mit allen Mitteln unterdrückt, nicht veröffentlicht oder die ganz üble Diskriminierung, keine Antwort bekommen! Auch eine Anspielung auf: „Er ist wohl der aus den meisten Blogs Ausgeschlossene."

Allgemeine Schlussfolgerung über kommunistisch
unterwanderte Medien (aus dem 68er-Fan-Block):

Falls der Leser hier einmal zur Feder oder Tastatur greifen sollte, um den eingebildeten Pressefuzzis, die glauben, dass sie alle nach Herzenslust belügen können, zu schreiben, dann darf er von diesen Leuten, die Defizite in der Bildung und Erziehung haben und daher überfordert sind, keine Antwort erwarten!

Verleumdung? Wer verleumdet wen?

Von wem das Zitat: „Die Verleumdung gehört zum Brautum der Banater Schwaben" in der „Zeit-Online" stammt, konnte nicht genau geklärt werden.

Man bedenke jedoch, dass es **zwei „deutsche" Schriftsteller** (eine banatschwäbischer und einer oltenischer Herkunft) gibt, die dem ehemals kommunistischen Regime Rumäniens frönten, unter welchem die Banater Schwaben als Minderheit verachtet, verspotet, verhöhnt und unterdrückt wurden. Beide schreiben rufschädigende, volksverhetzende (zum Teil das Persönlichkeitsrecht realer Personen verletzende und von der Verunglimpfung des Antlitzes von Toten nicht zurückschreckend) Romane, die sie als „Fiktion" verkaufen und gleichzeitig darauf hinweisen, dass es sich im Allgemeinen um alle Banater Schwaben handeln könnte. In Reportagen, Werbungen und Interviews wird gleichzeitig dem Leser ein „falsches" Bild vorgeführt und auch zum Teil kräftig gelogen. Und die Medien, die den Erfindern dieser „fiktionalisierten Realitäten" (aus den Romanen - aber sonst Lügnern) an den Lippen hängen, tragen dazu bei, dass die menschenunwürdigen Ansichten der Geschichts- und Identitätsverfälscher veröffentlicht werden und die der Kritiker nicht.

Um sich die Kritiker vom Leibe zu halten, werden diese als Verleumder (von Herta Müller sogar als Nazis oder Securitatemitarbeiter) gebranntmarkt.

Was ist aber mit jenen, die die Lügen in Interviews, Presseberichten und Lobhudeleien anprangern entlarven und enthüllen? SIND DAS AUCH VERLEUMDER?

Und jetzt mus jeder die Frage beantworten können:
„Gehört Verleumdung zum Brauchtum der Bananter Schwaben?"
Oder:
„Ist der Medienbeitrag am Roman Florescus ‚Fiktion' oder Volksverdummung?"

Warum werden die Proteste der Verunglimpften nicht gehört, beantwortet oder veröffentlicht? Dazu will ich zwei Bücher anführen:

„Redet Geld, schweigt die Welt" von Ulrich Wickert – Goldmann-Verlag - (Siehe Seite 178)
und „Gekaufte Journalisten" von Udo Ulfkotte – Kopp-Verlag.

So geht man in Deutschland mit der „Meinungsfreiheit" um!!!

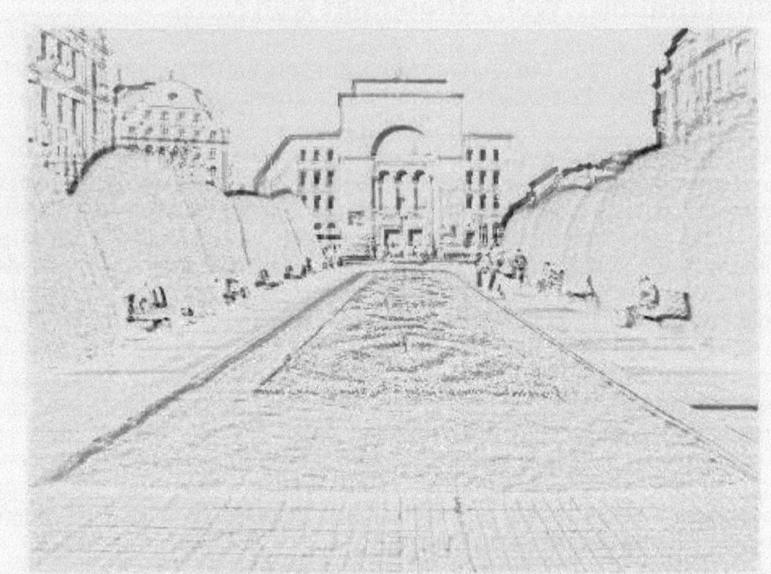

Anny Zöllner-Kusterer
Nikolaus Balzer

Der Geist von Temeswar

Hörbuch CD 1-3

Ein Stück Zeitgeschichte in 72 Stationen
Die 60er- und 70er-Jahre im Banat
Wo Herta Müller das Gymnasium besuchte

Grunbacher Hörbuchverlag

Die beiden Autoren beschreiben **keine Mythen und keine Fiktionen**, in diesem Werk wird **das echte, reale Leben** in Rumänien (und vor allem in Temeswar) zur Zeit der kommunistischen Diktatur beschrieben.

Die Autoren

Anny Zöllner-Kusterer, geb. 1951 in Guttenbrunn
im rumänischen Banat, Kindheit und Schulbesuch
in Königshof und Blumenthal, Absolventin des
10er-Lyzeums in Temeswar, 1970-1974 Studium
der Anglistik und Rumänistik an der Universität
Temeswar, 1975 Ausreise aus Rumänien,
1975-1977 Lehramtsstudium für Biologie an der
Universität Dortmund, seit 1979 Realschullehrerin
in Dortmund, Veröffentlichungen seit 1969.

Nikolaus Balzer, geb. 1951 in Triebswetter im
rumänischen Banat, Schulbesuch ebenda, Absolvent
des 10er-Lyzeums in Temeswar, 1970-1974 Studium
der Germanistik und Rumänistik an der Universität
Jassy, 1974-1981 Deutschlehrer in Lugosch, 1983
Ausreise aus Rumänien, seit 1983 Realschullehrer
im Nordschwarzwald, Veröffentlichungen seit 1969.

Die beiden Autoren schildern in 72 „Stationen"
bedeutsame Momente aus ihrer im kommunistischen
Rumänien verbrachten Jugendzeit und stellen fest,
dass in der multiethnischen und multikulturellen Metropole
des Banats, Temeswar, im Westen des Landes ein
besonderer Geist die Menschen beseelte, der u.a. auch
Ausgangspunkt der revolutionären Umwälzungen im Jahr
1989 war und einer Persönlichkeit aus den Reihen der
dort lebenden Banater Schwaben zu Weltruhm verhalf.

ISBN: 978-3-9814567-0-7

Literaturpreise für Herta Mueller
und Cătălin Dorian Florescu

Zitat: „Als Angehörige einer deutschen Minderheit in Rumänien aufgewachsen, thematisiert Herta Müller in ihren Texten ,**Erfahrung von Gewalt, Verlust der Würde und Heimatlosigkeit**"… Im Hinblick auf die „Niederungen" kann man nur den Verlust der Würde und die Erniedrigung, ja sogar Volksverhetzung gegenüber ihrer Landsleute – den Banater Schwaben – anführen. Der Rest ist Selbstinszenierung zur Dissidentin.

Preisverleihungen für Volksverhetzung von
Minderheiten in der „neuen deutschen" Literatur?

Warum wird die Literatur ehemaliger Privilegierter aus dem Altkommunistischen Fan-Block, die die Opfer ehemaliger Ostdiktaturen verhöhnen und verspotten, heute mit Preisen belegt? Warum danken bei uns Bundespräsidenten ab, warum werden andere wieder „abgesägt", warum müssen manche Doktoren ihren Titel „zurückgeben" und warum bekommen Privilegierte menschenunwürdiger Regimes bei „UNS" trotzdem Literaturpreise?

Zum Begriff Volksverhetzung: „mit **mehreren Handlungsvarianten…** ein Erfolg, in Form, dass tatsächlich ein Hass erzeugt wird, ist nicht erforderlich. **Wichtig dabei ist nur, dass sie das Ansehen des Bevölkerungsteiles herabsetzen können.**"

Eva Hermann „Das Medienkartell" – Kopp - Verlag
„Wie wir täglich getäuscht werden"

Zitat: „Eine beständige Umerziehung und Indoktrinierung durch unsere Medien sowie die verderbliche Saat der »Frankfurter Schule«, die in der sogenannten Kulturrevolution der Achtundsechziger aufgegangen ist haben aus einem vormals stolzen Kulturvolk eine Gesellschaft gemacht, die sich praktisch aufgegeben hat. Von wenigen Ausnahmen abgesehen: überall nur Resignation und Schulterzucken. Ein Volk, das einen linken Gewalttäter nicht nur zum Außenminister macht, sondern ihn jahrelang an die Spitze der politischen Beliebtheitsskala wählt und einen Daniel Küblböck - horribile dictu - unter die hundert größten Deutschen wählt, ein solches Volk zeigt überdeutlich, dass es sich aus dem Kreis der Kulturvölker verabschiedet hat.

So lasst uns denn ein Apfelbäumchen pflanzen!"